U0146954

哲學研究叢書・學術思想叢刊

先秦學術講學錄

上冊

王金凌　著

字

一個接一個 一列跨一列

望不到盡頭

會倒在字林裏 朽爛成白骨

或從字林裏 活出來

王金凌

不要迷失在文字叢林中

不過，迷失之前

得先進入，

王金凌

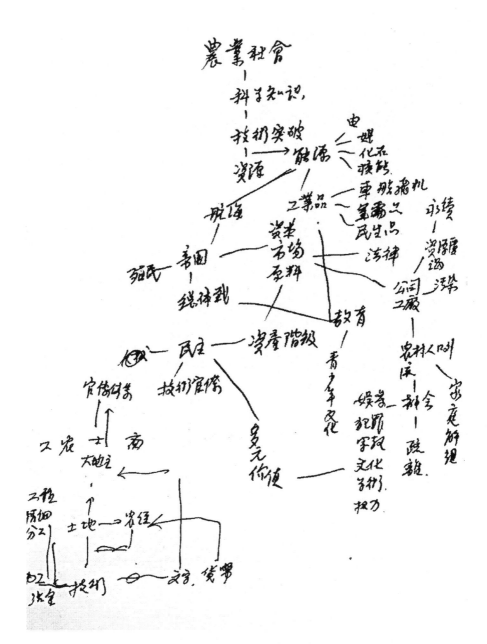

社會組織結構分析圖

第 1 頁

《道德經》述義　　　王金凌

老子之道德經凡五千言，八十一章，言簡義奧，難以捉手。若欲了知，應尋得入手處。《道德經》的核心是「道」、「聖人」，「道」與「聖人」二義入手。方東美從「體」、「用」、「相」說「道」，而以聖人為「道徵」，得其眼本。若讀《道德經》者不是聖人，而是學為聖人，首要的問題自是如何學為聖人，即關於如何成為聖人的知識。但是聖人不只是知識之事，更是體，「道」，易言之，學為聖人不只是知識之事，更是實踐之事。因此，《道德經》的核心問題是關於聖人如何

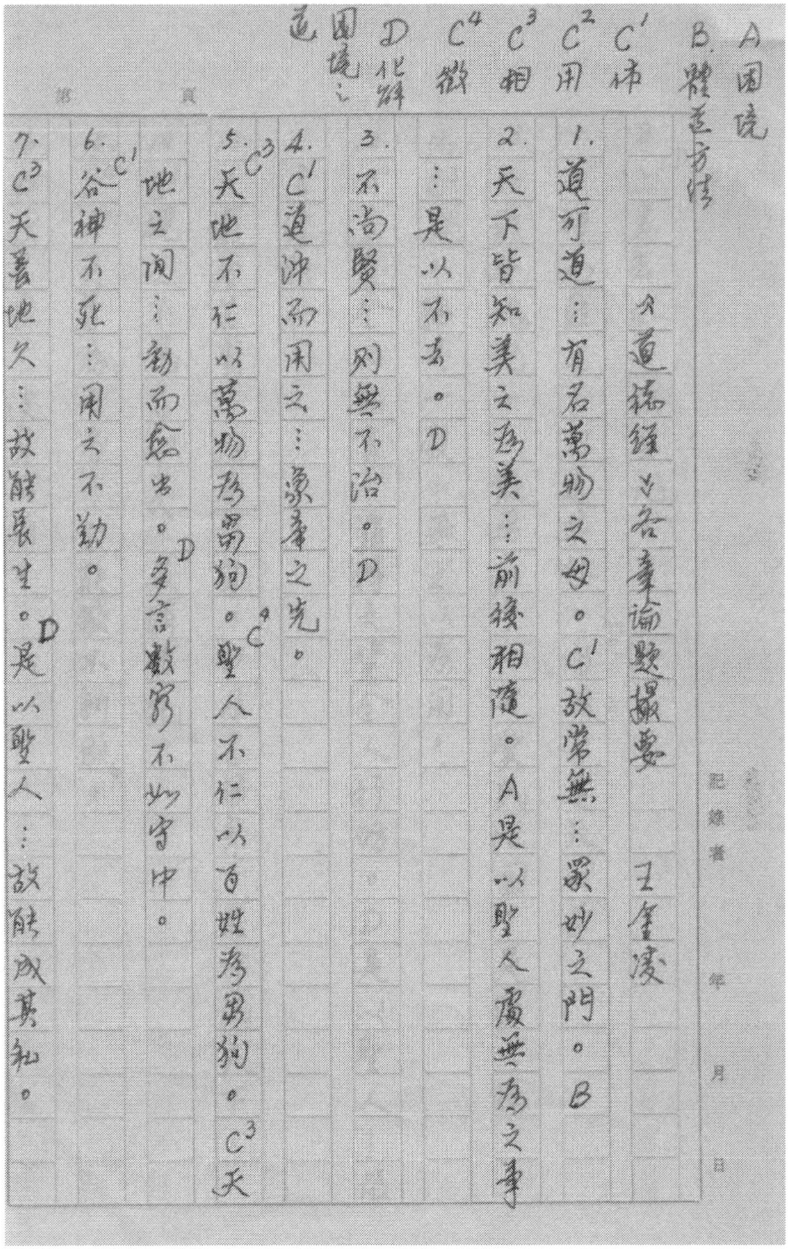

A 圓境

B. 體道方法

C¹ 体

C² 用

C³ 相

C⁴ 微

D 化解

圓境之道

〈道德經〉各章論題撮要

王金凌

1. 道可道……有名萬物之母。C¹ 故常無……眾妙之門。B

2. 天下皆知美之為美……前後相隨。A 是以聖人處無為之事……是以不去。D

3. 不尚賢……則無不治。D

4. C¹ 道沖而用之……象帝之先。

5. C³ 天地不仁以萬物為芻狗。C⁴ 聖人不仁以百姓為芻狗。C³ 天地之間……動而愈出。D 多言數窮不如守中。

6. C¹ 谷神不死……用之不勤。

7. C³ 天長地久……故能長生。D 是以聖人……故能成其私。

《道德經》各章論題撮要

《莊子・齊物論》之釋義　王金凌

關鍵字：自我。知識。語言。道。無我。

提要：

《莊子・齊物論》之全文由有我和無我的輾轉辯說交錯形成。本文以提問為引導，而条貫的組織〈齊物論〉全篇思想。第一個問題由南郭子綦和顏成子游的對話提起，即「什麼是自我？」〈齊物論〉從知識和語言分析自我，於是有第二個問題：「知識和語言的本性是什麼？」知識和語言盡非沒有藏偽，否則莊子不必論道。於是有第三個問題「自我的藏偽是什麼？」自我的藏偽即由知識和語言的功

〈齊物論〉釋義

能局限而來，因此超越我自我的藩籬的便是非知識、非語言的，卻又不能不以知識和語言的方式陳述。於是有第四個問題：「道的涵義及其表述方式是什麼？」道的涵義及其表述方式既然不能藉知識和語言，則必須關及道的實踐和體認，然而實踐知體認仍然需要表諸語言，因此有第五個問題：「道的體認及其表述方式是什麼？」

由於〈齊物論〉行文縱橫恣肆，思路飛躍，其語意不易把握，因此述其思想系統之後，繼之以釋義，便其文理、文意清晰可識。

〈齊物論〉釋義

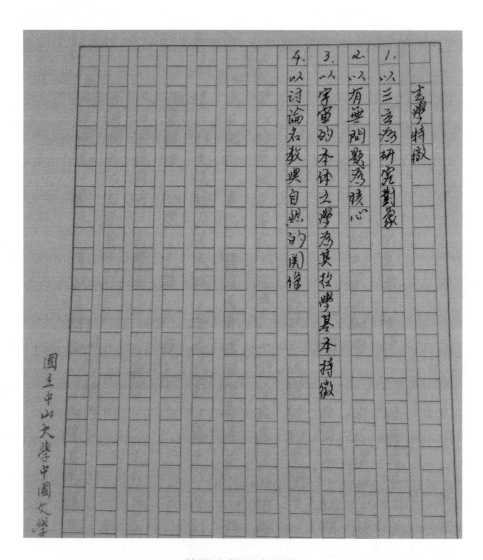

玄學的特徵

1. 以三玄為研究對象

2. 以有無問題為核心

3. 以宇宙的本體之學為其哲學基本特徵

4. 以討論名教與自然的關係

魏晉玄學研究手稿

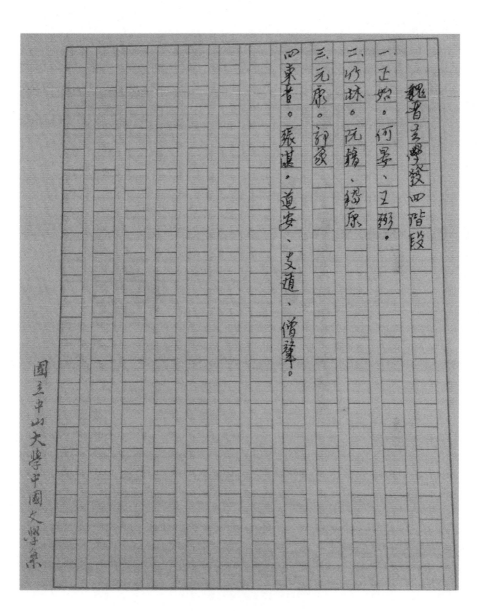

魏晉玄學分四階段

一、正始。何晏、王弼。

二、竹林。阮籍、嵇康。

三、元康。郭象。

四、東晉。張湛、道安、支遁、僧肇。

國立中山大學中國文學系

魏晉玄學研究手稿

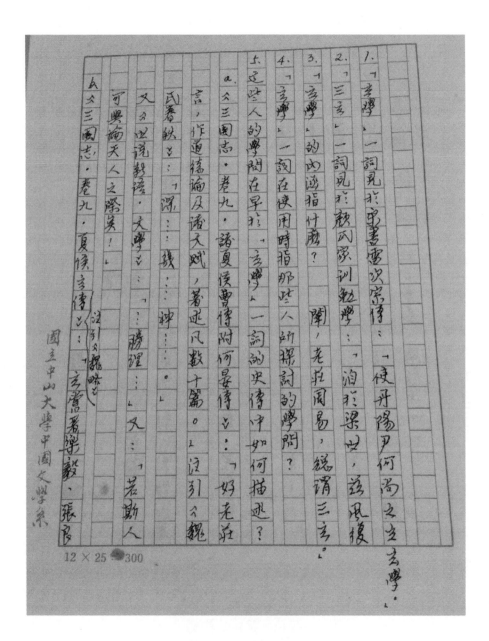

1.「玄學」一詞見於《北齊書·雷次宗傳》：「使丹陽尹何尚之立玄學。」

2.「玄學」一詞見於《顏氏家訓·勉學》：「泊於梁世，茲風復闡，老莊、周易，總謂三玄。」

3.「玄學」的內涵指什麼？

4.「玄學」一詞在使用時指那些人所探討的學問？

a.《三國志·卷九·諸夏侯曹傳附何晏傳》：「……好老莊言，作道德論及諸文賦，著述凡數十篇。」注引《魏……

b.這些人的學問在早於「玄學」一詞的史傳中如何描述？？
　《三國志·卷九·諸夏侯曹傳附何晏傳》：「……好老莊言，作道德論及諸文賦，著述凡數十篇。」注引《魏略》：「若斯人……

氏春秋》：「深……殘……神……勝理……又……
又《世說新語·文學》：「……可興論天人之際矣！」

《三國志·卷九·夏侯玄傳》注引《魏略》：「玄晉善樂毅，張彥……

國立中山大學中國文學系

魏晉玄學研究手稿

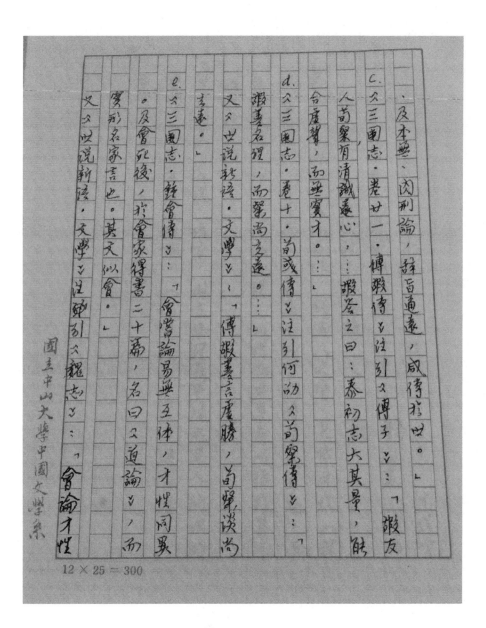

、及本無、肉刑論，辭旨通遠，咸傳於世。

c.《三國志·卷廿一·傅嘏傳》注引《傅子》：「嘏友人荀粲有清識遠心，...嘏答之曰：泰初志大其量，能合虛聲，而無實才。...」

d.《三國志·卷十·荀彧傳》注引《荀粲傳》：「粲談尚玄遠。」

又《世說新語·文學》：「傅嘏善言虛勝，荀粲談尚玄遠，宗致雖同，倉卒時或有格。」

又《世說新語·文學》：「傅嘏善名理，而粲尚玄遠之遠。...」

e.《三國志·鍾會傳》：「會嘗論易無互體，才性同異。及會死後，於會家得書二十篇，名曰《道論》，而實形名家言也。其文似會。」

又《世說新語·文學》注[壺]引《魏志》：「會論才性

國立中山大學中國文學系

12 × 25 = 300

魏晉玄學研究手稿

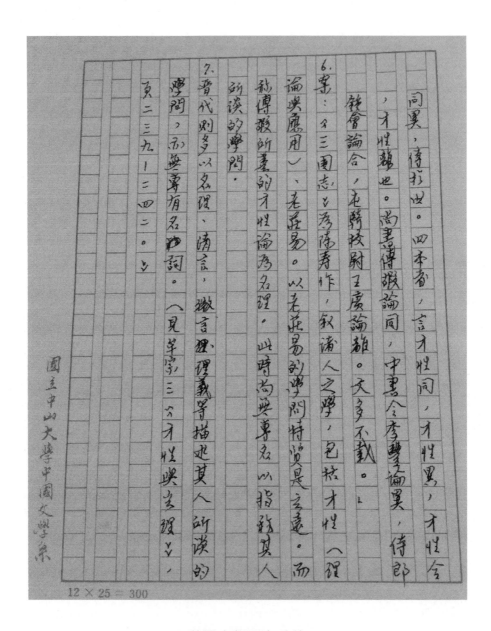

同異，傳於世。四本者，言才性同，才性異，才性合
，才性離也。尚書傅嘏論同，中書令李豐論異，侍郎
鍾會論合，屯騎校尉王廣論離。文多不載。」

6.案：〈三國志〉為陳壽作，敘諸人之學，包括才性（理
論與應用）、老莊易。以老莊易到學問特質是玄遠。而
經傳發所蘊的才性論為名理，此時尚無專名以指稱其人
所談的學問。

7.晉代則多以名理、清言，微言理理義等描述其人所談的
學問，而無專有名的詞。（見華字三六才性與玄理〉，
頁二三九～二四二。〉

魏晉玄學研究手稿

輔仁大學課程計劃表　　　第一頁

課程名稱	文學理論
學分數	二
必修 選修	選修
開課院系所	中國文學系三年級
學年度	78
上課期限	一學年
任課教師	王金凌
課程說明	1. 本課程研究中國文學理論。 2. 中國文學理論是傳統士人思想結晶之一。 3. 思維方式影響思想內涵。 4. 傳統士人思維方式有三次轉變：巫史，形上，和假設—驗證。 5. 本課程所研讀的文獻根據上述轉變安編，並附每一單元的背景書目與論文。
課程大綱	單元一： 1. 論語選。 2. 毛詩大序。 單元二： 3. 曹丕，典論論文。 4. 陸機，文賦。 5. 劉勰，文心雕龍（選）。 6. 鍾嶸，詩品序。 單元三：

「文學理論」課程計畫表

第二頁

	7. 韓愈, 答李翊書
	8. 楊萬里, 江西宗派詩序
	9. 嚴羽, 滄浪詩話
	單元四:
	10. 王國維, 紅樓夢評論
書目	單元一:
	1. 柳詒徵, 國史要義, 中華書局
	2. 張光直, 中國青銅時代, 聯經
	3. 許倬雲, 西周史, 聯經
	4. 余英時, 中國知識階層史論, 聯經
	5. 方東美, 原始儒家與道家, 黎明
	6. 牟宗三, 中國哲學十九講, 學生
	7. 孟子選
	8. 荀子, 禮論, 樂論
	9. 呂氏春秋, 召類
	10. 王金凌, 中國文學理論史 (上古篇), 華正
	單元二:
	1. 范曄, 後漢書宦錮列傳
	2. 余英時, 中國知識階層史論, 聯經
	3. 湯一介, 郭象與魏晉玄學
	4. 方東美, 大乘佛學 (僧肇三論章), 黎明
	5. 古詩十九首

「文學理論」課程計畫表

第三頁

6. 王粲，七哀詩。

7. 石崇，金谷園詩序。

8. 王羲之，蘭亭集序。

9. 中國王金凌，中國文學理論史（六朝篇），華正。

單元三：

1. 嚴耕望，唐人習業山林寺院之風尚（錄於唐史研究叢稿），弘文明究所。

2. 陳寅恪，讀鶯鶯傳（錄於陳寅恪先生論文集），九思。

3. 釋印順，中國禪學史。

4. 錢木大拙，禪與心理分析，幼獅。

5. 郭紹虞，滄浪詩話校釋，東昇。

6. 黃景進，嚴羽及其詩論之研究，文史哲。

單元四：

1. 段玉裁，說文解字注（「論」字），藝文。

2. 李日章譯，西方近代思想史，聯經。

3. 郭湛波，近代中國思想史。

4. 李澤厚，中國近代思想史論。

5. 柏格，飄泊的心靈，巨流。

6. 柯慶明，現代中國文學批評述論，大安。

7. 葉嘉瑩，王國維的文學批評。

8. 葉嘉瑩，中國詞學現代觀，大安。

「文學理論」課程計畫表

目次

上冊

下冊

序

這是一本尊師重道、薪盡火傳及溫馨可感的紀念文集，我沒想到五年後竟真的能出版了。

民國一〇一年先生以六十三歲，也是人文思索最璀璨光華的「盛年」，生命戛然畫下句點，真是令人難過與錯愕；對他本人來說壯志未酬更是非常的不幸，我自己也在狂躁、憂鬱侵蝕下有實難言喻的傷心，但這是一個無奈的事實。

所幸，有學生林秀富提供二〇一〇、二〇一一學年度的錄音資料，是先生在輔仁大學中文研究所開設的「先秦學術專題研究」、「魏晉玄學專題研究」兩門課，於是自二〇一二年的十一月二十四日開始，感謝受業弟子賴哲信、高瑞惠、許朝陽、吳智雄、郭士綸、蔡昱宇、陳必正、陳恬儀、鄭垣玲、胡文欽同學等成立遺講整理小組，由郭士綸居中聯繫，共同完成《先秦學術講學錄》上、下冊、《魏晉玄學講學錄》共三本遺稿，這段期間：哲信擔任系主任公務繁忙；恬儀、必正、垣玲及文欽皆上有高堂至親亟需親侍湯藥；智雄甫術後不宜操勞；瑞惠、朝陽、士綸忙於升等或博士論文，昱宇也有其他工作奔波，大家總是抽出僅有的時間，黽勉同心、全力以赴。每思及此總是感激、感動不已。最後經輔仁大學中文系系主任許朝陽、海洋大學人文社科院副院長吳智雄兩位教授努力審訂及奔走連絡，在萬卷樓圖書公司總經理梁錦興、副總經理張晏瑞兩位慨然相助下，終於能讓本書在其五週年忌日及時出版。

先生曾說:「心靈必須衝破自己的形體,才能和無數心靈交會,缺乏恢拓的心靈,即使借形法而會合,不過徒留失望而已。」願這些尚存的錄音遺講,能傳載、再現他無形、恢弘的精神,在廣漠的心靈中與讀者交會。

本書由三位子女:肇仁、清若、婉若共同出資付梓,以報親恩,以解孺慕。

韓玉彝　謹記於民國一○六年九月十二日

編輯弁言

　　在接下本書逐字稿的總整理工作後，幾種「重」的感覺，不時地在心中交雜著浮現。

　　一是「沉重」，眼中看著電腦上的一字一句，耳裡伴隨著錄音檔的聲音，年少時在西子灣畔教室聆聽老師上課的場景，仍彷彿昨日般歷歷在目，但如今哲人已萎，怎能不令人感到心情的沉重？

　　二是「器重」，老師教導過的優秀學生何其多，而我竟能忝為本書的總主編之一，這份信任與託付，如何不讓人感謝師母的深盼與器重？

　　三是「繁重」，最後匯集給我的全部逐字稿，粗估就有四十餘萬字，要梳理這麼大量的學術錄音文字，讓它能以組織化的面貌呈現，豈能不讓人感到工作量的繁重？

　　四是「慎重」，老師的學問廣而深，講課時旁徵博引，經常信手拈來恰到好處，此種厚實的學術涵養，絕非駑鈍如我者所能望其項背，怎會不讓人戰戰兢兢地慎重此事？

　　五是「任重」，這份錄音檔是老師辭世前一年在「先秦學術專題」課程中的講課內容，成書後可視為老師晚年的圓熟之作而傳諸久遠，此番重責，焉能不讓人感到任重而道遠？

　　就在這五種「重」的感覺下，歲月也同時在全書三階段的整理過程中悄然地流逝。首先是初校，潤飾文句、組織內容、刪除無關段落、理出全書結構、釐定講次章節名稱等等為整理重點，同時還要在

口語風格與書面文句間取得平衡，再加上能勻出的時間有限，一路走走停停下，大約經歷了近三年的時間才完成，是耗時最久的階段。其次是細校，除了進一步修改初校稿文字外，另外還蒐集了課堂中曾提及的論文、講義並逐次編排。最後是定稿，一面統一全文用字並再精簡文字，一面決定附錄文章，為省篇幅，凡正式發表的期刊論文不收，僅於正文中註明參照，所收錄者乃以會議論文、教學講義為限。閱讀本書正文時，若能參照附錄文章，將可收相得益彰之效。

千里之行，始於足下。雖然歷經了五年的光陰，但只要腳步邁開了，即使再遠的路，終有走到的一天。而且我不是踽踽獨行，過程中的群策與群力，是本書得以順利面世的關鍵。感謝編輯小組成員分工聽檔轉謄逐字稿，感謝所有曾參與編輯工作的工讀人員，更感謝師母的全力支持。有了大家的同心協力，我們才能一起完成這項有意義的工作。

老師曾在課程的尾聲中說到，人生命中最基本的問題，最終都會歸結到「養心」與「修身」；而養心與修身，其實就是所謂的「道」。接下來，就讓我們在老師的帶領下，共同來探索人生的——「道」。

吳智雄　謹識

第一講
先秦學術的基本問題

知識的層次

　　我給大家的講義中，有一篇是〈道德經的虛靜世界〉[1]，另一篇是〈人文學術在消融生命內在衝突中的作用〉[2]。這兩份講義主要在讓大家思考，探討學術問題的作用在哪裏？也就是說，從宏觀的角度來看，人的生命有不同的層次，不同的層次會遭遇不同的問題，不同的問題會對應到不同的知識，所以知識是有用的、有功能的。只是知識雖然有其功能，但同時也有其侷限。因此，一層一層的知識往上走，到最究極處，莫過於人的精神。因此那兩份講義，簡言之，也可以說是在講人的精神發展或心靈發展：從人的動物或生物層次，以進於社會層次，然後進入到精神層次。我們所有的知識大抵不出這三個領域，用現在流行的話叫作「知識地圖」。

　　若不加定位，往往讀則讀矣，讀得也很有趣味，可是不曉得作用在哪裏？漫羨無所歸心。一旦了解定位，知道所讀何為，才會去了解這個知識跟其他知識的關聯性是什麼？當你懂得知識的關聯性，讀書才能旁涉出去，而不會在一個窄的範圍裏去看問題，才能夠從一個寬廣的範圍去看事情。說穿了，這就是孔子所謂的「由博反約」。

　　孔子的「由博反約」，朱子注解為「博學、審問、慎思、明辨、

1　編者案：本文曾刊登於《輔仁國文學報》，第26期（2008.4），頁47-71。
2　編者案：本文曾發表於國立政治大學中文系「百年論學第五十八次研讀會」，2011.1.8，詳見本書附錄一。

篤行」。篤行所行的，就是《大學》、《中庸》裏所講的「行」的內容，老、莊所講的精神境界也是一種篤行，佛教中的各種方法就是篤行，最後會落實到人的身上。如果沒有「行」，人的問題依然會存在。

哲學、思想、學術的區別

先談幾個觀念上的問題。第一個先談關於哲學史、思想史、學術史這幾個詞彙之間的差異，在百年來的東西文化交流裏，我們容易拿西方的學術概念來看中國思想。所以目前來說，哲學系用「哲學史」來討論中國的思想，這是仿西方的名稱；歷史系用「思想史」，有時候用「觀念史」。那在過去呢？不管是梁啟超，或者是錢穆，他們都叫作「學術史」。

在這幾個名稱裏，「學術史」是比較貼近過去傳統思想的發展。「哲學」這個名稱，其實是日本人先翻譯的，我們沿用，也把 philosophy 翻譯成哲學。西方哲學有它的探討對象，哲學跟其他的學問的不同在哪裏？它在希臘文的意思就是「愛智」──熱愛智慧。愛智的時候，要探討的就是先窮究一切事物最後的原因，西方人稱為 Reality，就是「實在界」。整個實在萬物裏，是誰在探討？人。於是更集中在人的存有，還有人的應然的問題。「應然」跟「實然」不一樣，「實然」就是事實是這樣子，但是「應然」就碰到了價值判斷，尤其倫理上的、道德上的價值判斷。

現實上發生一件事實，但這件事實的對或不對，是另外一件事情；在道德上是善或者惡，那是另外一件事情。可是這種追溯的方法，會往前推一個，再往前推一個，到最後會造成「無窮後退」，而找不到最後因，這種情形其實我在〈道論與氣論的思維方式〉[3]這篇

3　編者案：詳見本書附錄四。

文章中有提到。從哲學來看，這就是「氣論」的追溯方式，我找到最後，最後就算在科學上我找到最後最小的物質，那這個最小的物質有什麼好厲害的，所以它就轉換成為「道論」。「氣論」是中國的說法，在西方哲學裏相當於「宇宙論」。譬如說，希臘人認為宇宙萬物的起源在哪裏？在水。水又從哪裏來？不知道。那轉換為另外一種方式呢？西方是用邏輯，變成了一種推論。推論的意思是說，每一個東西都是部分的，我們所知道的通通都是部分的。當我們認識一個東西，它是部分的；但是同時我們又知道在這個東西之外，還有另外一個東西，於是我們去認識它；但在它之外，又有另外一個東西。這個會產生一種無窮的推理，於是人的認知裏就預設了一個叫作「無限」，它是整體的、它是無限的，它是一切，我們也在它裏面。這種預設在西方叫作 logos，中文就叫作「道」。如果用宗教的觀念去講，就會變成「神聖的神」。

　　至於「思想」，則介乎「哲學」跟「文化」之間。「哲學」往往指某個哲學家，「文化」則是一般民眾所形成的各種觀念。「思想」就介乎這兩者之間，也就是沒有哲學那樣嚴謹的或學術的系統，但又不至於到非常通俗的普通觀念。同時，思想又流行於當時社會的某個層級裏，以中國傳統來說，基本上是指士大夫層級的共識；也就是說，如果以人來區分的話，哲學是少數哲學家的專利，思想是士大夫的東西。至於文化，則是老百姓所流傳下來的傳統、習俗、觀念等等。歷史學裏，「思想」的英文叫 intellectual，不是 philosophy。

　　至於「學術」，則是中國傳統既有的詞彙。基本上，中國傳統講學術有兩個重點：第一，是理性的；第二，是要端正當時一般流行的觀念，這叫作正俗，端正風俗。學術往往也可以稱為「道術」，因為學術的背後有一個更高的依據，那就是「道」。

　　在哲學、思想、學術這三個詞彙中，我比較偏向學術或學術史這

個詞彙，這跟中國知識的起源有密切的關係。因為中國知識起源在哪裏？誰來掌握傳播？史官。不管是殷、商、周代，尤其到周代，史官在王室裏的角色，以現代的語彙來講，就是智庫。後來封建崩潰，到了春秋離散、知識普及以後，這些知識就從史官開始擴散，後來再擴散到「士」。「士」本來也是屬於王官，只是他是最低階的，有文士，也有武士，但是後來就泛指了，從春秋晚期到戰國以後，一直到清朝，都泛稱為「士」。「士」的性質是接受過教育，在當時的社會有一種引導作用，現代稱之為「精英份子」。由於知識是從他們擴散出來，你就得看他們關心的是什麼？中國的士所關心的跟蘇格拉底、柏拉圖、亞里斯多德、希臘辯士派的人不會一樣，因為他們是在一個城邦裏。而中國的這些士在哪裏？在中原這個地方，它是一個帝國。在這樣的帝國裏，他們從過去以來的觀念就是要進入帝國裏的官僚體系。為什麼要進入官僚體系？有兩個目的：一個是提升自己的社會地位，光宗耀祖；另外一個就是經世濟民。由於這兩個觀念，所以他們看待問題的時候，大部分都朝向社會政治裏所涉及的各式各樣的問題。

自古以來，從社會、政治來講，強調的都是「安定」，他們非常重視國泰民安，最怕的就是「動亂」。因此會從安定入手，談安定的方法，從最底層的百姓生活，一路上升到統治階層，而這最典型的就是《大學》所表現的思想，也就是誠正修齊治平。至於萬物的起因，並不是關注的所在。偶爾會有文人有「江上何人初見月，江月何年始照人」的感興，誰第一個看到月亮？月亮什麼時候開始照著這個大地？這時他會一時興發地去想這些事情。這一類的知識，從《漢書・藝文志》可以看到，探索萬物自然，大部分都是來自神話脈絡的知識，而不是來自於六藝脈絡的知識，不是來自於周王朝治國所需的《詩》、《書》、《禮》、《樂》、《易》、《春秋》。所以從這裏大家可以了解，中國傳統士人關心的跟希臘哲人關心的面向是不一樣的。中國傳

統士人固然也會涉及到這些問題，因為探討到最後深入了，就會碰觸到這個問題，只是關切處不一樣。

先秦學術問題的起因

現在扣緊先秦學術的相關問題來談。傳統上講到先秦，往往就是「禮壞樂崩」一句話。用我們今天的話來講，「禮壞樂崩」就是宗法的社會制度跟封建的政治制度產生了結構性的缺陷，最後瓦解而崩解掉。為什麼會崩解掉呢？首先，我們要先區分社會組織、社會結構跟政治結構，這三者是不一樣的東西。宗法是社會組織的單元社會結構，封建是進入到政治。基本上，先秦時代，可以說在孔子之前就已經存在這個問題。你看《春秋》經所記的第一件事情，隱公元年「鄭伯克段于鄢」，就是問題了。那是什麼問題？繼承。封建制度裏的繼承制度碰到了困難。再往上推到西周時代，大概從厲王開始就出現問題了。為什麼？尾大不掉。諸侯的勢力凌駕在天子之上，那這樣落實起來就困難了。

在中國社會史、政治史，或者一般通史中，大部分都只討論事件的變化，但我所著重者則是「制度」。每一個由人所創發出來的制度，都是因應當時的問題而提出，所以這個制度在當時確實可以發揮功能，進而解決問題；但是過了一段時間以後，這個制度原來所要解決的問題已經消失了，但又產生了新的事情。於是這個制度就開始不相應，而出現功能遞減的情形。學術語言稱這種情形叫作「結構性的缺陷」，普通來講，就是中國傳統所說的「吃人的禮教」。禮教是一種制度，一個規範，它為什麼吃人？它原來不吃人的啊！它原來幫助人幫助的很好啊！可是後來環境改變了，但你還是照它原來的辦法，結果它當然吃人，因為這個時候的制度已經有缺陷了，運作起來當然就非常的困難。

　　學術問題脫離不開現實生活，只是我們為了討論的方便，而將問題從現實生活中單獨提出來，只專從理論上討論；久而久之，便會忘掉這是為了最底層的生活而存在的。一旦遺忘了，就會在理論中轉圈圈，但現實生活是變動的，如果只是在理論中討論，就會變成食古不化，不知變通。這是在研究先秦學術時，必須先把握住的基本認知。

宗法封建制度

　　先秦主要的時代問題就是宗法封建制度的崩潰。其實宗法制度的崩潰，到今天還是一樣。諸侯王跟周天子的關係，用今天的話來說，周天子是總公司，諸侯王是周天子旗下的各大企業。諸侯王的各大企業為什麼可以存在？因為是私有的。今天的私人企業，情形也是如此；換句話說，現代企業的私人事業，尤其在東方的國家，都碰到同樣的問題，就是從春秋以來所講的財產繼承問題。

　　中國傳統的問題，幾乎都環繞著先秦的宗法封建而來，即使唐宋以後也是。《紅樓夢》、《水滸傳》跟封建有沒有關係？有啊！在封建底下，貪官讓民不聊生，農民成為盜賊，就是中國傳統的固定模式。這就是為什麼只要把握了宗法封建的結構跟運作模式，就可以把握住中國傳統的時代變遷。

　　乃至於到了今天，雖然宗法的影響力稍微式微，但是基本的模式都一樣。以臺灣現在的民主模式來看，不是像歐洲、美國那樣以個人主義為基礎的民主，因為臺灣的民主有地方派系。為什麼會有地方派系？那就是宗法。宗法本身會變形，宗法原本是家族的觀念，但是之後為了擴大，會從家族擴大到地方，所以才能夠說人不親土親、老鄉……等等。中國人的地域觀念很強，從宗族到老鄉，就會形成一個地方的勢力，這樣的地方勢力在選舉時，就會出現白派、黑派什麼

的。這種地方派系，東漢叫作「豪右」。英豪的豪，右是表示以右為尊。這些豪右，不是地方上的有錢人，就是有族人在朝為官。這是屬於宗法制度下的一種變形，之後擴大到鄉里，就像現今的臺灣這個樣子。

什麼樣情況下可以打破這種地方派系的宗法？當都會化越大的時候。比如說在臺北，因為臺北居民來自四面八方，如果要以宗法擴大，搞老鄉、地方派系，就不容易，因為比較多的是游離的個人。換句話說，當社會結構改變而變成疏離的個人時，宗法就無所依附。所以基本上臺灣是屬於宗法殘留的民主，而不是歐美個人主義的民主。大陸更是如此，動不動講富二代、太子幫，那都是什麼？中國傳統宗法觀念的殘留。這種情形無關好壞，它是一種社會現實，我們只能依附在這樣的社會現實基礎下，按它的規則運行。有缺點，也會有優點。沒有一個制度只有優點沒缺點，或者是只有缺點而沒優點，只要優點多過於缺點，就大體可取。同時在時代的變遷當中，它自己會慢慢地調整。

第二講
先秦學術的文獻與論題

閱讀原著

　　上個禮拜我們談過，哲學史、思想史、學術史，各有其偏重點，我們採用的是學術史的觀念，所以課程也叫先秦學術。在中國傳統典籍裏，以後的中文系恐怕慢慢的只剩下文學，經學跟諸子的課程很難開了，史部大部分都是在歷史系開。但歷史系也不太會去讀原著，除非做研究；換句話說，現在大家讀原著的機會或是興致越來越少。不讀原著有什麼缺點？就是永遠靠著別人。這就好像媽媽把飯咬碎了餵給你，不是你自己吃飯，而是吃人家咬碎的飯。這個飯咬碎了以後，五花八門，有各式各樣的味道啊！到底哪一個味道是比較適當的？各個時代都不同。所以，既然大家唸了研究所，有機會還是要儘量讀原著。

　　比如說，中文系為什麼要開《史記》？中文系從開辦以來就一路開《史記》，因為它有很重要的作用。《史記》記錄了史料，即使後來新出土的史料也只能作為訂正的輔助。《史記》從三皇五帝，一路到殷商，夏、周三代，到春秋戰國，乃至於漢代初期，可以作為了解在文化形成初期時的整個背景，還有那些思想的要點。所以，閱讀《史記》可以了解文化開始時候的樣子。

文化的基因

對於文化，我引入生物學的基因觀念。文化有沒有基因？文化也有基因。生物學會有演化、突變，文化有沒有？一樣有，像宗法制度就是一個基因。人為什麼要強調孝道？在宗法制度底下必須要有孝道。孝是什麼？我給它的一個名稱叫作「代間互助」——兩代之間互相幫助。由現實生活中的互相幫助，然後慢慢提升上來。人是特殊的生物，有互動就會有感情；把感情再提升上來，就成為一種道德，認為這是天經地義的道德，開《史記》的目的就是這裏。

在文化傳衍中，從目標到對於世界的分類，再到對於困難的解決方法，都具有一種基因的作用。「基因」一詞，也可以換成另外一種社會科學的觀念，叫作 model，就是「模型」，或者叫作「模式」。這件事情的模式在那個時代是這樣子，後來在現象上會有變化，但基本的模式是一樣的；就是說，這種模式的觀念，可以用其他學科的觀念來想。比如說數學的「函數」，同一個函數，不同的時代代入不同的數字，得出的結果雖然不一樣，運算也不一樣，但實際上都是根據了同一個函數的觀念。

不管用數學的函數，或是用社會科學的 model 觀念，又或是生物學的基因觀念，在人文語言的背後就會提到什麼？理。就是道理的「理」，這個「理」，你也可以說它是一種「法」——law，一種法則。

「理」當然有很多種，也有很多不同的層次，在唐君毅的《中國哲學原論》中列了很多，但我覺得他少了一個。不同學說都在談「理」，玄學談玄理，佛教談佛理，落實到現象世界來，人有四情，所以有四理。那所謂的四理之外呢？人的各式各樣規範有什麼？「法理」。唐君毅沒有提到法理，法理在中國古代乃是以禮樂的「禮」來作代表。為什麼用禮？因為早期祭祀是非常重要的活動，禮跟祭祀有

關。你可以從《說文解字》中意識到禮的意思，禮是屬於祭祀範圍裏的一種活動。社會的所有規範都透過了祭祀，在祭祀的場合，如果用函數或模型的觀念，相對來講就等於現在的立法院，它的類型就是最高的、最後各式各樣規範的設定者，祭祀就是這樣的場合。所以開設《史記》課的目的是如此，其他經學的課程也是如此。

閱讀古籍有兩個層次。第一個層次就是我對《尚書》這部書，包括傳統經學所談的，或者國學導讀、經學通論裏所談的，它的篇目真偽、流傳、版本、注釋……等等，這是當作文獻來看。然後進入到內文裏又有很多訓詁的問題，所以各篇的意義才能夠先把握住，這是第一層次。到了第二個層次，就是把裏邊所談的內容抽出來到「理」的層次，然後跨到不同的時代，尤其是跨到自己的當代。如果你是唐朝人，用唐朝的經驗去看；是清朝人，就用清朝的經驗去看。你是現代人，當然就用現代的經驗去看。當你用這樣的經驗去看，你會發現古人的思考並不見得比後代人差，他思考的周延程度，有時候比後代人還要來得更寬廣。透過第二層的閱讀，才能感受到經學、經義的貢獻、功能。

生命的三種層次

接下來要談的是生命的不同層次，包括生物的、社會的跟精神的。

首先，人的生物性一定要談到，因為人主要就一個 body，你的 body 就是一個生物，那是你最基本的立足點，所以人對身體的養護才是最重要的。你想想看，我們有多少的知識都投注在生命的養護，衣、食、住、行所牽涉的知識通通都在這個地方，甚至可以說所有的自然科學，都直接、間接地轉換為科技，然後 output 出來的產品，幾乎都是來供應生物生命。從表面上看，我們是探討學問，物理學、數

學、化學，但這些往下一層就變成技術，落到工程、電機、電腦、機械。再落下來一層到能源，再落下來一層到各式各樣的製造。從紡織到鞋子，到各式各樣的化學藥品，到各種生物生技產品，包括面膜，是不是都是在維護你的生物生命？平常我們不會想到這些，各門知識看似孤立，但是如果以寬廣的角度去想，所學的東西通通會匯歸到你的生物生命來。用直接、間接連鎖性的思考方式，投注在生物生命上，就會形成生物鏈，一個一個連鎖，不會孤立的，少了中間一個，後面跟著就完蛋了。

除了生物生命之外，人還有社會生命。人不可能是孤立的一個人，因為會活不成，這個社會生命一定依附在組織裏。組織有各式各樣不同的型態，每一個組織把這些人納過來的時候，第一個社會性就是「分工」。簡單來說，最原初的組織叫「原生組織」，那就是「家庭」。然後，因為社會分工、技術提升，會產生一種「衍生組織」，衍生出來的組織也可以說是功能性的組織。功能性的組織基本上有兩大類：第一大類沒有選擇，像國家；另外一類，你有選擇，各式各樣的職業團體、宗教團體，人可以同時在各式各樣不同的組織裏面。所有的組織進而要分工、合作，才能滿足每一個個人的需求。組織的目的不就是這樣！如果組織不能夠滿足每一個個人的需求，我要這組織幹什麼，對不對？

但是組織注定無法滿足每一個人的需求，即使滿足了，往往也會有分配上的不平等，包括財務、權力、名譽。因為在社會系統裏，人除了要活著，還要什麼？第一是財，第二是權嘛！職位高不一定有權，也不一定有錢，但是比較容易。所以財、權、名位，就是他要的東西。由這些東西再延伸出來，還要什麼？美。那種美不是藝術、精神上的美，美也算是名的一種。要滿足這些東西，最基礎的要靠著合作、分工、交易，然後這些東西背後通通要有規範。這種規範的類別

很多，從早期部落社會共同有的風俗習慣，一直到形成國家型態的法律。除此之外，還有一些大家約定俗成的，現在大陸叫「潛規則」；就是它不屬於法律，也不是風俗習慣，而是這個地方的人在互動時的一些規則。這些規則有時屬自我保護，有時是用來斂財，有時是用來接近權力，不一定都是指好的，這就是生態，每個地方都有，這樣子它的社會生命才能夠進展。

社會結構性的內在缺陷

所以在先秦，第一個重視的是禮。禮樂是一個廣義的稱呼，禮樂發生在什麼樣的場所？發生於統治者——天子；如果是諸侯國，就是諸侯王。但最終是天子，各式各樣的規範，都是在這裏形成，然後逐漸普及出去。裏邊各式各樣的規範，包括制度、法規、統治老百姓……等等，基本上都牽涉到規範。所以我們通常用「禮樂」這個詞來代表，但實際上它的意義很廣泛，上從典章制度到法律，到風俗習慣、行為規則……等等，這樣一層一層下來。有了這個東西，人的社會生命才能活動。但是問題出來了，因為人的社會本身上就有潛伏著「內在衝突」，我們就叫作「結構性的缺陷」。

人的生物生命為了要活下去，所以有欲望。在群體的社會裏，要滿足欲望，會要求分工；但是分工跟聚合，在運作過程中就會衍生出問題。當分工的時候，個體的數量比較多；聚合的時候，個體的數量就會比較少。這很簡單的道理啊！你學過植樹問題，對不對？一排樹一定比樹跟樹間隔的數目要多一個。同樣的，每一個人都分工，這兩個分工之間要聯繫上面，你用五來看，五上面是四，四上面是三，三上面是二，二上面是一。這是我們用模型去看，當分工越來越龐大，分工的層級就越來越大，所以基於分工而來的組織，基本上會是一個

金字塔型態。在這個金字塔型態裏，往上一層的數量少；但在原初理想的狀態下，上面一層的人，跟在底下一層分工的人都一樣，對不對？我們各取所需，那就是共產。

但實際上，上一層的所得一定比下層人的多。因為在上位者知道底下兩個乃至於三個，要統合所有的工作內容，具有資訊上的優勢，然後下命令（權力上的優勢），所以他的所得一定比較多。如此一來，是不是很自然的每一個個體都會想往上面走？這是必然的。因為往上是本性，並不是說往上走就是貪婪，這是社會在分工，同時又要合作的時候，客觀形勢把你的欲求推上去，這是合理的啊！但是在往上的時候，因為數目少，在底下的不免有爭。爭雖然會有公平的爭，但問題是，人性並不那麼單純。為了爭到，於是我們會用各式各樣的手段，包括符合規範的跟違背規範的（亦即合法跟不合法），再上升到道德上的善與惡。所以在一個社會裏，人的社會生命活動過程本來就蘊藏著這樣的內在衝突。除非你退出，或者說你根本不多要，只要一小份剛剛好可以用就好，再多我也不要。當你做這樣選擇的時候，維繫了你的生物生命跟社會生命，但是避開了在社會生命中跟別人死去活來的鬥爭，因為那些得不償失，對不對？

你發現這樣爭，最後爭到了又怎麼樣？爭到了以後你變成眾矢之的，大家又會來搶，要不然就是爭到之後就死掉了。因為爭的過程中耗費太多的經濟成本，最重要的成本當然是你的身體健康，那就退出。這種退出的模型，形成學術上或是對人生、對處在社會上的一種觀念，在中國古代屬於道家。在道家之前，就是隱退者。孔子跟子路去周遊列國，碰到了荷蓧丈人這些人，這些人就覺得不值得嘛！你投注在那裏邊，最後得到的東西是虛幻的，超出你的需求太多。你需要的很有限，最需要、最重要的是你的 body 跟內心的快樂。結果呢？沒有，但你投入太多在那個組織裏面，只好不走。其實這種認知，上

古時代就有，不是說「日出而作，日落而息，帝力於我何有哉」？荷
蓧丈人也做如是想，是不是？從荷蓧丈人以後，到了道家，凝結成比
較有系統的學說，開始了這樣的觀念。但如此一來，人是不是就
「好，這樣子吧！那我們就都走啊」！人都走了，組織就一路瓦解
啦！因為他沒有辦法提出一個正面的方法，讓大家可以在社會的層次
裏一起合作，而且合作得很愉快。所以，要提出一個正面的想法，如
此，生物生命得到滿足，社會生命也得到滿足。

　　當不斷朝這方面想的時候，就形成一種思想、學說，那是誰？儒
家。尤其是〈禮運・大同〉篇，多好啊！大同嘛！大家都合作，當中
沒有社會的內部衝突，非常和諧，是一個井然有序的社會。西方有沒
有這樣的講法？有啊！烏托邦，Utopia。現在人有沒有這樣講？有
啊！香格里拉。那是老外寫的小說，到底香格里拉在哪裏？也不知
道。假想出來的，這就變成了桃花源。桃花源不是只有陶淵明寫的那
篇文章，《太平廣記》裏就有很多。《太平廣記》記錄了從魏晉以來很
多的雜篇、短篇小說、故事、筆記。魏晉南北朝這一段時期，很多人
嚮往桃花源這樣的地方。桃花源這種產物，其實是一種不滿足之下的
反應。對什麼不滿足？社會結構性的內在缺陷。

各種思想學派的衍生

　　這種社會結構性的內在缺陷，以人性來講一定會發生的，所以烏
托邦這樣的模型演變下來，近代共產主義也結束了。社會生命裏最困
難的就是這一點，只能不斷用很多的規範，要求你遵守、維持。當你
要用規範，規定大家說「你們可以爭，但要合乎公平，這規範是公平
的」，但是這規範總要有執行的人啊！執行的人公平不公平，誰知
道？所以我們對自己要監督。不是民主時代才有監督，古代就有。御

史負責糾彈百官，我們現在的監察院就是模仿古代的御史而來。但是監督者本身也是人，也是在這個組織裏，這些人要不要被監督，要啊！這樣繼續下去，就會變成無窮後退，沒完沒了，因為監督者又需要有監督者？怎麼辦？沒辦法。所以黃宗羲在《明夷待訪錄》裏有一篇文章叫〈原法〉，就提到這個問題。如果要監督，那就是無窮後退，於是就產生另外一種新的觀念，要求什麼？個人。要求你不只是遵守這個法，更重要的是你得主動、願意去守這個規則。要主動、願意守這個禮，必須具有崇高的道德，於是儒家就來了。但碰到那麼龐大的利益，你能不要嗎？這就陷入儒家所講的「義利之辯」。所以孔子說：「君子喻於義，小人喻於利。」有君子，有小人，社會還是有衝突啊！

　　從這個方向來看，可以發現很多看起來很崇高的思想，其實只是人在社會處境下各式各樣不同的選擇罷了！選擇的時候形成你的思想，之後越講越多，就變成了各家各派的學說。例如理想的分工，和諧，沒有衝突，這是大同學說。理想的分工裏要嚴格的遵守法，凡是不遵守的要嚴格懲戒，這是韓非。當要求遵守這些法規，但人不太可靠，於是要派人監督；可是這個監督者後來掉到了無窮後退，所以我們只能求諸於道德的自覺，這就是儒家。檢討這些東西要那麼地費力費心，到頭來還是一團亂，乾脆走人，那是誰？隱遁者。隱遁者不完全是道家，道家有積極的意義。那種對道德的要求，最後能夠要求到誰呢？要求到這個組織最高位的人，儒家的觀念就是聖王；道家雖然不講聖王，但要求在上位者要能夠虛靜，其實就相當於聖王。

　　於是你可以看到各式各樣的學說，其實都是來自於社會。人的社會性裏的內在衝突，衍生出來不同的講法，隨著個人際遇不同，也許從思想上、積極上去提供辦法，也可能是情緒上為之沮喪，或者對它強烈批判。所以你看賈誼〈鵬鳥賦〉怎麼說？「貪夫殉財，烈士殉

名，夸者死權，眾庶憑生」，司馬遷也引用。雖然賈誼年紀輕輕，三十三歲就死了。他也看到了問題，可是跳不出來，跑不掉。所以追溯各種問題的根源，最後發現原來根源在人的社會性結構缺陷、內在衝突裏，即使換到今天還是一樣。這些衍生出來的各式各樣思想，並不能化解這個結構性缺陷的問題，只能讓它縮小在一個範圍內，波動比較小一點。先秦諸子乃至於到當代的各種思想，可說都環繞著這個問題而衍生出來。

社會組織一定走向分工，社會組織分工是涂爾幹（Émile Durkheim）的說法。其實不需要涂爾幹講，孟子早都說過了。孟子反駁許行，你能夠讓大家都跟你去種田嗎？那誰來分配？誰來管理？孟子講的是一種基本生活事實，只是被涂爾幹用社會學拉出來，叫作「社會分工論」。因此有些學說，其實只是常識而已。

分工的結果，一定導致金字塔。金字塔是一種模型，組成的素質不是那麼整齊。它的成分需要合作，同時需要競爭，甚至於惡性競爭，就變成鬥爭。假如要公平的規範，就是所謂的「法」，這時候法家就出來了。所有規範在弭平惡性鬥爭的時候，目的是要走向秩序，但是不一定和諧。有秩序，不一定和諧，秩序有時候繃得很緊。但規範的執行，背後需要有一個監督，監督會造成無窮後退，所以只好用一個辦法——訴求個人的德性。於是，求諸道德之學的儒家就出來了。但是即使如此，當求諸於道德時，道德之學是不是有保證呢？沒有，那是個人的。還有，人有那麼多，這些人有道德之學，那些人沒有，那要不要打？要打的時候，如果求助於道德之學，因為是群體社會，所以會分裂，就會形成剛講的義利之辨，形成兩種人，就是君子、小人，或正義者跟邪惡者。好吧！就算你是真的君子，但邪惡也可以冒充君子啊！因為你有技巧。如果正義跟邪惡不斷鬥爭，正義會不會自己也淪落為邪惡者？那就是道德的淪落，是不是？

假設競爭跟鬥爭的指數，一邊從 0，一邊從 10，指數波動很大，對不對？我們現在用法、用道德，只是儘量讓它的波動小一點，或許有可能從 0 到 10，變成 3 到 7。但可不可能完全的和諧而有秩序？不可能。這兩個東西的作用不一樣，針對的層次不同，好像濾網一樣。如果我們把法跟道德通通都稱為規範，就是 law。這個濾網，也就是法，前面還有各種的風俗習慣、禮儀。根據組織大小、型態的不同，可以分為幾種濾網，也可以說是倫理。最底下的是家庭，古代的話，可以說是家族。往上擴大到一般的社會，再往上到法律，再往上到政治。有些法律沒有辦法解決，必須要用政治手段解決。但是統合所有這些東西的最高層級是什麼？道德，道德要貫穿到全部四個層次裏面。可是道德又不能完全保障啊！所以始終是波動不停。正因為這樣波動不停的緣故，所以一個社會在它的歷史過程中，始終存在著既合作、又競爭的波動狀態，劇烈或緩和。當走到惡性的時候，這個組織就會結束，組織就會極端的動盪，然後再慢慢重新找出一個新的組織型態出來，這就是《三國演義》所講的，「話說天下大勢，分久必合，合久必分」。用小說講是這樣，用學說來講就變成什麼？治亂相仍，或者，物極則反。

這樣子來看，法家、儒家、道家都有了，甚至是隱遁者，那墨家的位置在哪裏？墨家在鬥爭裏發現了一個東西，就是在金字塔組織裏，在上位者獲利多，在下位者獲利少，所以他要弭平這個現象。他轉換了一個角度，不從規範上入手，也不從儒家道德義利上入手，他另外從「人群」的角度，用後代的觀念來講叫作「階級」，他從階級平等入手。講在上位者要如何對待階級低的普通老百姓，因此他才談兼愛。組織原本追求的目的是每一個人的幸福，但是最後造成一部分人得利，一部分人不幸。墨子所批評的角度是這個樣子，因此他在探討這個固有問題的時候，知道這個社會組織一定是不平等的，所以他

追求平等，這就是墨家，而他提出的方法，就是非攻。但既然是組織，總要有個一致性，所以講天志、兼愛等等。其實墨家所看到的這些方法，到近代世界是不是也同樣出現？那就是馬克思。從馬克思開始，後來資本主義再興起，到現在新自由主義所主張的全球化，不全都是這個樣子？

　　所以某一種學說、想法顧及到某一部分優點時，往往會忽略了另外一面的弊端，而且那個弊端後來越來越擴大，到今天就是什麼？歐債危機嘛！這是非常弔詭的事。按照新自由主義的說法，就是國家放任、少干預，預算減少，不要做太多社會福利工作，太多的社會福利工作會養出一堆窮人；另一方面，卻要社會福利、各式各樣保障，醫療等等。各式各樣社會福利，政府會因此支出很多。支出太多，這些資本家要負擔太多稅賦，因此就沒有誘因、沒有動機。沒有動機，我就跑到別的國家去。所以當你指責新自由主義所造成的全球化，會帶來高度貧富不均時，要求政府用凱因斯的方式，讓人民充分就業，有好的社會福利，看起來大家都很高興啊！可是太高的社會福利、太高的充分就業，政府的支付過大，就會變成政府赤字。赤字一直加，再加上政客不會去壓它，反正有選票就好，到現在像希臘一樣，國家負債太龐大，最後就破產。國家破產，那你怎麼辦？人家破產，連鎖反應，大家就開始窮了。生活、物資，經濟整個就萎縮下來。所以你看歐債危機就可以知道，大家對希臘實在是頭痛得要死，你不能不幫它，可是你幫它又心不甘情不願，為什麼？我德國老百姓辛辛苦苦建立那麼好的經濟，給那個窮小子，他光吃喝，不幹事，政府支出一大堆，我拿錢去貼他，很不甘心吶！可是我不貼他又不行，因為我德國的銀行又買太多的歐債。他一倒，我就收不到錢啊！

　　人類各式各樣的制度，就是從這裏面不斷的衍生出來，因此從人的社會性組織內在缺陷去看，你想在人間找到一個太平世界、一個伊

甸園，那是不可能的！你只能讓它儘量趨近於好，而不要淪落到非常負面的地步。

　　所以，如果人只停留在社會生命，合作分工、合作競爭這樣的層次，說實在話，人始終還是跟動物一樣。就像校園裏邊的狗，狗會用尿尿來畫牠的範圍，別的動物聞到，這味道不是我們的，不要去，這就是國界。封禪就是這樣，我在這地方封了禪，這是我的地方，你不能進來，進來我就打你，所以封禪就是狗尿尿。從封禪到人類現在的跨國界也是如此，國界被侵犯的時候，對方就會提出嚴重警告，發表外交辭令，那就是什麼？吠兩聲，人的行為本質上很多時候是動物性的。但是人有知識、有文化，成為文明，用了符號，他的表現方式是不同的。但這種不同只是表象上的不同，而不是本質上的不同。你飛機越界，我就發表聲明，那就是狗吠嘛！如果你還一直侵犯，最後軍力就出現了，對打啊！那就是狗咬狗，這部分人跟動物是一樣的。但是因為人有思想，他發現另外一個讓自己覺得很愉快、很幸福的方式，這就是所謂的仁，所謂的愛。他在仁跟愛裏面，從有限度的，慢慢變成無限的心靈快樂，逐漸突出了社會領域，而進入到精神領域的範圍。

　　如果我們用生物的觀念來看，這個社會就好像一個生命體，一個生命誕生了，可是這個生命裏面有一個基因出了問題，隨時會引爆，一不小心引爆出來，這個生命就會動盪不安。你只能夠儘量把這個基因壓在潛伏的範圍內不要讓它爆，就像癌症基因一樣。如果壓在潛伏的範圍內，這個生命體的健康狀況就良好；如果不能壓住，引爆出來，健康狀況就不好，甚至於死亡。

《尚書‧洪範》的知識範圍

　　從上面的基礎來看《尚書‧洪範》，可以知道它所涵蓋的範圍很廣。它講到九疇，九大範圍，從五行、五事、農用八政、協用五紀、建用皇極、義用三德、明用稽疑，然後到念用庶徵，最後嚮用五福跟威用六極。我剛才有講過，它有兩個層次的讀法。第一個層次就是訓詁，知道它的意思等等。第二個層次就是把關鍵的概念拉出來，然後放到古今的角度來看。

　　如果從這個角度來看，我有給「九疇」做個表。[1]用現代人的思維方式，第一個造成的目的是什麼？五福六極，避開六極而趨向五福。但是怎麼做？分兩個部分。在農業社會，一方面要達到幸福，生物生命要得到供養，因此有五行、五紀、庶徵。五行代表對五種物資的認知；五紀，是屬於天文、曆法的；還有庶徵，是屬於所謂的氣象，這些在農業社會裏，都是其中一種科學知識，這種知識讓人們在農業生產中獲得足夠養生的物質。

　　另外一方面呢？是人類的社會性，成為組織。這個組織甚至於成為一個帝國，或者諸侯國，在這個國家組織裏，要注意兩方面的事：一個是五事、一個是八政。八政就等於制度，尤其是八政。比如說，八政裏的食跟貨是什麼？就是我們現在的經濟活動。祀是思想文化活動，司空是公共工程建設，古代司空主要是天子、侯王的事。司徒管教育，教育的對象大都屬於公卿大夫、諸侯的教育。司寇就管治安，賓就是跟諸侯之間的關係，師就是國防力量。這些該有的配到各部會，現代中央政府各部會差不多該有的都有了。

　　所有這些制度的背後，關於人的特質呢？就是五事。用現在的觀

1　編者案：詳見本書附錄七。

念來講，就是領導者的個人素養，有貌、言、恭、視、聽。放到現代的政治學裏，這叫作政治人格；在古代，就叫作王道或者君德。因為那個環境裏誰最具有影響力？在上位者。所以在上位者本身的主觀條件，就是五事。而在上位者要做的事情，就是八政。所有這些都要有一個最終的規矩，那就是皇極。所有的規範最後要歸到皇極，就是大公無私。它講什麼？王道。王道一定是蕩蕩，無偏無頗，沒有任何的偏私。你看清朝就知道了，叫作「光明正大」。「光明」──所有的人通通都知道；「正」──是一切的標準；「大」──具有普遍性。皇極一旦針對具體的、個別的事情，才有所謂的三德。其實三德，就是所謂的剛克、柔克、正直，也就是採用策略。因為事情來的時候，有時候你要正面對抗，有時候你要迂迴、要潛伏，這個是所謂的剛克、柔克、正直。

遇到疑難，古代因知識侷限，所以還是訴諸占筮。占筮有一個特徵，就是「從眾」。龜筮的權威性最高，其中龜卜又比占筮來得高。也就是說，兆文代表客觀知識，不是人為力量所能決定的。而至於其他的意見呢？包括大臣、百姓、個人的意見，就要從眾。轉換到近代來看，第一個要學術研究，得出來的資料是客觀的資料，這種學術研究當然未必代表真理，卻是到目前為止最好的，即便是最好的解釋，但是也要注意大家的心理接受程度。所以，實際上匯合了兩個部分，一個是智庫的研究；一個是民意調查。至於三德，那是看形勢，看什麼情況之下要用什麼方式，基本上是最高戰略。

第三講
宗法封建制度的結構、缺陷與瓦解

以學術史看問題

談中國傳統思想，可以從哲學史、思想史跟學術史三個方向切入。我偏向學術史，因為比較能夠如實反映涵蓋的範圍。第一，它超過哲學。因為哲學只討論西方哲學所著重的知識論、邏輯、形上學等為基礎所延伸出來的幾個問題。由知識論、邏輯，再追本究源，誰在討論知識？當然是那個「人」啊！人是一個存在，於是再去探討存在。存在的本質可分為兩條路，一條是宇宙論，在中國傳統稱為「氣論」，一切歸化到氣；另一條就是用邏輯的方式探討，部分預設整體，而導向了存有論。

探討出這個問題後，討論的人不只是孤立地求知，他在社會上又會延伸出倫理學。近代從包佳頓（Alexander Baumgarten, 1714-1762）以後，因為探討知識，接觸到藝術，所以從知識論延伸出來，叫作美學。現在我們動不動就用美學，用得實在非常浮濫，尤其在文科。文學是不純粹的美學，它有美的成分，而舞蹈、建築、雕塑、美術也都是不純粹的美學，只有音樂是最純粹的，沒有標題，只是聲音，它沒有告訴你任何的意義，你在裏面找不到東西，講不出意義。

如果將西洋哲學的路子套進中國思想，所有的精華都將失掉。孔子重視道德，那就用道德哲學勉強去套孔子的思想，講內聖還可以，

到了外王就掛空了！而且孔子為什麼要講內聖？那是外王的部分有缺陷，於是逐步走向內聖來的，所以用哲學這樣的概念硬套進去是不方便的。而且西洋哲學到近代以來，跟它的傳統宗教脫離，所以探討到後來，尤其是碰到形而上的問題，如二十世紀上半葉，它就碰到存在的焦慮。因為不再從實踐入手，而就西方世界或歐洲文明來講，宗教是它的實踐。中國文化也是如此，在佛教傳入以前，人們也講實踐，但是以人倫日用為主，類似宗教的實踐也有，只是非常少，著墨較多的有《中庸》、《大學》、《老子》、《莊子》，而孔子幾乎是談簡單的結論後就沒有談下去了。

至於思想史，現代學術偏重在史學角度，偏重在客觀的陳述。這樣的思想比較貼近現實的社會、政治、文化等等層面；但是一到人類精神提升的層面，碰觸的就很少，尤其是實踐的部分，根本就無法談。所以我偏向用「學術史」去看問題。

《尚書・洪範》的知識分類

先秦學術的知識分類，我從〈洪範〉講起。〈洪範〉就是大法，雖然是戰國時人的追記，但是有一個傳統，都是在口耳相傳的過程當中追記下來。你可以看「九疇」的涵蓋範圍非常廣，包括學術史裏的「學」跟「術」；而「學」上面又有「道」，〈洪範〉樹立了「皇極」，是一切形式的最終準則，就是我們所謂的「正義」。那麼它樹立的目的又是什麼？是「五福」，而與「五福」相反的就是「六極」。「五福」是在人的世界，而不是在宗教的世界。在人的世界裏，如果把「五福」放到當代世界來看，依然是非常切身有效的，其他的都是從制度、決策、品格這三方面來切入。因為一定有主導的人，主導人的品格就非常的重要。對於各式歷史變遷、社會變化當中的各種問題，

就要有策略，這個策略對應「三德」，有剛、柔、政治，那就是不同的策略。〈洪範〉所關切及涵蓋的問題，以古今來比較的話，都是差不多的，現代人所關照的問題，〈洪範〉同樣也關切，連關照層面都一樣，差別只是用語不同而已。

先從這個方面來看，目的是要提醒大家，學習的視野要寬廣，不要走專家的路線；至於具體的知識，因為現代學術教育特性的影響，我們會比較陌生，比如自然科學、社會科學，但是我們要知道它的重要，同時自己要多加學習來配合。

宗法封建制度的結構性特質

先秦時期最根本的問題起因在哪裏？在宗法封建制度的結構。我對於宗法封建社會的解說，跟一般歷史談宗法封建不太一樣，最主要的原因是我加上了起因於人性的所謂「結構性缺陷」。它既會出現在宗法社會，也會出現在資本主義社會，是人性在三個層次的衝突。

第一個衝突談的是生跟死。這個有宗教上的向度，這是沒有辦法的事，自然就是如此。第二個是個人在社會群體當中，其獨占欲望跟分享欲望之間的衝突與掙扎。第三個是進入社會組織結構裏，權力運作的本身自然就會有引誘力，造成人與人之間的衝突。宗法封建本身的組織結構，就蘊含上述這些衝突在內。

其實宗法觀念到今天都還殘留著，只是沒有古代社會嚴格。當殘留的觀念還在時，就會變化出很多不同的現象。宗法就像生物一樣，一個生物產生了，它要存活，不是靠單獨的個體，最簡單的方式就是靠組織裏的血緣關係，這血緣包括兩代、同一世代之間，它有橫向關係，指的是兄弟姐妹，縱向關係呢？指的是父母子女，可以再往上，祖父、曾祖、高祖……；再往下，兒子、孫子、曾孫、玄孫……。在

這樣縱橫的關係裏，他們互相關心、自我保衛，同時能夠自我生存。這是非常好的一種組織方式，有點類似數學裏的方形矩陣，有穩定性。

「動亂」這兩個字結合在一起成為一個辭彙，其實是來自於中國歷史上深層的文化結構。農業社會是一個穩定性的組織結構，它不像遊牧民族。這樣的組織結構，對於混亂的觀察，常常來自於──動。當你過度的、無秩序的「動」，馬上就跟著「亂」。在動亂下的組織結構，最會產生的問題是生存資源，當生存資源累積到某種階段就會產生問題。從生物性的生存角度來看，宗法社會一定要互助；當宗法社會上升到政治的方向時，首先就產生了繼承的問題。各位可以統計《左傳》裏所有的戰爭，包括內部的變亂，你會發現絕大多數都是因繼承問題而產生，從開頭第一篇〈鄭伯克段于鄢〉就是。在繼承裏有設定的規則，而這個規則還是要靠人去遵守，徒法不足以自行。但是這樣講也太軟弱，先靠人主動的意願去遵守，如果不遵守時該拿他怎麼辦？所以，規則後面接著就是制裁。

在宗法制度裏，由於繼承延伸出妻妾制。因為繼承，有嫡長子制度，有庶子制度，立嫡以長不以賢，立庶以貴不以長；但實際上，不遵守這些規範的都是在上位者，因為在上位者有勢、有權。春秋時代的宗法制度，不是以天下為單位，而是以諸侯為單位。為什麼以諸侯為單位？因為天下有些是同姓的諸侯，有些是異姓的諸侯。比如齊是姜姓，宋是子姓，楚是羋姓，彼此沒有血緣關係，對天子來講，你就不在他的宗法範圍裏面。所以講宗法是以諸侯為單位，而不是以天下為單位，這一點大家要先分辨清楚。

同姓嫡系相傳叫作「宗」。比如說，A 傳下來給 B，A 是第一代，B 是第二代，這一世系叫作「宗」，他的弟弟，或是他的嫡子或者庶子被分封出去以後，他要不要封？要。於是他再區隔出來，他有 B2 到 C1，表示是他這一支的標記，就好像是相同基因的代號；同樣

的道理，當他一路往下傳的時候，如 B2 的 n 輩，由於是 B2 開的這個宗、祖，所以我們可以講祖宗，「宗」是指這個血緣裏邊的代表者，代表這一系的延伸；「祖」是開創者。

農業社會所謂的「開創出去」，指的是土地的往外擴張。往外，指到沒有開墾的土地上不停地擴張，擴張就會造成土地接壤，土地一接壤就會產生糾紛，互相打鬥，這點可以參看《左傳》「齊人田」的鬥爭。其實，很多都是自己親戚，同祖或同宗彼此都有血緣的關係。這個「宗」與「祖」代表什麼？我給它一個名詞叫作「生產」。當生產不斷地擴大、往外延伸時，內部自己就會起衝突。這道理很簡單，前兩天有一則新聞，有一個人付不出房租就搬家了，房子裏面竟留了十二隻貓，鄰居發現臭味，找人來開鎖進去查看，竟發現十二隻貓只剩下兩隻，其他的貓竟給吃了，動物求生存是如此，人類也是這樣。如果我給你們畫個圈圈，限制只能住在裏邊，而你們要在這裏邊不停地繁殖，也就是要在這個宗法下，自己不斷地繁衍，最後資源夠不夠用？當然不夠用。一不夠就一定打鬥、爭併，這是生物法則。到今天也是如此，所以馬爾薩斯會提「人口論」，人口過度膨脹，碰到資源不足的時候，人就必須往外擴張，可是一往外勢必又會引起與外部人口的爭奪。所以在生物法則裏面，人口數是一個彈性，不能太少，也不行太多。太少，自衛能力不足；太多，資源又不足。

所以宗法制度是很自然發生的。各位試想一下，在農業生產的基礎下，能做好自我保護和不斷繁衍，最好的選擇就是宗族力的凝聚，其他別無選擇。而人不是聚集，就是離散，一離散就容易全部都死光，所以聚集是能做的最好方式。聚集一方面表示我們都是同一區的人，另一方面又需要分配。要如何分配？當同宗延伸出來的時候，如 B1、B2、B3、B4、B5，假如 B4、B5 是女孩子，能不能分家產？不能分。因為在以男性為中心的父系社會，女孩子嫁出去後若也分一份

家產，把土地及資源也帶走，娘家兄弟的資源相對就減少了。所以女孩出嫁只好用嫁妝補償的方式，讓她嫁出去的時候，不會被夫家人所輕視。古今嫁妝不同，可以是一棟房子，一些珍寶，象徵的是娘家的力量。娘家的力量如果強大，她就不吃虧，不會被欺負；若娘家的力量很弱，出嫁以後就很容易變成小媳婦，受欺負。

另外一面，在制度運作正常的時候，大家都遵守這個規則，各代之間的互相維繫，那就是「昭穆制度」。比如周，第一代有一些兄弟，這些兄弟如果是「昭」；傳到第二代也有兄弟，那就是「穆」；又傳下來到第三代，又是「昭」，再傳下來就是「穆」。這個「昭穆」放在什麼地方？放在祖廟裏，左昭右穆，昭是一代，穆是一代。活著的人也是，變成世代。在祭祀的時候，左邊昭，右邊穆，大家排隊自然排得很好。所以，不管在《禮記》、《大傳》、《左傳》裏，昭穆是合祖祭祀，祭祀完畢，大家一起吃飯，都認得這是誰，全部都是親戚。

宗法封建制度瓦解的原因

從家族擴大到諸侯，這個親戚是封在福建，那個親戚是封在浙江，要打仗就一起打，這是西周封建宗法還健全的時候。到後來分崩離析，禮壞樂崩，原因就在這裏（資源有限）。從這種情況來看，宗法封建一定會瓦解；但宗法制度之外，也沒有其他選擇啊！在春秋時代，禮壞樂崩了，能不能說調一個民主制度，讓大家來挑選？那時候有沒有人這樣想過？有啊！就是迂腐，或是說非常理想化的儒者。從春秋晚期到戰國，有一批儒者理想中的禪讓是傳位給賢者。但怎麼知道哪個是賢者？後面一定鬥爭嘛！所以禪讓根本不通。而且沒有基礎，你想想看，一個帝國或諸侯國，地方財產本來是我的。結果最後我找了一個外人，說你很賢能，你來接我的位子，不被其他兄弟打死

才怪，對不對？這是很簡單的道理。堯禪讓給舜，舜禪讓給禹，這是
假編的，不合常理的，當產業屬於私人所有的時候，他幹嘛要禪讓出
去？所以到了春秋結束，禮壞樂崩，歸結出原因，是因為諸侯王本身
所造成的鬆動。回過頭來，如果從天子到諸侯，把封建制度、兵力，
還有防守的城池，都規定的好好的，大家都守規矩，這個制度就沒問
題。所以關鍵在於守規矩、守制度。誰來主持制度？當然是天子、諸
侯王啊！所以儒家的典籍，一而再、再而三，強調的都是上位者本
身，己身正，就能維繫制度的運作；一旦己身偏頗，就會出現制度的
問題。而且沒有其他的組織方式可選，因為當時沒有民主制度，也沒
有實施民主制度的條件。

　　所以戰國結束之後，有鑑於封建王侯的造反，於是頭痛醫頭，土
地不分封給諸侯王，變成集權在中央，但這樣子是不是就解決問題了
呢？沒有。客觀形勢逼你不得不分給諸侯王，漢代初期就是典型的例
子。劉邦能說，我帶大家把秦推翻了，我當天子以後，跟秦一樣實施
郡縣制嗎？客觀形勢逼得劉邦不得不分封。為什麼？因為大家都有貢
獻啊！當初靠誰打天下的啊？就是靠這幫兄弟。從年輕時候跟你一起
跑的這幫兄弟，你不給他們，那行嗎？可是如果全給了他們，又擔心
春秋時代的那些事重演，對不對？

　　所以他稍微動了一下腦筋，分封給功臣的時候，同時也分封給有
血緣關係的親人。不但如此，因為當時不像現代有空中武力，只有地
面上的武力，所以對於分封的領土，再設計一下，讓他們不容易串
連，藉此控制他們的力量。桃園分封給同姓，新竹就給異姓，到苗栗
再給同姓，古代叫「犬牙交錯」。相互穿插，你要串連很困難。如果
要串連，就得跨過中間的地域。要跨過的地域，是我天子的同姓。劉
邦拿同姓的諸侯王來作為防衛，可是他哪曉得，最後出狀況的不是異
姓，而是同姓。所以人算不如天算，這個制度的設計，本身就有這樣

的缺陷。

因此，儒家很強調均等。《大學》說「自天子以至於庶人，壹是皆以修身為本」。它為什麼要強調「均等」？因為這是徹底的根本辦法。他要求庶人／個體的素質要提高，修身就會遵守禮、遵守制度，這是唯一能夠想到的辦法。但是這種要求是很困難的，只能說是理想。

所以，只要把握住宗法封建制度的特質，就可以了解後來所延伸出來的諸多問題。比如說民間社會裏，如果一個家沒有小孩，或沒有生兒子，為什麼要找自己兄弟裏的小孩來過繼？背後還是宗法觀念，因為我這一脈要有香煙。過繼的時候要不要挑？要。不挑的話，你弟弟或你哥哥找了一個很貪婪的過繼給你，最後你的東西全被搬過去了，你這一脈就沒有了！所以過繼的時候，會去找比較可靠、比較實在的兄弟，讓他的小孩過繼給你。到現在還是一樣，將兄弟的兒子過繼過來，背後都還是宗法觀念的殘留。

宗法的影響層面很廣，甚至像基因會演變。宗法開始於血緣，因為農業社會附著在土地上，所以會從血緣擴散到住在同一個區域而成為鄉里。因此，從春秋時代開始就講鄉黨，後來講老鄉。老鄉的觀念到今天還在，而且不同的地區之間，老鄉跟老鄉還會互相競賽，互相瞧不起。你看東漢時汝潁人物優劣論，汝南郡有出多少人才，潁川郡也有出多少人才等等。

中國人的這種鄉土觀念，直到今天的臺灣還是如此。越是農業社會屬性，殘留的觀念越強。你看，現在的選舉「搏感情」，開頭第一句話就是鄉親，其實誰跟你鄉親啊？現在大家都分散開來，到不同的地方工作了，流動性很強，不像農業社會需要藉此來凝結。早期有會館，有同鄉會。在前清的時候，北京各種會館都有，廣東、廣西都有自己的會館，有時廣東、廣西還合起來叫作兩館。會館的功能是什

麼？類似招待所，由鄉裏作官的或生意人贊助。各省鄉親到京城辦事或考試，尤其是年輕人來考試，很窮，沒有地方吃住，就到會館免費吃住，如果生意成功，或考上功名了，再來回饋，有栽培子弟的觀念。漢朝就是如此，漢朝最重視同宗的人，士人尤其如此。

傳統政治結構中的士人

在傳統結構中的士人，能夠選擇的出處，從理想、屈服、對抗到退出，就只有這幾條路子可走。中國傳統農業社會，百分之八十五的人口是農民，百分之十五（也許高估了，有時甚至萎縮到百分之十）才是識字的士人，還有王室。在這個金字塔型的結構中，上頭很窄，底下很寬。在農業社會裏，這些士人只有一條出路，就是進入朝廷。而朝廷裏從上到下，從中央的朝廷、都城到各個郡縣等等，士人能夠的選擇就是三種：第一種，發揮自己的理想，擘畫制度，像董仲舒、管仲這些人。第二種，跟王權、王室折衝，但若折衝不夠，你會屈服，傳統史書列傳裏有很多例子。第三種，就是對抗，陷入到王朝、朝廷的各種權力鬥爭，最後選擇退出、離開。

到了宋代以後，則開出另外一條路子，雖然是遺憾當中不得已的選擇。宋代士人的人口數比王朝所能提供的職位數多很多，供過於求。而這些士人之中，也許有做生意的人，尤其是江南地區。一旦考不上，回來家裏有生意可以做，吃穿不愁，但也很無聊，所以他們的聰明才智就發揮到書、畫、庭園、古玩等奇巧的東西上，也就是現在一般統稱的「文化」。如果比較具有理想，他就會運用私人的力量，在地方上提供一些事業，亦即傳統所謂的「服務鄉梓」。可是對他們來講，畢竟還是希望能入仕，只是非不得已，只好死了這條心了。最典型的例子是清朝慈禧時，江蘇南通狀元張謇後來不當官了，為什

麼？慈禧避暑完後要回到京城來，朝廷大臣迎接，結果誤了時辰，又下大雨，這些大臣就穿著朝服淋了三天的雨，你說嘔不嘔！想想一輩子唸書，唸到就等這臭女人，又淋著雨，一點意義都沒有。所以他回到南通，憑著地方聲望、家裏資產，辦起了實業來。

實業就是現在講的辦企業，包括報業，只要看看中國近代新聞史就可以知道，但轉移到現代的時候就不一樣了。因為傳統的資源在王朝，現代的資源在民間、企業。我做了一個統計，以臺灣來講，軍公教的人口數目前有八十六萬，而軍公教就等於傳統中從朝廷中央到地方的大小官員。從十六歲到六十歲需要工作的人口數有多少？一千四百八十多萬。以八十六萬去除以它，佔百分之零點五不到。換句話說，九十九點五的職位通通都在民間，從賣蛋餅的個體戶，一直到大企業，在很多不同領域裏，你都可以有好的表現，古今的差異就在這裏。

士人在中國傳統社會結構裏的人口數雖然不多，但是佔有很重要的地位。第一，他具有輔助王朝統治的重要地位；第二，他是整個學術、文化、教育的傳播者，在歷史上有重要作用。當然了，有時也不免是為了自己的利益。譬如說，士成為族是東漢以後的事情，在西漢時，士還是孤立的一個人，就像蘇秦、張儀的單打獨鬥。到了西漢中期以後，他們慢慢就成為一個族。也就是說，我原是平民或農民，鄉裏同宗族的人供應我，最後我考上了，進入朝廷，我就會回饋給族人。於是，我們都是同宗族的人，所以，在朝廷的人口數越多，影響力就越大，也就越能維護我們宗族的、士族的利益。當這個族龐大到某個階段的時候，就要延續這個族，這時不再是像西周、春秋時統治一塊土地，而是在帝國底下，用文化、學術知識，維繫宗族在這個帝國裏既有的政治、經濟利益，傳統就叫作「經學」。

所以在司馬遷外孫楊惲所寫的〈報孫會宗書〉中，就寫到「我惲

家方隆盛時，乘朱輪者十有九人」。在漢代，在中央只有兩千石以上的官，或是地方郡守以上的官，才可以坐紅輪子的車，相當於現在的省長。我們家出了十九個省長，你說厲不厲害？演變到魏晉南北朝，士族更是獨立出來，跟王室保持合作的關係，但是王室要垮掉的時候呢？士族的生存仍然維繫著。

所以，後代像歐陽脩指責士族這些人不忠，其實談不上。因為王室也都是篡來的，王室衰頹，士族就跟你分割開來，把這些印綬交給下一個，宋、齊、梁、陳都是這個樣子。士族跟王室合作，但王室衰頹，實在扶不起來，士族也沒有辦法。王室垮了，又有新王朝產生，士族一樣要能撐得住。當然了，士族同樣也會有興衰的問題，到了唐代，為什麼要用科舉考試？為什麼後來演變成黨爭？考試的方式換了，統治者提拔另一批沒有背景的人，就是進士，來對抗從南北朝以來有舊勢力的人，因為這些人的勢力太強，強到威脅唐代的王室，所以他援引另外一波沒有背景的進士進到朝廷。

時代轉變到現代，上半個世紀動盪不安，那沒話講，慢慢進入到穩定期的時候，傳統士族就變成了大企業。不只中國，在全世界，一個大企業能夠支撐多久？特別是亞洲的大企業，有一些傳統的、宗法的觀念。今天的企業，先不管生產，如果夠大就要傳到第二、第三代，會不會極盛為止，不傳給下一代？當然不會，歐洲人有少數做得到，因為按基督教的觀念，事業是我用來榮耀上帝的，所以我可以做主，通通捐出去沒有關係，但這也只是少數人，在亞洲沒有，中國也沒有，這樣就會碰到跟春秋戰國時代同樣的問題，也就是企業傳承的問題。

在談先秦思想之前，我之所以先跟大家談宗法，因為它是社會的、經濟的、政治的基礎。知道這點以後，才會知道各家學派為什麼要這樣子講？為什麼儒家要講「弟子入則孝，出則悌，謹而信，汎愛

眾,而親仁」(《論語‧學而》)?這些孝、悌、謹而信、汎愛眾的對象,全部都是在宗法底下,然後再從宗法慢慢擴充到外面。

　　「能以禮讓為國乎?何有!不能以禮讓為國,如禮何?」(《論語‧里仁》)禮讓不是廉恥,禮讓是以禮為讓。這個「禮」是什麼禮?「讓」不是現在說的我給你,而是傳承,我根據禮來傳承。依據的什麼?依嫡長子繼承制。依嫡長子繼承制來管理諸侯國,諸侯國就能安定;如果不依,光有制度就沒有用。所以「如禮何」,不能以禮讓為國,禮也沒有用。因為不遵守的話就會一直動亂,所以這些話的背後都有現實基礎,也就是宗法封建社會。所以學術思想並不是憑空的,它一定有最底層的社會、政治、經濟的現實基礎。

第四講
《論語》論「學」

《論語》的重組方法

　　《論語》是聊天的記錄，所以叫作《論語》，因此《論語》必須
要重組。

　　第一種分法：孔子所講或和弟子問答。孔子講的以及孔子跟弟子
的問答，另外一類是孔子弟子所講的，比如有子說、曾子說、子夏
說、子張說……等等，全部抽出來。以上是以說話者為準。

　　第二種分法：孔子談話、思想系統的分類。這是到第二層，也就
是對孔子所說的進行分類。比如孔子的一般性談話，或是針對特定
人、事的評論，這就是論人論事。論人論事有古今之別，孔子的話很
多都是講他的學生，但學生之間有的年齡差距很大。比如說，子張年
紀很小，因為子張跟孔子的時候，孔子大概再五、六年就死了；換句
話說，子張在二十歲出頭的時候，小孔子大概最少四、五十歲。但是
子路呢？子路又比子張大，子張二十歲的時候，子路已經四、五十歲
了。如果有做一個表，就會知道孔子論人論事時的層次。

　　同樣的道理，論人論事也可以先抽出來，因為它是一種應用，應
用的背後有思想的存在。孔子有自己的想法，只要整理出孔子的想
法，論人論事等於是他的想法的應用。這個時候材料就縮小了，縮小
到純粹的孔子自己。

《論語》觀念系統的建構方法

我們也可以直接抓住《論語》幾個關鍵的概念，再以這些概念構思並組成《論語》的觀念系統。

《論語》的第一個關鍵概念就是「學」。所有的主張都是從「學」延伸出來，今天可以叫作「教育」，也可以叫作「學習」，都在這個範圍裏面。

以「學」作為一個最基礎的概念，之後就可以用「分析模式」的方式，就是三個 W—What, Why, How。人們為什麼要學？要學什麼？要怎麼學？這其中有很多不同的層次，包括態度、具體的學習。不過，孔子通常是講大原則，一般人學習時容易產生的偏頗，主要是態度的問題。但到了現代人講的教學法，讓大家很反感，搞教育弄的教學法，實在是多此一舉，人的學習不是這樣子的。

抽出「學」的概念後，剩下來的材料怎麼辦？一般在分類上會放在「其他」。比方說，孔子討論到他自己的心得，他知道人是很不一樣的，所以在教育過程中的引導就會有不同。不同的人，不同的年紀，學的東西是不一樣的。

第二個要注意的關鍵概念是：《論語》的情境與對話。我始終認為要讀《論語》，最好把《論語》改變成柏拉圖對話錄式的體裁。因為是對話，所以就可以把整個內容全部鋪陳出來。《論語》一開始說：「學而時習之，不亦說乎？有朋自遠方來，不亦樂乎？人不知而不慍，不亦君子乎？」孔子怎麼會講這三件不相干的事情？「學而時習之」，是講讀書要時常溫習；然後跳下來講有朋友從遠地來，很高興；然後又跳下來講你已經很努力了，可是沒沒無聞，沒有人找你，你也不會因此而生悶氣，或覺得很苦悶，那就是一個君子。這三件事完全不相干，對不對？

　　像這類是一個總結式的對話，所以你可以逆想，推想孔子的弟子怎麼會這樣總結式的記下來？是不是前面孔子在跟弟子談話時，至少談過這三個主題。大家就這三個主題互相討論，最後得到這樣的結論，所以把這個結論放在這裏。那三個結論，就等於是三個論題，或是談話的三個話題，每一個話題都可以鋪陳出來一段對話。

　　這時就需要運用一點想像，想像你跟子路、顏淵、子貢，還有七、八個人，跟在孔子旁邊，孔子先講他的，然後你們提問題，他也回答，最後得出這樣的結論。所以要逆推回去，從「學而時習之，不亦說乎」逆推上去，是不是有些東西會越看越煩？例如考試的東西。但另外也會有什麼東西，讓你會回想一下，甚至再重新拿起來讀，而有一種喜悅的感覺？這是我隨手舉一個例子說明《論語》這部書的性質。所以，薄薄的一部《論語》，如果用我剛才講的方式去構思，要擴充十倍大都可以，因為它具有對話錄的性質。

《論語》「學」的觀念系統

　　如果從「學」的概念開始，第一個要問的就是：我學什麼東西？這時就必須借助「索引」來查「學」這個字。但是光這樣還不夠，因為有些內容沒有「學」這個字，但是意思跟「學」有關。所以，大致分類後，還要做補遺的工作；也就是要通讀過一遍，才能知道哪些內容跟「學」有關。

　　同樣的，比如說學的對象是什麼？學道、學詩、學禮。孔子很重視禮，他重視禮的原因是因為宗法封建的禮壞樂崩，所以我們就把全部跟禮有關的內容摘錄出來，這樣就可以完整的知道孔子對禮的觀念是什麼了。另外，當然你也會發現孔子討論的大部分都跟立身行事有關係，包括為政。既然跟立身行事有關，所以看到這一段時，就一定

要通古今之變，一定要跳到現代來，不然的話就白唸了。而跳到現代的時候，就必須要調整。因為宗法封建時代所引申出來的立身處世，轉變到現代資本主義所造成的社會結構變遷，以及人際關係上的變遷，兩者是不一樣的，所以必須要調整。要不然就容易變成食古不化。

當焦點聚集在「學」的內容而重組後，第一個可以知道什麼叫作「學」（what）？「學」就是讀什麼？讀詩書禮樂，也就是六藝，因為那個時代也只能讀這些東西。這些資料如果是在寫論文時，就可以變成注釋的內容。這些詩書禮樂在他們的觀念、用語上，有時候叫作「文」，有時候叫作「文學」。透過這樣可以了解到，「行有餘力，則以學文」中的「學文」是學什麼東西？具體來講，就是書面知識。書面知識跟生活言行是相對的概念，人學的不只是書面知識，最終目標還是在言行。

至於書面知識的來源在哪裏？在所謂的「文武之道」。「文武之道」經過載錄，所以在〈子張〉裏就提到「仲尼焉學」？孔子學什麼？子貢就說：「文武之道，未墜於地，在人。賢者識其大者，不賢者識其小者。」這裏的賢與不賢，不是指褒貶，而是指一個人的眼光，或是指一個人的智力。爾後，就把書面知識跟言行對立起來，最終的目的在哪裏？在言行。

所以子夏所講的「賢賢易色，事父母能竭其力，事君能致其身」（《論語・學而》）等等就是為學了。也就是說，一個人即使沒有讀詩書禮樂，或不識字，我也說這個人是已經為學了。如果轉換到現代，一個人沒有受什麼教育，但是他的品行好，樂於助人，我們就可以說他有受過教育；相反的，一個人博士畢業，品行很惡劣，我們就會覺得他沒有為學。所以在〈雍也〉裏也把德行當作是學，一個人的言行合乎禮樂的德行。所以從孔子一開始，學就是兩個部分，知識跟德行，而且兩者是相關的。

　　但是回過頭來，當以德行為最終目的時，其實並不排斥其他目的，而是只要以德行為根本就可以了，因為唸書最重要的目的在謀生，即使是孔子的時代也要面對這個問題。雖然孔子有說過，「君子食無求飽，居無求安，敏於事而慎於言，就有道而正焉，可謂好學也已」（《論語‧學而》），或是什麼「謀道不謀食」（《論語‧衛靈公》）的話，表面上看起來好像孔子很迂，好像孔子排斥讀書當官、做生意。其實不是，而是學有比做生意、當官、賺錢等等事情更高的目的，那這個更高一點的東西是什麼呢？就是要以德行為本。以德行為本的話，孔子就不排斥你的目的。人從事一個活動都有主要目的，但實現目的的本身會延伸出來其他的好處，其他的效應，這個叫作「溢出效應」，古代沒有這種辭彙。

　　但如果過度強調這一樣，乾脆就不用讀書，出去工作就好啦！像王永慶那樣小學畢業就行，再加上命好、運好，最後就會發了。現在很容易聽到這種觀念，好像唸到碩士、博士，還不如一個國中畢業賺的錢多，但其實這是兩碼子事。就孔子來講，讀書是培養德行、實踐德行；至於工作能不能賺錢，能不能擔任高階的職務，那又是另外一件事情，這是兩個不同的目的。孔子特別強調這點，弟子也曾問他：何必讀書，然後為學呢？不必讀書，現代人常說我唸的是社會大學，其實就是直接投入社會工作。

　　可以推想得到，因為孔子的學生陸陸續續來，後來的當然不知道前面已經談過的話題，所以常常會再重提；也就是說，孔子教我們讀這些詩書禮樂，我們來跟你學，是希望能夠像子張學干祿一樣，有好一點的生活，用現代的話，就是能夠找好一點的工作。至於現代要怎麼表達？最常碰到的就是唸文科的，尤其是哲學系，為什麼要唸哲學啊？哲學家自己也常常會有這樣的疑問，所以，以前方東美有一個比方，他說唸哲學就好像你要吃麵包，哲學只是麵包上面塗一個果醬讓麵包更好吃而已。

　　所以，學習德行跟謀生之間，不是兩個問題，而是一件事情的不同層次。不讀書也可以謀生，讀書也可以謀生，兩個是共通的。但是謀生之上，還有一個想要過個像人的希望，就是我們現代所說的「生活品質」。這時，讀書跟不讀書就不一樣了。不讀書，所過的生活，就少了那份果醬，少了那點甜味，讀書可能就多了那麼一點點差別。孔子的話轉換成現在，就是這樣。所以子夏也說：「百工居肆以成其事，君子學，致其道。」（《論語・子張》）君子可以跟百工一樣開個店面，然後賺錢生活，但是君子學的除了生活之外，還會在生活上面加一點點東西，那個就是道。

　　轉換到現代人的生活方式，可以有兩種對比。當一個人的謀生沒有問題，不管是謀食，還是事業，可是其他的什麼都不會，什麼也都不知道，這時就會很像一隻工蟻，整天只會搬東西。但你不是工蟻，你是人，當你在工作之外幾乎什麼都不會的時候，需要的就是我們常講的嗜好、興趣，如果沒有，這時你就會慌了手腳。因此，在社會上謀生的絕大多數人，在謀生完畢而空下來時，會到哪裏去？聲色場所！因為他沒有地方去，而且那種東西不用學就會，只要湊起來喝一喝，喝到醉茫茫的就好了。從表面上來看，這樣的情形好像是社會環境造成的，其實不是，而是他不學。

　　假設一個情況，如果有個人有事業，而且有學，不一定是指學很嚴肅的哲學、歷史等等，而是知識廣博，他懂得一些所謂比較高階的藝術、文學，乃至於一些比較精緻的東西。這時如果是他帶頭，會不會馬上就到酒店去？不會。他會換一個場所，這時就會變成聊天。不過這種聊天，不會有那種很無聊、很貧乏的內容，也不會罵人、發牢騷，而是談一些不管是知識上的，還是藝術上的，甚至於都沒有講話，就只是聽音樂，大家都會覺得很 easy。也就是說，最終的原則就是如何在那樣的場合裏，讓大家感覺到非常的安逸自在，輕鬆愉快，這個就是「學」——要學，才會。

　　除了德行以外，孔子還在兩個地方提到學的最高境界。孔子曾說過，「志於道，據於德」，然後「依於仁」，最後「游於藝」。秉持這個觀念，所以在他跟弟子討論「盍各言爾志」時，最後曾點說：我就沒事幹啊！暮春的時候，跟童子三、五人，浴乎沂，風乎舞雩，詠而歸。用傳統的話來講，曾點的心境非常寬綽，非常自在，這是「本」。不管很忙的時候，還是沒事做的時候，甚至於工作很差、事業失敗的時候，還是可以這樣子怡然自得，所以孔子稱讚他。

　　基本上，在人類的生活中，孔子講「游於藝」，「藝」的內容變化，可以各式各樣，隨著古今不同。但是精神就是要能夠從容，能夠怡然自得，學的最高境界就是在這裏。進行學習、讀書的理由，就是提升道德生活跟藝術生活，兩種缺一不可。一般人的印象中，孔子好像都板著臉孔，很嚴肅，其實不是的，那是刻板印象；孔子也有很輕鬆自在的一面，完全符合我在〈論《道德經》的虛靜世界〉中所談到的。人最基本的活動跟動物一樣，如果以人的語言來講，動物的活動就是工作跟休息，休息又分睡覺跟遊戲。「游於藝」就是遊戲，人生命的本質就是如此。

　　「游於藝」歸結到最後，還是要配合 body。身體需要休息，但同樣是休息，人跟狗是不同的。在於狗的休息是一種感官類的，人的休息則是心理類的、精神類的。透過這種休息，人可以不斷地提升上去。所以，如果人休息時是去酒色場所，這個就是狗的生活；反過來，如果休息時也許是一個人，也許是跟幾個好友、家人，這才是真正屬於「游於藝」的生活，這樣的話就提升上去了。這種「游於藝」的生活休息，包括參加宗教活動，因為在宗教活動裏，你會覺得非常輕鬆，這些都是屬於「學」的範圍。

現實目的與教育政策

　　學習的時候，當然會碰到現實目的。每個世代都會碰到這個問題，我們世代的問題嚴重，你們的更嚴重。我唸書的年輕時代，即使碰到了也不會去想，因為當時大學畢業生的人口數少，只有百分之二十。如果用農業社會的狀況來講，識字人口，也就是士人，差不多就是百分之十到十五，其他的全都是不識字的農民、工人，還有少數的商人。不識字就是連自己名字也不會寫，這樣的生活圈很窄，人家講什麼都不知道。所以識字、教育，是非常重要的關鍵，讓人可以打開世界，傳統叫作「啟蒙」，讓人將世界打開到古今中外。所以，用中國傳統的講法，能夠識字，能夠讀書，是一種福分，沒有這個福分，就沒有機會讀書識字。

　　但讀書識字常會碰到工作的問題，尤其是現代。問題是，你會不會餓死？只要不會餓死，讀書是不是就沒有問題了？但這會涉及個人感覺的不同。如果原來的生活環境很寬裕，只要稍微有點緊，就會覺得很不習慣；但是如果原來的生活是有飯吃、有得住，稍微簡陋一點也無所謂，那麼你的讀書就沒有問題了。可是今天因為受了環境、訊息的影響，讓人感到焦慮、緊張。畢業以後，好不容易找到一個工作，結果普遍大家都低薪，要不然美國人怎麼會去佔領華爾街？在華爾街有一個女生說她有兩個碩士，現在的專業是酒保，其實她是諷刺。因為她沒有工作，只好到類似咖啡店、酒店裏調酒，所以她跑出來抗議。失業率高是一個很麻煩的問題，這是屬於教育政策的範圍。

　　教育政策必須由政府控制學校的性質、數量，我們臺灣過去最大的錯誤，就是把技職體系的教育毀壞掉。在一個社會裏，基本上是層列式的金字塔型結構，多數人要從事實際操作的工作，只有少數人是屬於管理階層的工作。在農業社會裏，因為是世襲，所以也不操作具體的技術性工作，所以就在上位。

到今天，這種屬於技術的、職業類型的學校教育，最少要佔百分之七十，佔百分之八十都不為過，只有極少數的學校是屬於傳統型的，叫作大學，它專門研究學術，培養出來的一部分留在教育體系，因為底下還有龐大的各級學校。所以，以前本來只有師範生可以到小學、中學任教，後來打破了，一般大學生只要考上教師職照也可以當老師，這個是不對的。

因為一個國家有多少間中學？多少間小學？總共有多少學生？需要多少老師？這些都可以計算出來，數字都很清楚。這時就可以知道要培養多少人，好讓這些人在新陳代謝的過程中不會有太大的落差。所以，一定要有單獨的師範體系，讓它負責全部的教育工作，這些人出來就有終身的工作。雖然人有選擇工作的自由，但是培養出來的這些人，基本上就是從事教育的工作。所以在收學生的時候，一定要做一件事情，就是「性向測驗」。為什麼要做性向測驗？因為，基本上在中文的社會會尊敬教師，但是也不會高到像政界或者高階的位置。所以這個人的特質必須要有相當高的穩定性，國家保障他的生活絕對沒問題，這樣才能作為終身的工作。除非他個人願意離職，但這種離職的數量不會太大，這樣一來就會有穩定性。教育最重要的就是要有穩定性，要有高度的穩定性，就必須全部都是師範體系。

至於另外一種屬於少數的學術研究工作，就由高等的教育體系來培養。人口數不必多，最多百分之二十，百分之十五都沒有問題。因為太多的話，根本沒有工作，就像現在這個樣子，在短短十年之內，爆出一大堆博士、碩士，這個都是不對的，會是很嚴重的社會問題。而在技術教育體系裏，因為隨著環境、產業的改變，除了一些基礎的課程外，那些應用性的技術課程可以彈性調整，來配合產業所需要的技術，這樣新陳代謝才會順暢，不至於造成現在的這個樣子。

以上所談的這些問題，就是以現代的觀念去看孔子的思想，不斷

的擴大。學術有時會有侷限,以現代的觀念唸書,就是要打破侷限,才能通古今之變。

學習的態度與境界

孔子關於「學」的第二個重要觀念,就是「態度」的問題。

不管哪一個學習者,大致上的學習態度:第一是「專一」,第二是「思辨」,第三是「溫習」,第四是「學習」(師法別人與內省),第五是「虛心」。

以上這些都很難,光「專一」這件事就很難,一個人專一的時間長度有限,超過一定的時間長度就會受不了。最典型的,孔子說:「三年學,不至於穀,不易得也。」(《論語・泰伯》)孔子講三年還算短,孔子說:你讀書讀了三年還不能謀生,心裏還不會一直唸著說要趕快畢業去工作,仍然死心塌地的讀,孔子說這很難。「專一」這件事是要看動機,另外還有孔子沒有談到的其他活動,而使得在知識學習上不專心,但這是孔子時代所談不到的,因為他那個時代沒有這個問題。「專一」在《大學》裏叫作「定」,「知止而后有定」的「定」。當要「知止」的時候會有一個標的,專一在標的上的時候就能定心。專一的時候,標的不會是欲望的對象,因為那會讓人分心,專一的對象一定是非欲望對象。既然是非欲望對象,久了之後,自然就會恬淡,欲望恬淡之後,就不容易受外來的刺激,就變成了「抗壓力」。因為壓力是來自於欲求,想要又做不到時就會變成壓力。當沒有很大的欲求時,自然就不會焦慮,也就不構成壓力,所以叫作「抗壓力」。

至於所謂的「思辨」學習,這是比較一般性的,後面再講。先講要學習別人,要見賢思齊,見不賢而內自省,這跟「虛心」共同的根

源在哪裏？在於傲慢、執著，俗話說是面子問題。以現在的人來講，最好不要唸名校，為什麼？因為很容易因此而傲慢，自以為是。傲慢的後面接著就是瞧不起別人，再接著是不能合群，結果是不能帶得動大家，一事無成，這就是傲慢。以讀書人來講，很用功的人也很容易掉進這個毛病，因為用同樣的時間，你的程度就比別人高出很多，很快就上來了，所以看周邊的人就瞧不上眼，這就是傲慢，這是古今學習者很容易出現的共同問題。

至於學習的境界，孔子談的不多，比較明顯的像是「知之者不如好之者，好之者不如樂之者」（《論語・雍也》），喜歡是一回事，但是又不如沉浸在其中而得到快樂。又比如說：「可與共學，未可與適道；可與適道，未可與立；可與立，未可與權。」（《論語・子罕》）或如曾子所講的「死生有命，富貴在天」，就是說一個人的死生、富貴，是有天命的。當你走了一生再回過頭來看，會越來越發現，真的好像是這個樣子，但是又說不出原因，到底命是在哪裏？其實也說不出來，所以「子罕言利與命與仁」，那個命沒法講，因為不可測，人只能努力。因此孔子討論命的時候，有時候就是命由心轉。這個心很空泛，包括了意志、道德的內省，就是善良。善良可以去改變周遭，會擴散，當你碰到困難時，就會回饋過來讓你度過難關，這在《周易》裏叫作「得道者多助，失道者寡助」。

第五講
《論語》論「禮」

「禮」的內容

　　「禮」所討論的第一個問題是「禮意」，同時也是最高層次的問題。「禮意」，就是你的本心。禮在社會上的功能，則是「禮用」。由「意」表現出來的倫理，制度化後就變成「禮制」，涵蓋國家典章和家族制度。有了「禮制」之後，不同的領域、倫理所表現出來的則是「禮儀」，通常包含「禮容」跟「禮物」，三者關聯在一起。你遵循或者不遵循這個禮，就形成了各種德性而具有系統性。然後這些「禮儀」、「禮制」的內容，會隨著時代環境的變遷，不停地改變並調整，這是外顯性質。至於「禮意」的本心，最後會推到「仁」。「仁」是一個最高的概念，等於「良知」，或是孟子的「性善」，或是西方哲學所謂的「道德理性」。意思相同，只是名稱不同。人透過「禮制」、「禮儀」，顯現出來的就是忠、孝、悌、性等等各樣的德性。

　　把握此一簡要概念，如網在綱，剩下的就是個案分析。分析《論語》所談的每個個案，看處境的不同，就可以對《論語》有比較深切的認識。同樣的框架，可以放到《孟子》、《荀子》乃至於放到其他各家的思想脈絡，甚至也可放到當代很多思想及個案上，看它偏重的層面及其重視的部分而已，這部分後續再談。

　　我們前面談到了《論語》「學」的課題，〈先進〉篇記載，子路讓子羔擔任費宰，費就是一個小的縣邑，傳統叫作邑。宰就是縣邑裏行政幕僚的最高長官，用現在的話來講，就是一個小邑的執行長、總經

理，還不是老闆，因為他不是卿大夫。孔子知道了以後，就罵子路說「賊夫人之子」，意思是說，子路把子羔搞去當費宰會害死人呢！子路就說，那個地方有百姓，有社稷啊！只要治理百姓和宗廟祭拜就好了；也就是說，他只管理這麼一個大的地方，「何必讀書，然後為學」呢？孔子就說子路「是故惡夫佞者」，佞者依現代人的口頭禪就是瞎掰、硬拗，傳統的說法就是好辯。而孔子這個話怎麼會突然冒出來呢？依前言後語，應該是指子羔這時還在跟著孔子讀書，還要再學習，結果子路就他拉去當費宰。所以孔子罵子路，喜歡逞口舌之能。

「禮」基本上是一種規則倫理，「禮」會普現出來而成為一種成文的或不成文的制度。所以，「禮」首先會散出來成為一種「禮制」，禮制隨著範圍不同而有不同。傳統講的有君臣，把君臣做一個函數來看，組織一定有上下之別，而後有父子、夫婦、昆弟（昆弟包括姊妹）、朋友。朋友擴散出去，又包含陌生人，因為四海之內皆兄弟！大家都是兄弟姊妹。當「禮」散在這些不同領域時，每個領域都會有其「禮儀」。有上下、親子、朋友等等的禮儀。以現代來看，因為人的互動越來越頻繁，「禮儀」才成為成文的法律，所以在上下之間有法律，國家最高的是憲法，然後是政府、地方的組織法，各種律法，一層層、密密麻麻。所有從親子到朋友之間，通通可以用法令來解決問題，禮儀在這時是屬於生活上的。生活上的責任、義務沒有問題時，不會碰到法律；但當互動關係產生衝突時，就會延伸出依法律來解決問題。

「禮儀」包含了「禮物」、「禮容」。所謂「禮容」是從互動開始。還沒講話，人家看到你的臉色、肢體動作好不好？這時還沒有進入語言。進入語言以後，講話的口氣好不好？得不得當？用詞恰不恰當？這些通通都是「禮容」的範圍。另外，如果是在特殊的場合，服裝是否合宜？有沒有要特別配合的東西？這些都是屬於「禮容」。變

成「禮物」的時候，就要看場合。大至典禮的牌樓、花飾等等；小至個人之間的饋贈，都是「物」，這些都是「禮物」。背後顯現出來的是德行，有正面、負面，良好正面德行就遵守，負面就不遵守；延伸出來就成為君子、小人之論。

在「禮」的實踐過程當中，達到某個階段，尤其是在「禮儀」互動的時候，會碰到一個問題——內心。意思是說，在生活上實踐的「禮」，到底只是應付？還是他的本心？嵇康曾經寫過一篇文章，提到過這樣的例子。東漢有一個人，他的兒子生病了，他根本連看都沒看；但侄兒生病了，他很關心地每天晚上跑去看。你說他疼他的侄兒？還是疼他的兒子？因為嵇康討論的是玄學的問題，強調自然，他認為就是太多的人遵守了名教，但卻沒有那個本心，而只是為了社會輿論的壓力。所以他覺得如果不去看侄兒，就是不關心，但自己的小孩沒關係。實際上呢，他看完侄兒回來後倒頭就睡，他兒子生病，雖沒去看，但一想到兒子晚上就常常睡不好。這就是看你有沒有那個「心」！人不能要求太多，「禮」要看親疏遠近，出於本心的，慢慢地人們會體認到要真正出於「真心」，最後指向「仁」的境界，當發現要做到真正的「仁心」是相當不容易的。《論語》很少談這個問題，《大學》、《中庸》談到，但只談到從開始，就直接跳到「明德」，中間的曲折過程，《大學》、《中庸》還是沒談。這個部分，儒家、道家談得很少，要談得詳細必須等到後來的佛教，因為他有禪心、禪定的經驗。這時才可以知道，人心在從生物性的生命要提升到精神性的生命時，那種曲折的過程是什麼？生物的慣性要如何改變？大體是如此。

《論語》中「禮」的系統

　　我給大家的講義裏，關於禮的部分，開頭是按篇章順序，使用阿拉伯數字標示。比如說，〈學而〉1.7，表示是〈學而〉第一篇、第七章，講賢賢易色，以下類推。第三欄是根據內容，標示出孔子談的是屬於禮意、禮用、禮容、禮儀、禮物、禮制那一個面向。[1]

　　第二部分，在禮的系統裏，再談關於禮的作用、工夫。「用」，就是我們現在所講禮的功能（function）。依荀子的講法，禮的功能在別異，所謂「禮以別異，樂以和同」。為什麼古代講禮樂很容易受到這兩個字彙意思的侷限？因為人基本上是社會性，人在人群中最基本的問題，在於他是獨立的個體，所以要分得開來；但這些個體獨立了又不能生存，所以必須合起來，合起來又不能打在一塊兒，所以他要和諧。也就是說，既要能夠切分開來，又要能夠和諧互動，這就是禮最重要的功能。在古代就以「禮」跟「樂」來表現，樂就是音樂，而音樂背後的精神及其功能，那就是「禮意」。「禮意」就是言行所根源的那個「真心」，像是一個「保障」。因為一切事務不本於真心，所有後邊別異的那些工具，就是凡涉及禮的各種制度、規範（norm），通通會成為謀私的工具，包括道德在內。道德，也可以作為謀私的工具，所以為什麼「禮意」那麼的重要。

　　「禮意」之後再往下來，就是有子的話：「禮之用，和為貴。先王之道，斯為美，小大由之。」（《論語・學而》）不管大大小小，密密麻麻，從上到下，最後的目的通通都是達到「和」。如果「有所不行，知何而何，不以禮節之，義不可行」，意思就是說，如果為了和，但卻沒有規範，是行不通的。用現代的話說，就是親兄弟明算

1　編者案：詳見本書附錄九。

帳。不要說大家都是好朋友、好兄弟，就算了，必須說清楚講明白，不然就會鬧翻。說清楚、講明白就是「禮用」，這是很基礎的道理，放到任何地方都一樣。

再談禮的本意問題——「禮意」。人會虛假，會使用各種詭譎手段，我遵守了這個規則，但實際上沒那個心。沒那個心，我們叫作言不由衷，也就是不誠。有時聽一個人說話，常常就只是看到那兩張嘴皮子在動，稍微有經驗就知道不誠，所以這個時候經驗就很重要。經驗有點類似藝術，東西看久了、多了，自然而然就很清楚。沒看的時候，分不清楚好壞到底在哪裏？就像看一幅畫，或聽一首音樂，好壞在哪裏，你聽不出來、看不出來；但等到經驗到了，看多了，這個光影的顏色對不對？那個線條好不好？形畫得好不好？就會非常的清楚。比如買衣服，也分不清楚這個布的剪裁到底好不好？因為沒有經驗，所以你不懂。看人也是經驗，這個人說的是真的，還是假的，一聽就知道，所以《論語》不是講「視其所以，觀其所由」，然後是「察其所安」，看一個人有很多的層次。這個發展出來，就會變成傳統講的觀人之術。我們現代人喜歡用心理學來解釋，說實在的，心理學頂多是學理，碰到現場時還是得要靠經驗。

所以在「禮意」裏，比如說「賢賢易色，事父母，能竭其力，事君能致其身，與朋友交言而有信，雖曰未學，吾必謂之學矣」（《論語·學而》）。所以竭其力，你就盡你的心力。後面講「人而不仁」，也是如此；意思是說，你要本於仁，「人而不仁，如禮何？人而不仁，如樂何」（《論語·八佾》）？你沒有本於仁心之仁，遵守規則有什麼用？那些規則只不過是被拿來當做工具而已。又如，「祭如在，祭人如人在」（《論語·八佾》），你的心要在現場，不能心不在焉。還有，「禮云禮云，玉帛云乎哉？樂云樂云，鐘鼓云乎哉」（《論語·陽貨》）？不是玉帛、鐘鼓這些「禮物」，最重要的是什麼？鐘鼓物只是

禮儀過程當中必要的東西，要展現出來，但是最重要的在他的本心，在他的誠意。

依此持續延伸出來，孔子常會提到「質勝文則野，文勝質則史，文質彬彬，然後君子」（《論語‧雍也》）。「文」就是「禮」，顯現在外是儀態、修飾，但是還要有「質」這個本心。如果沒有「禮」、「文」，就會顯得比較粗鄙，但是很真誠；如果沒有真誠，只有「文」，那就是一片虛假。所以「禮意」就是發乎誠意，但發乎誠意怎麼培養？關鍵就在這裏。

所謂禮意就是本乎「誠心」，這是說我們應該要求自我做到本真的質樸，接下來就有三個問題。

一、我如何做到本真質樸的這個樣子？也就是將自我本然展現。一方面是外顯有意識的自我提醒，一方面是養心鍛鍊。養心鍛鍊的過程，一般來說，首先是懺悔，類似宗教，因為要懺悔以後才能徹底消除內心的傲慢。傲慢消除掉後，反映出來的德性就是謙和，一方面對人，另一方面對特定事情會寬容。「謙和」跟「寬容」是懺悔之後的表現，這是屬於養心。至於外在的修身，大體上就是自我提醒。

二、如何辨識一個人誠或不誠？這是孔子沒提到的問題。你如何辨識其是否誠心遵守禮？或只是做做樣子？其實並不容易，必須靠「經驗」，慢慢觀察，尤其是在一個人無法偽裝、修飾、造假的那種不自覺就流露出來的言行，從這個地方來觀察，不管是交往、用人等等都是如此，也較準確。

我跟你們提到過曾國藩怎麼用人的嗎？他要徵一個幕僚，應徵的人來了，他的部屬就把他安排在會客室裏，房間上面掛了個字畫什麼的，在隔壁挖一個小洞來觀察。曾國藩也不出來見客，磨了他們兩個時辰，這時，這些人就怪態百出，有的敲桌子、哀聲嘆氣！怎麼那麼久了？什麼有的沒的，轉來轉去，一副很不耐煩、急躁的樣子。可是

其中有一個人很悠閒，偶爾起來看看字畫，意態悠閒。時間到了，曾國藩就叫部屬送客，每人送一份禮物。曾國藩畢竟是傳統儒家，很尊重人的，不錄用也給您送一份禮物，最後就決定用了那一位，因為他所顯現出來的素養是曾國藩最需要的。曾國藩那個時候，不管打太平軍、做事情，壓力都是很大，那個人意態從容，以現代的話來講，就是坦然、抗壓。觀察一個人，就是像這樣子，從很多小地方來看。

　　另外，再講一個聽到的有趣事。有個人在臺北市騎著腳踏車，後面的汽車稍微擦了他一下，那駕駛停都不停地仍開他的車，因為是上下班時間，街道壅塞，那個人就騎著腳踏車追追追。汽車駕駛停好車後，就到餐廳裡面去，騎腳踏車的那個人也追到那間餐廳，看汽車駕駛跟一個女生坐在裡面點餐。他氣沖沖的跑過去，但不是罵那個男的，而是去告訴那個女的「那個男的是不是妳男朋友？」「對啊！」「妳不要跟他交往。」「為什麼不要跟他交往？」「他剛才擦撞了我，擦撞了以後，理也不理，就這樣跑了。妳看看，這就是他的人品，以後他會是怎樣的人呢？」那個男的在那邊聽了以後很是尷尬，直說對不起。這怎麼說呢？就是你心裡有沒有別人？做的事情心裡面是不是願意負責？這就是所謂從「小事」看一個人。

　　三、萬一你碰到不誠的人，在互動當中他都「不誠」怎麼辦？其實，用孔子的話來講叫作「敬鬼神而遠之」！這種人以後你就不必再來往了。即使不得已會碰到，也保持一個禮貌上的關係。因為你跟他沒有關聯性，除非有密切的關聯，要用其他的方法來解決。如果沒有什麼太大的關聯性，就沒有必要多事。「敬鬼神而遠之」，讓他去跟鬼打交道，你跟你的人打交道，這是兩個不同的領域。現代社會這很重要，我們每天都會碰到各式各樣不同的人，尤其在工作、甚至路上都會碰到各式各樣的陌生人，那裡很多鬼、妖一般難纏的人，碰到了怎麼辦呢？碰到就趕快閃啊！不要去碰到，更不要去招惹，他可能會纏

你個不休，你也沒有足夠的法力制服他，對不對？只好快走。在外頭碰到這樣的人，在「禮」上不能夠有誠，不能夠有本真質樸的，就這樣子處理。

由「禮意」而下各式各樣的組織叫「禮制」。古代的環境單純，只講君臣、上下關係，那就是政治領域。今天不止政治領域，所有各式各樣的組織，大概可以做下列分類。

原生組織。就是原生家庭，我們的家庭是原始（original）的組織，其他的都是延伸出來的功能性組織；也就是說，這個組織有某種功能性，所以我加入。功能性組織，還可以再分類。比如說，一般都是以生產性組織比較多。學校雖然是教育機構，但因為有謀生功能，也算是生產性組織；商業機構企業、公司、工廠，都是生產性組織。所以現代社會，這種生產性組織幾乎佔了百分之九十九，且大部分是私人事業。

除了生產性的組織外，還有其他的組織，一種是工作，一種是休息。休息包括娛樂性、康樂性甚至宗教性的組織，這就是你休息的地方。

每個組織裏的互動，一定會有上、下關係。古代政治組織的上、下就是君臣關係。每個組織的制度，這就叫作「禮制」。「禮制」往上可以到法律，比如說政府、公司的組織依法律。各公司不能違背政府訂定的公司法，最後才能奠定公司內部的各種規章。其次，規章組織又有很多類別。例如我們在組織法中可以知道自己的位階、職等；在人事法中，可以知道工作的福利、賞罰，所以會密密麻麻的。我要提醒的就是，當我們進入到任何一個地方，第一件事情就是要把這個組織先搞清楚，包括結構、規章、規則。就好比下棋之前，必須要先弄清楚規則，規則如果不弄清楚，怎麼下？唯有清楚這些規則，才能了

解到組織在實際運作時，好的、被遵守的就應該保留；不好的、混亂的，就應該改變，甚至是要廢掉。

其實，這等於告訴你做事情很簡單的方式。你到任一個地方，尤其是要接任主管時，一定要「執簡馭繁」。史學有兩個體例：一個叫作紀事本末體，一個叫作編年體。剛到一個新地方時，就把過去的事情，包括規章、會議記錄，通通按照時間排列，這叫什麼？這叫編年體。然後再把同類的事情轉換出來，那就變成很多事，在這些事裏看他的位階、因果、邏輯關係來安排，把上、下的位置安排好，這就叫紀事本末體。這樣下來，花不到兩個禮拜，對這個組織就很清楚了。在這樣的過程中，同時也稍微知道，哪些要修改？那些不要修改？之後就沒事啦！後面就可「執簡馭繁」。

接下來就是溝通，就是人和。你跟相關的人談，這個事情該怎麼做，這個事情有什麼不對。大家商量，談好，事情就解決掉了。這樣下來就不會很忙，不會團團轉，將這種簡單的研究方法套用進去。其實，難的不在這裏，而是在後面。後面難的是什麼？就是溝通。因為有些人很好溝通，有些人不好溝通。碰到不好溝通的，你要怎麼辦？有很多技巧，這個我們慢慢學。有時候你要借力使力，不能自己出去，這是個別狀況，不太一樣。

孔子大部分談的都是「僭越」。因為當時人違背禮制的情況很多。像他提到魯國的這些人物，三家則履雍徹，季氏則履泰山，通通都是什麼？踰越禮制。這是有規定、有等級的，在封建宗法禮制裏是如此，這方面孔子大部分有談到。

換到現代人呢？用現代的知識來講，第一，要了解法律、行政。起碼你要清楚，法律跟行政的那些規章制度。現在大部分都是私人企業，私人企業有時候也有規章制度，但常常被老板因為個人的關係，有時候不照著這個規則行事。此外，不同組織的規則型態，為了要辦

事情，所以也會不一樣。商業、生產、公關等等，各式各樣的組織會不一樣，因為必須配合後面的效率，組織的效率不能因為訂了這個規章而阻礙了，如果會阻礙效率，就必須要改，不能照抄。

在講到禮制的時候，如果要把孔子的思想轉換到現代來運用，就要花點工夫，因為它是制度，所以比較會牽涉到像行政法、各種規章，當然也會牽涉到法律。雖然大家不是學法的，但也要稍微知道。知道了以後，比較專門的部分，再讓學法律的人來提供意見。一個人不可能什麼都懂，但可以有個概念，知道大概的情況，如果有時間，下了工夫以後，了解的就會更透澈，甚至於跟法律專門的人一樣。在這個部分有了層次後，接著就是遵循這個禮制，要如何執行、改變，就會碰到「溝通」的問題。孔子對這部分是在別的地方談，在談禮制時就不談了。

「溝通」，現代叫作人際關係，或叫作人際互動。互動的時候，首先氣氛要良好，這是最重要的。一互動的時候，不能讓對方升起一種不安全感，這樣的話馬上就會升起自我防衛，溝通就有障礙、困難。人跟動物一樣，動物在牠的範圍內，稍微靠近一下，牠全身的毛馬上就豎起來瞪著你，人也是一樣。

孔子所討論的「禮制」，所謂「導之以政，齊之以刑」（《論語・為政》），就是我們今天講的法律倫理、政治倫理；所謂「導之以德，齊之以禮，有恥且格」，就是所謂的家庭倫理、社會倫理。因此，孔子的意思，不是說不要「導之以政，齊之以刑」；而是說，如果只單獨使用刑罰，人民只要避免觸犯刑罰就罷了，他們內心仍然不知羞恥，所以一定要加上「導之以德，齊之以禮」，讓人可以自發、自願，光靠法律是行不通的。在法律之前要養成人們的風俗習慣，他會願意遵循；另一方面，也會覺得遵循對他有利。之後，「十世可知也」，「殷因於夏禮」（《論語・為政》），制度的變革，不能夠太快。

《商君書》講「利不百，不變法」，我要改變一個規則的時候，如果沒有十足的利益，是不會改變。因為如果做大幅度的改變，未蒙其利，先受其害，因此改變是要微調，而微調要在關鍵的地方微調，不要在不相關的枝微末節微調，那是動不了根本的。關鍵的地方做一些微調，逐漸的就能夠全部轉換過來，這是制度的因革損益。

　　現代社會變遷速度很快，跟以前的農業社會雖然已經斷裂，但很多過去的觀念，仍然隱性持續延伸到現在。因為延續到現在，所以人們就遭遇到很多困擾、衝突。有時候，觀念上改不了，還是不能解決當下的問題，所以下一次我會繼續再談這種變遷。

社會組織與知識發展

　　人際的曲折、各式各樣的互動關係，就產生「社群」。比如說，你在君臣關係上會碰到什麼？一個龐大的組織。這個組織要辦事，辦事需要什麼？知識。所以我們所學習的各式各樣的知識，就放在這裏落實。傳統農業社會沒有那麼多知識，因為科學還沒有發展起來，這時商業的活動包括產業互動，相對地就單純很多，沒那麼複雜，甚至簡單到以物易物。只要透過想像回到農業社會，對比一下現代的生活，種了菜、稻米或麥子，收成了自己吃就夠了；萬一荒年不夠，就只能餓肚子了。足夠而有剩餘，才能拿去賣，對不對？或者跟人家以物易物。或者有一些小商人收集起來，在小鎮裏販賣，販賣的模式是一手交錢、一手交貨。同樣的情況放在現代，你去買一包米，口袋掏出信用卡刷卡，刷卡的過程穿插進來銀行，接著又穿插進來理專，各式各樣金融商品推銷，人因此變得很複雜。

　　但這就是人類文明的發展，當社會越來越複雜時，就需要越來越多的知識。這樣你就了解，為什麼孔子會這樣子講？樊遲要學老農種

花、種菜，孔子說你跟我學幹嘛？我比不上老農，也比不上花匠，我沒他們那麼在行，這是什麼意思？就是說，你要謀生，那些技術性的自己學就好了。你真正要接受的教育是學什麼？是要學比技術更高層次的東西。在傳統社會裏，你可以用經驗學，不要上學，不要識字，沒有關係。但社會變遷以後，你上了學、識了字，「學」的基本上是什麼？技術性的知識，因為它可以謀生。可是往群體組織更高層次的知識，乃至於組織的規劃，就不是技術所能達到的，這些才是進一步孔子所謂的「學」。所以當孔子談到「禮」的時候，就不會牽涉到個別的、具體的技術性知識，同時他也不會談到法。孔子很少談法，「必也無訟乎」，最好大家不要訴訟，有事情就解決。

這裏有一個觀念，現代人不太會用。就是廣義的規範，它是濾網式的，維持一個社會的秩序。第一層是「家庭倫理」，這一層先濾過去，然後再往上一層──「社會倫理」。這兩個部分，相當於傳統所謂的「風俗習慣」，儒家稱之為「禮」。然後再上一層就變成「法律倫理」，最後一層就是「政治倫理」。事情要搞到最後的政治倫理，就已經很難辦了，最好在前面就解決掉；也就是說，在大家互動的人情事理的範圍內就解決掉。如果進入到法律的範圍，就很傷感情了。孔子的時代主要是農業社會，以「宗法」為基礎的社會，所以他自然傾向於把問題放在「禮」的層面來化解。比如說，有了問題就找人先調解一下，所以現在各地方有「調解委員會」，在傳統來講，就是宗族。宗族裏找一些長輩來論事評理就完畢了，但是現在常進入到法律領域之中。所以傳統上講「法不入家門」，一旦法進入家門，就很傷感情，這個家就破裂了。只要把握住這樣的關鍵，就可以如網在綱，看得非常清楚。

隨著社會的變遷，人們上下的關係會有所調整，如果以《論語》來講，尤其是君臣之間。孔子教的學生有士人、平民，他們大都先是

去當人家門客，到了戰國以後就變成了游士。游士的意思就是說，我這邊做一做，做行了就繼續做，看做多久，不行了我就跑了。就有點像我們現在的跳槽，看看薪水不不高就跳槽，這時游士就要面對孔子所說的「出處進退」之道。現代人還是會跳槽，同樣也是會面對「出處進退」之道。這種出處進退之道，孔子所談的基本上是人性尊嚴。為什麼會冒出人性尊嚴的問題？因為他們感受很深切。那些在上的公卿大夫、諸侯，反正有了權力，有了財富，講話就特別大聲，對人也很不客氣，對不對？這是人性，不是文化差異。任何人都這樣子，你被人家大小聲喝來斥去就會覺得很受傷，這是人性尊嚴，所以在這個過程中就會特別談到進退出處之道。

傳統宗法的一夫多妻制，變成現代的小家庭制度，完全是因為工業革命的關係；也就是說，工業所帶來的技術、產業上的改變，改變了人類的家庭結構。家庭結構還在，但是跟以前的農業社會已經有了不一樣。既然有了不一樣，所以現在所碰到的很多衝突，我們就會感覺到很受傷。例如親子、夫婦、兄弟之間的互動，常有不知所措的受傷，原因在哪裏？人處在工商業的環境底下，稍微不小心，多多少少都會碰到利害關係，它跟傳統農業時期流傳下來的觀念做對比，就會感到傳統與現代處理方式的不同，一有不同就會有意見，意見不同就會傷害到感情，尤其是碰到遺產的處理，除非是獨生子女。

不論從儒家、道家或法家來看，其實都是在這樣的大綱下各有偏重點。我們看到儒家倫理生活所牽涉的各種層面的知識，都得投入再往下一層研究，唯有再往下一層，此一倫理、組織底蘊，才是我們要學的知識。如果從法家韓非的角度來看，所有的這些就會轉移到關係衝突的這一面，這些關係是有內在的衝突。如果不用法家，不論韓非思想，而以現代的知識來看，這些通通都看不到了，只看到了什麼？只看到了純粹知識，所謂的自然科學、社會科學、人文科學等等。這

些知識的最後目的是什麼？這些知識本身不是作為一種目的，而是這些知識落實在實踐上所獲得的最後作用，還是得回到倫理層面。

我們先談這樣的大綱，特別要強調的是，這種傳統的想法和作法，轉變到了現代該怎麼調整？有些地方沒有辦法用傳統的方法來處理，觀念也要跟著改。因為社會、家庭結構都改變了，從原來的大家庭變成核心家庭，而且現代的核心家庭還有斷裂的危機！沒有親子，沒有夫婦，沒有昆弟姊妹，只有單獨的一個人。一個人的時候，你又該怎麼辦？也許你還有朋友和工作中上、下兩種關係，這個時候你又再切斷這兩個關係，剩下的就只有孤單了。

第六講

《論語》禮觀念與管理學原理

「禮」的概念與功能

從邏輯來看，孔子跟弟子的特性就是「教」跟「學」。「學」是首要的，「學」就是學「禮」;「禮」要顯現出來的時候，後邊馬上有個「仁」。透過一個制度顯現出來，這就是「禮制」。禮制是因時制宜的，必須進入到人的關係，我們講的五倫，一般是停留在傳統的觀念裏，其實在現代可以稍加變通。五倫中的每一倫底下，都有各自具體展現的行為，這些行為規範就是「禮儀」。

「禮儀」、「禮容」與「禮物」是三合一的，構成一個三角形。三角形中涵蓋著三個層面，當你跟著禮儀走，無論符合或違反，就呈現出各種德性;這些德性或好或壞，形成了君子與小人的區隔，這些便是新發講義中所談《論語》的觀念系統。[1]

上回跟大家談到禮的幾個概念，是我自己分解出來，從禮用 →禮意 → 禮制 → 禮儀 → 禮容 → 禮物，逐層往下延伸與演變。在《論語》乃至荀、孟等人，傳統儒學所談論的禮意、禮用，以今天知識學說的分類來看，非常符合社會學的原理。任何社會都是由群體構成，群體一定需要分工，分工以後就要談聚合。群體在分工、聚合時，會有「規則」的需要。這些規則，廣義來講就是禮，荀子如此講，在《論語》裏雖沒有如此詳細界定，但談話當中就已經有這個意思了。

1　編者案：詳見本書附錄十。

個人有其差異性，因此禮的功能就是要辨別他們的差異，所以荀子才會講「禮以別異」；可是肯定差異的同時，同時又要能夠有既分工又和諧的合作關係，彼此之間要能夠協同。人是有感情的，無論有無血緣關係。人不像其他動物依循自然法則，人需要合同，因此才說禮以別異的同時，還需要樂以合同。禮樂的樂，並不是今天單純指音樂（music）而言，而是能與禮相結合，是禮的另外一種功能。因此「別異」跟「合同」，就是指既能夠分隔，但又能夠協調，這是古今所有社會裏很不容易做到的事情。

為什麼如此說呢？因為個人既然有差異，難免會有衝突，而衝突又會造成動盪不安，衝突嚴重時就要設法弭平；但一旦發生衝突往往就很難解決了，所以最好就是要避免陷入衝突。至於衝突如何化解？在過去社會中，視關係種類而論。比如說，家庭關係的衝突，傳統倫理觀念強調忍讓，例如孔融讓梨的故事。一旦進入到外邊社會，就是互相協調，在宗族裏由長輩去協調，沒有血緣關係的不同宗族間就像幫派談判，互相談判出一個結果。一旦進入官府的領域，也就是政治、司法的領域時，就只有訴諸法律。這些就是古代化解衝突的方式。因此，若能避免進入衝突是最好，也才會說「禮之用，和為貴」，這就是禮義的最終目的。

禮之用

就《論語》而言，禮義到最後即是「仁」。實際上外發出來的，就是誠信、無欺。由此往下去看，各式各樣的組織，都有禮制的影子。孔子生前所談的禮制，大部分是從家庭而宗族然後到社會，因為政治領域也是由宗族封建的系統上升建構而成的，所以在《論語》當中對於禮制的討論，不太會談到現代已經進入法律的部分。可是從禮

制這種典章制度運用的範圍來看，有些確實可以用古代禮制的概念去涵蓋，而這些在今天都歸入公共領域的範圍。社會上私領域裏的化解方式，不管是君臣、上下、親子、夫婦、昆弟、朋友之間，都是透過風俗習慣，風俗習慣一般都是不成文的，隨著各地而有不同，在大陸稱為潛規則，潛規則有好有壞，例如在黑社會幫派裏，就有很多不好的潛規則。

如果把孔子在《論語》裏談過的內容加以擴充，可以包含社會公領域的部分，但因為《論語》的時代還沒有這些東西，所以孔子沒有辦法直接談。如果借用現代的法律概念來了解，現代的群體，也就是組織，分為公組織與私組織，在法律名稱上，通通叫作法人。所有政府機構都稱為公法人，所有的私人事業就稱為私法人，這些都是禮制的延伸。可是延伸到法的範圍底下，背後的依據就不在宗法，而在律法，由律法層層往下擴展，就像現在我們從最高的憲法，到一般的法律——六法全書，由六法全書再往下，到各個團體內部的組織規章、行政命令等等。所以即使現代社會發展到了法人，實際運作的還是背後那個「人」的互動，但人與人的關係，跟傳統宗法封建的時候不一樣。宗法時代大多有血緣關係，然後從血緣關係往外圈擴散成為親屬的關係，由親戚再往外擴散；非血緣可以建立出姻親關係，姻親的關係再往外擴散，是共有一個鄉里的關係，最後還可往外擴散成國人、同胞的國族關係。中國人的組織，就是這樣一層層擴散出去的。

所以，即使到了現代，在法人的互動當中，需不需要禮？還是要。因為他們彼此間依然是人與人之間的關係。人在互動時會產生一種感情，感情會產生一股親和或排斥的感覺，也就是俗話說的「有緣、沒緣」，慢慢凝聚成一個個小群體，然後成為利益共同體。所以很多日常事情，不見得馬上進入法的層次，而是一般的行為互動，但還是要守住一個禮。禮最基礎的是什麼？尊嚴。人際互動時，最重要

的是尊嚴和信賴。尊嚴讓個人覺得不受到踐踏、屈辱或壓抑,而信賴則讓人覺得對方的行為可以預期。所以《論語》討論到禮儀、禮容時,不管上下或平行關係,都非常注重尊嚴。

講義有兩個部分。第一部分是按照篇章順序,把跟禮相關的篇章摘錄並排列出來;第二部分是把摘出來的篇章根據類別重組,重組之後,禮之用就等於社會學的原理。如果由此延伸出來,有沒有很嚴格的禮?有,比如像集權社會,禮往上落實為法。[2]

談禮首重秩序與和諧之間的拿捏,兩者要取得中庸。過度偏向於和諧,就亂了秩序;非常嚴格的控制,又會變得死氣沉沉。這在任何地方都一樣,以後各位進入職場時就會發現,有些公司機構的氣氛,會讓人不舒服,雖然待遇不錯,但互動時公事公辦,有點冰冷,如果長期處在這種氣氛,心情沉悶,很容易生病,除非下班後,壓力可以得到釋放。

所以一個高階主管的責任很重要,現在企業的高階主管,只計較如何帶來較好的效率、利潤,但是忽略掉人的尊嚴、情緒。忽略了錢只是讓人快樂的因素之一,而且時間十分短暫。相對地,有些公司機構,一進去就讓人覺得人很和善、舒服,員工臉孔是舒展的,就可以知道這家公司的企業文化經營是成功的。

以上是屬於「禮之用」的範圍、功能,配合時代差異加以轉換運用。

禮意

禮意不太容易理解,以下挑出幾段說明。

---

2 編者案:詳見本書附錄九。

「先進於禮樂，野人也。後進於禮樂，君子也。如用之，則吾從先進。」（《論語‧先進》）入孔子之門學習的，有先有後，先進就是前輩，因為不失質樸，與後進相比，似乎有些粗野，故稱野人，後進就是晚輩，循規蹈矩，彬彬有禮，禮數也多，但重視禮節甚於心意，流於虛假，所以說看起來像君子。兩者之間，孔子比較肯定先進，正是因為先進比較質樸，還未喪失「禮意」。

「禮云禮云，玉帛云乎哉！樂云樂云，鐘鼓云乎哉！」（《論語‧陽貨》）重點並不是樂器與儀式，而是樂器儀式代表的心意，這也是為什麼「子貢欲去告朔之餼羊」（《論語‧八佾》）時，孔子會說「爾愛其羊，我愛其禮」的緣故，雖然已流於形式，但是不得已保留著，日後尚有恢復禮之本意、禮之精神的機會，如果連儀式都去掉，那就沒有希望了。

孔子的話是針對當時的情況，延伸到現代可以發揮的也很多。尤其現代人面對時代劇烈變動、傳統觀念猶存的兩難局面，常會無所適從，這時可以如孔子教誨的，回到禮意上思考，回到表達心意的初衷。

我常舉的例子是喪禮。現代人像遊牧民族一樣，隨著工作而遷移，不像過去農業社會可以幾百年住在同一個地方。比如說，同樣住輔大這邊幾百年，墳墓也在旁邊，死了先是土葬，幾十年後就放在甕裏面，擺在房子後面，反正就在旁邊，所以祭祀的儀節、禮器等等皆有固定地方。現代社會子孫飄零各地，骨骸安置在靈骨塔，或者葬在墓地，子孫移民到美國了，第一代還記得，再下去到孫子，有的連中文都看不懂，墓碑都認不出來了。在飄散的過程中，若要保持禮意，保留對祖先的懷念，不忘本，不能親自到墓園沒關係，拜科技之賜，有影像、文字的記錄，只要拷貝一下，每個子孫都可以各自保留，甚至有些人清明節時，聯合在網路上祭祀，也沒有不妥。這是在時代變遷下，表示禮意的變通方式。

禮制

孔子談禮制時最重視僭越的問題，僭越說明了秩序正在崩壞，也就是所謂的禮壞樂崩。關於禮壞樂崩，有幾個過程與幾個概念。我們常說周公制禮作樂，禮樂最底層的意思，就是一個權力階層經過武力整合之後，如何維繫下去。包括殷商與其他各部落，也就是天子與諸侯底下，都有公卿、大夫、士等權力階層。權力階層在起初整合時，訴諸於武力、軍事力量。當權力階層穩定，應用於日常生活上，便會轉換成禮。此處的禮，指的是組織結構及其組織階層，這個組織的結構與階層再加以落實，在正式互動時，各階層就有個別的服裝、車馬，甚至攻擊、防衛等武力的規模，都各有規定。

禮樂就是各種儀式、制度。例如朝覲，諸侯有朝覲天子的義務，後來發展成儀式，儀式背後象徵的是王權。又如祭祀，祭祀天地祖廟，象徵著權力的合法與正當性，像《史記》記載的封禪，目的是象徵統治者的權力範圍。除此之外，所謂「吉凶軍賓嘉」，傳統上稱為五禮，五禮具體執行時，有儀式，儀式當中包括流程、人員、物品等。在儀式進行過程中，人員物品互動的場合，有各種音樂伴奏，有專門的樂官。漢代稱為太常，後來改叫奉常。奉常底下有一個機構，叫作太樂，太樂有一批人，就像現在的公務人員與政府機構，平常就在國家音樂廳演奏，不同節慶演出不同的樂曲。另外還有一個從漢代開始明文記錄的機構，叫作樂府，主管叫作少府，少府與奉常位階相同。在漢代，少府掌管宮廷音樂，尤其是娛樂、宴饗的音樂，樂府、太府都是音樂機構，人員可以互通，樂府人數不夠可調太樂過來，太樂人數不夠就調樂府過去。

禮樂制度，也就是表現出權力階層差異的儀式。我們見到表層上的禮儀，便叫它禮樂文化。而禮樂文化深層的結構，就是權力階層，

或者稱為組織階層。所以禮樂的結構就是權力的階層，當孔子談論禮
壞樂崩的時候，談論的是周王朝組織結構已經失靈的問題。於是，原
本身為諸侯、卿大夫的，例如魯國三桓，便僭越階層，不把魯君放在
眼裏，三桓實際上已奪取了權力，只差沒有篡位，取而代之當魯國的
諸侯王而已。也有的直接篡位，再聯合其他諸侯，一起向周天子尋求
認可，周天子雖然有名無實，但名義上仍是共主，仍是最高統治權的
象徵，於是篡位者請周天子派遣周的太史，就像申請一份證書，求一
個正式名義而已。

　　中國歷史上這種現象很多，戰國時期分裂為很多諸侯國，這些諸
侯國已經不再臣服於周天子。周天子叫作王，諸侯國當中，最後有五
個共同聯合，自己升格，僭越當王，三國魏、蜀、吳的時代也是如
此。起初，漢天子還名存實亡，當曹魏取代漢天子自立之後，蜀漢跟
吳也同時稱帝，漢就真正亡了。歷代都是如此，一個統一的天下，一
旦衰弱以後，一定群雄並起，而最後都是以武力解決。

禮制與現代管理

　　談到禮制問題。孔子曰：「道之以政，齊之以刑，民免而無恥。
道之以德，齊之以禮，有恥且格。」（《論語・為政》）這句話從古到
今通通適用，任何組織，都有幾個濾網，在社會學中是一個專有名
詞，稱為「社會控制」。一個社會或組織的控制有幾個層次。一般而
言，親屬倫理是最底下的層次，往上先是社會倫理，就是我們講的風
俗習慣，再上來一層是法律倫理，法律倫理再往上就是政治倫理。這
些不同層次的問題有時不能夠跨越，如果用另外一個層次的法治、制
度或規則來處理，反而會造成傷害。所以孔子講，一般社會用「道之
以政，齊之以刑」，老百姓就是「免而無恥」，能閃就閃，能應付就應

付，人民不會自我要求，沒有自尊、自重。所以就像栓螺絲釘一樣，開始不要一下子拴太緊，輕輕栓一下就可以結合，到「道之以德，齊之以禮」是最底層的互相往來，有誠信、禮儀，自然就有羞恥心。這個道理很簡單，用現代經濟的成本觀念來看：如果要全面的掌控，就要派掌控者，耗掉很多成本；如果不掌控，個體能夠自發自動遵循規則，成本就省掉了。

這個道理運用性很廣，如果我們跳到現代學術來看，現在的教育體系、學術體系之所以不好，就是「道之以政，齊之以刑」。使用了太多的管束，要求很多，對教師、教授不尊重，教師一旦不被尊重，國家教育就不會好，為什麼？上有政策，下有對策，法令再嚴密，也不可能像雷公在天上看到壞人就打一樣，最後一定是能閃就閃，能應付就應付。書面文字一大堆，最後都是廢紙，一點效果都沒有。如果從自我尊重、羞恥感建立起「有恥且格」的學術風氣，大家一定很容易上軌道。這裏得注意一個問題，當大體上軌道之後，不是還有一些不好的現象嗎？這就是前面講過的，任何組織不可能要求效率百分之百，用指數來講，從零分到十分，沒有任何一個組織、個人可以達到十分。十分是什麼？是聖人。由不是聖人的個人來組成一個組織，怎麼可能做到十分？所以能夠做到七分就很好了。一般停留在五、六分就算不錯，再往下四、三分就不好了，到二分的時候就已經亂掉了。

現代人思考的盲點是機械化的觀念，每個成品都要很好，實際上不可能。以日常生活為例，誰家沒有幾隻蒼蠅、蟑螂、蚊子、螞蟻跑來跑去的？只要你吃飯的時候不要跑到桌子上，看電視不要在腳下爬來爬去就好了嘛！組織裏面有沒有像蟑螂、螞蟻這種很討厭的人？有。任何組織都會有這樣的人，但儘量控制比例，十個人中能夠維持在兩、三個，讓他生存沒關係，只要不進入核心，影響到整體活動就可以了，不要以為除惡務盡，那是除不盡的。自己的身體都不可能百

分之百健康，怎麼可能除惡務盡，對不對？

　　至於像〈為政〉篇，子張問：「十世可知也？」子曰：「殷因於夏禮，所損益可知也。周因於殷禮，所損益可知也。其或繼周者，雖百世可知也。」這個是講制度的變革，用現代話語來說就是「微調」，用《商君書》的話來講叫「利不百，不變法」。要改變一個東西，需要經過通盤評估。例如制度改革，經過客觀分析、評估後，改革後的利沒有大於弊，絕對不碰。若是利益大於弊害只有一點點，也不碰，白費力氣。一定是評估、改革之後，利大於弊很多，才去施行。這是一種衡量方式，也就是孔子所講的「損益」，面對新情況時，舊有規則有哪些是該添、該改、該修的，用微調漸進式改革。回顧歷史，大的變法很少成功，因為舊有的利益糾葛在裏面，當變革太大，既得利益者被波及到，利益受到損害的人數太多，反彈力量太大，就會失敗；尤其是反彈的力量中，有位居高位者，那失敗的更慘，所以大的變法很難成功，就算強力推動，最後主持變法者下場還是很慘，商鞅即是一例。所以，孔子談論「損益」，並不是因為膽小不敢改革，而是考量到成功機率，成功機率不高就不變；而成功機率要高，阻力就一定要小，助力必須大於阻力，否則，變革計畫連提都別提出來，最後一定執行不了。

　　使用微調的方式，不侵蝕到既得利益者，既得利益者不反彈，這就是蠶食，不要用鯨吞的方式，一次微調一些，最後慢慢調整到位時，阻礙的力量就衰退了。所以《論語・子路》也提到「善人為邦百年，亦可以勝殘去殺」，為何要百年？百年在古代相當於三代人，「勝殘去殺」表示現在「殘」跟「殺」很重，但是要勝殘去殺，要改變既成事實，需要經過一段時間，逐步微調。

　　「三家者以雍徹」（《論語・八佾》），或者「八佾舞於庭」（《論語・八佾》），都是講僭越問題。至於「夷狄之有君，不如諸夏之亡

也」（《論語‧八佾》），孔子時代的資訊不發達，我懷疑孔子在山東地區，最多是了解東夷的情況，至於北狄都是傳聞，所以孔子認為諸夏雖王，至少比較可靠，因為有記錄。禮制上僭越的問題，〈八佾〉講夏禮、殷禮他都知道，到後來他們的後人杞跟宋都不足徵，因為文獻不夠，這段是孔子的感慨。像「周監於二代，郁郁乎文哉！吾從周」（《論語‧八佾》），這段文字看起來非常空洞，這個文就是文史，就是禮文，這是人類社會現實的情況。同時，不要認為從平等或者民主的角度來看，就沒有權力層級。平等還是有權力階層的，平等只是一個機會上的平等，各自努力以後，個人在社會上仍居於不同的階層。

「哀公問社於宰我」，宰我說「夏后氏以松，殷人以柏，周人以栗」（《論語‧八佾》），松、柏、栗是指禮物，禮物本身具有象徵的意義，古今中外都是如此，栗和戰慄音接近，背後象徵有恐嚇人民、戰慄的意思，所以孔子不贊同社祭時以栗為禮物。

「能以禮讓」（《論語‧里仁》），我們現在把禮讓結合成一個詞彙，但原意是以禮為讓，談的是繼承問題。根據禮制來決定繼承者，解決諸侯國的繼承問題，政治就不會有問題。《春秋》兩百四十二年裏，大部分的動盪都是繼承問題造成的。第一篇〈鄭伯克段于鄢〉，就是繼承問題造成的內部動盪，鄭莊公之母武姜生莊公時，因為難產很痛苦，所以討厭莊公，王位不想由其繼承，武姜偏心這也是很正常的事，除非是獨生子，不然父母多多少少會偏心，這沒什麼道理可講。所以繼承要靠禮制，用現代詞彙來講，就是要依法。

〈先進〉篇中，孔子要弟子們「盍各言爾志」，曾點以外的其他弟子，子路、公西華、冉有所講的，都是使用禮樂的方式，而曾點談的是生命的境界，孔子讚賞曾點「志於道、據於德，依於仁」，最後能「游於藝」。用現今的觀點來講，就是生活不要繃得太緊，有目的的生活，就是「據於德、依於仁」，最後要「游於藝」，就是要懂得放

鬆。孔子這個觀念其實和道家沒兩樣，大家讀藝術史時便知道，中國傳統山水畫和西方的油畫不一樣，西方油畫在畫布上填得滿滿的，中國畫一定要留白，就像生活一定要有暇裕，能夠悠閒、輕鬆、沒有負擔、心裏沒有壓力、平和、愉快的心理調節。

至於「正名」的意義，名就是禮，也就是制度。每一個職務都有一個名稱，才能夠循名責實，所以「名不正則言不順」（《論語・子路》），這跟後來韓非講的完全符合，必先正名，否則無法施政。

「樊遲請學稼」（《論語・子路》），孔子當然不樂意回答，推託掉了，這就好像對樊遲說，你上了大學怎麼還來問怎麼學汽車修護，要學汽車修護直接去跟技師學就好了，不用來大學。藉這個機會，孔子開導樊遲好禮、好義、好信的重要，好禮在上者先遵守規則；義就是指在情理、事理上都要有正當性；好信則是人際互動的基本道德。

下面〈憲問〉到〈季氏〉各篇都一樣，〈季氏〉講天下有道和天下無道，禮樂征伐自諸侯出與禮樂征伐自天子出的差異。因為征伐是天子之權，諸侯沒有這個權力，天子要征伐的時候可以調動諸侯的軍隊，這是周朝的制度。等到天子權力衰微，諸侯擅自出兵，根本不甩天子，這是禮壞樂崩之大者。禮制之意大致如此。

隨著時代演變，今天你要講禮制，就必須涉入到日常生活，除了可以被倫理包含的禮俗以外，你必須研究法律。法律的領域很廣，涉入體制的範圍，我們現在叫作管理，古代叫作政治、行政，有些部分是在行政法、憲法的範圍。孔子談到組織裏應遵循的法治、人際互動、最重要的信賴等，都包含在裏面。從整個禮來說，到禮制為止，孔子講的幾乎都是現在所謂的管理學原理。怎麼去管理一個組織，不只是效率高，還包括內部的人和，所以組織裏最高位階的人，必須具有這兩方面的管理能力，他不能把組織變成一個只是會生產的機器，它還必須是人可以生活的地方。不過現代的管理學不顧慮人的因素，

只強調如何在一定的時間內增加產量。

　　實際上，一個人一天二十四小時有八小時在工作，甚至超過八個小時，投注在工作的時間很多。因此，一個組織如果重視人的生活，組織才會完整，更有效率。可惜當今管理學的發展很少考慮人的因素，如何讓人在組織中工作得很愉快，是以後各位想學管理學要注意的問題。

第七講
《論語》中的禮與組織規範

內聖外王：兩個傳統學術主流

當禮制落實後，在五倫是以禮儀、禮容、禮物等顯現了各式各樣的品格、德行，《論語》談到此問題時，是以君子、小人為區隔。但至君臣上下這個部分，禮制的內容範圍就很大，以現今的觀念來講，擴充到制度、法律以及各種政治活動；其中各式各樣的統御技巧，傳統稱之為「經」或者「權」。發展的走向不同，延伸出來的知識也不同，今天我們可以稱之為「社會科學」，然後有「自然科學」作為支援，也有「人文學術」來調整批判。用儒家的觀念來講叫作「外王」，也叫作「經世」，傳統的語言轉換到今天，就是這兩個語辭。我們講經世濟民的「經世」，就是「外王」的方向；也就是當禮制下降到君臣上下，就是代表著各式各樣的社會組織，從各種民間社會組織到政府組織以至於到國家，在傳統就是到帝國，這是禮制的最外圍部分。所需要的知識，就是橫跨在社會科學、自然科學跟人文這三個部分。這三個部分的關係，我有一篇論文〈人文學術在消融生命內在衝突中的作用〉就牽涉到這個問題。

儒家的「內聖」在於「禮」。「禮意」是禮最高深的理論基礎，是從內在本心下工夫的體悟。大部分人都是遵照著制度、規範，比如大人教導我們就是遵守規則，按部就班。但是人若只照著規則走，內心還是一樣，經常就會遭遇到「義利之辨」，那是生命本質的欲望。所以從內在本心的方向走，推求到內在的人心，就要花養性、養心的工

夫。這個養性、養心的工夫，在《論語》談得很少，它只是不斷地告訴你要「仁」。《孟子》就講得比較多，提到人的道德性來源──「性善」，而《大學》、《中庸》講得就更清楚了，只是並不那麼詳細，之後我會重定朱熹的章句，因為朱熹章句的傳跟經搭配不上，我用的是陳澧的反切系聯觀念。

反切系聯只用在聲韻學，但是陳澧系聯觀念的背後有一個更根本的原理，我可以用符號學的觀念來講。在符號裏，解釋者跟被解釋者有語義上的交集關係。我用這個字來解釋那個字，這兩個字語義一定要交集，但又不能完全一樣。因為你完成一樣，第二個字用第三個字來解釋，結果第三個字呢？又要第四個字來解釋，如果都一樣的話，最後所有的字會通通都一樣而無從區別，所以它會交集到一個地方就斷裂。陳澧的這個觀念很好，是方便使用的方式。像《詩品》對風格的很多用語都讓人覺得很模糊，如果用反切系聯的方式，那些講風格的觀念就可以非常清楚了。因為一般在讀文學的時候，對於傳統文學詩詞等等風格的評論，往往摸不著邊際，你抓不住它到底要說什麼東西，因為沒辦法用「分析性」的語言講，所以只好用描述－景物－往往用自然景物來描述「風格」的樣態。

同理，當我們回到「仁」的時候，朝《孟子》、《大學》、《中庸》的方向解析，就會走上「內聖」的路──內修其心，最後鍛鍊到良知。而這個觀念在道家有沒有？有。但是道家在鍛鍊內在心性的時候，不偏重在「仁」，而偏重在「虛靜」。結果，道家的虛靜思想到了魏晉時代，佛教東傳後就很容易接受，因為「虛靜」有點類似《大學》、《中庸》的「定」。然後佛教又發展出了「禪定」，到了唐代、宋代，儒者從佛教也體察到《大學》、《中庸》之中有很多曲折，一些細節的工夫語焉不詳。宋明學者就從佛教汲取內在意識，在鍛鍊、禪定的過程裏又得到一些經驗，充實起來就變成宋明理學。「內聖之學」就是這樣子的發展。

所以抓住這兩條路線，基本上就抓住了中國傳統學術的兩個發展主流，就好像你把握了一條長江，又把握住了一條黃河一樣。在「外王」的部分，一層一層鋪延下來；在「內聖」的部分，一步一步提升上去，這是兩個大方向，但中間會有曲折。

孔子所講的君臣上下是有時代限制的，孔子不會像後代政治思想家討論政治哲學、政黨制度的問題。他的政治思想大部分是提到政治人物，就封建時代的諸侯君乃至於天子，如何治國，論語〈為政〉篇就講怎麼做（How），牽涉到的問題就是倫理、態度。第一，對自己；第二，對別人。這別人是臣？是民？對臣、對民又要怎麼做？大概就是這些問題。孔子沒有講得很多，但基本上都是屬於正面的，而且負面的孔子講得很大略。到韓非就講很多負面的，包括自己的德性、人格不行時，本身就會深陷封建制度裏的很多陷阱。韓非所提出來的問題，孔子還不太談到。但孔子所講的這些內容，經過了兩千年後到現在還是有用。只要是人群的互動，除了法以外，禮是本於人性的，禮是建立在人性基礎上面的規則，幾乎都有此需要。所以孔子的為政思想，基本上不太討論由禮延伸出來的法。因為孔子假定禮法——尤其法——是一個「常數」，是固定的，所以不用討論了。我們要討論的是「變數」，就是人的行為、德性，這是看孔子思想時可以注意的。

組織與規範

人類的組織就好像生物的基因有缺陷，只不過缺陷是隱藏在裏邊。社會或者組織，基本上第一個就是分工，分工是為了集體利益，而不是為了特定個人、少數人的利益；分工一定要聚合，聚合就產生了層級。層級是金字塔型，上面層級人數少，下面層級人多。依人的本性，都是要往上面層級跑，所以在分工的同時，又潛在著互相衝

突。這種互相衝突顯現出來的狀態就是鬥爭，只要到有人群的地方都可以看得到，有時候也沒有什麼大不了的位置，但有權。舉個具體的例子，無論政府或私人部門，組織的底層都是小職員，小職員的上面有小科長，再上面又有一層。這些職員平常工作會互相溝通，但是碰到要爭升遷的時候，怎麼辦？變數很大，就看這裏面的成員。有人性情溫良，有人貪婪，有人除了貪婪以外又很會耍詭計，特別會坑陷別人，別人就慢慢地疏離他，可是他上去了嗎？也不一定，有時候他也上不去，反而是那種光明正大的人上去，任何地方都一樣。所以任何組織的、內部的、潛在的衝突發生的時候，要靠的只有──規範──很公正、公平的規範。

所以人在這個地方很難談修養，只要在人群中，一定會發生嫉妒、不服、猜疑，或者互相毀謗、攻擊等等。因為人不是聖人啊！只要投入到環境裏一定會如此。但是另一方面，人又是有情的，怎麼辦？當你上來之後，就必須運用造福全體的方式，弭平他人內心的不平、嫉妒、猜疑等人性中黑暗的地方。中國傳統裏的君子與小人之別是怎麼形成的？就是在組織裏，君子能以德面對現實，即使沒有升遷上去，還是比較能夠理性而持平；小人則反之，惡的德性使其猜疑、攻擊、嫉妒、不服。但是升遷上去卻不能夠照顧底下所有人時，連君子都一樣要造反。所以，在人類的組織裏，基本上就是要靠好的規範；但是好的規範之外，還是要有德，能以德服人，使人服氣。整個傳統講的，就是現在所謂的「領導統御」。在法律、規則完備的情況下，為什麼領導統御仍有問題？不是常聽到很多人會說，「這個長官公正」；或有人說，「唉！這個長官不好，只顧自己」。而且，因為位置的關係，他又濫權、謀私。所以，一個組織的好壞，人是決定性的因素，不談修養的現象越嚴重，情況就會越糟糕。

《論語》思想的脈絡層次

　　《論語》先從第一層「學」開始，再到學「禮」，「禮」再往上就是「仁」。如果由「禮」往下，就是「禮制」，又因為倫理的關係，所以禮制又區分為君臣、親子、夫婦、昆弟、朋友。再往下，就形成了「禮儀」、「禮容」跟「禮物」。這三種外顯為「言行」，言行展現出「德行」。德行有正面、負面，正面的就是君子，負面的就是小人。但君子跟小人並不是截然劃分的，每一個行為，有時在個別的表現中會像個君子，但在另外一個行為上，有時又像個小人，所以它像是一個光譜的觀念。

　　禮制在親子、夫婦、昆弟、朋友中，演變成為傳統的社會風俗、禮俗的範圍；但當禮制延伸到君臣上下關係時，就變成了政治領域，再延伸出來，就是傳統所說的「外王」，或者「經世」。就知識層面而言，則是現代的「人文」、「社會」、「自然」等領域的知識會合。

　　大部分人都會遵守「禮制」下的各種儀節、德性，那是外塑的；當我們要從「內在」發揮時，人就走向了「內聖」。內聖這條路子，就是所謂的「心性」。因此，「內聖」在歷史的發展上，可以由儒家的方式通往「仁」，或是孟子講的「性善」、「良知」、「誠心」等等。另外，也可以從道家的方式通往「虛靜」。後來，這個虛靜觀念又加入佛教「禪定」的工夫、解脫之道；而儒家又吸收了「禪定」解脫中的一部分，所以就成為了「理學」。依這個脈絡來看，就可以很清楚了。

　　依中國思想的發展而論，理學可不可以再有新的東西進來？有，那就是基督宗教。近代以來，以基督為中心，統稱為「基督宗教」，基本上以聖經為中心，再分化為猶太教、天主教、基督教、摩門教、東正教……等等。當以聖經為中心的時候，可以再進入到儒家的系統裏。所以，中國思想就是很大氣，包容性很強，不同的文化進來，都可以吸收、消化及融合。

其實所有講的都一樣，只是層面不同。在內聖的部分，如果從本心而言，原初的狀態，儒家叫作「中」，中庸的中和，道家叫作「虛靜」，佛教叫作「定」。「定」是就心的浮動來講，「中」是就心的情感來講，而「虛靜」則比較接近「定」。就是心中在浮動、雜亂的時候，只要走向了靜，就到達了中和的境界。然後外發，外發對人的時候有分：對人的關懷，顯現的是「仁」；對人的溝通，顯現的是「誠」；對事的處理，顯現的是「公」，公與私相對。當內聖外顯的時候，就好像一面鏡子，我照什麼，它就是什麼，不將不迎，應而不藏。因此，儒家、道家講不講公？都講公。公就是正義、平等。可是到了佛教，就講「慈」；如果再把基督宗教加進來，他就講「博愛」。這些意思通通都一樣，這個內在的「心」，「仁」也好、「誠」也好、「公」也好，外發到個別具體的事情上時，你都能夠處理。這時顯現的又是什麼？「智」（intelligence），要有智慧去處理它。以現代的大學來看，大部分教的都是屬於外王、經世方面。而以今天的觀念來看，所謂的外王或經世，任何一個小團體都可用到。實際上，外王就是一個群體觀念，從小團體、學校、公司、政府機構，都是外王的範圍，可大可小，不要以為一定是像先秦典籍所講的天下、國家這樣子的觀念。

孔子的《論語》，不管是親子、夫婦、昆弟、朋友等等，講的都是正面；進入到現代，就要特別留意，因為孔子不講壞的一面，所以有時候一不小心，就會被壞的那一面給損害到。所以，「禮」與「非禮」的範圍，我們要知道怎麼辦，要知道很多非禮的東西。所以，如果孔子跑到現代的話，他也會一再提醒在現代社會裏要「注意詐騙」。因為現在詐騙非常盛行，不是嗎？

《論語‧為政》論治國的根本

再談到〈為政〉篇治國的問題，關鍵在於：為什麼孔子那麼說？根源還是在於一組織結構的內在缺陷。剛才我講過，任何社會組織都是分工的，但是只有分工是不行的。分工與聚合相互依存，但又相互衝突。聚合在一起會有上、下層，個體會往上走，就像人往高處走、水往低處流一樣，所以聚合會引導你往上走，往上走的時候，分工與聚合就產生了衝突。因為上層的位置畢竟少，底下的位置多，這就是組織結構的內在基本衝突。

面對此一基本現象該怎麼辦？我想有兩個辦法：一、訂定初步的規範，包括從禮到法，各式各樣的規範，大家都必須遵守這個規範。有了規範以後，在人往上爬的心理下，又會延伸出心理的不平衡，這時該怎麼辦？依法升遷是規範，在人還沒有成為聖賢之前，他只是普通人，普通人的心理不平衡時要怎麼辦？這就要靠第二種辦法，內心的鍛鍊與修養。首先從「降低」談起，用降低標準來調整心理的不平衡。「降低」有很多種方式，最基礎的是什麼？就是我的所得，包括有形的財貨、基本的物質需求等，這個所得要能夠有一個基本的滿意度。但人的滿意度很難說，最務實的就是基本生活。但是所得之外還有一個不平衡，就在人的心理，心理產生不平衡時怎麼辦？對低位的人一定要用尊重使其得到平衡。所以，適度的尊重，是降低人際衝突的另一個重要法寶。

現實社會裏，低位者常被瞧不起，所以為什麼我們要強調上位者應該要謙虛。理由在哪裏？除了個人內在的德以外，對外來說還有一種功能，就是可以降低底位者的心理不平衡，謙虛的基本「德性」是有社會作用的。德性的作用，一則是社會作用，它能降低別人的心理不平衡；另外一則是真正定靜、謙虛的修養。因為謙的相反就是傲，

傲的背後是居上位、能力強等各方面的強勢,強勢的背後緊接著就是
貪婪,貪婪的背後就是各式各樣的陰暗以及緊跟著而來的墮落。

　　所以你可以看得到,當人在各式各樣的組織裏,不得已需要有規
範;有了規範之後,又要消除心理的不平衡。不平衡降得越低,心理
就越健康,就越持平。所以孔子講「禮之用」,一定要「和為貴」,就
是降低人們心理的不平衡。降低心理不平衡最主要的對象,除了個人
以外,最重要的就是群體。因為個人心理的不平衡,帶來的只是自己
內在的衝突;但在群體裏,它的鬥爭會降低整個社會的生產力,甚至
會讓組織垮掉。所以弭平心理的不平衡,在團體裏非常重要。至於弭
平的各種方法,那已經是「術」而不是「道」了,而且有助於生產力
的提高。大部分的組織,內部工作沒做多少,吵架卻吵得很多,現代
人稱之為內耗。會內耗的團體絕對不會好,所以為什麼要講「和」,
背後就有這樣的原理。

　　個人心境的修養是屬於心理功能,更重要的是它的社會功能。因
為它能提升工作效率,提振生產力,使社會富足,最後大家就都富有
了。所以孔子談這個問題,是從非常根本的地方談起,像解釋「富而
有禮」是什麼意思時,就得要從組織結構的原理去看。就好比人體,
當基因有缺陷時,你就注入一些因素把有缺陷的基因包圍起來,讓病
毒、壞的基因不發生作用;當它無法擴散時,你就比較健康;你若不
把它包圍起來,基因一擴散,你就瓦解掉了。

　　我在講義裏把「禮之用」往下一層,拉到禮法、規範,這從現代
知識,尤其在社會科學裏就看得很清楚。概括來講,一個組織一定有
其主要規範,包括目標、職掌及職位,使人們的工作有其程序,互動
有其規範。日常生活裏,部屬跟長官、同事跟同事之間的互動,又涉
及次類的規範,包括監督、報償、分配、衝突、仲裁。無論主、次規
範如何,都必須要合情入理;最怕的是,不合於情理,這時就叫作結

構性的缺陷，這個結構性的缺陷普遍到任何地方都看得到，大到制度，小到很細微的事情。例如學校要選「傑出校友」，此一篩選的本身就有結構性的缺陷，缺陷在哪裏？就是把「褒揚」跟「競賽」兩個性質不同的活動混在一起了，這樣馬上就會產生尖銳的矛盾。當被提名為傑出校友時，先要你提供基本資料，最後投票。反諷的是，當你沒有被選上時，回函就會告訴說：「對不起！」這表示你不夠傑出，對不對？這根本不合理嘛！

　　規範是第一層濾網，第二層濾網就要靠人的互動。你可以用這個方式來評估傳統的社會，也可以轉化來評估現代的社會。現在大家面臨的工作環境，所造成心理不平衡的因素在哪裏？從問題的癥結點降低不平衡，這樣就可以了。這樣子來看孔子在《論語》裏所談到的很多問題，就可以一目了然了。像組織領導者，孔子強調的就是一個「正」。季康子問政，孔子就說：「政者，正也。子帥以正，孰敢不正？」（《論語·顏淵》）因為你是標竿，你的「正」就代表最高的法令，是一個儀表在那裏。同理，〈子路〉裏也談到，孔子說：「其身正，不令而行；其身不正，雖令不從。」這就是強調執法者、執禮者本身的修持是多麼地重要。

第八講
孔子的治國思想

「禮」、「義」、「法」

　　孔子的思想是一種「學」，學的是「禮」。禮應用在不同的人際關係時，就會產生五倫。五倫底下的君臣，是孔子的政治思想。五倫裏的親子，是孔子的孝道思想；其他如昆弟、朋友、夫婦，基本上仍環繞著家庭，屬於家庭倫理，朋友則是社會倫理。孔子時代還沒有現代式的法律，所以最後常常會出現法律跟社會倫理、家庭倫理衝突的情況，所以傳統才說「法不入家門」。但到了今天，法入家門的情形非常嚴重，造成親屬倫理與社會倫理的衝突，對親屬關係的傷害非常巨大。孔子對禮的思想大體如此，是後代調整的基準，但這些倫理大都是遵從外在的規範，形成他律。如果要治本，最後會有一個屬於良知的問題，那就進入到「仁」，孔子特別強調仁，因為仁是自發的，不受外在規範、壓制。

　　中國傳統很強調「義」，比如說《史記》的〈游俠列傳〉、〈信陵君列傳〉，記載戰國時代有很多像侯嬴的人物，只為遵從一個道義，就可以捨棄富貴。「義」如果用在君臣之間，就是忠君，是一種個人關係，但若侍奉的君不好，個人就會處在公私之間而有兩難。對衰敗的政權，為什麼還要忠君？舉最典型的例子——文天祥。如果換到現代，觀念調整一下，他最後還會不會從容就義？這是可以思考的。當倫常與社會現實正面衝突時，不合理的法或政治，仍強逼人就範時，就會激發出另一種義來與法相對抗。這個義的根源，當然沒有像

《孟子》、《大學》、《中庸》那樣提升到「仁」的境界，但已經是一種
萌芽。

　　道義的觀念，發揮、外顯出來，就會跟強勢對抗，維護弱勢。演
變到後來，就變成所謂的江湖俠義，《水滸傳》所顯現出來的就是俠
義。江湖俠客行義時，往往不軌於法，所以經常是法所打擊的對象，
於是就變成民間力量跟官府力量的對抗。傳統幫派，再進一步，演變
為黑道。黑道有沒有義？有。但黑道在生存方面是不法的，而且也是
不義的，黑道講的義狹隘且狹小，而且混有雜質。但這類現象，可以
說是孔子的倫理觀念在歷史變遷裏所衍生出來的。這個來自於民間、
質樸的義，表現方式比較粗野，不軌於法。循於法的人受到文化的薰
陶，講究的是禮，但到了後來，常變成虛偽的禮，利用禮法來做違背
禮法的勾當。這就是《道德經》講的「禮者，忠信之薄而亂之首」，
孔子則講得很委婉、隱約：「文勝質則史」，演變到後來，法、禮不僅
被用來謀取私利，甚至成為政治迫害的工具，像魏晉時代的名教，用
通俗話來講，就是假道學。至於「質勝文則野」，表現出來的義，大
多是違反體制的，以現代的觀念而言，可以作為一種反對運動。但基
本上是輔助、修正的作用，沒辦法產生安定的作用。因為它本身就具
有對抗性，最大的功能在導正正規禮、法的偏頗，當正規禮、法修正
後，失去對抗的對象，就會自動消失了。歸結起來，還是需要禮、法
的正面穩定作用，只可惜運用的時候，不免因人的因素而產生偏頗。

　　義的對抗形式，隨著環境而演變。在傳統社會中，義出現在江
湖、游俠中，大多是個人性質；也有幫派的集體化形式，如果時代衰
亂，就演變成史書上所謂的盜匪。到了現代，義不再是個人化的，而
是種種的反抗運動、群眾運動。這些反抗運動，總會激盪出一個新勢
力去取代舊勢力，把禮、法導正回來，是本於仁之端的；但這種仁是
部分的仁，因為從孔子直到西漢以前，都沒有圓滿的仁的概念。群眾

運動是舉部分的仁所發揮的義的力量，當力量不足時，很容易就衰敗；必須要有足夠的力量，才能成功，比方說民主。但有時民主也顯現不了義，民主雖然有選舉，可是如果選出來的都是一丘之貉，還是無可奈何。言歸正傳，現代很多公眾議題，國內的例如無殼蝸牛、樂生養療院等，國外的例如茉莉花革命、佔領華爾街等，其背後都是對抗法的不公、對抗政府公權力的一種義的表現形式。這樣來看，就可以把孔子的思想，從較高層次的論理，一路落實到真實的社會生活。

國家治理：禮、義、法的糾解

「禮」用在君臣，散下來就形成孔子的政治思想。《論語》討論到的範圍相當廣，但沒有涉及近代政治學意義上的政治哲學，反而比較接近行政管理。在政治學裏，合法性是一個問題，但孔子不會觸及這個問題，因為他講話的對象是天子、諸侯，這些人的政權合法性都沒有問題。問題在於，如何把國家治理好？關於治理，孔子首先強調的是國君要「正」。正是一個很高層次的觀念，許多層次較低的講法，都衍生自這個觀念。比如說，孔子提到「子率以正，孰敢不正」（《論語・顏淵》）、「其身正，不令而行；其身不正，雖令不從」（《論語・子路》）、「苟正其身，從政乎何有」（《論語・子路》）。孔子也講無為而治，如何無為而治？「躬己正南面而已」（《論語・衛靈公》），這些都是強調國君本身就是標竿。

孔子在講「為政以德，譬如北辰」（《論語・為政》）時，涉及到兩個層次。孔子所討論的正，大部分是從國君本身的德來講。自身的德性，要怎麼具體顯現出來？這要看國君在生活中會碰到哪些關係？第一個是《大學》所講的「齊家」，國君的持正，包括了夫婦之道，例如不能像晉獻公，聽信小三的話，廢掉老大的繼承資格，最後老大

自殺而死，這類家庭變故，都可以歸結到夫婦之道。第二個是立繼承
人，《春秋・公羊傳》說「立嫡以長不以賢，立子以貴不以長」。除了
這個最核心的原則之外，國君身旁有一群人，這群人大都是國君的同
輩或長輩，與國君有關係，封建制度的國家，就像現在的私人企業，
很多兄弟姊妹一起做事，像很多中小企業，都是找自己親人擔任會
計。對於第二圈這些人，國君一方面跟他們有血緣，有些還從小一起
玩到大，有私情，要怎麼正？第三種是沒有血緣關係，但是每天伺候
國君的奴婢、宦官。這些人環繞在國君身邊，跟國君生活在一起，因
為親近，容易有感情，有感情就不能正，不容易秉公，因而會有佞倖
等等的稱呼。

　　國君的外面包著一重、兩重、三重、四重……等等的關係圈，這
要怎麼正呢？所以說，這個正不容易，該怎麼「正」？孔子也沒有
說。因為這些是貴族教育的內容，是世子或是太子、公卿大夫之子從
小教育的內容，他們從小讀的太學、國子學，用現在的話講，就是貴
族學校。學校裏除了知識以外，就教這些內容，在那個時代，教材就
是《詩經》、《禮》、《左傳》等等。現今地下出土的《左傳》，內容跟
一般看到的《左傳》不太一樣。地下出土的《左傳》，是給小孩子看
的，要給小孩子講歷史故事用的。因為這些小孩以後會成為諸侯國的
領導人，不是諸侯國的國君，就是出將入相的重臣。

　　因此，孔子講的正，用現代語言來講，就是人際關係。國君是龐
大利益與資源所在，是覬覦的對象，所以國君本身需要正，這是就德
的方面來講。但這個正牽涉到了親屬感情與諸侯國的公務時，需要有
支撐的力量，支撐的力量就是法、禮。禮也是一種制裁，但制裁力比
較弱，所以在戰國時代進步為比較強勢的法。如果沒有法，有時會判
斷不公，或有各種人情包袱。所以，國君自己想當白臉，就必須找個
東西來當黑臉，那個黑臉就是法。當國君的祖母、媽媽、哥哥、姐

姐、弟弟等親戚來關說時，國君才可以雙手一攤，推託說，沒辦法，我都是依法處置。

孔子講「正」的對象，是諸侯君。在孔子的時代，沒有政權合法性的問題，可是到後代就會碰到。現代政權的合法要靠民主、靠憲法；在傳統世界裏就是要靠革命，革命是應乎天、順乎人，這兩種情況不一樣。在動亂時代裏，依乎天道要怎麼表現出來？就是孟子所說的「簞食壺漿以迎王師」（《孟子‧梁惠王上》），施政措施讓人們安定富裕，就會有正當性、合法性。在穩定的時代，合法性來自於憲法，或者傳統帝制時代的繼承法。這些是「正」的另外一個意義：正當性。

關於正的內涵，孔子偏重的是德行之正，關注的是人性的弱點。這個德性，不是單純的道德（moral），比較像西方人講的品格（virtue）。道德只限於善惡，品格還包含了個性、意志力等等。我們在主觀條件上講一個人，除了欲求往外推之外，性格、意志力都很重要，還有情感要能夠維持穩定，不能太情緒化。這三個是基本的，然後才有所謂的道德，道德是陶養。所以儒家講修身，有很大一部分是在修個性、修意志、修情感。孔子所談的這些，具有相當的普遍性，落實到今天還是如此。

國家治理三階段：了解民心、成為表率、教化人民

治理國家有三個階段：第一要了解民心、第二要能夠成為人民的表率，第三在成為人民的表率後有下面幾個方面要做。

首先要了解民心。「民可使由之，不可使知之」（《論語‧泰伯》）、「民之於仁也，甚於水火。水火吾見蹈而死者矣，未見蹈仁而死者」（《論語‧衛靈公》），這是客觀上就一般情況而言。從今天的角度來看，「民可使由之，不可使知之」是不對的。但這句話的解讀，

是有彈性的。在古代，老百姓該知多少？知道多深的程度？老百姓不識字，知識範圍僅及生活所需，跟老百姓談高層次的政治、行政問題，老百姓不知道，也無從了解起，所以只能叫他做，這是環境使然。統治者只管做出成果，使百姓富有安定就可以，安定靠什麼？沒有盜匪，大家安居樂業；富有指什麼？大家可以養生送死，滿足基本生活，甚至比較寬裕一點。在農業社會，最基本的就是三餐溫飽，但有時候連三餐溫飽都很困難，這對現代人來說是很難想像的。現代人出門就是麥當勞、7-11，想吃什麼都有，即使年輕人薪水只有兩、三萬塊，吃飯還是夠的。不要說農業社會，光是工業革命初期有沒有這些東西？沒有！頂多住家附近有間雜貨店，一般人更不會動輒外食。如果是農業社會就更不方便了，不只三餐得自理，米缸裏還得有米。在我小時候，附近頂多有間雜貨店；到了小學，有人推著麵包車來賣東西。每天早上一起來，一定得馬上準備生爐火，加上煮好稀飯，全家人吃飽，最少也得搞掉一個小時。家庭主婦光是煮三餐，加上洗衣服、處理家務，就夠耗掉一整天，現代人根本很難想像。在現代生活裏，烤麵包，順便煮個咖啡、泡個茶，根本花不上十分鐘。所以「民可使由之，不可使知之」這句話，有傳統社會的背景。在古代，除非戰亂，不然一輩子只會在居住地方圓幾十公里內活動，生於斯、長於斯、死於斯。像我十八歲前沒有離開過花蓮，活動的範圍方圓不到五公里，最遠騎腳踏車到太魯閣玩，最南到鯉魚潭。只有在高二因為參加合唱團，才到過一次臺北，光是要到臺北，就花了一整天。

在農業社會裏，不識字的百姓很多，要怎麼向他們解釋？要騙老百姓很容易，但是讓百姓知道你騙他，就會造反、革命了，所以孔子才會說「民可使由之，不可使知之」。甚至到現代，也還有這種現象，只是現在稱為「溝通」；在政治上，就是「政策討論」，因為必須因應各個地方的風俗、民情、習慣，所以只能大致告訴民眾一個目

標：「我們要什麼？」至於要如何得到這個東西，涉及到複雜、專業的技術問題，往往不是民眾所能夠了解的。這時除了理性說明之外，溝通重點就偏向感情的抒發，臺灣話叫作「搏感情」。不用說到多大的國家，臺灣這巴掌大的地方，北中南就有不同的種族、文化，原住民、閩南人、客家人，各有不同的溝通習慣，不同立場的人，會認同不同外形、言語、服裝、口氣的人。這個道理韓非在〈說難〉中就已經說過「他相信你，你講什麼都聽；他不相信你，你講的再好他就是不聽」，這種溝通還應用在商業上，跨國企業的廣告代言，都是用當地的偶像、當地的場景，這是很簡單的道理。

「民之於仁也，甚於水火。水火吾見蹈而死者矣，未見蹈仁而死者」，是說對老百姓不能要求太高。一般百姓關心的就是吃得好、穿得好，基本生活無虞就不錯了，如果像《禮記・禮運》裏的小康就非常好了。小康就像今天說的中產階級，它有生活應有的基本配備，但不是頂級的。要房子有房子，要車子有車子，要衣服買得起，但不會買 LV 的包包。對一般人不可以太過要求他們的德行，只能要求他們符合一般的社會規範，跟「足食、足兵，民信之矣」（《論語・顏淵》）是一樣的道理。孔子說：「富而後教。」（《論語・子路》）古代是農業社會，常常吃不飽，所以一定要先富起來。人一旦貧窮，對他們談什麼都沒用；用現代知識來說，就是要了解群眾心理學。如果用《道德經》的話來講，就是要察其自然（Nature），「自然」說的是「一個客觀存在的事物，有自己的本性、性質」，順著事物的本性，就叫因其自然，因勢利導。

第二個層次，要能夠使人民聽你的話，就是要「使民」。怎麼做？弟子問：「使民敬，忠以勸，如之何？」（《論語・為政》）孔子回答：「臨之以莊則敬，孝慈則忠，舉善而教不能，則勸。」（《論語・為政》）道理很簡單，在上位者的言行莊重，表現出來的是孝、慈，

大家就對你忠心;「舉善而教不能」,就是把好的、優秀的選拔上來;
比較遲鈍的,也給他學習的機會,人民自然有動力,會努力。不過,
用現代人的思維來看會發現一個問題:假設國君真的莊重、孝慈、
「舉善教不能」,要怎麼讓老百姓知道?距離遙遠,老百姓又不識
字,所以只有透過組織一層層地傳播下去。國君往下一層是臣子,中
央向外是諸侯國國君、宗室、各地行政區域裏面的官吏,一層一層,
把這些訊息慢慢地散播下去。不過這裏孔子漏講了一個前提,就是任
官要賢能,如果用的都是一些貪官汙吏,人民就沒辦法信賴這些話。
齊景公問政於孔子,孔子說:「君君、臣臣、父父、子子。」公曰:
「善哉,善哉!信如君不君,臣不臣,父不父,子不子,雖有粟,吾
豈得而食諸!」(《論語・顏淵》)君君、臣臣、父父、子子,就是談
倫理,說明政治秩序和社會秩序的重要性。秩序的穩定性來自於各種
層次的法,而且賞罰要公正分明,如果賞罰不明、不正,社會就亂,
一亂就爭,損耗了生產力。孔子談的問題很單純、很根本,而我們必
須思考的是:How,用什麼方法做到?

　　〈陽貨〉篇寫孔子到武城,聽到弦歌之聲,就嘲笑子游說:「割
雞何必用牛刀?」子游回答:「君子學道則愛人,小人學道則易使
也。」孔子才說:「二三子!偃之言是也。前言戲之耳。」弦歌之聲
代表禮樂,是一種儀式,在儀式裏人們井然有序,所以雖然只是小地
方,子游仍然照著做,關鍵在於小人學道只會圖利自己,君子學道後
會照顧別人,這些都需要教育的長期培養。有時候我們覺得「倫理教
育」沒有什麼,但如果一整個世代只偏重知識技能,最後人們會忘記
或者根本不知道人性裏一些最基本、高貴的情操。像子張問:「高宗
諒闇,三年不言。」孔子說:「何必高宗,古之人皆然。君薨,百官
總己以聽於冢宰三年。」(《論語・憲問》)國君亡故時,繼位的國君
要守喪三年,很多事情都交給冢宰,冢宰就像宰相,或是現代企業的

CEO，背後的考量是守喪者容易心神不寧、判斷易出問題，因此交給旁人來管。

〈子路〉篇談一言興邦，「言不可以若是其幾也。人之言曰：為君難，為臣不易，如知為君之難，不幾一言而興邦乎」。意思是說，為君難，所以言語要慎重，處事要謹慎，不可輕率。人之言曰：「予無樂乎為君，唯其言而莫予違也。如其善而莫之違也，不亦善乎，如不善而莫之違也，不幾乎一言而喪邦乎？」則是說，不可因自己處於高位就得意洋洋，而是該懂得傾聽，好的建議要能夠聽進去；不好的要會過濾，如果照辦，就「一言而喪邦」。至於怎麼判斷誰是真的？有時並不容易。為什麼俗話講「高處不勝寒」？擔任總經理、董事長，會有言語接觸的就是秘書，秘書通常也只管辦事，意見不多，一般職員不敢也不願意隨便跟長官講話。所以，戰國時代很強調為君者要有師友，要珍惜那些耿直的人，因為他們才會糾正你、激勵你。其他有職務關係的人，因為利害考量，若不是忌諱，就是投你所好，不值得信賴。從這個角度也可以說，整個戰國時代的子書，包括《論語》，都是師友之言，都是那個時代的君王們廣開言路的記錄。

〈堯曰〉提到如何從政？「尊五美、摒四惡」。五美是「惠而不費，勞而不怨，欲而不貪，泰而不驕，威而不猛」。什麼叫作「惠而不費」？「因民之所利而利之」，國君只要能富民，就是「德惠」。第二個，為什麼勞而不怨？「擇可勞而勞之，又誰怨」？古代的公共工程都是找老百姓，如果在工作空檔時出公差，就不會埋怨。可是到了現代，「擇可勞而勞之」的內涵，就轉變成政府在編列公共工程預算時，是不是公正？有品質？如果品質不好，當然容易受到埋怨。至於「欲仁而得仁，又焉貪」？仁跟貪在古代是對立的，「仁者愛人」，有愛心就不會自私；「君子無眾寡，無小大，無敢慢」，就是「泰而不驕」，不管對方人數多少，不管他們的貧富貴賤、跟我的文化相不相同，我都能夠尊重，不會顯得驕慢。

禮的重要性

《論語・堯曰》說:「君子正其衣冠,尊其瞻視,儼然人望而畏之,斯不亦威而不猛乎!」談到的是外表服飾之禮。人很容易從外表打量一個人,你們現在年輕,無論是找工作或升遷,至少得穿得正式一點,不能學我穿得很隨意,只求舒適。如果穿得像遊民去應徵工作,人家理都不理你,孔子講「正其衣冠」,可見也很重視儀表儀容,尤其是正式場合。你們看我到正式場合,西裝、領帶還是要套上,不得不然,因為那是職位的代表,不能只做自己,隨意了事。諸位也該如是,這是禮。衣服也不需要多買,買兩套高檔的、材質好的,在特定的場合穿穿就夠了,但不要連正式、合宜的衣服都沒有。

至於所謂的四惡:「不教而殺謂之虐,不戒視成謂之暴,慢令致期謂之賊;猶之與人也,出納之吝,謂之有司。」這個意義很明白,就是一定要先訓練,然後才督責,不能沒有先訓練就先要求。至於「慢令致期謂之賊」,就是給的時間不能太短,官府對於人們不能夠過於吝嗇等,這些都是很簡單的道理。

孔子說:「君子之德,風;小人之德,草。草上之風,必偃。」所謂的風跟草,用今天的話來講,就是偶像。農業社會裏,人們以都城、官府裏的人為偶像;而在現代社會裏,人們以誰為偶像?不同層次的文化,各有不同的偶像,這是現代社會的特徵,不再是單一文化,而是多元文化,文化圈不同,偶像也就有所不同。工商業時代有眾多人口、龐大的經濟利益,所以最大宗的偶像,都是通俗社會的偶像。通俗文化的偶像,從演藝人員、模特兒、影星,到運動明星等,人口基礎數最大,最適合廣告宣傳,具有商業效益。相形之下,精雅文化(Fine art)層次下的偶像,人口基礎數相對就少。當然每個人各有所好,可以並存,也不必用傳統、古典、高階、精雅的觀念來輕視

俗文化。通俗文化的人口數眾多，所以不要瞧不起 HIP POP 這麼通俗的音樂，重點是它能使人愉快、可以抒發心情。只是孔子提到「上有好之，下必甚焉」，現代社會，有時候某些公共、社會、慈善的議題，就必須找具有偶像作用的人出來，這是現代社會的一種變遷。所以像〈子路〉樊遲要學稼，孔子說自己不如老農，學為圃，孔子說自己不如老圃，最後還說：「小人哉，樊須也！上好禮，則民莫敢不敬；上好義，則民莫敢不服；上好信，則民莫敢不用情。夫如是，則四方之民繈負其子而至矣，焉用稼？」孔子並不是輕視老農、老圃，而是這些事情都可以在其他地方學到，為什麼你還要來我這裏學？

　　這個情況有點像臺灣現在的大學教育，臺灣把技職教育毀掉了，讓很多同學都能上大學，這是一個錯誤。大學的人口數應該很少，大學跟技職體系的比例，大概是八比二或七比三；換句話說，有七、八成的人在技職體系，只要兩、三成的人上大學就夠了。在技職體系裏的學歷是不是也可以一路上來？從職業學校到專科、到大學、到碩士，甚至博士是可以的。至於大學教育，講究的是學術理論，一樣可以步步提升，走向專業的學術研究。這兩個系統是並存的。至於說，上大學的目的在找一個工作；說實在話，大學裏，尤其是理論學程，跟工作的實際交集面很少。不要說文科，像社會科學裏真正跟工作交集面有關係的也不是很多，除非是技術性質的，例如會計、企管、統計等類科。即使是經濟學科，很多也都只是談理論。所以孔子才會說，到了我這個地方，應該要學比較高層次的知識，而不是那些技術性的應用。所謂比較高層次的知識是什麼？禮、義、信……。具體落實下來，禮、義、信要有工具，這個工具就叫典章制度。所以進純粹的學術殿堂，要學什麼？禮、義、信。體現在人文裏，具體要學的是社會科學，法律、經濟、政治、社會學等等，這些是工具，工具設計得好，更能發揮禮、義、信的作用；典章制度設計不好，就發揮不出

來。所以,這是兩個不同的層次。禮、義、信,代表為政之後的理想。這個理想如果沒有良好的工具,根本實踐不了。良好的典章制度,大部分屬於社會科學,而社會科學之下又有更底層的基礎:「科技」,由科學技術產生出各式各樣的產品。若把孔子的觀念轉換到現在,所牽涉的知識領域就是這個樣子。

「季康子患盜,苟子之不欲,雖賞之不竊」(《論語・顏淵》)。這個講起來容易,實際上不容易,因為人很容易起貪念。至於季康子問「道」於孔子:「如殺無道,以就有道,何如?」孔子說:「子為政,焉用殺?子欲善,而民善矣!」孔子講一個更高的層次,一個是不斷的懲罰,一個是從善意做示範。這有什麼差別?差別當然很大。當執政者集中在殺、在懲罰的念頭上,殺不完,也懲罰不完。這跟「導之以政,齊之以刑,民免而無恥;導之以德,齊之以禮,有恥且格」(《論語・為政》)的意思一樣,就是多用鼓舞的方式,這是群眾心理,當好的比較多的時候,群眾心理就會受影響,大家慢慢的會趨向好的,不好的就會下降;如果多花力氣在懲戒不好的,不僅好的沒出來,壞的也沒多收斂。同樣的道理,展現在班級經營上,老師花力氣在罵壞學生,幹什麼?浪費時間嘛!好學生會想,我又沒有說話,也陪著挨罵。你不要管那些壞學生,多鼓勵好學生,那壞的、懶惰的隨他去,因為罵也沒有用。讓他自己無趣,要搞怪也搞不起來,這就是「子欲善,而民善矣」,焉用殺呢?今天所談的,最主要的就是通古今之變,有些問題孔子時代是碰不到的,但到了現在,我們也要有自己的想法。

第九講
孔子的政治倫理思想

君道一：舉用人才

　　從給各位的《論語》觀念系統表中可以清楚看到，孔子的觀念是從學到禮，再從禮到禮制。[1]禮制運用在人際關係中區隔為五倫，五倫中的君臣可以放在政治倫理中，親子、夫婦、昆弟可以放在親屬倫理中，朋友則是放在社會倫理中。

　　現代人大多在私人企業工作，職位大都具有階級的性質，因此孔子談君臣之道的內容，可以擴大到今天的職場倫理。在親屬倫理中，孔子所談的基本問題在今天仍然存在，但有幾個大改變：一、清末民初以前，大家庭仍在，民國以後，法律禁止一夫多妻制，家庭結構改變。時至今日，幾乎都是小家庭，一個家庭就是一兩個大人加一兩個小孩。在過去，一家動輒七、八十個人，教養方式都是大的照顧小的；在現代，有些家庭只有一個獨生子女，甚至還不婚。這些人應該將重心轉移到個人生命的修證，否則生命陷入孤立，問題將會很嚴重。人與人之間的連結，在五倫中稱為朋友，現在則稱為社會倫理。現代人充滿疏離感的情形，西方國家在現代工業初期已經出現，孔子的時代沒有遇到這種現象，因此不可能會談到。在這三個倫理之下，便是各式各樣的德性。

　　這個架構也適用於先秦其他思想，只是各家各有偏重。孟子、荀

1　編者案：詳見本書附錄十。

子偏重政治倫理，因為君臣上下的倫理穩固了，會產生領頭的作用，上層風氣端正了，中下層就風行草偃；法家也偏重政治倫理，但不只停留在禮的層次，而是把倫理升級為更強硬的法律。

孔子最強調「正身」，「正」就是表率。孔子認為領導者自身保持端正，會形成標竿的作用。這種端正，主要是針對周遭的人。在封建時代，國君是政治的核心；核心向外擴散一圈，就是后妃、太子、宦官等人，再向外一圈才是大臣。「物必自腐而後蟲生」，身居下位的有心人，一定會想辦法投領導者所好，只有領導人立身端正，有心人知道針插不入、水潑不進，自然遠離，也只有品格端正，才不會徇私害公。

其次談「正名」。孔子的時代已經有完整的職官系統，系統中的每一個職位，都有各種法（或禮）作為支撐。沒有名，就沒有職；沒有職，就沒有權；沒有權，就沒有責，所以孔子認為「正名」很重要。〈子路〉篇中子路問孔子：「衛君待子而為政，子將奚先？」孔子回答一定要先正名，子路又回「何必那麼迂闊，堅持要正名呢？」孔子回答說：「野哉由也！君子於其所不知，蓋闕如也。」野就是不遵守規矩、粗暴。「於其所不知，蓋闕如也」，是說對不懂的事能夠虛心，不會蠻幹。「名不正，則言不順；言不順，則事不成；事不成，則禮樂不興；禮樂不興，則刑罰不中；刑罰不中，則民無所措手足」，說明權力背後有種力量的根源。個人權責在位，才可以處理事務；處理事務要合理，則需要依循禮樂。這裏的禮樂是指人們互動過程的儀式，禮樂不興，刑罰就會偏頗，接著人民就不曉得該怎麼辦，於是就狗急跳牆，亂成一團。

正名的概念，在後代就轉變為用人能不能取才。比如〈子路〉篇中仲弓為季氏宰，季氏是卿大夫，跟叔孫氏、孟孫氏同稱三桓，擁有很多領地。魯國是諸侯國，三桓跟魯國的關係，就像總公司與分公

司。仲弓當季氏的宰，就像擔任分公司總經理，請教孔子怎麼處理政務，孔子只說了「先有司，赦小過，舉賢才」三件事。因為具體的措施，是低層次的，當總經理要掌握最高層次的，先管好主管。在主管的層次，只強調兩件事，其中一件是「赦小過」，凡事要求十全十美很難，有些小毛病沒關係，就像〈子張〉篇所說，「大德不踰閒，小德出入可也」。另一件就是任用人才，對此仲弓提出疑問：「焉知賢才而舉之？」茫茫人海，怎麼找到賢才，怎麼取用賢才？孔子回答：「舉爾所不知，人其舍諸！」說明可以透過打聽的方式，在自己的交際圈外發掘人才，人才就願意來，如果任用的都是親近，別人因為疑慮，就不可能來。舉賢才往下有具體的措施，包括我列出來的：制度設計、社會風氣……等等。

在〈衛靈公〉篇中，子曰：「行夏之時，乘殷之輅，服周之冕，樂則韶舞。放鄭聲，遠佞人。鄭聲淫，佞人殆。」這些話用現代的角度來看，會覺得摸不著邊際，因為這些話是針對當時的情境，在當時其實都切中重點。「夏之時，殷之輅，周之冕」，象徵各種典章制度具有歷史淵源。「時」是曆、「輅」是車、「冕」是冠冕，具有重要的象徵意義，把這些東西視為函數，就知道這段話談的是禮的傳承，各種延續的事物有歷史的、社會的背景。「樂則韶舞。放鄭聲，遠佞人。鄭聲淫，佞人殆」，「樂則韶舞」是禮，「鄭聲」類似現在的流行樂，後段說明在正式場合上，禮樂具有標竿的作用，因此必須是雅正的，不能是流俗的。流俗的東西無法禁絕，也沒有必要禁絕，但不應用在正式場合。

〈子路〉篇：「善人教民七年，亦可以即戎矣。」七年象徵一段時期，包含開端、發展、鼎盛，就像「善人為邦百年，亦可以勝殘去殺矣。」《論語·子路》的「百年」象徵三個世代（古人三十年為一世）一樣，做事必須找到關鍵問題，先落實處理，自然會帶動其他問

題。類似的討論還有「富而後教」,當人過度貧窮時,常會狗急跳牆;當人生活富裕時,就會覺得犯不著去觸犯法律。人為了生存,會衡量行為的利害,這是天性。所以孔子認為順應這種天性,先使民富有起來,社會就穩定了。雖然孔子說「富而後教」,但其實富與教是同時並行的,只是施行時比重不同。在事物開端時,富的作用明顯,所以比較強調富的作用;富有到某個階段後,教的作用才越顯重要,這時就更強調「教」的重要。「教」民,要利用群眾偶像崇拜的心理,面對社會群眾時,一位領頭的偶像人物,具有表率的作用。傳統社會的偶像,就是在位者;在現代社會,有教育、宗教、學術、藝術領域等等的偶像,但最多的還是流行文化的偶像。流行文化有很高的商業成分,但無須禁止,讓他自然存在,只要人們能夠分辨,就沒有問題。

舉才之後,下一步要能夠運用人才。

君道二:知所本末

在〈子路〉篇中,子夏為莒父宰,問政。子曰:「無欲速,無見小利。欲速,則不達;見小利,則大事不成。」這段話跟《大學》「物有本末、事有終始,知所先後,則近道矣」的意思相通,揭示了處事時的兩難處境。一個迫切的事情不可能不求快,但是要把事情確實做好,又不能只求快,如果只求快,弊病就會很多,要掌握分寸,就要知道事物各有進程,不能違反。做決策時要從謀大利的角度看,可是換個角度看,人民很難等那麼久,而且會覺得大利沒有落到個人上。舉個簡單的例子,從古到今,政府的責任不是單獨造福某些團體或個人,是開闢一個讓人們生活富足的環境,這時需要各種公共建設,除了硬體的建築設備,還包括了各種健全的法律制度,政府所營

造的良好環境，讓人民得以憑自身的努力，追求個人的富足成功。可是從人民的角度來看，公共設施並沒有直接利益，雖然可以轉換成個人的利益，但需要自己的努力，兩者間有落差。

　　這種落差在帝制時代看不出來，但在現今民主時代最明顯，尤其是社會福利。當個人無法負擔各種支出時，由政府出面協助，這是好的；但是各種福利應該有個限度，如果沒有限度，等於是把納稅人的錢轉移到他們身上，享受社會福利的人口越來越多，政府當然支撐不了，於是就造成結構性的缺陷。民主制度的結構性缺陷就是，候選人在選舉時面對廣大選民，選民樣樣都要，但不可能全部都滿足，但候選人若不答應選民的要求就會落選，於是為了當選，就通通答應。選上了之後，因為政府可以編赤字預算，赤字預算過高會形成危險，但當選人為了履行承諾，只好巧立各種名目舉債，舉債了之後，最後的受害者還是人民。換句話說，社會福利太好，容易使人民變得懶惰，應該為自己負責卻沒有。在大眾利益與個人利益之間取得平衡，並不容易，只有儘可能提高人民的素質，使其能夠理性，否則公共建設往往只是浪費。就像臺灣各地的蚊子館，由地方派系興建，利益被他們吸收了，再分配給營造商與相關產業等樁腳，包到工程後，謀求利益最大化，就設法偷工減料，設施品質當然不好，人們原本就沒有需求，也不會到這些設施休憩，設施就閒置，可是動輒上百億、上千億就花掉了。但是處理個人事物，是能操之在我的，這時務必要看根本，不求枝節小利，要求大利，任何事物都有開端、發展、鼎盛的過程，這個過程需要時間，急不來，所以應該好好規劃時程，不能匆匆忙忙的。

　　〈子路〉篇說「近者悅，遠者來」，如果營造出良好的生活環境，方便經營、投資，別人自然就來了。以現代世界來說，就是社會治安良好、法律合理、稅賦不重。像這類問題，孔子提了一個大原

則：「足食、足兵、民信之矣」（《論語‧顏淵》）。如果不得已，先去兵，再去食，最後才是信用，因為「自古皆有死，民無信不立」，信賴是最重要的，沒有信賴一切都將瓦解。「信」根源於人性的生存需要，是一種可預期的心理狀態。當事物可預期時，人就有安全感；反之，若不可預期，就沒有安全感，在與人互動時，最深層的恐懼心理就會浮現。無論什麼關係，如果事物不可預期，就會讓人產生煩惱，失去信任，政府如果沒有遵守承諾，就會引發大眾的焦慮，談戀愛時對象飄忽不穩定，自己內心就七上八下。

如果依循孔子的思路，這個時代的知識份子應該要吸收經濟學、財政、管理等法商的知識，所以我認為經學的成分，有百分之七十屬於社會科學。經學本來就是周王室管理帝國的知識，這便是屬於社會科學。古代的自然科學不發達，所以社會科學的根源在於人文，經學所剩下百分之三十的成分，就是屬於人文。

在政策環境上，孔子談的大都是讓民富庶。〈子路〉篇中孔子說：「庶矣哉。」冉有問：「既庶矣，又何加焉？」孔子回答：「富之」。富了以後，就「教之」。教育什麼？文化教育。上半年南昌大學國學研究院來訪問後，我跟他們彼此有 E-Mail 往來。我建議他們，可以跟南昌市政府合作，讓南昌市政府提供場地，甚至援助經費，開辦一些社會教育，免費提供給大眾，讓這些博士生對大眾談一點人文、藝術、宗教，一方面可以潛移默化民眾，一方面讓博士生拿到一點費用來貼補生活，又有機會應用所學。除了正規的學校教育之外，社會教育也很重要。學校教育針對學生，大多是小孩，社會教育是針對成人，慢慢傳達一些正確的價值觀，從小的地區，一個地區一個地區來，漸漸產生改變，這就是「富而後教」。

最後，各位要留意一下孔子「富而後教」思想的時代背景。古代社會教育不容易像現代這樣普及，當時的社會型態是宗族聚集，即使

像魯國一樣的諸侯國，要辦一個全國性的教育體系是辦不到的，教育只能在宗族內部進行。但是現代已經辦得到了，除了學校教育，政府還可以興辦一些社會教育，讓人民從各式各樣的講習中學習，提高生活層次，生活變得比較舒緩，比較雅致、有品質。人一旦富了，就要學這些，否則層次提不上去，就只能天天炫富、競富。

以上談的是為政正面的部分，底下談為政刑法的部分。

君道三：治獄正位

在孔子的觀念中，刑法與治獄，能免則免，能夠在底層濾網：親屬倫理、社會倫理當中解決的，儘量在這兩階層解決，避免進入到法律層次。一旦進入法律層次，一來傷情，二來社會成本很高。因為犯人進了監獄，不僅飲食費用由全民負擔，連毒品勒戒、健康醫療，也都是納稅人買單。所以最好是及早解決，否則讓這些人進入監獄，也會消耗社會資源。

除了治獄之外，孔子最重視的是僭越的問題，這是孔子所處時代的特有現象。當時封建制度失序，在下者武力太強，形成尾大不掉的態勢；如果在後代，就變成組織結構中權力下移的問題。權力下移，最主要來自於上位者不正、懶惰，對下屬過度不正當的信賴，沒有法治，最後導致大權旁落，所以必須以「禮」作為上下的區隔。如果沒有「禮」居中做區隔，會造成上下猜忌，在上者始終懷疑在下者，在下者也戰戰兢兢，怕功高震主，上下一猜忌，事情就糟了。為了避免上下發展成僭越關係，就要避免進入僭越前的互相猜忌，這必須靠「禮」與「法」兩項，將各種職務的任務範圍都訂得很清楚，超過工作範圍，就要向上呈報，因此孔子才會說：「天下有道，則禮樂征伐自天子出；天下無道，則禮樂征伐自諸侯出。自諸侯出，蓋十世希不

失矣；自大夫出，五世希不失矣；陪臣執國命，三世希不失矣。」（《論語・季氏》）「不失」，牽涉到繼承的問題，當大權旁落時，繼承一定出差錯。在春秋時代是卿大夫僭越，在東漢以下，則是像王莽或曹操，乃至後來的司馬懿與南朝篡位的政治人物，都是權臣把持朝政，最後取而代之。

孔子談君道，大體如上。

臣道一：以道事君

孔子也談臣道。

孔子除了批評當時的諸侯君，他的弟子只要有機會，也會出任各種勢力的宰，所以會向孔子請教自處之道。

在臣道的部分，孔子首重臣屬與國君的關係。從孔子的話中知道，臣屬與國君之間已不再有血緣關係，都是外人。像〈先進〉篇中，季氏問孔子：「仲由，冉求，也可以算是大臣嗎？」孔子回答：「吾以子為異之問，曾由與求之問，所謂大臣者，以道事君，不可則止。今由與求也，可謂具臣矣。」季子聽完就說：「然則從之者與？」孔子回答：「弒父與君亦不從也。」這段話的關鍵在於「以道事君，不可則止」，「道」字含意很廣，基本上說的是「正道」。臣下的自處之道，是觀察上位者有沒有正道，來決定可不可以跟從，臣下對上位者，也要依循正道，以經世濟民為目標。「不可」是說當各種因素不允許求正道，那就停止不做了。「不從」是說他們聽從上級，但是弒父與君的人會造成騷亂，繼續追隨會有危險，所以就不再追隨。

對臣的職業倫理，像〈顏淵〉篇中子張問政。孔子回答說：「居之無倦，行之以忠。」「無倦」是對工作不厭煩，「忠」是負責任。

「居之無倦」，說來容易，實際上不容易辦到，因為大部分的工作都是事務性質，重複性很高，做久了容易滋生倦怠，就開始馬馬虎虎，不再謹慎。這個問題只有靠個人的修養來克服，並且找到生活的調劑，如果是開創性質的工作，工作本身有變化、有趣味，自然不易倦怠，就能做到「居之無倦」。像我幾十年來不斷看新的書，做新的研究，所以不會工作倦怠；但假如是一位小科員，做個三五年，熟練了就煩了。如果未來可能的話，可以把這類工作交給機器，就不會有倦怠的問題了。另一個方法是透過調職或換工作來接觸新的東西。工作的倦怠感，除了理性上的認知，就是藉由生活調劑去抒解。如果你是老闆，想讓員工生活有調劑，就得讓員工有更多自由時間，如此一來，工時就要縮短，像現在這樣動輒在公司待到八、九點，回家後哪有心情和體力調劑？現代人工作以後，很不容易找對象，就是因為生活都被工作佔滿了，沒有時間交男女朋友。每個世代的工作型態不同，臺灣、大陸目前的工作型態，就是高工時，只有當大多數的人迫於工時過長，形成集體的社會運動，這時才會物極則反，推動立法，將工時慢慢降下來。否則的話，老闆為了降低成本，當然儘量少聘人，拉長工時，走過這個過程，大約需要一個世代的時間。工時一旦縮短，就必須把原先的工作劃分成兩三個，這時如果不是減低員工的薪水，就是降低利潤。事業的利潤是固定的，留給自己的利潤越高，給員工的就少了；利潤要求降低，就可以多分些給員工，工時自然可以減少。這種觀念是社會集體在互動中慢慢醞釀形成的，因此只有到了產業上游的老闆也具備這樣的意識時才可能實現，世界上許多先進國家就是如此。

　　〈子路〉篇中子路問政時，孔子回答：「先之，勞之。」然後下屬才「無倦」。這段話是針對主管講的，主管身先士卒，才會起帶頭作用。〈憲問〉篇中子路問事君，孔子說：「勿欺也，而犯之。」這是

針對下屬說的，工作要誠實，該說的必須說，犯是不畏懼，有錯直接
說的意思。

以上大體上是就臣道中的正道來講。

臣道二：擇處恬淡

孔子在當時所談臣道，是針對士或游士階層，到戰國以後，更是
如此。如何辨別人才的素質？孔子提出的看法很簡單：「視其所以，
觀其所由，察其所安。」(《論語‧為政》) 這個人怎麼做事？為什麼
這樣做事？做完以後他安不安心？三個層次，做了什麼？怎麼做？是
表面的。為什麼做？是動機。孔子講得很簡單，但各位可以以此為原
則，補充後代的事例，來擴大自己的了解。例如之前向各位提過曾國
藩用人的故事，就是 Interview 的最好方法，但是現代的 Interview，
是幾個人坐在一起談一個問題，不大問問題，這是測試臨場反應，或
者對應徵工作的熟悉程度。但熟悉程度跟臨場反應，是比較低層次的
需求，曾國藩要看的是比較高層次的。當具體的經驗知識已經具備
之後，要看他所具有的素養，所以才要設計一個情境，讓人顯現出真
實的言行舉止。若出現不適當的行為，有時是當事人不知禮，有時是
當事人心術不正，這時需要仔細觀察來加以分辨，人際互動間應有
的言行禮儀，最後再歸結到人性尊嚴，能不能無論性別、年齡、水
平，對人有同樣的尊重，這就是「視其所以，觀其所由，察其所安」
的內涵。

〈子路〉篇中，子貢問孔子：「鄉人皆好之，何如？」孔子說：
「未可也。」又問：「鄉人皆惡之，何如？」孔子又說：「未可也。不
如鄉人之善者好之，其不善者惡之。」大家都喜歡的人，不一定好；
大家都討厭的人，也不一定不好，這意思跟「眾惡之，必察焉；眾好

之，必察焉」（《論語‧衛靈公》）一樣。如果未獲賞識而鬱悶不得意，也只能靠修養面對，沒有別的辦法。孔子在〈學而〉篇講過「不患人之不己知」、「人不知而不慍，不亦君子乎」？當你覺得自己不錯，但人家不知道你，你能不能淡然以對？〈里仁〉篇說：「不患無位，患所以立；不患莫己知，求為可知也。」講凡事盡其在我，不去在意自己不能掌握的事，但真要做到「不患人之不己知」很困難。人總是想出人頭地，但會不會被任用？有運氣的成分在。所以有些同學考試考不上，我都會對他們說：「你們水平都已經超過標準，但少了一個時運，時運到了就上了。」現在能夠上高等教育的人，水平都足夠，但是僧多粥少。這些不得志的人，內心會經歷幾個過程。在傳統社會中，王充是個典型的例子，起初不為人知，始終上不了察舉，只能當人家的吏，於是內心充滿不滿，用現代的話來說就是變成憤青，所以寫了《論衡》一書到處罵，罵孔子、罵孟子、罵當時的社會風俗。因為到處罵人，相對於經典都不罵人，顯得很特別，所以胡適他們認為王充具有批判的精神，其實不是。批判精神是針對思想層面深入去談的，但王充並非如此。

　　經過這個階段後，人慢慢會認清現實，這時應該回到內心去修養。修養的第一步，要能夠恬淡，生活過得去就行，有沒有機會是時運問題。這種患人不知我的情形，在今天的社會更加明顯。古代只有在一般社會領域有此情形，現代社會則是連教育、學術這些領域也是如此。因為現代社會人口數多，人口一多，人的本性（Nature）越發凸顯出來：想出人頭地，可是就算脫穎而出，因為人口數很多，出名的時間很短。諸位想想，如果你們身在漢代或唐代，是知識階層，當時的書看過來、看過去，不過就是經史子集那些，但其他階層都不識字，所以出名的時間比較長。在現代，名氣大多只能維持一段很短的時間，尤其是那些依賴媒體搏知名度的名人，媒體的本性就像壓榨機

一樣，東西滾過一圈，搾出東西後，就不要了，因為人們需要新的東西。此時人的心態如果不能調整，想要永遠都站在高峰，為人所知，就會很鬱悶。因為這種出名是一種流行，背後的原理在於近代的經濟活動，基本上是種工業生產。

在農業社會，如果生產了一個很好、很漂亮的杯子，只要不壞，人們就不會再買新的，甚至還留給子子孫孫使用。但是在工業社會，出產的東西需要消費，消費與生產兩端，是相互倚賴的，如果消費力不足，就無法出產，接著造成經濟衰退；但在促進消費的同時，人們使用的物品有限，於是要刺激消費，物品就要不斷的變化花樣。用一個很簡單的模型示範給大家看，假想現在有十個人，有十樣貨品，當每個人都擁有了這項物品，如果同樣的物品再生產十件，因為跟原有的東西一樣，所以不會有人買，這時只好添加一些東西進去，變成新產品，來誘使人消費。但是要添加什麼東西呢？比如電視機，再怎麼添加還是電視機，螢幕再怎麼變還是螢幕，所以只能在大小、形狀、解析度、音效等方面稍微做些調整，這時即使技術能力夠，廠商會不會一次全都改變？當然不會。一項一項改，可以多賣好多次，這是近代生產技術的特性。這個特性導致逐新的現象，逐新導致生產速度加快，商品淘汰率變得很高，產品的壽命期就縮得更短。同樣的，人要出名得靠媒體，但排隊等亮相的人很多，根本消化不完，所以一個報導能夠持續三天就很長了，持續一個星期就非常長了，此後就不能繼續再播了，因為一播觀眾就轉台，所以媒體也變成消費性質，壽命期很短。

把這種現象轉移到學界，壽命期可以稍微長一些，但依然是如此，為何如此？因為出版的關係。想像現在自己在經營出版社，出版要有東西，所以會去找教授，但一間出版社能不能把幾位教授的著作當成經典，只出這幾位教授的著作？當然不能。書總是會賣完的，也

許可以再繼續寫幾本，但一個人的知識總是有限的，尤其要轉換到一般大眾通俗文化時，重複性很高，寫的人又多，所以上去之後，很快的就會下架，不可能說某某是大師，把他的書陳列個三、五十年。因此出版社必定要再找一批人，再寫書、再出版。

這些現象反映出事物的本性，知道事物有此本性，就會像《道德經》說的「因其自然」，能夠放下。總之，在現代，要逐名，不必逐長久之名，因為環境不可能讓人永享其名，而演藝人員與運動明星更是如此。因為背後支撐名氣的團體，無論是出版商或企業，都需要藉由不斷更新，讓生產可以持續不斷。生產要不斷，必須仰賴消費不斷，就像水的流動，是一種循環。這個生產跟消費的基本模型，兩三百年前工業生產開始時就已經形成，這個模型不斷擴大，滲透到生活的各個領域，包括文化、娛樂、學術、教育與其他任何領域。你認為重要的東西，不管是人、書、物品，只是自己認為很重要而已，換了一批人，你重視的事情跟他無關，就不重要了。所以我上治學方法課時，問同學知不知道方東美，發現大家不知道，方東美如果還活著，也不過百歲，但是對同學來說，已經不需要知道了。

因為現代的學術制度，要求學者必須不斷有新的創見，如果像方東美那一輩，幾十年用同一份講義，講同樣的東西是不行的。因為要不斷更新，一更新，就不再提方東美，後面的人就不知道有方東美這號人物了。漢代人把這個模型背後的人性因素，說得很清楚露骨：「以色事人者，色衰則愛弛。」如果把「以色事人」當成一個現象，抽繹出背後的原理，「色」就等於生產、供應，「愛」與「不愛」等於是消費者的行為。當生產的東西是新的，消費者愛；但生產的東西色衰了，消費者就不愛了，想要求新的東西。相同的原理、現象，在近代或當代來看時更為明顯，也更為普及。在這樣的時代背景下，想要長久被人景仰是不可能的，人在舞臺上被注目的時間會越來越短，所

以心裏要清楚,該離開時就要離開。打個比方,如果農業社會允許你在舞臺上一個小時,在現代只會給你一分鐘,因為等著上場的人太多了。生產與消費的速度越來越快,這時如果抱持著要成為唯一被眾人都認知的偶像明星,是自討苦吃,所以,即使是聰明又有歷練的人,當糊塗時,真是怎樣都叫不醒,不懂得功成身退的道理,永遠想在舞臺上,這是不可能的。

孔子講的話延伸來看,可以是「反求諸己」。換成荀子借用孔子的話:「古之學者為己,今之學者為人。」(〈勸學〉)人所做的是為了自己,感覺自己有價值、有成就感就行了,別人認得我也好,不認得也沒關係,這就是一種修養。這種修養要從恬淡做起,對現代人有很大的針砭作用,

其後,《論語》提到最多的是「出處」的選擇:「出處」,是古代人的用語,用現代的話來講,就是工作場所的選擇。其實人類的工作場所很像動物園,有可愛動物區,也有兇猛動物區,除非你好鬥,喜歡兇猛動物區,否則建議找可愛動物區,「出處」類似這個性質。「危邦不入,亂邦不居,天下有道則見,無道則隱。」(《論語・泰伯》)危亂之邦,說明一個組織已經瀕臨危險,陷入混亂,如果去了,只是陪葬,一定要到比較穩定的環境。天下有道,還可以做;天下無道時,就隱居。「邦有道,貧且賤焉,恥也。邦無道,富且貴焉,恥也」,是相對常態來講的特殊狀況。邦有道時,有沒有貧且賤焉?有呀。時運不濟,太平盛世總還有是失意人。如果時運不濟,邦再有道,天下再太平,也沒有用,關鍵還是在於對際遇要淡然處之。

但,人就是這樣,太過於熱衷名利場,很像老鼠,明明看見籠中的肉,很想吃,心裏也知道進去咬一口之後,一定無法脫身,但還是圖僥倖之心,希望自己比籠子門關起來的速度還快,但衝進去就被抓到了。不說別的,現在有些人校長幹上癮了,卸任之後,為了繼續當

校長，還特地轉到中後段經營不善的學校，這樣也甘心，但是中後段學校畢竟比較亂，所以又灰頭土臉跑出來。那些學校明明快垮了，素質不好，沒有制度、學生不足，特地跑進去，不是自己找罪受嗎？這就像賈誼說的「貪夫殉財，烈士殉名，夸者死權，眾庶馮生」。其實現代社會也是如此，進入一個職場後，如果好，當然就留下來，觀察幾個月，如果發現不好，就離開，這也是「危邦不入，亂邦不居」。

　　以上是將現實生活與學術研究結合來看，這樣比較能看清楚問題的本質。一般來說，學術論文要專門談問題，所以不能隨意延伸，有一個最大的缺點是不能綜合跳躍，不能像賈誼說的「觀之上古，驗之當今」、「審權勢之宜，去就有序」。寫學術論文，不可以從談孔子跳到談健保。但去年有一次王初慶老師辦一場紀念王靜芝老師的研討會，我就寫中華的封建制度，但是後半篇幾乎都在談健保，因為兩者有同樣類似的結構性缺陷，制度本身很好，但是若不能防堵漏洞，健保會垮掉。

　　知識的傳遞，分三個層次，第一層是學術研究；第二層是傳授，在有制度的學校，對象是學生；第三層是傳播，把知識推廣到社會上，對象是所有人。在傳播的層次上，要從日常生活談起，學術論文只要直接談問題癥結即可，傳播要從當下人們生活的問題往上推，再探究起因，推上來逐步解釋，才了解為何如此。

　　現今社會上一般喜歡談《易經》，但我個人對《易經》的地位越來越貶低了。《易經》本是占筮之書，兩千多年前，《易．繫辭傳》就說，「善為易者不占」，但在通俗文化中，喜歡把《易》拿來作為占筮之用，拿來參考不妨，但重點仍在於「德」。《易經》的每一個卦，都在講事情的發展狀態，但不是每個卦都那麼清楚，有時前後爻語意不相關，解釋時必須抽離出來，視為一種象徵意義，聯繫到現實社會才能解讀，所以《易經》的發展可能性很高。因為原先只有陰陽兩個符

號，代表力量之間的關係。古代人認為兩種力量普遍存在大自然，陽代表剛，陰代表柔，這兩種力量要平衡，周邊的狀態才會穩定，兩股力量失去平衡，周邊就進入不穩定的狀態，如果是人的話，不穩定的狀態意味著生活出問題，所以我說《易經》是力的哲學。《易經》有六個卦位，用來界定事物的發展模式，例如乾卦六爻以龍為象徵，說明事情從初期、到鼎盛，在頂端物極則反。只不過，古代人在乾卦、坤卦特別加上用九、用六，表達一種最理想的狀態，但這種狀態不存在於人世間。

第十講
《論語》「仁」的思想

孔子的為政思想：人和、分利

上一回我們說明孔子的政治思想，特別談到「出處」的問題。《論語》記錄孔子周遊列國，最後沒辦法而回魯國，那是個性的原因；也就是說，孔子發現在這種環境裏他沒有辦法改變，因為有很多的變數。

每一個時代環境都不可能十全十美，西方人講：「你怕熱，就不要進廚房。」意思是說，如果嫌政治髒，就不要走上政治這一條路。在清代以前的帝制社會裏，基本上要立德、立功、立言，尤其是要立功，就只有朝廷這個地方，也就是入仕。其他的地方，在整個社會的評價，都跟入仕有一段很大的落差。雖然進入到政府的官僚體系裏有好有壞，可是要在其他領域發揮，也不是很容易。所以傳統士人不能進入朝廷時，就只有幾條路：第一個是隱居；第二個，可以是隱居，同時也從事藝術、文化的活動。

基本上，在唐代以前，藝術、文化活動，摒除個人性質的不談，大部分都在官府裏。南宋以後，政府南遷，南方自三國時代東吳以來，因為經濟富庶，逐漸形成一種具有文化的民間社會。但規模非常小，只有少數的士人，那些士人在江南從事文化藝術活動，來滿足價值感、成就感的需求。這跟我們現代不一樣，現代人要進入傳統所謂的政治領域，也就是官府，興趣不大，有時候進入私人部門的興趣反而更大。雖然私人部門也有一些紛擾，但畢竟沒有官府那麼多，可以

減少很多麻煩。同時，進入政治系統也有分別，一種是屬於政府的官僚體系，就是公務員、軍公教。另外一種才算是政治，透過選舉的管道，擔任民意代表，或是在政黨裏，靠著執政後，再依個人的關係、能力、權力等等來擔任政務官。

政務官的系統是浮動的，因為政務官跟常務官是分開的，政務官是官，是一種政治任命，常務官就是當公務員，最高等級到十四職等，如果在部會裏，十四職等就叫常務次長。也就是說，位子坐定了，除非調換位置，就算調換位置，還是十四職等，待遇永遠是那個樣子，也就是十四職等的待遇。可是政務次長就不一樣，部長一走，政務次長就跟著走，黨派一換就跟著換，所以這條路是非常不穩定的。在公務員系統裏，最高能夠做到十四職等，通常是做到秘書長，或者是某部會、院的秘書長，或者是次長、常務次長，這樣子而已。這條路很明白，就是一步一步，但是一步一步往上升的時候，為了保護自己，就得要依法辦事，可是這樣下來就常常會覺得綁手綁腳，施展不開。要想能夠自己做主，就得做政務，可是走政務這條路也很複雜，類似走馬燈一樣，上上下下。

因此，現代一般人並不太願意走這條路。有時候因家族的關係而不得已走進去，後來也是很難受的。尤其有些同學早先投入，走選舉這條路，身體都搞壞掉了。為什麼？因為選舉文化就是必須要喝酒。這種情形在大陸也一樣，我看過一個報導，大陸高階的官員，身體健康狀況普遍都不好，為什麼？因為常常要喝酒、應酬。

現代百分之九十九點五的領域是屬於私領域，從賣蛋餅到大企業。在私領域裏可以自己決定、自己發揮，就比較沒有孔子所說的「出處」問題。所以要轉。比如說在私人企業部門，這地方好不好？要走？還是留下來？都很容易選擇。可是孔子跑來跑去，最後實在是沒地方待了，因為當時的環境就是他講的：「危邦不入，亂邦不

居。」因為一個團體當中，大到治理國家，小到國家內部各種層級，要所有條件都很好的不多，要條件百分之七十好而做事很輕鬆的也不多。大部分的人進去這些領域後，都要耐著性子去折衝樽俎，很多事情都沒有辦法十全十美；甚至包括在德性上，有時候也會有點殘缺。為什麼？必須要用「術」，還不得不用，而這就造成了群體裏的爭端。

　　這樣的選擇對我們現代人來說還好，因為我們現代人大部分都接受了教育，不像古代的農民。因此當你要成就自己的一生，讓自己覺得人生有意義的時候，你的領域會寬廣很多，你可以去挑選那些不涉入競爭的領域，就像我上次講的，「不進入兇猛動物區，而在可愛動物區裏」。但可愛動物區裏有時候也會咬來咬去，就像我常說的，大學教授彼此有時候也會罵來罵去，鬥來鬥去，全世界都一樣。但我說大學老師是最笨的，為什麼？因為，政客在鬥，有權力；商人在鬥，有錢財。大學老師在鬥，只有什麼？一肚子氣，什麼都沒有，所以是最愚蠢的。

　　所以在這當中，人的德性就很重要。這個德性包括什麼？寬容。進到組織裏，不能夠說每一個都要非常優秀。如果每一個都優秀的話，這個組織一定會垮掉。為什麼？誰也不服誰啊！又因為通通都是菁英，腦子特好，全部都鬥成一堆，最後全垮。所以要有一種寬容。這就是《論語》所談到的，孔子那個時代特別強調這種出處之道，等於說提出一個警惕，因為當時都是游士，連孔子的弟子也要到各地去找工作啊！但到各地找工作時要看清楚，可以做再做，不可以做趕快溜啊！如果不溜，最後倒楣的是自己。用今天的觀念來講，就叫作「投入公共事務」。公共事務有時候很難界定，換成另一個詞，就是「群體的事務」。「群體的事務」這個詞，可以包括在公共裏，也可以指在私人事業裏，因為我們用「公共」這個詞彙，容易呈現一種「大家共有」的意涵，可是私人企業不是共有的，而是老闆的，或者說是

股東的。所以,當投入到「群體的事務」時,《論語》的政治思想轉換到現代,就是不管在公領域、私領域,或是在政府部門、私人事業裏的立身處世之道。

這些立身處事之道轉換到今天,第一個就是要有人際關係。人際關係是什麼?就是孟子所講的「人和」。天時不如地利,地利不如人和,對不對?當然,人際關係有淺有深,現在一般人講人際關係,大部分都停留在利益交換的範圍,實際上孟子所講的人際關係,必須是真正照拂群體裏的人,才是最重要的,而這個當然就會牽涉到觀念的問題。在資本主義底下,這個觀念上的問題是什麼?最大的預算。但如果依中國傳統,尤其是宋代以下農業社會的儒商觀念,那就不一定了。

儒商觀念帶有儒家的影子,只是他沒有進入政府部門而已。他自己經營商業的時候,會有鄉里、宗族的傳統觀念,所以他所創造出來的利潤,是會回饋給鄉里的。轉換到今天的觀念來講,就是說在私人事業中,老闆要計算利潤時,不能把利潤都歸到自己身上,給底下人太少,目前大部分的企業都是如此。如果能把相當大的比例都給底下的人,他們獲利多,當然就願意待在這個地方。所以從這個角度來看,儒家所討論的,尤其是孔子所談的為政之道,都還是可以轉換到當代社會來談。雖然他的層次很高,但主要就是利益分配的問題。利益能讓絕大多數的人獲得,這個團體自然就比較容易好。

大體來說,孔子所討論的「為政」就是如此。只是說,他在當時碰到的對象是屬於諸侯封建宗法的組織,實際上,孔子最終要告訴那些領導人的,就好像現在要告訴那些企業的老闆一樣,你要多放一點利益給大家。因為你既然要援引人才,如果只限在你的範圍是不夠的,必須要從外面來。既然要從外面來,就要援引;要援引,就要分配多一點的利益給他們。同時再把利益往下流,流到哪裏?流到你的百姓手上,你這個國家自然就能夠興盛。

「仁」的顯現

接著我們來看有關於孔子所討論的「仁」。

我們講過了孔子的政治倫理，回到原初，所有的禮如果沒有本心，那些禮通通都會成為牟利的工具。也就是說，所有的他律道德，通通都會異化成為工具。因此，孔子的思想會回到「仁」。

其實，孔子所談的「禮」在後代不斷的演變。在魏晉，就是玄學所反對的名教。為什麼反對名教？因為所有名教都淪落為謀取私利的工具。再往後是什麼？就是假道學，拿正義、道德作為謀取私利的工具，乃至於現代還是一樣。因此孔子要回過頭來談論「仁」，尤其流衍到《中庸》的時候，為什麼會非常強調「誠」？因為要回到你的道德本心。所以「仁」的背後有一個支撐的力量，讓他外顯出來的行為，不管在政治的、家庭倫理的、社會倫理的，都有一個「本」。這種「本」，體現在日常生活裏，很簡單，就看這個人是不是言不由衷？是不是發自真誠？我們看言不由衷的人就知道是虛假，虛假一定是心懷不軌，你自然就會保持距離。有沒有仁心會不會顯露出來？會。因此孔子所討論的「仁」，在《論語》思想裏算是另外一個看法，是他的基礎，後面所有的倫理觀念要能夠走向正面的實踐，通通要以「仁」為基礎。沒有「仁」這個基礎，就會淪為名教——戕賊人性的那個禮教。

《論語》所提到的「仁」都很零散，在我給大家的講義裏可以看到。[1] 既然是零散的，我們對「仁」要怎麼樣談？還是一樣，用「分析模式」。在看「分析模式」之前，〈子罕〉就說：「子罕言利與命與仁。」我們一般會講「罕」，就是很少去談；如果很少談的話，《論

---

1 編者案：詳見本書附錄十一。

語》也有幾十章談到，怎麼會很少談呢？這話要怎麼解釋？因此，我從語意的合理性來解釋，「罕言」就是很少談，但會因為對象、意義而改變。比如說「子罕言利」，「利」這個對象，使得「罕言」的意思，跟「子罕言命」、「子罕言仁」的意思都不一樣。所以要區分罕言，它有三種意思。

很少談利，就是會談，但是很少肯定它，除非那是大利。子罕言命，那確實是很少談，在《論語》裏除了曾子所謂的「死生有命，富貴在天」之外，孔子很少講。曾子所講的對不對呢？對啊！為什麼對？一定要到曾子晚年的時候，才覺得真的是對。

「死生有命，富貴在天」，死、生、富、貴，是在天命，你也不知道，所以就去追求。但什麼時候該掛掉？什麼時候該有錢？什麼時候又會摔個鼻青臉腫？誰知道！人生就是這樣：不知道。就好像小孩子在玩的藏寶圖遊戲一樣，開始時什麼都不知道，捲開了才發現是什麼，才知道走錯了路。小孩子的這個遊戲，就很像人的一生。說實在的，如果通通告訴你，你知道了以後也會覺得很乏味，所以有時候我會猶豫，要不要跟你們講？講穿了以後，就會覺得沒什麼意思了。雖然不要講穿了，讓你們自己去嘗試，但總是要有提醒的作用就是了。雖然講了之後，有時候也會懂，但就是感覺不到。有時候有些東西是要憑感覺的，感覺不到是因為時間還沒到。所以說，腦筋知道，但跟你能夠有感受、有感覺，那真的是兩碼子事。

孔子很少談利，應該是說很少肯定。孔子也很少談命，因為太依賴它，就會忽略到人為的力量，所以孔子比較重視人的德性培養，因此不要太相信命。但命有沒有呢？有！真實講的話是有的，到老年的時候就會懂；但年輕的時候要對抗命，當然要說沒有。但確實是有的，可是能不能變？能！因為所有談論命的，最後都有一句例外的話，叫作什麼？命由心轉。也就是說，你的心可以轉，這個心包括你

的意志力、你的德性。所以你們看《周易》的時候，最後也會有一句例外的話，叫什麼？卦卜有德。如果你無德，卜得再好的卦，還是凶；你如果有德，卜的卦是凶，也有可能變成無咎，好一點甚至於轉化成為吉。

為什麼德性那麼的重要？理由也很簡單，只是你沒有辦法掌握住變數。因為德性除了自己的正以外，德性常常顯現為對別人的幫助，這就是《周易》講的「得道則多助，失道則寡助」。因為當你陷入危險的時候，你過去某個什麼時候提供給你也不知道的人的幫助，他就回饋過來了。你掉進去了，他拉你一把。但是你知不知道？不知道。你有沒有預期？沒有預期。這裏是一些或然率的問題，所以講「卦卜有德」，講命，也是如此。

一般通常會認為說：啊！很準很準！那是對一般人來講。所以對於命這種東西，最好不要去碰。你不要去找人算命，那個白花錢；也不要到寺廟裏求神問卜，尤其民間宗教。因為那裏面有很多虛假的、斂財的。如果不是虛假的、斂財的，還有一個，那是神祕的範圍。

那麼，碰到困難時怎麼辦？只好找你要好的朋友、長輩請教一下。一般人碰到的問題，以現代人的知識都可以分析出來。剩下的在選擇上，都是一種「比較利益」的問題。有時候很難選擇，在比較利益時，你選了這個，失去了那個，就是孟子講的「魚與熊掌不可得兼」。你要魚？還是要熊掌？你要了熊掌之後，就會覺得：「哎呀！那個魚沒有了，好可惜，很捨不得！」你要了魚，可是熊掌失掉了，又很可惜，很捨不得。當你希望兩個都有的時候，就常常會陷入這種情境。所以這個時候如果有旁人跟你共同研究、共同思考，提供意見給你，就會很重要。如果單獨一個人，有時候會陷入自己欲望的盲點，因為有所欲求嘛！所以，求命的問題，大致上都可以用現代人的理性思想分析出來。剩下的就在情義上，有時候難以抉擇，就跟別人商

量。因此，孔子很少談命。

但是「仁」呢？不能說很少談，只能說孔子很少談「仁本身」。

為什麼？因為「仁本身」沒辦法談啊！它是一種圓滿，圓滿的一種精神、心靈。所以，如果是「罕言仁」，精確一點應該是說「罕言『仁本身』」。這有點類似《道德經》所講「道可道，非常道」。因為沒辦法講，所以孔子很少講「仁本身」。講的都是什麼？講的都是「仁的顯現」，仁在我們日常生活裏的顯現。打個比方，像我們很少談到「光本身」。都談什麼？光的「顯現」。光顯現出來在哪裏？照在萬物，所以我們看到有紅色、黃色、綠色、藍色……等等。我們從顏色去知道有光。如果一片黑，什麼顏色都沒有，那變成什麼？就沒光了。仁的道理是這個樣子。

既然如此，分析模式就容易出現了。第一，當仁顯現出來的時候，一定表現在言行，就像我們談禮那個樣子。所以為什麼仁跟禮會很接近？因為都透過禮。我們講話的內容、口氣、態度，付諸於行動、行為等等，通通都在這裏邊。我們不是都看禮儀、禮容、禮物嗎？因為都是顯現出來的行為。這些顯現出來的行為會有差異，是因為對象的不同。如果仁要顯現出來，對象是誰？除了對個人以外，還有對群體，就是五倫裏的父母、兄弟姊妹、夫婦、朋友，還有工作職務的上下關係的人。另外，還有顯現在整體的，這也是仁的顯現。你奉獻於整體，或者摧毀整體，都是啊！所以孔子一邊罵管仲，但又一邊推許管仲。他罵管仲有三歸，那是僭越；但他讚美管仲輔佐齊桓公，認為這是仁的顯現。所以仁顯現在各種的對象上面。在不同對象上分散開來，會成為什麼？德。你對父母的仁，那是什麼？孝。對兄弟姊妹的仁，那是悌。就好像光照在樹葉上，它顯現出什麼？綠色。照在花上，紅色。所以對「仁」的分析模式，跟「禮」會有很多重疊的地方。

在有對象時，言行顯現出德行，可是同時會碰到一個問題：言跟心是不是一致？如果一致，顯現出來的是正面的德行；如果不一致，就顯現出負面的德行。因此孔子很強調仁心，仁要有本，要有真心。如果沒有真心，就只是表面上的言行而已。因此，孔子為什麼會講：「巧言、令色，鮮矣仁。」（《論語‧學而》）那是強調言行上的巧言令色沒有真誠，沒有真誠就沒有仁。放到現實生活裏，會很容易看到有些人就只有兩個嘴皮在動，心不動。兩個嘴皮動得很厲害，話講得很多，講得天花亂墜，但是心就是不動，甚至於心是黑的。那就是沒有本心。你們以後在生活經驗中，可以慢慢觀察得到什麼人會是這樣的人。

所以《論語‧子路》講「剛毅木訥近仁」，為什麼木訥近仁？「剛毅」就是有原則，是對事情的一種堅持；「木訥」是跟人談論時，言語看來較笨拙。為什麼孔子比較傾向於木訥？偏向於比較笨的、口才好像比較不好的呢？因為口才比較不好的、木訥的人，當他要表達心意的時候，他會想一下要不要講。太流利的，所謂的巧言，一般只著重表層的事情，這件事情他可以說得很好，但事情背後的德，是不是合乎道義？他不太考慮，就只是拚命地講。所以孔子對於這種巧言的人，是有點意見的。

但在《論語》裏，這也是一個不足。為什麼？從某方面來講，仁顯露出在日常言行，可是在日常言行中一個一個做，是不是最後可以做得到？可以，這是一條路。但是還有另外一條路，孔子沒講，孟子提了一點，後來到《大學》、《中庸》，就講得多了。《大學》、《中庸》不是透過外顯行為，不是從日常生活中對人、對事、對各種不同關係來顯現出德行。從哪裏？從內心鍛鍊起，這就是為什麼宋明理學有一派特別講心學的原因。他取佛教的東西，因為《大學》、《中庸》講的那些內心鍛鍊的過程，換成佛教的方式來講，就是禪定。所以仁的顯

現有兩條路,這兩條路都對。可靠的路子看起來很笨拙,但是很可靠,是孔子的這一條路,因為是從日常生活一步一步地走。另外一條,是從內心鍛鍊做起,類似走禪定,由個人去觀心,慢慢的讓內心能夠朗澈。這一條路,後代發展的很多,《道德經》中也有,可是這條路一不小心就容易掉進歧途裏。比較明顯的,學術史上就像晚明的狂禪。儒家因為後來沒有這種實踐的記錄,只有《大學》、《中庸》這樣表面地講一下,掉進歧途的那些模式就不會去談到,《道德經》也是一樣。只有到佛教才會講得很多,掉進魔途、掉進歧路的部分。

「仁」的分析模式

如何做分析模式?

索引做出來以後,第一步,先按各篇的順序,〈學而〉、〈為政〉、〈八佾〉、〈里仁〉……,這樣一路排下來,一直排到〈堯曰〉,這是第一遍。然後可以在最後一欄,也就是設定有一個第三欄,在第三欄下一個簡單的辭彙,就等於是分析模式,下好辭彙以後再重組。譬如說,討論的是對象,對象是透過親子關係,他的德就是「孝」。大部分的整理完畢後,剩下的列為「其他」,再重新調整。一般做分析模式,是要經過幾次之後,才會慢慢的全部都可以涵蓋在裏面。[2]

譬如說,在〈述而〉第三十章裏提到:「仁遠乎哉!我欲仁,斯仁至矣!」就簡單的這麼一句話,也沒有鋪衍出各式各樣的理由,實際上,這等於是在你的本心。仁在哪裏?仁並不遠啊!因為你要,就有了。

這很像誰啊?慧可。慧可不是問達摩:「師傅,我心不安,請幫

---

2 編者案:詳見本書附錄十二。

我安心。」達摩就說：「好啊！你把心拿來，我幫你安啊！」他找來找去，找不到啊！「吾心了不可得」，達摩說：「安汝竟。」我幫你安心安好了。這就是說，人常常外馳，到外頭去找，其實就在你內心裏。這就是「仁遠乎哉！我欲仁，斯仁至矣」，你要求得那個仁心，不管他是讓你安也好，慈愛也好，明智也好，都在自己的內在裏，不在外面。

這個應用性很廣，現在我先直接跳到現代社會來講。現代社會退休的人心裏很慌，為什麼？我前面講過：退休是人生命的第一次死亡。事實確實是這樣，為什麼呢？如果古代人是農夫，從小種田，老了以後，兒孫在那個地方，即使走不太動，還是可以照樣到田裏，無所謂退休的問題。但現代人有啊！工作場所是你追求欲望的場所，從基本生活需要、經濟待遇，然後往上升，價值感、受人尊重等等，你的成就感疊在這上面。要用什麼讓人有價值感、成就感呢？用職位的提升，或者做了一些比較好的事而得到獎勵。然後呢？你就不斷的這樣子過了三十年，甚至於從二十歲開始算到六十，你就有三、四十年的慣性，佛教的話叫作「業習」──業力的習氣。當成為慣性之後，突然之間慣性中斷了，就好像一個欲望，本來都要朝向一個目標，現在目標都沒有了，茫茫然，不曉得怎麼辦，這就類似死亡，因為你也不知道死亡的後面是什麼？死後又是什麼？通通都不知道，你要什麼，都不知道。因為生命就是欲望，欲望就是生命，當欲望通通茫然的時候，你要往哪裏找啊？

所以退休後的第一件事情，面對的可以說是初步的死亡。人沒有目標、對象的時候，真的很無聊吡！無聊到心不安。他們做什麼也不好、也不對，手足無措，不知道該到哪裏去。那要怎麼辦？所以為什麼退休的人會安排很多活動，早上去跳舞，接著運動，然後又接著找人聊天，又去泡澡。可以這樣做，那是因為他還有月退俸耶！但等到

三十年以後，臺灣會不會像希臘一樣，那很難講。為什麼？赤字過高，導致整個經濟幾乎要崩潰，那是民主制度走到成熟時所發生的「結構性缺陷」，就類似宗法封建，它有它自己的結構缺陷。什麼理由？這個我穿插進來講。

　　因為民主要透過選舉，所以要有政策。民主制度的政策裏，一定會有福利制度。初期的福利可能比較少，慢慢地，福利會越來越高、越多；但任何國家都有一定預算，每年度的預算裏，赤字的編列有法定上限。譬如說，你可以編列百分之三十的赤字；也就是說，假設你明年的赤字是一千億，一千億乘上百分之三十，可以有一千三百億，不能超過，超過的話，財政會無法負荷。但是在選舉當中，有Ａ跟Ｂ兩個政黨。一個政黨如果喊出來這個加、那個也加，那些受益者支不支持？支持。受益者是站在個人的立場，他才不會管你的整體財政問題，整體財政是你們政府的事情。因為受益者會支持，所以你能不跟著喊加碼？你不跟，堅持財務支出上的正當性、合理性，那你就準備落選了。可是你要不要落選？當然不願意啊！沒有人願意落選，那你就只好加碼。加碼以後，當選了，到時候要實現承諾，於是，赤字預算就加高。赤字預算不斷加高，經過一次選舉、兩次選舉、三次選舉，不斷的推高以後，在那一段時期，也許延續那一個世代，譬如說二十年這一個世代，這一個世代的人受益，很高興。但是我們現在常聽到「債留子孫」。下一個世代的人怎麼辦？沒錢啦！就像希臘一樣。

　　所以你可以看到，為什麼現在歐洲起來示威暴動的都是年輕人？因為沒工作。百分之四十的人沒工作，即使有，也是職位很低。這就變成了一種結構性缺陷，要怎麼解決？至少到現在幾乎很難解決。因為政黨要競選，一定要推出來一些政見，尤其碰到社福福利。十幾年前，我們非常羨慕北歐的國家，像冰島、挪威，社會福利很好，老百姓看起來好像安居樂業，其實全是透支，希臘更是如此。全部透支之

後，最後誰是最後一隻猴子要接下這些債務呢？年輕人。也許經過第二個世代，也許到孫輩這個時代。祖輩這個世代的人呢？已經吃乾抹盡，準備進墳墓了，留給孫輩這個世代去受苦。這就是民主，所以人類沒有完美的制度。

怎麼辦？如果可以的話，可以設置一個機構，這個機構是完全獨立，由它來調控國家的社會福利預算，不受政黨干預，完全根據國家的預算。這個時候政黨能不能亂開支票？不能。而且這個要通過立法。假設說，有一個預算部或者預算局，憲法賦予它完全獨立，它根據統計結果來決定每年度國家的預算，並且嚴格控制不准超過赤字預算的百分之若干，譬如說百分之三十，或者百分之二十。這樣子，競選的政黨能不能亂開？不能開。因為他不點頭。那就可以避開這樣的結構性缺陷，這個是現代民主制度上的問題。

現在，回到我們剛才所討論的。

為什麼現在退休的人最容易碰到這個問題？因為他往外求。「仁遠乎哉」？不遠，就在自己。只要自足於己，就沒事了。可是，他不曉得。你不要以為大家都知道，能夠接觸到這樣知識的人很少。而且接觸知識是一回事，還要再下實踐的工夫去修養才做得到。所以退休的人可以參加各種活動，把整天填補得看起來很忙，這還是能跑耶！現在的人命很長，再過個十年，跑不動了、要坐輪椅了，怎麼辦？還是心不安，對不對？所以，老人的心理問題越來越嚴重。其實這不是心理問題，而是修養問題。孔子不是講「老者安之」嗎？這是弄好外在福利，但是個人的心不安定，老是要抱怨這個、抱怨那個，那是自己心不安。「仁遠乎哉」隱藏的問題，孔子沒有講得那麼多，但一樣會碰到。

在〈子罕〉裏，孔子常常把「知者不惑，仁者不憂，勇者不懼」三者並列。並列時候的「仁」，並不是原初圓滿的那個「仁」，而是落

下來一層，有點像有愛心、有仁心的意思。為什麼會不惑？不憂？不懼？背後的根源就是恬淡。如果不能做到恬淡，就不可能不憂，因為會有得有失、有貪戀、有執著，自然就有盲點，思考就不能夠「智」。有得、有失、有私慾，有些事情，即使是對的也不敢去碰，那就不會是勇者，所以勇者不懼。這三個的背後是什麼？是無慾。從恬淡，慢慢走向無慾。

基本上，這跟道家、佛教的修養都一樣。所有的修養，鍛鍊的就是讓欲望變成恬淡，這樣其實有點逆著生命，因為生命就是欲望啊！弔詭的原因就在這裏。當你恬淡的時候，表面上是針對欲望。但其實欲望的成分裏，有一個叫作「動力」，我要東西的時候，我有這個動力；另外一個成分叫作「執著」，就是佔有。我們要排除的是那個「佔有」，而不是要排除那個「動力」。動力在，但是佔有也在，佔有就是執著。佛教講痴是因為貪，強烈的貪，一直要把住，所以痴。因痴而迷亂、憤怒，生起各式各樣、大大小小的氣，這些都是情緒上的反應。

孔子在〈雍也〉裏也講到：「智者樂水，仁者樂山；智者動，仁者靜；智者樂，仁者壽。」為什麼要講這些？山跟水有什麼內容？不過就是山水而已啊！山跟水，其實就是我以前說過的：非欲望對象。孔子喜歡這個非欲望對象，遊於其中；也就是說，有智者，有仁者，其實還可以包括勇者，基本上就是有仁心的人，他就會喜歡山水。

孔子用動、用靜，其實是一種心境型態的類比。智者為什麼是動？因為你在用腦，在思考，所以是活動的。仁者是靜觀，是一種仁心，一種愛心，根源在於恬淡。這一點，儒家、道家、佛教，乃至於天主教，通通都一樣。因為你只要走向精神的領域，第一個要丟掉的東西，就是那個執著。《道德經》講得很清楚：「無為則無執，無執則無失。」就是這樣的意思。

　　所以剛才我們提到，在〈子路〉第二十七章的「剛毅木訥」，就是仁的一種顯現，只是雖然接近仁，但並不等於仁。仁要表現在外表的行為，如果這樣的話，以現在人的眼光來看，辯論社的人都缺乏仁囉？巧言令色啊！對不對？孔子只就言語的層面來講，木訥者會思考到自己內心，所以木訥，而辯論的人不會成就仁或禮，只是不斷去衍生，去辯難。剛毅是指一個人的意志力，有點類似前面所謂的勇者，勇者本身要有持續性，剛毅就是這種特質。持續性很難。我給大家做古文訓練的時候，十個人裏，最後能夠一個禮拜一篇，堅持寫到最後的很少，能夠寫到第四個禮拜、第四個月的，頂多兩三個，其他七八個到中間通通撐不下去了！所以我以前常建議同學爬山，鍛鍊毅力，因為出去就回不來了，再累都要靠自己走回來。如果繞操場，家裏附近繞一繞，累了就會趕快跑回家了，對不對？毅力的鍛鍊，一開始是撐著的，慢慢地就有點對抗的性質，對抗自己的惰性。慢慢地就不再對抗了，而成為生活的一部分。就像我練氣功，能夠練二十年沒有間斷，幾乎天天，偶爾有事會間隔一、兩天。當你老老實實地去做一件事情的時候，持續做到最後，那時你就不會覺得是負擔，也沒有壓力，而是一種自然了。

　　至於表現在「巧言令色，鮮矣仁」上，都是跟言語有關。為什麼孔子會對這種人特別的厭惡？因為他只有兩張嘴皮在動。口才好是一個優點，能夠清晰表達也是一個優點，是很好的，但是不要好到滑。當你口才很好而又好到滑的時候，有幾個缺點。特別是年輕時候用功，口才又好，要防止那個陷阱。上個禮拜天跟幾個朋友聊到過去年輕的事，有人口才很好，也用功，比其他人同輩多念了一點書，那個時代的書沒有那麼多嘛！我們俗話講，三分學問說成七分，因為口才好，說久了以後，竟然以為自己有七分學問，其實只有三分學問，於是緊接著就是驕慢。驕慢這件事情，在任何領域都會。在比較當中，

如果你屬於比較 TOP，就會驕慢，接下來第一個，自己不再進展。第二個，失掉人和。驕慢的人，一般嘴巴壞、苛薄、容易損人，像蘇東坡就是這樣。所以蘇東坡顛沛流離一生，真是活該。那是他自找的，真的！你們看蘇東坡年譜的時候，會發現天底下竟有這麼壞的人。文章很好，文詞很好，人家幫忙他，他還罵人家，寫文章嘲笑人家，認為人家才分不夠。你說這種人，誰還要幫你啊？還好他算是有慧根，後來不斷地靠道家思想、老子、莊子、佛教，來調解自己的心態，這樣的人得道也很快，因為他心念一轉，馬上就把過去所有的缺陷整個拋開。拋開以後，徹底的懺悔就很快，因為他很聰明，是利根的人。所以在任何領域裏，智力越好的、越處在前面的，越需要鍛鍊自己，第一要謙遜，第二要寬容。

孔子談到「巧言」，重視的是話不必快，不一定要經過嘴皮子，強調的是人的內心。一個仁者，擴散開來，就會表現在言行、對象，從自己到別人，一個接一個；如果換到「禮」的領域來談，就全都合於禮了。譬如〈里仁〉所說的：「不仁者，不可以久處約，不可以長處樂。仁者安仁，知者利仁。」原因還是恬淡。逐利不一定不仁，但是逐利容易流於不仁。因為我只逐自己的利，不管別人，所以不容易去關懷他人，寬容他人，所以孔子才講不仁。「約」就是困窘的環境，當一個人得失心重，欲望太強，長久處在一個困窘的環境，就好像我們現在所說的，一直沉於下層，老是沒有發揮的機會，怎麼辦？悶啊！於是就容易情緒化。但是人也不可以常處樂。為什麼？得意忘形。所以，只有恬淡的人，可以安仁，也可以立仁。「安仁」的意思就是安於己。「處約」，在不得志的時候，還是怡然自得。「立仁」就是前面所說的「處樂」，地位高了，你有能發揮的地方，因為你有地位、有權力、有財富，就要轉換仁心，造福別人。「安仁」是承著前面的「處約」而來，「立仁」則是承著前面的「處樂」而來的。

　　仁者當然有智，所以他對於好人、惡人，都能分辨清楚，子曰：「唯仁者能好人，能惡人。」（《論語・里仁》）就是這個意思。這是從智的表現，是勉勵的話。「苟志於仁，無惡也」，你一心要向仁，雖然還不能到，但你會儘量地避免走入惡。〈里仁〉後邊所講的也是如此：「富貴，人之所欲，不以其道得之，不處。貧賤，人之所惡，不以其道得之，不去。」這裏邊就含有仁。「君子去仁，惡乎成名。君子無終食之間違仁，造次必於是，顛沛必於是」，這個時候的仁，其實已經顯現成為生命過程當中的任何處境。以道為歸，要合乎禮，合乎道德，實際上就是義利之辯的意思。這個仁已經轉換出來了，轉換成為義、利之間的選擇。

　　所以仁有點像化身，如果我們用類比的方式來講，仁有點像一個最高的心靈精神。如果以擬人化來講，仁就變成了一個神，或者一個菩薩。他可以化身到任何地方，到乞丐變乞丐，到富有人家變富有人家，到帝王變帝王，到平民變平民，變男、變女、變老、變少。他可以化身在生活的各種行為當中，這時仁的意識就轉化掉了。

　　往後，子曰：「我未見好仁者，惡不仁者。好仁者，無以尚之；惡不仁者，其為仁矣，不使不仁者加乎其身。有能一日用其力於仁矣乎？我未見力不足者。蓋有之矣，我未之見也。」其實也不見得真的沒有好仁者，孔子講這種話，是表達一種感慨。「好仁者，無以尚之」，意思就是說，只要這個人好仁，就是最好的啦！但另外，「惡不仁者」，因為不願意被不仁之名沾上，他會撇清。好仁、惡不仁，在精神境界上有一點差異。「好仁」的這個人，他就一心向仁，不管其他。「惡不仁」是在下面的層次，他經常在顧慮，擔心自己會不會被加上不仁之名。換句話說，好仁者是在上一層，他放得更開。惡不仁的人，還沒有放那麼開。這是屬於一個人的精神境界。一步一步往上，開始總是惡不仁，慢慢就不在乎了，就變成好仁者。

「仁」的修養

我想，大致上你們循這樣的方式，將它放在各個領域裏邊，逐漸思索，就可以對仁在日常生活中的體認，一步一步地提升上來。這是長期的過程，文字上的了解是一回事，修養到不到，又是另外一回事。有時候我們是懂，但是做不到。你說：我怎麼知道自己做得到？沒有辦法。你沒有辦法知道自己做不做得到，碰到了才曉得。到了哪天，事情被你碰到了，但你真的做到了嗎？只有你自己的內心知道。你可以騙別人，但是騙不了自己。道德修養的東西是用來面對自己，不是用來面對別人，其他的事情我們可以騙別人，但這個事情跟別人毫無關係，只跟自己有關，所以騙不了自己，自己能不能做到，還要差幾分，自己心裏清楚。

這一類的修養，要怎麼判斷自己有沒有進步？判斷的方式就是：當你碰到一件事，讓你產生負面情緒，包括憤怒、難過、沮喪，這個負面情緒在越短的時間內消失掉，代表修養越好，越長的時間才消失掉，修養越差。如果始終消失不掉，那就是一點修養都沒有。譬如說：你今天早上碰了一件事讓你很生氣，你氣過了，隔半個小時，就好像沒事一樣，那你修養很好。過了半天，因為別的事情生氣，過了半天，你還生氣，原來十分，現在變八分。過了兩個禮拜，又看到那個人，氣又來了，那修養還不到。什麼原因？因為你執著在那件事情上，它就像三秒膠一樣，黏住你的心，你怎樣拔都拔不掉。問題是，在現代世界，知識都是向外求的，一般都不重視修養，可是每一個人都需要。一般人沒有機會接觸這個東西，碰到心理上的困擾，束手無策，根本不曉得該怎麼辦，只好不斷外馳、內不自安。人應該是不假外求，要心能自安，但是我們現在不知道，當處在不知道、不安的時候，就外求。一外求，東西就馳走，最後還是解決不了。現代世界大

部分重視的是外求，各式各樣的訊息提供給你們，都是經濟的、財富的、名位的等等，刺激源太多，整個人都忙著這個東西，如果忙到不需要去考慮，忙到心裏沒有時間、空間讓你去不安，那也罷了，可是不可能。在這樣忙的過程當中，你就會有起伏，當走到「伏」時，就是低潮，走到低潮，就會束手無策，很痛苦。

這種痛苦，具體顯現出來的是什麼呢？就是現代人常講的，焦慮、壓力，或者沮喪、憂傷，嚴重一點的就要看精神科醫生，用藥物。現代的藥物使用非常的多，特別是躁鬱、憂鬱，各種精神官能。當你的生命鼎盛期過了，退休了，進入生命的後期，也是同樣這個問題——心理不安，這個時候才會感受到德行素養的重要。但是修養不是對外表現的，因此不容易看出來，修養只能在自己內心做，做好了，也沒有人給你登報紙，電視給你報導，讓你出名。可是呢，修養可以獲得一種很單純的愉快，無所得的愉快。一般來講，愉快不容易無所得；但是無所得的愉快，才是最重要的。

仁的部分，我就不要再談太多，因為孔子談的都是落實到具體的生活行為。屬於內心鍛鍊的那一條路，我們放到《大學》、《中庸》裏邊去講。大家只要知道，現在做不到無所謂，因為你現在還很忙，等到有一天像慧可一樣碰到了，再來鍛鍊，這樣也可以。

其實我們現代醫療上很多對應心靈的部分，尤其是劃分到精神科這一部分，都可以透過修養，預防在前。有了修養以後，不管是修儒家、道家、佛教、天主教，大致上就不需要去看精神科醫生了，因為你的抗壓力變強了。原理很簡單，抗壓力強，就是說內心常處於一種恬淡的狀態，仍然會投入工作，仍然會建立那些事業、那些功名。但是因為心常在恬淡，所以不會非常執著，心靈反而會輕鬆。因為輕鬆的緣故，反而會更加的清明，思慮事情更加的清楚。所以雖然大家現在很年輕，但是也可以做，這一種鍛鍊在傳統教育上有些就是靠內在的素養，不管從道家、儒家或者佛教的方式。

　　從事這種鍛鍊的時候，所培養出來的，就是我們今天說的抗壓力。抗壓力是負面講法，正面講法叫什麼？從容，面對任何事情，從容不迫，再大的事情，淡而釋之。因為淡而釋之，所以關照面廣，不容易產生盲點；因為沒有私欲，所以不會有盲點。這是就事情的角度來講。同時，在對人和對事的時候，因為恬淡，不容易有私欲，就容易產生什麼？公。對事、對人「公」的時候，事情就容易處理得好。為什麼？對抗的力量自然就沒有了。如果不能公正，一定會產生一些對抗的力量，那就會開始糾纏。這些素養在傳統教育裏有，但是在現代沒有。到近代為止，日本人有，但現在也沒有了。以前松下公司有松下政經塾，塾是私塾的塾，升到高級幹部的時候，就丟進松下政經塾，去那邊幹什麼？什麼事情也沒做，就是去那邊磨你的性子。你是公司老闆，你是高職位的，來這邊，被子自己疊，地自己掃。就是讓你安下來，讓你能夠心地安定，這至少還擷取了中國傳統一些鍛鍊的方式。所以如果以後畢業去工作，即使沒有太大的事業發展，這個工夫也可以做。不斷的鍛鍊自己，受益無窮，就是能夠安定。至少到我目前來看，「安」至少是很重要的。他表現出來的怡然自得，隨遇而安，傳統講的就是這些心境。「萬物靜觀皆自得，四時佳興與人同」，你沒有什麼特殊，跟個別一樣。這些都來描述人的一種精神境界，這樣的精神境界有了，表現出去，你的事功會得到一個好的成果。就算沒有表現在事功，自己也不會慌亂，日子會過得很愉快。因此，可內可外。

　　我們現代人比起古代人是比較苦惱的，古代人沒有那麼多訊息。訊息本身固然滿足好奇，增加知識，但是那些知識本身並不是完全中性的。那些資訊，還不帶知識，有很多都反而是傷害的，因為它帶來太大的壓力。其實現代人，說實在話，訊息越多、知識越多，反而越需要修養，就是「為學日益，為道日損」（《道德經》）。

第十一講
《論語》中的「仁」與「孝」

智仁勇的根源：恬淡

　　《論語》的「仁」，基本上孔子很少談，上一回我們提到孔子罕言利、命、仁，傳統的解釋很難解說「罕言」這個詞。「罕言利」，就是不肯定，對利採取否定的態度；「罕言命」，命是很難知的，這是孔子本來就很少談的。仁很少談，是因為仁本身很難說，只能說出仁的顯現，所以我特別區隔出來。仁是一種心靈特質，但是這樣的心靈特質一定要外現出來。仁表現出來就是言語、行為。在言語、行為方面，會牽涉到別人。這個「別人」，可以是傳統的五倫，也可以在五倫之上再設定公領域跟私領域，在這裏邊仁怎麼樣呈現出來，然後才進一步分析。

　　在所謂的「智仁勇」裏面，首先要注意孔子所談的「不憂、不惑、不懼」。人什麼時候會有憂？就是有欲求、有得失。惑也是一樣，恐懼也是一樣。「憂、惑、懼」既然都來自於欲求、得失；反過來看，「智仁勇」的根源，就是恬淡，就是孔子講的「富貴於我如浮雲」。

　　不管哪一種學說，其實都一樣。當人進入到現實世界，在生命歷程當中，一方面很豐富，變化多端，讓你興奮；但同時另一方面也弊病叢生，讓你陷入各式各樣的煩惱。因此，不管任何宗教、學說，談到最高點的時候，都有一個共同的指向，可以說是「共法」，那就是——恬淡。

　　比如說，天主教教人要守貧，並不說要叫人維持貧窮，而是說當你在貧困的時候，必須要能夠安。佛教也是一樣，要人透過戒、定、慧。由戒而生定，由定而生慧，所戒的是各式各樣的欲望。道家、儒家的思想更是如此。所以，「恬淡」是根本。問題是，人難免有欲望，如果都恬淡了，社會的進步、文明怎麼來？

　　我們很容易有這種誤會，但欲求可以分出兩個成分，實踐的時候很容易把兩個成分一起排除掉，但其實不是這樣的。這兩個成分，第一個就是「動力」，欲望就是生命的動力。另外一個，就是「執著」。執著是來自於欲望的佔有，因為佔有，所以要執著。人們要排除的其實是「執著」，而不是「動力」。

　　一開始的時候遏止動力和執著，如果從理智上來講，就是不合理：因為如果沒有欲望的話，要怎麼活下去？社會文明沒有欲望，怎麼發展到現在這個地步？所以，要刪除的其實不是動力，而是執著，也就是佔有的欲望。這是從理智面來看。但是從實踐面去看，有沒有辦法說，「我已經開始把動力跟執著區隔開來，並且只就不執著的部分去做工夫呢」？沒辦法。一開始的時候，一定是兩個一起，這就是為什麼人們在這種鍛鍊的過程當中，一旦到了第二階段的時候，整個人就會覺得好像很沒有興致。所以以前我常覺得，年紀輕輕的時候不要學道家，道家的言語比較容易讓人走向恬淡，儒家比較強調積極；年輕的時候本來應該要奮發有為，結果這個人看起來恬淡，就好像沒有動力。從表面來看，好像很不錯，他這個人很淡泊名利，但同時往往就因此不能發揮事業。這是一個缺點，因為恬淡的關係，當他要走向恬淡的時候，就會順便把那個動力也拉下來了很大部分，因此就很容易走到我自主就好了，其他的我不管。在道家思想裏，或者走向儒家中的恬淡部分都會這樣。在佛教裏就會走到阿羅漢的狀態，就是自了，只管自己。如果能走到阿羅漢還算不錯的，阿羅漢還是自給自

足。再往下就會對生活、對生命，都會覺得很沒有意思，甚至包括自己的生命，整個樣子看來就是如槁木死灰，好聽一點是心如止水。但是，心如止水有兩個不同的面向，一邊是真正的平靜而又能夠發揮事業，一邊是完全都沒動而沒有生命力，一旦走入實踐，這是大部分的人都會遇到的第一階段。

走到這個階段的時候，有些就沉下去了，但你必須繼續往前走，仍然必須非常的專一。這時當然有一些方法，有些人繼續內修其心，他的恬淡逐漸就恢復了動力。對大多數人來講，就是用外顯的行為去參與、去幫助別人，往行善的方向去做。在幫助別人的時候，因為他已經恬淡了，又幫助別人來拉起生命的動力，恬淡會讓他執著的心越來越淡；而拉起這個動力，讓他的欲望、生命力（這個時候的欲望就是那個生命力），能夠逐漸地安穩起來，這就是第二個階段。

走第一種「內修其心」方式的人，可以慢慢走出那種槁木死灰，因為這種烏雲滿天的天氣，會沒意思，所以他慢慢會突破那些烏雲，好像站在高處一樣，心境非常的開朗，這個時候就會自得其樂，當自得其樂的時候，也就停在這個地方了。在宗教裏，則會再更進一步，重新開始向外，當你自得其樂、心境非常明朗的時候，就要發「仁心」，佛教叫作「慈悲」，天主教就叫「愛心」，又再開始對外。在對外的時候，儒家強調從內聖走到外王。道家強調「慈」，也就是老子說的三寶（慈、儉、不敢為天下先），在佛教就走到菩薩。這就是智仁勇根源裏的「恬淡」。

當走到恬淡的時候，如果最後能夠突破恬淡所帶來的槁木死灰之心，而進入到對萬物、對生命有仁心，回到現實世界裏面來，所發揮出來的就是仁、智、勇這三項。所以你單獨講一個「仁」的時候，超越了智仁勇三個，比如說像用英文字母的大寫，這智仁勇的仁就用小寫，可以這樣來區隔。或者，中文用「大仁」也可以，底下就是「智

仁勇」。因為仁外發的時候，就是落入到現實世界的事物，現實世界的事物，總是會受到客觀環境的影響而有起伏，在起伏、得失的時候，因為秉持的是仁，而且已經恬淡了，所以很自然地就不憂了，不再患得患失了！換到另一方面來看，他對處理事物，如何化解、如何解決，就不容易產生盲點；如果有得失在心，就會有盲點。因為現在已經恬淡了，所以可以超然物外，就像我們平常講的：旁觀者清。他看得一清二楚，那就是「智」。道理認識清楚後，總是要付諸行動，一步一步地做，就容易很煩，很煩就容易放棄，毅力、意志、勇敢就不足，而且做的時候會碰到衝突，所以「勇」是多方面的。一個事情讓你煩，你可以堅持下去，這是一種勇。碰到事情，與別人、別的團體有衝突，而你仍然堅持下去，用智去化解，這也是一種勇。尤其面對強者，你還能這樣子，那真是一種勇。所以他不懼，不會有所害怕，這就是智仁勇在現實上的顯現。

因此，「仁」會來自於什麼？仁是完整的，很難正面描述；要說明，就只能用反襯的方式。比如我剛才說仁的培養從恬淡、從人的欲求來講，因為人多欲，從這個方面去講，仁就是從多欲到最高的恬淡，超越一切。如果不從這方面講，從仁者本身來講呢？也可以從惑、憂、懼的反面去講，也就是心境，在心境自主的時候，仁沒有針對特定對象，心境就愉快、悅樂。這種喜悅不是因為任何事情有所獲、有所得而生的喜悅，而是很自然的喜悅，其本心就是如此。這個「仁」，如果外發出來跟人家溝通，就是真心，就是誠。要達到這種地步，用言語怎麼講都沒有用，因為這是一種實踐。

仁的境界

這類似《道德經》所講的「道」，老子用形而上的「有」「無」來

講，最後講道是兩者同出而異名，根源是共同的來源。可是來源是什麼？老子也很難說明，只好用了「玄」這個字。可是這就是你認為的那個「玄」嗎？你可以用頭腦去把握住它嗎？又不是，所以老子又說「玄之又玄，眾妙之門」。其實「玄之又玄」，意思就是說，你連對這個玄、對這個道也無所執著，講的是工夫、實踐。仁也一樣，如果你認為自己已經得仁了，那就是一種執著，所以孔子不是講嗎？「若聖與仁，則吾豈敢」，同樣的講法、思考模式，還出現在佛教裏。《金剛經》講，如果有人用音聲求我，用各種形貌、形象來求我，這是不對的，我這個佛到頭來也等於沒有一樣，是不可執著於本心、佛性裏的。因此，當你無執的時候，這個至高的精神境界就會自然顯現。這樣的境界，不是感官知覺累積起來的抽象概念，不是人類能思維到的，因為它是無限的，而人類的思維都是有限的，因此我們只能用比喻的方式。

這種比喻的方式就是，「仁」沒有顯現什麼，仁就像陽光一樣，當各式各樣的萬物顯現出自身的本貌時，它就是「仁」自身的顯現，就好像陽光打在人的身上一樣。所以當人們要去體認這個陽光時，並不是把烏雲撥除掉，然後去顯現陽光；而是當陽光顯現的時候，烏雲自然就散掉了。

所以孔子講「仁」，有時會分開來講。「知者樂水，仁者樂山」，這是從型態來比喻。「知者動，仁者靜；知者樂，仁者壽」，其實都是跨兩邊，原來的「仁」體現出來為「智仁勇」的時候，那就要面對具體。面對具體時有很多層次，因此，從智跟仁所喜好的萬物來講，智者偏重於水，為什麼？這是一種比喻。水是流動的，人運用智力的時候，要面對變化的現象，所以智是變化跟流動，在這個性質上做類比。仁者為什麼樂山？山是凝然不動的，仁者不會變來變去，他顯現出仁心，就是非常穩定的，所以山是用穩定來做類比。既然變化，當

然是動,所以「知者動」,穩定當然是靜,因此「仁者靜」啊!至於「知者樂」。在不斷變化當中,最後事情結束了,產生了一種愉快,樂其實當然就是壽,壽當然就是樂。這是孔子認為仁在心靈過程中,顯現出來的一種特質。

那麼,孔子為什麼講「剛毅木訥近仁」?我們先談「剛毅」,「木訥」放到後面。「剛毅」為什麼近仁?「剛毅」就是意志上的堅定。剛跟柔是兩個不同的東西,在古代語言裏,把剛跟柔搭配到哪裏?搭配到陰跟陽,陰跟陽是兩種不同型態的力量。剛的力量都是屬於直接的、強大的、外顯的;柔的力量也是很強大,但是它比較感覺不到,它不外顯、是迂曲的,不太感受得到。這兩種不同的力量,是古代人從天地萬物到人的行為,對種種感受所想出來的。雷電,會被認為是剛的;月光,會被認為是柔的;虎豹,被認為是剛的,但是小綿羊、小白兔就是柔的。換到人呢?攻擊的力量是剛的,防衛的力量就是柔的。剛的力量外顯,容易被察覺,所以在兵家或者在《道德經》裏面,就講用什麼來克敵制勝?不容易被察覺的,因此就用柔的。在傳統農業社會裏,兩性分工,男的在外要對抗、要防衛,所以他變成剛的。女的在家守護著,看起來沒有外顯、對抗這樣的力量呈現,所以她就變成柔的。男跟女的剛柔分配,不一定男就是剛、女就是柔,而是看他所從事的工作。當社會變遷的時候,從事的工作不同,那麼女的也可以是剛,男的也可以是柔的。

孔子在這裏所講的「剛毅」,就是一種外顯的、而且能夠持續下去的力量。為什麼這樣就可以「近仁」呢?因為你做這個工夫,不是只有一年或幾年,而是變成了日常生活中的一部分。就好像吃三餐一樣,每天都持續在做,開始的時候會當一件事情來做,會有一種完成的欲求。完成一個東西一定要有目標,這是欲望的特性。我要完成學業,幾年之後我要畢業,這是有一個目標,到時候沒有畢業,我心裏

覺得焦慮，甚至於時間再拉長，還是沒有完成，就會沮喪，然後放棄。人的心理過程大抵是這個樣子的。

但是「仁」不是一個目標，它是一個目的。古代人沒有這種語言，goal 或者是 target，purpose 是一個目的。目標跟目的怎麼區分？現在人的語言常常不太容易區分。「目標」是有完成的過程，最重要的是要有完成的時間；它要有一個時間點，它是有「時」而已的，到一個時間點就結束了，這是目標。那麼目的呢？「目的」是人整個心靈所要處的一種狀態。所以在 context 裏，在前後文裏，「目標」跟「目的」是不一樣的。

更具體的比喻，你說人需要新鮮的空氣，才能身心舒服，這是目的。於是我種了樹，種樹是目標。因為樹有長成的時間嘛！我要追求幸福，這是目的，我要賺上億，這是我的目標。因為我主觀的觀念，認為我只要財產有上億，我就幸福了。其實，只有到時候才會發現到，那是幸福的一個條件，並不是絕對的條件，如果在其他的條件不配合的時候，金錢並不能帶來幸福，甚至有時候反而帶來不幸。

因此，剛毅之所以會近仁，因為仁是一個目的，是精神追求最高的境界，要經常去持續。開始的時候，我們會把它當一個目標來看，逐漸累積，形成自然，成為自己生活中的一部分，內化了，所有的實踐，德行、精神上的實踐，都具有這種特性。這大略分兩個階段，第一個階段會把它當目的，至少我可以做到那個地步，慢慢接近以後，就會有一個體認，這個不是我要的目的，它只不過是我生活中的一部分，於是成為日常生活，這就是剛毅近仁的概念。如果表現在行為上，可以看到「巧言令色」，那是木訥的相反。因為人會巧言令色，那是一種技巧，是有所圖。有所圖，跟人互動的時候（言跟色一定是要跟人家互動的），表現出來的言語，彼此互相尊重，而不是卑躬屈膝。卑躬屈膝一定有不良的意圖，所以孔子會講「巧言令色，鮮矣

仁」，這是很容易明白的事情。

像底下所講的「仁者，其言也訒」，好像有的時候話有點像講不出來的樣子，不是真的講不出來，也不是口才不好，而是什麼？而是他會想。想的話就會顯得誠懇，這個時候就跟木訥一樣。其實木訥也是在描述表象的行為，如果直接正面地說的話，那就是在講這個人說話誠懇。有一些人說話言不由衷，就兩張嘴皮在講話，這個就不是仁。這個時候的仁顯現出來的都是什麼東西呢？如果通過言語，就是一種善意。你對別人有善意，不會心裏想著坑別人，是很單純的善意，仁表現在言語上就是如此。

恬淡與久處約

對自己來講，一個人既然恬淡，〈里仁〉講：「不仁則不可以久處約，不可以常處樂。仁者安仁，知者利仁。」這種工夫很難做到。為什麼不仁跟不可以久處約有關？因為背後是恬淡，就像〈學而〉講的「人不知而不慍」，要有辦法做到，需要恬淡、不能多欲。「久處約」，「約」就是人生不得意，也就是窮達的那個「窮」。人處在困窮的時候、處在約的時候，心境的反應可以看得到。一開始情緒反應，生命的動力在爆發，就好像火山爆發一樣，開始時的勢力很強，爆發以後，動能慢慢轉弱。因此你看人的情，最先朝負面開始的是什麼？憤怒，也就是生氣，這個時候的勢力最強。一個人處在約的時候、困窮的時候，一肚子牢騷，東罵西罵，譴責這個，譴責那個，社會對不起我，國家對不起我，別人對不起我，父母對不起我，好朋友對不起我，到處罵，到處怪別人。但罵的時候有反應嗎？沒有改變，這時候的力氣漸漸減少，所以從憤怒慢慢就走到哀傷。從這個詞彙可以感覺到，哀傷都比較沒有力量了，跟憤怒不一樣。在哀傷的階段中，有時

候還夾帶著憂慮，因為擔心，因為常處在不利的階段，他會擔心往後的發展是不是仍然不如自己的意，所以會有憂慮，會有一種恐懼，所以哀傷跟憂慮、恐懼常常是綁在一起的。在這個過程當中，如果再都沒有辦法，恐懼就會慢慢淡掉，憂慮也會慢慢淡掉，但哀傷會慢慢地增強。哀傷增強以後，這種哀傷就開始往自己身上撲，往自己撲的這個力量還有；然後再過一段時期，事情沒有改善，仍然處於約的狀態，這個力量越來越小、越來越小，就變成沮喪。沮喪再延續下來，根本毫無希望了，整個人完全處於烏雲罩頂，生命沒有任何的光，最後形成今天講的憂鬱症，接著就很容易自殺、自戕。

所以，要能夠恬淡，才能夠做到「久處約」。人的表現是這樣，原來還有一個欲望，在外顯的事情上、人世間所認定的價值上，你無所發揮，比如說很多人常久處於下僚，處於社會的卑微地位，甚至於困窮。這個生命力還是要有表現，它是生命的動力，還是要活動的。處約的時候，活動要走到哪裏去？你要另外一種價值，這種價值能讓自己就可以實現，而不需要假助於社會當中的其他外人，或者有利的環境，這種價值是什麼？就是孔子講的「游於藝」。會寫字、畫畫、唱歌、跳舞、喜歡讀書，這些都是自得其樂的，所以能「久處約」。因此，「久處約」並不是說我自己一個人就沒有活動了，好像沒事。這是因為你不發達，不發達當然沒事啊！發達了，事情都紛至沓來。沒事的時候接下來就是無聊，做這個也不是，做那個也不是，但內心、欲望的動力要有一個表現。這個時候不表現在世俗價值上，而表現在世俗價值之外，一種無所得失的「游於藝」的活動，它可以是人為的藝，也可以是自然山水。

所以，為什麼現代人很需要這方面的素養？因為整個大環境的所有價值告訴你的，都是 money、經濟，名氣、曝光率，當然一般人無法走到這樣的境界，那麼就退而求其次維持生活。要維持生活，當然

是越富有越理想，或者小康就可以，到困窮當然就很不得已啦！但是即使是小康，在世俗的觀念裏，有時候像臺灣話講的，很「鬱卒」啦！因此現代人最需要的是什麼？是「藝」。絕大多數人都是不如意的，不管從欲望面來看，或者從實質面來看。還有另一種情形，就是也沒有不如意，但慢慢地淡出舞臺，退出世俗價值活動的場所，現在人叫作退休。退休以後就等於「久處約」，你不再耀眼了，沒有人理你，這個時候也是要久處約的。背後的素養，還是恬淡，可是在恬淡裏，人們要有一種自得其樂的活動，那就是孔子講的「志於道，據於德，依於仁，游於藝」中的「游於藝」。

困窘、約的時候游於藝，如果發達的時候還是一樣游於藝，不然就會變成「不可以常處樂」，因為得意忘形，常處樂就容易得意忘形。而且不用儒家，用道家的話來講，所謂「一張一弛，天之道也，物極則反」，沒有人可以永遠處在巔峰狀態，總會下來，像波浪一樣，下來的時候怎麼辦？所以恬淡不僅可以「處約」，還可以「處達」，安處於發達的時候。因此後面才會說：「仁者安仁，知者利仁。」就是說，一個仁者對於所從事的、外顯出來的，不管是窮達或任何事物，他都能夠安定、安心。這個「安」真的非常重要，而且非常有興味。安不是不動、不是死寂一片，所有的安都根源自沒有執著。心的執著越淺，越能心安。

「知者利仁」，有智慧的人用他的聰明才智，用生命經驗分析，去造福所謂有仁的事情。對古人如此，依今天的環境來看，更是如此。培養到仁者的襟懷時，可以處約，也窮達皆宜、自得其樂，但問題是很難做到。尤其現代人很痛苦，原因是因為我們知道得太多，不像農業社會，農業社會沒什麼好比較的嘛！左鄰右舍跟你差不多，全都是農夫嘛！今天可以比較的太多了，你知道得太多，一天到晚各式各樣的訊息，還有同伴間的比較，像杜甫講的「同學少年多不賤，五

陵衣馬自輕肥」，他自己到老的時候，比較下相當的艱困，可是他看到同輩，有的飛黃騰達，心裏是有點怏怏然。這只能靠「處約」的素養來化解，「處約」來自於恬淡。這是人人都可以做的工夫。

〈里仁〉也講：「仁者能好人，能惡人。」就是說，好惡分辨得很清楚，因為由「知」來，有所堅持。這種事情要反過來想，為什麼一個人不能夠好人？不能夠惡人？就是有所畏懼嘛！荀子講：是，就該說是；非，你就是說非，也就是對於道德的判斷，還要有勇氣去實踐道德判斷。可是人往往沒有那個勇氣，因為受到外在強勢的客觀因素所震懾。當然這裏面又有區別。當大環境不好的時候，你能好人、能惡人是一回事，你要不要說？甚至要不要自己付諸行動，那又是另外一回事。這在《周易》裏怎麼講？「天地閉」，那就「賢人隱」。不一定硬要跟他硬槓，雞蛋去碰石頭，無助於事。孔子只講這麼簡單一句，可是，在不同情境下，好人、惡人會有不同的表現方式。

「苟志於仁，無惡矣」，這個很容易懂。覺得不好的、不該做的事情，心裏會有掙扎。「富與貴，是人之所欲也，不以其道得之，不處也。貧與賤，是人之所惡也，不以其道得之，不去也」，跟前面「久處約，常處樂」的意思一樣。「君子無終食之間違仁，造次必於是，顛沛必於是」，這句是剛毅的發揮，在人的一生中，始終能夠秉持仁。仁投注在現實世界當中，難免要生活，生活在世俗的富貴、貧賤、窮達、壽夭之間，能夠始終讓你堅持到仁，原因講到底其實很簡單：就是心安理得。因為窮達、富貴，用曾子的話來講，就是「有命」，「死生有命，富貴在天」。死生、富貴是有天命的，孔子很少談這個，只能就人的現實當中，提醒無論窮達、富貴都能夠平常心去看待，推溯他的根源在哪裏？還是在恬淡。當你恬淡時，你就會認為做這事不正當、不合道義，就自然不去做了。

仁的涵蓋面向

　　基本的問題了解了，其他的比如〈泰伯〉：「好勇疾貧，亂也；人而不仁，疾之已甚，亂也。」《論語》講得很簡略，延伸出來相關的條件、情境，都要用我們自己的生活經驗填補進去。是誰好勇疾貧？你想要脫離貧困，卻不以其道得之，想要逞勇，就會生亂。這呼應前面說的「貧與賤，是人之所惡也」，誰不想脫貧得富，但是要以其道得之，你不以其道得之，就會「亂」。後半所謂「人而不仁，疾之已甚，亂也」，「人而不仁」是對誰呢？是對別人。別人是有不仁，但誰是天生能夠有仁心的？都是逐漸轉換，「疾之已甚」就是你對不仁的他人恨之入骨、深惡痛絕，這也是亂。為什麼？如果沒有利、權、地位，只是自己的情緒波動；如果有利、有權、有地位，從表面看好像是除惡務盡，但是很容易因為不夠寬容而走向反面。如果用《道德經》的話來講，就是「禮者，忠信之薄而亂之首」。打著正義的旗幟，然後去剷除所有那些不合你標準的人。他是不好，沒錯，但是他有生存的權利，你要先用引導的方式。所以孔子才講：「人而不仁，疾之已甚，亂也。」意思是說，你自己看起來是不錯啦！但你在德性上還沒有到全然的仁嘛！只是嚮往而已，所以跟他也不過是五十步跟百步之別。因此，孔子的意思就是說，對人們的錯誤或者不仁的表現，在對他譴責、厭惡的時候，要有一個限度，而不是必欲剷之而後快。

　　在〈子路〉裏有一章對樊遲說仁，「居處恭，執事敬，與人忠」，這是一般待人的態度。平常就能夠很恭敬，我們常把「恭」跟「敬」連在一起，「恭」這樣的態度是偏向於不隨意、不隨便，平居的生活不隨便，做事情要敬，就是負責任，所以「恭」跟「敬」往往看是對事還是對人。「與人忠」，對別人，你答應了，要有忠心；對事情負責，對人負責，這就是「執事敬，與人忠」。因此，能不能隨便亂答

應人家？不能隨便承諾，要力量到了才行；做不到，不能夠隨便地答應人。這是孔子講的仁，開散到日常生活裏的表現。

到〈衛靈公〉，孔子說：「工欲善其事，必先利其器。居是邦也，事其大夫之賢者，友其士之仁者。」談的是交友。道理很簡單，但還是要看環境。有時候人群裏難免分幫分派，你是不是被劃歸為某一幫、某一派？這時是不是仍然要「事其大夫之賢者，友其士之仁者」？孔子只是就大體上來講，如果純粹就交益友這方面來講的話，是任何時候都適當的。我們可以從一個人改善自己來看，一個人改變自己，除了靠自己的力量，有時候跟周邊的人也很有關係，特別是言行，還有個性。每個人都有他的個性，從某個面向來看，某個個性顯現為優點；但從另外一個面向來看，同一個個性就顯現為缺點。我們要發揮個性的優點而抑制缺點，常常要靠交友，在平常互動當中潛移默化地去改善。這樣的交友不會是泛泛之交，而是有長時期的相處。就我們現代人來講，大部分人成長過程中的交友都是同學，在同學裏，有些人德性比較好，有些人德性比較不好，而同學間是互相影響的。

至於〈陽貨〉的「恭、寬、信、敏、惠」，這是仁顯現在公共事物的表現。「恭」，不侮，就是對人尊重，不會自取其辱；「寬則得眾」，能夠包容；「信則人任焉」，講信用，便能獲得別人信賴；「敏則有功」，對事情的反應清晰、敏捷、容易成事；「惠則足以使人」，「惠」就是多幫助人，在你的能力許可下，不管是財也好，名也好，任何方面能夠多布施，多給別人。這五項放到今天的社會，尤其「惠則足以使人」，還是相當中肯。在資本主義時代的企業裏，都是利潤極大化，極大化集中於老闆一身，老闆就要能夠「惠」，「惠則足以使人」。一個大老闆，說實在話，吃花不完啦！那就散出去吧！散出去給你的員工，當然就足以使人。問題是，這一點現代人有時候想不通。

　　在公領域裏，孔子提到說要博施，「如有博施於民而能濟眾，何如？可謂仁乎？」孔子說：「何事於仁，必也聖乎！」孔子的意思是說，你造福得越廣，那當然就是仁，何止是仁，稱聖都可以。這個配合到孔子對管子的評論就可以知道。孔子又講：「堯舜其猶病諸！」這是說一個王者才能夠做到，甚至可以說沒有任何一個人能夠百分之百做到這個地步，能夠達到百分之七十、八十就不錯了。所以底下孔子又把前面的話撇開，告訴子貢先不用去想「博施濟眾」，先回到自身來，從自己做起，所謂「己欲立而立人，己欲達而達人」。這就是平常我們說的，自己先做好，自己先有仁心，然後慢慢擴散、影響。自己能夠有仁心以後，能夠開創事業，然後再慢慢去推廣。

　　在〈顏淵〉篇提到「克己復禮」，這也是行仁很具體的方法。如果你問孔子說：「你講得那麼多，那仁心怎麼發揮呢？」外顯的行為就是「復禮」。禮是對人心欲望的限制，所以只要回到禮，仁心自然就顯現了。這算是一個非常普遍而且容易做的方法，不會像《學》、《庸》那樣純粹鍛鍊內心，那種個人體驗有時候抓不住。復禮是外顯的規範，很容易做的。

　　〈顏淵〉篇中，同樣講樊遲問仁，孔子的回答就很簡單「愛人」，問智就是「知人」。孔子的回話都是有針對性的，「舉直錯諸枉，能使枉者直」，這就是仁。這時候，孔子把仁放在政治領域裏邊，顯現出來就是「舉賢才」，舉賢才以後所發揮的事業，當然就算是一種德惠，德惠就算是愛人。

　　如果把孔子的思想系統區隔來講，核心是仁；散發出來，到外於己的、社會上的，是智仁勇。散發到人際關係，講的則是禮。但是所有的外顯，最根源的地方要來自於仁，也就是恬淡，它要來自於恬淡。其實孔子講：你要恭、敬、忠、孝、悌等等，通通都是在仁的表現裏邊。就好像我常用的比喻：這是一個陽光，陽光照在萬物上面，

花變紅色、黃色，樹葉變綠色，海變藍色，就散在這些上面，這是萬物，而仁就是那個陽光。

在下恬淡的工夫時，慢慢消除掉了執著。儒家沒有這麼仔細的區分執著，如果按佛家的話，就是有「我執」，還有「法執」。「我執」是針對自己的欲望，「法執」是針對自己所擁有的知識，人若擁有了知識也會很執著；但是在另外一面，因為恬淡的關係，要用一個東西來救他，使得生活有變化，那是什麼？「游於藝」，這樣才不會讓恬淡變成槁木死灰，否則恬淡很容易走樣。所以用「游於藝」來克服它，消除掉槁木死灰。「游於藝」背後的原理還在，你既然生而為人，就需要一些活動、一些變化，那就是張弛之道。孔子沒有講這個，我用道家的方式來補充。人畢竟受制於自己的心靈，所以托身在這個現實世界，就要有一個波動。這個波動，不在於外顯的窮達、壽夭，而在於一種純自然波動。「藝」使人的生活合於張弛之道，不然你會覺得很乏味、很單調。

《論語》中的孝：基本通則

接下來，我用比較短的時間來跟大家稍微談一下孔子提到的「孝」。

以後人的眼光來看，孔子談孝的時候，有一些地方如果不放在孔子的時代背景就會覺得不合理。像孔子講：「父在觀其志，父歿觀其行，三年無改於父之道，可謂孝矣。」這放在今天來講是不通的，但他談話的對象不是針對一般人，而都是針對諸侯、公卿、大夫，因為他們的工作是世襲的，所以他不能改父之道，「無改於父之道」的具體內容，之後會再說。

孔子談孝道，首先講的是孝悌，講「弟子入則孝」、「事父母竭其

力」，宗族稱孝、鄉黨稱悌⋯⋯等等，這些是一般性通論。我認為，它是人類社會在早期為了種族綿延，所以有「代間互助」，我是用「代間互助」的概念來講的。因為人老的時候，年輕時所養育的小孩長大了，照顧這個老的。小孩也會長大、也會老，老了以後還有下一代，這就是生物的綿延。所以說孝是屬於自然法則也可以，只是人跟動物方式不一樣。動物怎樣綿延牠的物種？靠多生，在物競天擇底下，才能夠保留物種。如果生得少怎麼辦？生得少，只好靠搶捉。但人畢竟有了文化，在種族綿延的時候，他靠的就是「孝」。

「孝」最基礎的要求，就跟生物一樣，要能夠「養」：上養下，下養上。除了「養」之外，因為人有心理層面的情感需要，所以「養」提升上來，就是要能夠尊敬，這是動物所沒有的。所以「養」有相對的關聯，一個叫作「孝」，一個叫作「慈」。上對下叫作慈，下對上叫作孝。這個時候所講的慈跟孝，都偏重在內心，而不是外顯的行為。在內心上，父母對小孩當然是慈，這種慈是打從心裏疼愛的；小孩對大人也一樣，是打從心裏敬愛的。這是人跟動物不同的地方，所以孔子非常強調孝道的本心。孔子說：「今之孝者，是謂能養，至於犬馬，皆能有養。不敬，何以別乎？」差別在於「敬」。敬就是尊重，以現代人來講，就是放在心上。子夏問孝，子曰：「色難。有事，弟子服其勞；有酒食，先生饌，曾是以為孝乎？」你的敬呢？要表現在哪裏？表現在言行、儀態，這就是「色」，就是禮容。我們講過的禮有很多表現，禮容就表現在態度、口氣等等。我們養貓養狗，也是養，但是奉養的對象是人，總會有差別，這個差別就是「色難」。

我要補充的是，後面提到的：「不遠遊，遊必有方。」古代通訊很困難，不像現代這麼方便，所以遊必有方。不過，你們仍然要有這個習慣，外出到什麼地方，第一件事就要打個電話報平安。父母出去

也是一樣，打電話回到家裏，告訴小孩他沒事。這是很基本的，不要出去就斷了線，人跑到哪裏也不知道。

再像孔子所說：「聞斯行諸？有父兄在，如之何其聞斯行之？」後面冉有同樣有問這個問題。孔子說：那你就做啦！所以公西華會懷疑，怎麼兩個答案不一樣？孔子是針對個性，所以「求也退，故進之；由也兼人，故退之」，因個性不同。兼人就是說膽子比較大，比較會自作主張，因此孔子告訴子由說：你多找父兄商量商量。另外一個膽子比較小，做事情比較猶豫，所以孔子就說你不必商量，直接去做，這是因為性格的不同。

《論語》中的孝：外顯言行

「孝」表現出來的言行，「父母，惟其疾之憂」。這是誰憂誰呢？其實是子女憂慮父母。孔子就是說對爸爸媽媽，你擔心什麼？年紀大了嘛！就是病痛了這麼一件事嘛！所以後面講：「父母之年，不可不知也。一則以喜，一則以懼。」這是很平常的心理。「事父母幾諫」，也不要跟父母對吵。「見志不從，又敬不違，勞而不怨」，父母也不是全能的，有錯，講；講不聽，就算了嘛！至於後面講的：「生，事之以禮；死，葬之以禮、祭之以禮。」這還是一個儀式，種族綿延的儀式，可是這些也都會隨著時代變遷而出問題。

前面所講的「三年無改於父之道」，是什麼問題呢？連著三段，曾子也說：「吾聞諸夫子，孟莊子之孝也，其他可能也；其不改父之臣與父之政，是難能也。」從這裏來看就可以知道，前面說的「父之道」，實際上是針對公卿大夫、諸侯，乃至於針對天子。這段話的意思是，政權雖然新陳代謝，但政治行為可以延續到下一代，上一代的政策、用的人，下一代不要突然全部改變。「三年」只是一個比況的

時間，也就是一段時期。在這段時期內，如果要變，就要緩和地、慢慢地變。這是一種特定的時空產物，因為是由宗法擴大到封建，在宗法內部處理得好，到封建就簡單了，所以先秦時代會把「君君、臣臣、父父、子子」老掛在嘴上。那為何到了漢代以後要講君父之道就有點困難？其實在戰國都有點困難了，因為很多大臣跟你不是親屬關係。在春秋時代則容易多了，那時的大臣都是宗室關係人，本來就是以親屬關係為基礎，親屬倫理順了，政事倫理自然就比較容易處理。但到了戰國以後，很多君臣間根本沒有親屬關係，因此就必須加上「法」，而不能只停留在「禮」的階段，兩者之間，因為時空條件不同而有了差異。

　　孔子談孝，談到「色難」，現代人也經常碰到這個問題，有時候也很痛苦。現代社會要講「色難」大概不容易，因為都不住一起了。這是現代的居住問題，無可奈何，社會變遷很快，不像農業社會，一個三合院、四合院，父母、祖父母住在正堂前後，兄弟、小孩、媳婦等等都住在兩邊廂房，門一打開來看，都是自家人。但到現在沒有辦法了，因為工作的關係，有時候不得不距離很遠，這就產生了現代的問題。到現代來講，「色難」大部分都可以藉由通訊來取代。你說要養父母，也不一定，現代往往是父母養你，為什麼？一堆宅男宅女啊！不工作，讓父母一直養啊！我們臺灣到現在還好一點，像歐美的小孩，過去的傳統，小孩長大後根本就不跟父母住一起，可是現在沒工作，不得已啦！跟父母住一起的人越來越多，要節省開支嘛！那麼，難在哪個地方？住在一起，多多少少就會有衝突，所以你們結婚後不要跟父母住一起，跟男方父母、女方父母，都不要。如果可以，工作可以調到大陸或其他國家，或者調到其他縣市。如果在同一個區域、同一個縣市的話，儘可能住在附近，那樣子比較有照應。因為你要養育下一代，互助比較容易；如果同一棟、隔壁棟，走過來、走過

去很方便。如果住在同一個房子底下呢？很不好，私生活很不方便，對不對？父母不方便，你也不方便，從現代社會來看就是如此。

第二個問題到現代社會比較容易出現的是什麼呢？孔子講：「事父母幾諫，見志不從，又敬不違，勞而不怨。」這就是說服技巧。有衝突，意見不一，就要有說服技巧。比較難的是「惟其疾之憂」，因為現代人高齡，高齡就容易生病，生病的時候就累嘛！等你們老的時候，你生病，小孩也累，對不對？你有沒有想像過，如果沒有成家的話，等你老的時候要怎麼辦？經濟、身體，都可能出現問題。這時候，一群朋友可以跟大學時代一樣，住同一棟，像宿舍。假如財力許可，可以買在同一棟，不一定要自己重新興建，買個二、三十坪的空間就夠了。而且要住在城市裏面，因為看到很多生命，會讓你的心情好一些。

這就是「父母，惟其疾之憂」，老人家年紀大了，萬一生病怎麼辦？現在的病痛有很多種，基本上概略區分為兩種：一種是還能夠自理活動的，一種是不能自理活動的，那就是中風，甚至嚴重到植物人。這種不能自理的情形，如果拖個三年、五年，甚至拖個十年，你要怎麼辦？所以現在需要什麼？老人照護。請傭人，現在大部分都是外傭。因為現代人的兄弟姊妹少啊！甚至於只有一個小孩，所以非得有人照顧不可，這時不需要因為沒有親自照顧而產生內疚。因為外勞雖然跟他沒有親情關係，但這是他的工作，會照顧得比較好一點，但長期照顧也會受不了，所以需要輪流。要不然，照顧者本身就會因為長期照顧而心情憂悶，最後就是憂鬱症。還有，長期疾病的人也最容易得憂鬱症，因為感覺沒希望了嘛！可以行動的就還好一點，最怕沒辦法行動，或者行動不便的，本身就很苦悶。所以輪流照顧是一定要的，或者請個傭人，專門負責護理工作。這是現代世界，尤其經濟越發達、越是高齡化的國家，一定會碰到的問題。所以說，父母親身體

健康，可以自理生活，就是父母對小孩最大的幫助。父母留再多的遺產給小孩，都不如健康來得重要。這是現代人第一個會碰到的問題，孔子的時代不會有，清朝以前不會有，甚至於半個世紀以前也不會有，因為平均壽命只有五十歲。現在呢？七十多歲了喔！所以會有這個問題。

這怎麼辦？

這時你就需要有一些資產，能夠照顧晚年。另外，像前面說的，如果一群人都沒有成家，到後來就只有回到類似大學時候的宿舍型態，住在附近，有各式各樣的設施，平常互相照顧，一起生活、娛樂，有病痛的時候，就互相照顧，這是唯一比較好的方法。因為都是長年舊識，不像一下住到長庚養生村、或者住到市區大樓裏的護理之家一樣，設備很好，但是最大的問題，就是沒有認識的人，心裏沒有依靠。所以住在附近，即使沒有成家，但身邊都是認識一、二十年，甚至二、三十年的老朋友，他們就像家人，心裏有一個依託。人再怎麼樣子跑，事業再怎麼成功，最後都是「狐死首丘」，就是回到自己的老巢去，回到生命最原初的記憶裏去。

古代的孝道置換到今天來說，精神仍然存在，但具體作法需要變更。像孔子說：「生，事之以禮；死，葬之以禮、祭之以禮。」在佛教沒有傳進來之前，因為地方大，自己居住的周邊就可以擺墳墓。到後來有城池，人住在城裏邊，墓都在城北，讀過〈古詩十九首〉都知道。可是當人口越來越多之後呢？再加上家庭結構產生變化，從傳統的大家庭變成小家庭，小家庭又離散，甚至於自己一個人。對這種「生，事之以禮；死，葬之以禮、祭之以禮」要怎麼做？別的不談，光看臺灣的現況就知道了，父母死了之後放在納骨塔。結果小孩住哪裏？美國、紐西蘭、加拿大，或者大陸。然後，小孩老了以後死了，安葬在哪？不確定。到了孫輩、曾孫輩，就更搞不清楚了，對不對？

所以「葬之以禮、祭之以禮」的作法就得改變。

　　當然，這種改變沒有統一的規定，是一種個人的習俗觀念。比如說，海葬、樹葬都可以，不佔空間，而且不必說一直要跑去那個地方。因為現代跟古代不同，現代有什麼？圖像、相片。現在相片都放在電腦裏，有需要就沖洗成實體相片，實體相片不見了，磁碟還有存檔，可以不斷洗出來。當事人生前留下來的一些文字記錄，也不太佔空間，可以 copy 給他的家人，一路傳到以後每一代，彙整完後就類似傳統的家譜。但傳統的家譜沒有圖像，現代的家譜每個人都可以有一份整套的。有了這一份東西時，就可以「祭之以禮、葬之以禮」啦！因為超越了空間。不管你在這個世界的哪個角落，通通可以同時啊！隨著時代的不同，現代人有現代的方式，可以超越時空，尤其超越整個空間，因為有電腦，有相片，留下來的比古代更鮮明，記錄上也會更詳盡。這是孔子所談到的幾個問題轉換到當代來講的話，當代人可以有的作法。

　　但是不管任何作法，有沒有住在一起，就像我剛才講的，認識長久的人，同樣住在一條巷子裏、一棟公寓裏，感覺較有心靈上的支撐，比較溫暖、比較安慰。親人也是如此，親子之間如果住在附近的話，會比較方便。人有一種心理距離的感覺，如果腦子知道你住在隔壁巷，或住在五分鐘路程之內，就會感覺你在他身邊，有什麼事，你馬上就會到，那是一種安定感。隨著時代的變遷，人們會慢慢找出新的方法。孔子所談的是一種精神，精神意義是有的，但是隨著時代的不同，人們要變化，尤其現代人會發現，長期照顧、長期慢性病會帶來的一堆憂鬱症。所以年輕的時候就要注意身體健康，因為有一些疾病不可復原，一旦得了，它就會陪著你到終老，要特別的留意。

第十二講
歷史視野與孟子思想

臺灣是江南文化經濟類型

從歷史的角度來看，臺灣是傳統意義上的江南，雖然跟傳統上以長江為界不太一樣，但是都是承繼前朝，進而分裂而成的兩個政權。此外，儘管兩個政權一個大、一個小，但從文化經濟的角度來看，實質上還是一體的。大陸在取得政權後，一直沒有走上正確方向，到文革結束走上改革開放後，才走對了方向。在這段時間內，將兩邊的發展趨勢加以對照，臺灣就像歷史上的江南政權一樣，保存了文化與經濟。

看歷史，應當從宏觀角度去看。你們的青春期正好碰上中國歷史的新階段，看見分裂的兩個政權，這是時代的趨勢。但歷史有時候也會有歧出，像臺獨。「歧出」是說，這件事本身好像樹木主幹旁邊又長出來的一個分枝，它可能先天不足，後天也失調。這是什麼意思呢？主張臺獨的人，很大的比例原本都是屬於日據時代的地主，國民黨來臺以後推動了一些政策，包括三七五減租、耕者有其田這一類的土地政策，對他們造成很大的損害。這些受損者裏，又分兩部分。一部分的人比較具有中國傳統歷史觀，特別是像南北朝時的傳統士族，傾向於與執政者公平交換既得利益和謙讓互動，例如已經過世的辜振甫，他的家族就接受政府的土地政策，並將其補償轉移到企業經營。另一部分的人就不接受，拒絕與執政者合作，並訴諸於所謂的本土意識；可是這個本土意識，如果真的仔細用階級分析去檢視的話，就像

地主拉著當初被他壓迫的佃農，要佃農一起跟著走向臺獨。所以，基本上就是先天營養不良。

　　然後，又後天失調。整體經濟發展起來以後，人們的知識水準提高，都會化也提高，但是臺獨所仰賴很重要的價值觀是鄉土意識。整個世界發展的趨勢是人口慢慢走向都會化，而都會化摧毀了鄉土意識。道理很簡單，「爭名者於朝，爭利者於市」（《史記・戰國策・秦策》）。一般人要活下去，一定要到有飯吃的地方，古代逐水草而居，然後發展出農業、畜牧。畜牧要水草，農業要農地，但是在現在工商業社會，想謀生一定要在都會周邊。全世界都一樣，你把人口分布圖拿來看就知道了，這時鄉土意識就淡掉了，很難再維持。

　　其實，不只是鄉土意識被摧毀，一些傳統的聚合觀念也同樣被摧毀了。這種人口的流動，從產業觀點去講就是工商業社會，從人的聚落來看就是都會化。因為辛苦一年種田，到最後還是窮哈哈的，所以大家寧可到都市裏打工。在民國五、六〇年代，臺灣有很多加工出口業，那時女孩差不多十幾歲時，就會開始學習理髮、裁縫這兩個最容易的技藝；不讀書的男生，則大都去學水電、木工、泥水工這類工作。他們離開家鄉、離開農田，到了都會，就聚集在都會周邊，像北部的新莊、泰山、五股、三重、板橋都是這樣的聚落，而永和、新店大部分都是低階的公教人員，內湖那個時候還沒有發展起來。所以產業、技術型態會改變很多傳統的觀念，晚近一、二十年來的大陸不也是這樣子？人民全都往沿海城市發展，沿海太過擁擠的時候，只好發展二線城市；二線城市發展完畢，再發展三線城市。當發展二線城市的時候，農民工就可以回流了。上述的發展模式，在歐、美、日等已開發國家都發生過，中國、中南半島，以後的非洲，只要循著這條路發展，就會看見外在物質條件牽動人的社會結構，而社會結構的改變，會進而影響到人的想法。

　　我這樣講，你們可能會覺得有點像馬克思，但客觀而論就是如此。下層建築決定上層建築，對不對？就這點而言類似馬克思主義。馬克思提倡共產主義，共產本身有一個結構性的缺陷，即不管個人努力與否，大家一起吃大鍋飯，這也是最後共產主義沒有辦法實施的原因。其實此一結構性的缺陷，不只是共產主義有，今天歐盟的債務問題也是一樣，因為怕歐元區破產，德國、法國拚命幫希臘、義大利、西班牙、葡萄牙解決歐債；臺灣的健保也會碰到同樣的問題，不看病的人，卻要拚命負擔那些逛醫院像逛菜市場的人的醫療費，這也是一種共產主義的結構性缺陷。

　　共產主義的理想很好，出於人的一種同情心，希望鰥寡孤獨廢疾者皆有所養，這是〈禮運‧大同〉篇的理想。但是它忽略了一個變數，就是人是有差異的，不只是品格上有差異，能力、習慣、文化上都有差異。因為這些差異，使得人們要共產的時候，同時也會產生內心的不平衡。所以人們要設計一個客觀的制度去抑制心理的不平，可是這個客觀制度已經走到了民主體制，一進入民主，又轉而被選舉綁架。比如像各國的國債問題，每個國家都有法定的舉債上限，但政客為了討好選民，還是會衝破預算規定的上限，即使養債也要增加預算。

　　近代科學技術造成的產業模式，使臺灣跟大陸在現代化上走向同樣的路，當走在方向相同的一條大馬路時，在地理位置而言，臺灣不就是中國傳統意義上的江南嗎？在這裏我們給江南一詞做了一個新的定義，這裏說的江南不只是個地理名詞，更具有經濟文化獨立的內涵。如果我們用語意成分來分析的話，第一是分裂政權；第二就是經濟、文化的獨立。

孟子思想與現代社會問題

　　先談了上面這些概念，再延伸說明，這樣大家就會比較懂得如何從歷史角度來看問題。平常大家大概不會想到「伯夷辟紂，居北海之濱」這則小故事吧：

> 孟子曰：「伯夷辟紂，居北海之濱，聞文王作興，曰：『盍歸乎來？吾聞西伯善養老者。』太公辟紂，居東海之濱，聞文王作興，曰：『盍歸乎來？吾聞西伯善養老者。』二老者，天下之大老也，而歸之，是天下之父歸之也；天下之父歸之，其子焉往？諸侯有行文王之政者，七年之內，必為政於天下矣。」（《孟子・離婁》）

伯夷、太公要歸附文王，請問他們要怎麼去？要帶多少人去？要走多久的時間？過去之後文王要不要接納呢？原先的部落居民，跟來歸附的人文化不同，有辦法互相融合嗎？就算可以融合，也有恰當的落腳處，也還會牽涉到政策的問題。所以從歷史視野去看，孟子講的仁，原本是一人之仁；但隨著時代演變，要擴充其內涵，從一人之仁擴充到一國之仁時，已經提升到經濟、文化的層次。一國之仁如果沒有強而有力的經濟、文化，要如何解決實質衍生的問題。為什麼光談經濟不夠，一定還要加上文化？這就是孔子講的「富」跟「教」，沒有好的教育，富不起來；沒有了富，教也不可能提升上來，這兩個是相持而長的。

　　至於民心的問題，孟子都是用一些比喻的方法在外圈轉。《孟

子‧離婁上》曰：「得天下有道：得其民，斯得天下矣。得其民有
道，得其心，斯得民矣。得其心有道，所欲與之聚之，所惡勿施爾
也。」話是這樣子講，如果老百姓要的東西你做不到，那該怎麼辦？
所以，這裏的「所欲」跟「所惡」要有一個限定，後邊孟子接著用比
喻說：「民之歸仁也，猶水之就下、獸之走壙也。故為淵敺魚者，獺
也；為叢敺爵者，鸇也；為湯武敺民者，桀與紂也。」像這些所謂
「民之所欲」跟「民之所惡」的「民」指的是什麼呢？範圍太大了，
同學讀書的時候要具體界定，不能漫無限制。

　　其次，富指的就是人民的生活好不好？如果生活不好、三餐不
繼，當然不行。以這個為基礎，民之所欲可以往外區分成幾個不同的
層次，這就不是孟子時代可以講得清楚的。例如孟子曰：「樂民之樂
者，民亦樂其樂；憂民之憂者，民亦憂其憂。」你要怎麼去樂民之
樂、憂民之憂？談到得民心也是一樣的，要如何得？得民心在幹什
麼？再往下會碰到具體的政治問題。若要針對孟子所言來進一步研
究，就非得「填補」很多具體措施不可。孟子時代如是，今天我們這
個時代亦如是。所以，從現代角度來看，你會覺得孟子這些道理實在
很簡單，是大家都知道的，根本不必去談。從思想、理路上來看，確
實如此；可是從感覺上看，各位要回到當時的時空，當一個時代動盪
不安、民生疾苦的時候，提這些話並不是要說服你的理智，而是要從
感情上打動你、說服你、讓人感覺到事態嚴重。我們看這一類文辭的
時候，要有這樣的認知。

　　除此之外，當人們太集中在底層的、技術性的問題時，往往會失
去高層次的「本」。因此，像孟子講的得民心之類的最高層次的大道
理，就會有一種提醒的作用。譬如在孟子的時代，游士們到各諸侯國
會提供的，大部分是跟其他諸侯國競爭、戰爭有關的技術，這時相對
的就容易忽略民生疾苦的問題，孟子的話，就有一種平衡的作用。

　　換到今天來看也是如此。比如說,先前政府全力發展經濟,可是當經濟不斷成長,又太過集中財團時,才突然發現貧富懸殊非常厲害,要如何解決這個問題?當然是想要讓它平衡,讓利益能夠分配到貧窮的人身上。假如孟子遇見這種情況,也只能做大方向政策的提示。

　　另外是價值觀的問題,現代企業經營者有不同的價值觀,但一般來說,是老闆取走七、八成利潤,賺得越多,拿走的也越多,剩下的二、三成才給員工。要改變這個價值觀,不一定做不到,但是也非常困難。這種情形就跟孟子想要改變當時那些諸侯的價值觀一樣,就好像孟子對梁惠王說,反正整個國都是你的,你還要那麼多幹什麼?你現在食、衣、住、行通通都不缺,缺的就是人們對你的讚美,缺的就是魏國人民稱你是「仁君」。孟子說的這些話,如果放在這樣的角度來看,才能看得出它的合理性。因此,孟子有很多普通的常識之言,但在特定情境之下,確實有它特殊的意義。

第十三講
孟子思想與現代知識

孟子仁政思想的歷史情境

　　基本上，孟子的論題跟孔子一樣，用莊子的話來講就叫作內聖跟外王，轉換成現代的語言就是道德思想跟社會思想。

　　「外王」的部分可以稱之為社會思想，而社會思想隨著範圍的擴大，可以擴及政治、經濟、教育各方面。「內聖」方面可稱之為道德思想，道德思想區分為兩個部分：一是他律道德，基本上相當於傳統的風俗習慣，風俗習慣不見得是合理或近乎人情的，它會隨著環境改變；二是自律道德，由人的心性不斷提升而有的道德精神，就是儒家講的心性論，自律道德是他律道德的一個衡量指標。

　　孟子所談的問題接近孔子的基本論點，但是因為時代背景不一樣，所以孟子特別偏重「仁」的發揮，並不斷強調仁政。他周遊列國時，即遊說諸侯王深入個人的德行，並使之變成人人都可以遵循的一種思想。孟子強調仁政，因為身處在戰爭的時代。想平息戰爭，就必須追根究柢，了解為什麼會導致戰爭？孟子推溯到最後的答案就是「義利之辨」。為什麼孟子是遊說諸侯而不是周天子呢？孟子很重視現實，而當時的世界，周天子只是名義上的王，沒有真正意義上的「王」，實際擁有力量的是各諸侯國，也就是「霸」。類比到現今的世界，就很容易懂了。「王」，用現代國際關係的觀念來講，就是世界局勢裏唯一的強權；「霸」，就是有許多的強國彼此折衝樽俎。二十世紀以來，基本上可以說是一個「霸」的世界，後來雖然成立了聯合國，

但聯合國本身沒有武力，所以當聯合國通過一個決議案，要求各國出兵的時候，根本沒有國家聽命於聯合國。就好像孟子當時的周天子發出政令，想要求各諸侯國出兵，各諸侯國卻各懷鬼胎，周天子根本指揮不動。

孟子談的義利之辨，最深層的用意，就是希望平息戰爭。換一個更超越的眼光來看，人類並不是很好品質的物種，人類比其他動物更壞，因為人類有智力，巧立各種名目，假戰爭之名，行奪權之實，其他動物倒還有一個自然法則可循。遠的不看，只看當代很多的戰爭。你看美軍從伊拉克撤軍，結果美軍死了多少人？伊拉克死了多少人？韓戰、越戰直到撤軍，又死了多少人？而且戰火波及之處，哪裏不是殘破不堪？戰爭並不是解決問題的最好方式，但直到現代，人類還是靠戰爭來解決一些問題。因此，孟子所討論的問題，即使到今天仍然有效。但時代畢竟不同，同樣的問題，內涵要有很大的改變，因為孟子也許可以訴諸於諸侯君，如果諸侯君真的是好，像齊桓公、晉文公那樣，諸侯君本身有比較高的決定權，就算受其統治也比較理想。但是轉到現代世界，一個總統的決定權並不高，總統的背後，即使是美國，他背負的資源爭奪勝過施政的理想。不只美國，包括十八、九世紀以來，最早的荷蘭、西班牙，然後慢慢轉移到法國、英國、德國，最後再轉移到美國。基本上，近代三百年的歷史，完全是一段資源爭奪的歷史。為什麼要爭奪資源呢？因為科學帶來了技術。生產技術緊接帶來對市場跟原物料的需求，這個邏輯很簡單。但是科學出現的時候，有沒有想到會導致戰爭的結果？沒有。產業革命初期並沒有原物料、市場的爭奪，但等到發現龐大利益的時候，就會開始往外拓展，爭奪市場，導致戰爭。所以如果從宏觀的角度去看人類的近代歷史，基本上是人自作孽，人創造了新的文明，一方面享受新文明帶來的便利，一方面也為了這些便利，付出戰爭的代價。

　　義利之辯，如果純粹就文字而言，看不出有什麼意義，只覺得就事討論，因為你對文字背後的時代背景缺乏理解，我們回不到當時戰爭的情境，但是可以用熟悉的、相似的情形去填補，這樣就容易了解了。比如近年發生的伊拉克戰爭，新聞報導說有個村莊，小孩的男女比例本來是一百一十幾比八、九十，被炸彈轟炸後，殘存下來的小孩，男女比例變為八十比一百上下，不只男女比例改變，化學武器造成基因改變，殘缺的、早夭的、疾病叢生等等，比古代更殘忍。把這些作為環境背景，再重新去閱讀孟子的文字，重新去了解孟子身處的戰國時代，是一個經常發生戰爭的亂世，人民顛沛流離，生命朝不保夕。從這個角度去看孟子，才會感受到孟子談仁政，是在談一個感動人心的思想，否則的話，只是一個抽象概念罷了，頂多在學術討論上講一講而已，而孟子講仁政，是懷抱著很深厚的情感在裏面的。

　　孟子提的基本方向，還是跟孔子「富然後教」相同，即經濟跟文化這兩個主軸。這兩個主軸背後都需要典章制度來推動，典章制度是人的智力所發明，但人有可能利用典章謀私，即以權謀私，所以最後的關鍵仍回到「德」。德是仁政的核心價值，如何展現此一核心價值呢？韓非因為看穿了人性，認為崇尚道德的領導人實在是少見，所以他採用一般統計學的概念，表示：那就用個中人（中等之人）吧！中人只要給予好的法治，加以扶持，就可以期望，所以強調法的重要，用法治，吏治自然會走上軌道。相對的，儒家的思考是，如果領導者的「德」夠高，吏治自然能上軌道。儒家與法家看到一樣的問題，只是看到的常數跟變數角度不一樣。一如《大學》所講的「物有本末，事有終始，知所先後，則近道矣」。針對同一個脈絡，提出了不同的解決方案。

　　其實，要補強法治或道德，端看你處於什麼時代？什麼時期？法治比較弱的時期，就補強法治；道德比較式微時，就補強人的品格。

中國傳統君權世襲，君王就是常數，沒有辦法改動。在帝制底下，能改變的就只有典章制度，法制越健全，國家自然就越上軌道。同樣地，在民主制度下，總統一定要用選舉的方式，不能說選舉制度不健全，所以乾脆就不要選舉了！當然不行，所以只好繼續使用，非不得已時，從改善選舉制度做起。而孟子的重點在強調君王的品格，為什麼？因為國家典章制度的落實在吏治的澄清，只要君王行仁政，用的人夠正、夠賢，就沒有問題了。

孟子思想的具體層面

孟子的思維大致是從原則上來講，往下進入到更具體的部分時，比如說如何求賢？選拔人才的制度等，孟子就談不到了。這些具體的部分，隨著時代而各不相同。比如選拔人才的制度，在戰國用門客，到了武帝以後開始設太學，用太學生，代表開始建立培養制度，到了東漢以後，是透過察舉。皇帝下一道詔書，從州下到郡，郡下到縣，縣令不可能去找一般人，所以一定會找一些大家族來因應嘛！察舉就如同我們現在的選舉制度，只不過他是用薦舉的。我們現在雖然是用選舉的，但是你要知道，選出來的是誰？窮光蛋誰會選你？一般大都是地方有力人士。這些地方有力人士，首先在地方有聲望；同時，可能背後的家族或企業財力雄厚；或者，背後未必有企業，但靠著選舉成為地方派系的大老。你看臺灣的那些民意代表，有些是不是世襲的？一如東漢的察舉，不是嗎？而這些資料在政書，像《通典》、《通志》、《通考》及《續通典》、《續通志》、《續通考》、《清通典》、《清通志》、《清通考》裏都有記載，只是一般人很少看而已。民國以後，楊家駱把它編成「十通」，分類總纂，「九通」再加上一個選舉類。

古代所謂的選舉，跟我們今天的選舉不一樣。傳統選拔人才的方

式，一定注重地方的平衡。宋代就曾經產生過抗議，從分配名額、考試題目、經學文學孰輕孰重，都要求公平公正，這個制度一直流傳到現代。各位知道原來的高、普考，在政府剛來臺灣的時候，曾經依據大陸各省的名額來分配嗎？但後來發現很多不公平，因為從大陸來臺灣的人數並不均等，你說甘肅省跑來幾個？山東、四川、廣東又來多少？那些來台人口數比較少的省分，如果依分配的名額，一定一考就考上了。所以後來高考就取消掉了按省分配的方式。按省籍分配，其實有它的政治考量。在帝制時代，每個地方都有代表，就等於每個地方就能夠穩得住，作用在此。同時，為了避免回到故鄉任官的時候，人情包袱太多，比如說，我是廣東人，如果要派任廣東省長的時候，要不要派我？不可以，一定派到別的地方，切斷我的人情包袱，免得將來很難做事情。

　　總之，如果從大方向來說，包括人才的選拔，國政的設計等等問題，都可從孟子所提的問題延伸出來。但具體的施政措施，不在《孟子》一書的討論範圍。我們在討論的時候，就要自己填補現代的知識上去。

孟子思想的現代知識填補

　　談到具體的知識。我們先回到現代，有沒有任何東西始終存在著實用性呢？沒有，就像我們談過的宗法封建都具有結構性的缺陷。人類設計的東西是沒有完美的，也許原先的設計，在最初的時空條件、基礎下很適合，但是隨著歷史、社會、技術等各方面條件的變遷後，建立在先前條件上的各種制度，其功能馬上開始遞減，遞減到最後就毀壞了。

　　有個觀念大家要記得，《周易》的「易」有三個意涵：「變易」、

「易簡」、「不易」。人類在社會中的大部分活動,都是在應用易簡之道,易則易知,簡則易從。易簡之道,用現在的話來講,就是掌握事物的原理、法則。我們把握這樣的原理、法則所設計出來的東西,目的是在追求生活的便利性。在農業社會以前,社會的變易速度很慢,所以它歷史的跨度比較長,到了工業時期,尤其近代以來,社會的變易速度非常快速,所以緊跟著而來的制度、典章、法令習慣等等,它的改變就非常劇烈,所以易簡的東西也要跟著變。當新技術產生而改變人們生活的時候,人們只好跟著時代改變,這就是變易。

《周易》講的「易簡」跟「變易」,基本上就是我們平常所討論的典章制度等等的變遷。這種變遷是和緩的修正,就像《論語》為政篇所言:「子張問十世,可知也?子曰:『殷因於夏禮,所損益可知也;周因於殷禮,所損益可知也;其或繼周者,雖百世可知也。』」孔子講的是很概況的,所謂三世、十世、百世可知,那要看改變的層次。改變層次很高的時候,百世延用是沒有問題的;改變層次很低的時候,三世就不能不變了。

《周易》也用「不易」作注解,「不易」指的是什麼?就是人的精神、德性。因為精神或德性有雙重作用,第一重作用就群體來說,面對變易跟易簡的變遷時,德性足以使事物維持正常的功能,而不是敗壞成負面的功能。第二重作用是就個人來說,精神與德性的提升,使個人得以承受生命歷程的波濤洶湧,就像莊子所講的「聖人應物而不傷」。而這正是現代人碰到的最大問題,精神修養不足,很容易導致憂鬱症、躁鬱症等精神官能症。

把孟子的思想放到現在來看,從結構性缺陷、封建宗法裏的親親尊尊、公私之間的平衡角度,就可衍生很多議題。文化並不會因為政治制度的改變就馬上改變,傳統上由宗法到封建是文化、也是社會的自然發展,然後以這個為基礎,往上建立政治的制度。時移勢轉到今

天，仍是如此。所以在面對這種公私之間的分際時，始終要保持一個平衡。在過去會有方法去維持它的功能，功能維持得好，那個時代就會富庶、興盛，像所謂的漢唐盛世。以漢武帝的鼎盛而論，武帝是靠前面六十年的累積，所謂的黃老無為之治，基本上的施政是減少干預，而慢慢累積到了武帝時候的盛世。武帝跟古代的羅馬，都可以作為現代富強國家的借鏡，富強國家衰弱的最主要的原因是什麼？軍事行動太過頻繁，武帝打匈奴就耗盡財力，等到昭、宣兩帝下來就不行了，唐代也是如此。其實，真正的盛世也很短，通常兩個皇帝，勉強撐到三個皇帝，第三個皇帝就已經衰了，歷史的法則，基本上都是如此！

現代結構性缺陷的例證

所謂「結構性缺陷」的運用很廣泛，包括從個人生活到團體互動，從傳統到現代社會。到現代，結構性缺陷仍然存在。現代的結構性缺陷根植在近代的民主，像法國人講自由，自由本身沒有問題，平等、博愛也沒有問題，但是平等就有很多分歧的解釋。是什麼樣的平等？人人參與產生的平等，這是一種平等，但所得未必平等；如果要所得平等的話，但個人條件又不一，所以我稱之為現代結構性的缺陷，這是屬於平均主義的缺陷。因為人一定有差異，只要差異太大，就會導致動盪不安，就像馬克思所講的貧富差距太大。在現代又再度出現了，因為中產階級沒有了。中產階級因為全球化不斷萎縮。我講幾個案例給各位參考。

比如北歐的社會福利措施、臺灣的健保，背後的基本模式就在於共產。我用「共產」這個名稱來代替，並不是共產主義的原意，而是說大家共同分擔的這個概念。用更根本的傳統話來講，就像是一個和

尚有水喝，兩個和尚抬水喝，三個和尚沒水喝。各位想一想故事背後蘊含的原理是什麼？三個和尚為什麼沒水喝？這裏邊有常數與變數。常數是什麼？我們大家都得一起做，大家一起努力了以後，共享既得資源，平均分配，一起過好日子，非常理想。但是這裏面的變數在哪裏？還是人的素質。人的個性、智力、道德觀念不同，尤其是涉及公共事務時，眾人的責任觀念不一致。這時你說要大家都綁在一起，但有些人努力，有些人不努力，要拿那些不努力的人怎麼辦呢？就是有些人想，我不弄，總會有人弄！三個人尚且如此，當一群人合作時，大家忙成一團，更沒有心力、精神去管那些摸魚、打混的人，當你管不到他，他就在旁邊納涼。就會造成內部開始紛爭。紛爭起來，你不做，我也不做，對不對？到最後就沒人做了，基本原理在這個地方，因為人的素質不一樣。

用這個方式來看目前的歐債問題。你看南歐人跟德國人有多大的差異，我們對德國人的普遍印象是非常刻板且嚴謹，但這也是他的優點；可是你看希臘人、義大利人，悠閒散漫。我的朋友到希臘旅遊，天黑了敲門想買點水果，他跟你搖搖手，指著門上關門的牌子。你說臺灣人會不會這樣？不會啊！有生意來，就算三更半夜也會幫你開門。南歐人、德國人、法國人的國民性不同，全部都用一個歐元區經濟體綁在一起，結果就類似共產一樣。

放到臺灣的健保來看，也是同一個模式。大家都出錢，有人沒病也拚命跑醫院，有些人甚至病態到一年三百六十五天，跑了三百天醫院，這樣子怎能不造成醫療的浪費？此外，當醫院成為一個企業時，就一定要設定收支平衡，這時所有私人企業的特性全都呈現出來了。資本主義的企業特性就是利潤極大化，像個永遠吃不飽的怪獸，所以你可以看到大型私人企業，透過各種儀器的檢查，賺取健保給付。健保結構性的缺陷，就是指這些。現在政府只好拉高健保費，不給付或

砍掉一些健保的費用。

　　像這種怪現象，就是所謂的三個和尚沒水喝，關鍵仍在於人的素質、人的差異性。當人們針對共同目標的時候，這個差異性一定會產生內部的紛爭，阻礙共同目標的邁進，同時也弱化了自身應有的凝聚力，最後導致瓦解，「共產」行不通，是因為背後有這樣的原因。可是如果通通不要合作，全部自行負責，也不行！因為一個社會既然有差異性，這種差異性如貧富差距等問題，仍然需要有所謂的社會福利措施，唯一要注意的是，這個社會福利要有個限度，所以還是回到儒家講的「中庸」。中庸就是要維持平衡，福利措施的設計就變得非常重要。

　　人類的制度裏，存在著很多結構性的缺陷。比如說保險，前幾年某個保險基金會辦徵文比賽，請我去當評審，最後他們要合輯出書，要我寫篇序文並找我去頒獎，我就在序文裏引用《易經・繫辭》：「天地之大德曰生，聖人之大寶曰位。何以守位曰仁，何以聚人曰財。理財正辭，禁民為非曰義。」解釋說保險是很好的措施，人類從古以來就有保險的觀念，因為天有不測風雲，人有旦夕禍福。古代農業社會是以宗族為保險的單位，各位不要以為農業社會沒有保險的概念，只不過不是以個人而是以宗族作為保險的單位，所以在農業社會裏面設有義學，有些家庭沒有錢，但因為是同宗，比如說同姓王，想讀書，沒有錢沒關係，宗祠會幫你出錢。這種觀念到現代有很多變形，像政府剛來臺灣的時候，有各省同鄉會獎學金，我就領過好幾次廣東同鄉會的獎學金。這種措施類似保險的概念，是中國傳統社會所留下來的。比如說，在前清的時候，北京有各省的同鄉會，它叫「會館」，會館就相當於現代的招待所，各地的人到了京城，不管是要考試或做生意，都可以到會館去尋求援助，甚至有經費贊助，會館有已經做官的人或成功的生意人的捐助。像廣東大約在民國初年到二、三十年，

有很多學校很富有，校舍蓋得很好，就是因為很多華僑到海外做生意、發了財，回到家鄉興學做善事，這就是中國傳統觀念裏的一種比較廣義的保險觀念。

至於現在的保險本身是不是有缺陷？當然有！因為保險公司本身就是一個企業，企業在資本主義中一定要尋求利潤的極大化。所以他跟你收取保險費時，說得天花亂墜，好像非常關心你，但是要支付保險費的時候，法律條文一大堆密密麻麻的，申請不到，所以很多人保險保到血本無歸。保險本來應該是社會公益團體，而不是營利團體，如果成為營利組織，營利組織的本性當然是只管營利，不會管別人的損失，因為損失是你的事。如果是公益團體，其存在應該具有一種道德意識。但是現在的保險，最重要的是營利，所以存在的本身就有反道德傾向。

儒家中庸之道——動態平衡

再推回到儒家為什麼講中庸？儒家講的中庸，層次非常的高，但又覺得很空洞，所以我稱中庸的觀念是「動態平衡」。人類在各種組織內生活，個人生活就是一種動態，在動態中要保持一個平衡。因為在動態裏面很容易傾斜，偏到一邊的時候，組織就會東倒西歪，這就是結構性缺陷，傾斜會時時發生，持續的予以導正，就是中庸的道理。其實，不只在「外王」的部分，用在「內聖」何嘗不如此！一個人在德行修養的過程當中，為什麼要保持中庸？用佛教的話來說，中庸在這裏就是「中道」，在鍛鍊過程中，德性一定是趨向於善，但趨向於善，仍然有結構性缺陷，因為欲望是在佔有之中得到滿足，傾向於善的時候，就是將欲望投向了善，於是在結構上就有失中道了，只有最高道德的善是不佔有的，沒有結構性的缺陷。所以，保持中庸，

就可以抽掉欲望裏邊的佔有，抽掉以後，才能回到中道這邊來。否則那個善是偏執的，是一種欲望把持的善。在個人德行上，就會看見這樣的人動不動就自稱為「法王」，成為一個權威，要別人都來伺候他。當善變成一個權威時，從內聖、中庸來講就不是善了。

儒家談中庸，是實踐過程中的體認。不管在所謂「外王」或「內聖」的領域，都有這樣的體察，這是我從孟子的文辭延伸出來的。孟子的外王部分，我把它延伸出來，從結構缺陷去看，各位在生活當中去體察，可以有很多類比的例子。

孟子「外王」概念的應用性不大，只是停留在學理上的說明而已。大家在讀這些典籍的時候，同時要讀一些社會科學方面的書，你可以從社會學、經濟學之類的教科書讀起，同時也可涉獵一般的商學課程、法律課程。看了社會科學的內容後，再回過頭來看儒家、道家，你就會用現代的內容來填補，你再深入從教科書裏找它的名著，不過兩百年而已的資料。在這兩百年內，有很多重要的社會學家、法學家、經濟學家等等，再看眼前日常生活常發生的事情，這樣你的知識從傳統到現代，可以不斷的更新。這是大家在看傳統典籍的時候，應該有的一種態度。漢代以後的人，他們在看先前的思想何嘗不是如此！他們也都是用當代的東西去詮釋、去會通，那規則就是司馬遷講的一句很簡單的話：通古今之變。

第十四講
孟子思想的分析模式

孟子浩然正氣的內涵

　　我們用「場景對話」的方式來看孟子與老莊的不動心。

　　孟子如果問老莊：「我談不動心，你也談不動心，請問你的不動心是指什麼？」老莊一定會從「恬淡寡欲」來解釋。不動心是對外物，如果用孟子的語言來講「老莊有沒有對外物不動心」？當然有啊！「至人用心若鏡，應物而不傷」，像是一面鏡子，觀照的時候，鏡子不動，所以能「應物而不傷」，也是個不動心。可是當孟子的弟子公孫丑詢問什麼是「不動心」時，孟子沒辦法用「恬淡」一詞向他解釋，只好舉認識的人：孟賁、告子來對比、映襯，好讓公孫丑明白。因此，孟子從孟賁、告子的「勇」來反襯出「不動心」的焦點，兩組對比，延伸出不同的內容。孟賁講「勇」，孟子接下來就講「氣」，這個「氣」是從氣質之性的氣來說解的。孟子舉例孟賁、告子，是從外在的勇敢、膽識的方向來講。人經常為了維護尊嚴，硬拗到底，這是人性時常有的一種流弊。所以，比尊嚴更進一步的就是「守約」，就是守住心性主體的道德性。你覺得合理，就會不動心。但是合理的時候，真的會不動心嗎？不見得！合理但遭受不相當的待遇時，人往往會動怒、動氣，會抱怨「怎麼這麼不公平」。所以，孟子的持其志勿暴氣，又從告子所言切入，是說不要只專注或者耗費自己生命力裏的勇、膽，而應該求心志上面的「定」，用「定」來引導這個「氣」，孟子所講的這個志，最後也歸本於道德性。所以「氣」配義於道時是

「至大至剛」，跟一般「暴其氣」的氣不一樣。當「浩然之氣」配義於道就能至大至剛，不然很快就會垮下去，「無是，餒也」！

這種氣是靠「集義所生」，而「非義襲而取之」，如果義襲取之，顯然這個義是外顯的。問題是，要怎麼集？「義」有兩種意思，隨前後文會有不一樣的意思。一個是適宜的宜，屬於合宜的禮；另一是仁義的義，屬仁義內在的涵養。在〈告子〉上篇第五章，孟季子問公都子什麼叫作「義內」這一段，這裏雖然用了「義內」一詞，但意思已經轉移到日常生活當中的禮儀。相對的，孟子在此處雖然沒有仔細解釋什麼是「集義」，對集義之法也說得非常不清楚，但是孟子用「宋人揠苗助長」的例子來反襯，顯示出「集義」的「義」應是指本於內心、內在所有的仁義道德心，而非外在禮樂、儀軌。因此，「集義」的義與「義襲而取之」的義不一樣，集義的義是一種在內的道德系統，從道德心的累聚、培養裏外發；禮義的義是禮儀的外在規範，二者有其差別。外在規範有灰色地帶，人可以在很多規範的夾縫裏閃躲，內在的道德則是良心，瞞得了別人，瞞不了自己。

遵循制約可分兩種：一是守社會規範，一是守自己的道德良知。守社會規範者，不見得不會做壞事，譬如政府很多弊案，從法律層面來看並不算弊案，頂多是行政程序不足，又或者自我圖利，這些都是利用法律所不及之處做出的違背道德觀的事。所以孟子談「氣」的時候，用對比來反襯出浩然之氣，浩然之氣即是所謂的道德心，這才是我們要守住的。但是，孟子還沒有辦法講出「我如何培養不動心的浩然之氣」。畢竟，在那麼古老的年代裏，中國還沒有那樣的文化背景。

從祭祀經驗體悟宗教的先驗性

如果勉強要說，浩然之氣的文化背景，應該是在祭祀的過程醞釀

出來的。一般學術史與經學史中不會談這些，但在《禮記・祭義》可隱約看到。古代人將祭祀依附在王朝天子底下，天子可以祭天、祭地、祭祖廟、祭山川，各式各樣的祭祀中，最容易讓人感受到宗教體驗的，就是祭天地。祭天地時不像祭祖廟、祭山川、鬼神，有個祭祀對象，祭天地的對象是非常空洞的。於是，當心沉靜下來時，浮現在內心的感受與經驗，是最純粹、最不被現實污染、影響的經驗，這種經驗，我們簡單的稱為「宗教經驗」。

　　孔子雖然談過中庸，但他畢竟沒有這類的宗教經驗，只是在生活經驗與論理當中，始終覺得外在的禮義規範是有問題的。孔子強調禮樂、周文的重要，但他深知這個禮樂、周文也是外在的，為什麼儒家會更深入一層訴諸內在的道德？因人可以閃避，甚至利用禮樂、周文作為工具，這是很容易了解的事。孔子承繼周文，他對周文是肯定的；可是外在的周文在實踐過程中會被工具化，工具化後去求利。為了救此流弊，怎麼做？沒有方法了呀！你不能再拿跟周文同等級的另外一個制度來救它，因為任何制度本身都會有流弊，所以只好用不同等級的東西來救。不同等級的東西是什麼？周文本身在傳統上可以說是倫理、道德，而這些倫理、道德，被用來體現仁義時，就一定要走到外顯；只有內在的精神、道德是不會被工具化。所以想尋找一種層級高於制度、求諸內心、完全不會被工具化的東西，應該是什麼呢？孔子想來想去，最後只有想出一套「仁」的理論。孟子承襲這個「仁」，提出了「義」的概念來解釋，又或者不管用性善的善、反身而誠的誠或任何的詞彙，孟子要指的都是人心裏邊那個最純淨、不可能被工具化、沒有任何流弊、最圓滿而沒有任何雜質的一種心理狀態。這種狀態無法求諸思考、思辨，只能用感受去體認。然後，進一步的問題是，要如何達到這種崇高境地呢？

　　孔子這時只能談到心理狀態，子曰：「我欲仁，斯仁至矣。」意

思是說，你想要有，它就有。孟子就只能講「反身而誠」，只要反躬自身，你就有，但也只能講到這裏。若進一步問孟子怎麼反身？如何做到？尤其碰到義利之辨時該如何做？孟子就沒有進一步的發揮。最後，到《中庸》裏才提到慎獨，《大學》又更進一步提到定、靜、安、慮、得，心境能夠到安的時候，修身就算基本完成；於是開始慮：對生活當中的事情，我能夠思慮；慮而後有所得：那個得並不是把持，而是「取其中」，亦即找到最好的處理方式。

我認為《大學》、《中庸》是由有祭祀經驗的人來寫的，雖然託名子思，但很難證明一定是子思所寫。《大學》、《中庸》被編在《禮記》裏邊，《禮記》記載古禮，其中最重要的是祭祀之禮，祭祀前要齋戒、沐浴，祭祀者必須很沉靜地面對天地。在此場景裏，祭祀者的內心要非常純淨，而且一無所思，此時他的內心，沒有任何世俗的得失、名利、權位，腦子或意識裏只觀想著天地，這時，他已進入宗教經驗，進入完全的、純粹的心靈狀態；等離開了祭祀、觀想，回到現實以後就消失了，這也可說是一種暫時的離開。但是，一而再、再而三的經驗，會產生一種智慧，當觀照經驗世界時，會覺得世間的事物不過如此，於是產生一種恬淡。因此，由祭祀天地而進入宗教經驗時，很像禪宗常常問的一句話：「不思不想，做麼生？」意思就是說，當你不思不想時你還有什麼？我們腦子裏不斷地在轉、在想，可是當你跳出來不思不想時，你會是什麼？腦子裏有什麼？這不是學理、思辨能說得出來的，完全是個人在那樣情境之下的體認。

以上是我對孟子義內說法做進一步的補充，戰國時代的人們已隱隱約約地感覺到在日常生活當中，顯現出不動心、道德感的需求，但對那根源還不太清楚，我認為《大學》、《中庸》講精神上的體驗多一點，雖是多幾句話而已，但已經更為深入，這是孟子經驗背景裏沒說出來的。孔子、孟子應該都有類似的感覺，但要再鋪衍下去就說不上

來。孟子的心性論，用對比來襯托出自己體認到的性善，有那個感受，但說的不太充分。因為在《孟子》一書裏，大部分是記錄他與周邊的人在談論，周邊的人大部分都屬於現實社會上的人，他們會從現實問題來談，孟子的回答，自然不會從純粹經驗的角度來談性善。

以分析模式看孟子語彙內涵

孟子談到情感的「情」字，最特殊的地方是它並不當「情感」解釋，都當作「事實」解，「情」在古文裏有事實的意思。至於孟子論心性，並不否認告子的說法，孟子只是特別標示出來一個關鍵性的問題，就是人性裏有一個道德性。這是要解決什麼問題呢？現實生活當中，如果不樹立所謂人性善的話，一如孔子所言的「仁」，那麼你會碰到一個困難，就是誰的拳頭大，誰就說了算，拳頭大的就是對的。所以，孟子要答覆的就是說：人為什麼一定要歸向善？在價值、道德判斷裏，我們為什麼一定要善？那就是說：趨善是人性之所同然。於是他再解說為什麼會惡？惡是受環境的影響？還是個人意志的薄弱？其實，孟子講這個問題時，已經提升到宗教的領域，因為在宗教裏都會談邪惡。邪惡的來源在哪裏？當然各個宗教不同，就會有不一樣的說法。早先西方人在了解儒家思想的時候，有時會稱「儒教」，就是因為儒家所討論的心性論，從西方基督宗教的文化背景去看，就會覺得儒家雖沒有宗教的那些儀式，但「人為什麼應該要善？」就這樣一個單純的問題，就是宗教問題。

其實，放在哲學裏，善是屬於形上學、存有論的探討，存有論裏會延伸出來價植根源的說法。此一說法可從兩方面來看。一是從思想邏輯來看，它會自相矛盾；另一是從人生命當中那種最真實的感受上來看。從邏輯來看，為什麼說它會自相矛盾呢？如果不以善作為最終

極的價值，因為惡的極致就是毀滅，所以到最後所有事物都會毀滅。
但在絕對懷疑主義論證當中的一個矛盾，就是不管任何的東西都會毀
滅，這所有的毀滅不只會滅別人，也會滅任何其他生命，包括自己在
內。因為惡是絕對的否定，絕對否定是一個全稱命題，可是自身要否
定自身，光是這句話的本身就必須先是要肯定的；就好像一個人說要
毀滅一切，所謂一切是包括他自己在內，但他自己是不能毀滅的，這
就陷入矛盾。絕對懷疑主義也是如此，一切都是可以被懷疑的，包括
他所講的這句話本身在內，而這句話的本身卻又不能被懷疑，這就是
一種自相矛盾。論理上是如此。

依告子的說法，人可以為善或不善，就是孟子所謂的「才」，但
這個「才」，實際上是指智力裏面的一種學習能力。這學習能力透過
哪個方式學習？用社會學的觀念叫作社會化（socialization），每個人
都是從社會化的過程裏學習到生活、生存的能力，包括觀念、思想
（包括價值觀），外顯出來成為行為，行為就是待人接物，包括人際
關係、語言、行為與態度；甚至更顯現在人的肢體語言，包括動作、
姿勢，而後進入到文化領域，不同文化的動作、姿勢，乃至於行為都
有不同的涵義。這樣一看，孟子並不否定告子，只是孟子與弟子在討
論、辯難過程中，為了特別強調行善的最終理由，故意將告子的說法
加以批駁一番。

孟子說「人之所以異於禽獸幾希」，「幾希」就是那麼一點點。這
個說法比亞里斯多德還更深入，亞里斯多德只提到人是理性的動物，
但他對理性沒有加以更精細的解說，而且這個理性偏向智性，就是人
的智力。而孟子則指出了人不同於動物之處。

關於孟子的語彙，我們要用分析模式去了解他的意義，像他講的
「心」，我們讀原文的時候，要去判斷他到底講的是動機、欲望、意

志，還是一個人的道德感？這樣讀《孟子》的時候，就能夠分辨得非
常清楚。[1]

「不動心」的工夫

　　基本上，人從欲望開始有了意志，如果我們用正負符號來表示意
志的強弱，不管強或弱，意志總會有個對象，選擇什麼對象，則因為
本身的個性而有所偏好。在這種選擇過程當中，人會碰到什麼抉擇？
第一、追求，你用能力或是資歷去追求。第二、道德，你還有是非價
值判斷。更上一層是義利之辨，義利之辨決定可以要或不要，超越能
力、道德、偏好。在你個人日常生活當中，乃至於讀文學、史學，或
任何歷史人物傳記時，心裏若有波蕩起伏時，可以用上面的方式仔細
分析一下，你就會對「心」有一個新的認識。

　　有這樣的了解，再回來了解孟子的心性論。孟子在〈盡心〉篇指
出，我們都有個心，人心的內涵就是四端，因此要盡心的時候，就是
盡四端之心。四端可以導致至善。但四端跟至善有什麼樣的關聯性？
又為什麼只是端呢？端只是有善的念頭而已，表示善還沒有完成，要
經過一個過程，過程中仍會沈陷、中斷。那麼，要怎麼樣才能讓四端
之心不陷溺下去呢？孟子認為，就是要存心、盡心；但不管是存心、
盡心，都是屬於一種明顯的內省，就像《論語》：「吾日三省吾身。」
這時都還沒有深入到心的本體，但是孟子另外提出「反身而誠」的時
候就不同了。反身而誠是直接面對自己，你可以體察到內心的
「誠」，可是孟子就只能講到這裏。至於要如何反身？這個問題《大
學》、《中庸》、道家、佛教、天主教等都碰到了，這時需要的就是

1　編者案：詳見本書附錄十四、十五。

「工夫」。所以，我們常把心性論、工夫論並列來談，心性工夫的外顯，就是對自己行為的檢討；內修部分，還是要獨自面對自己，獨自面對自己內心的意識亂流，面對意識中各式各樣的曲折，然後用某些方法，讓自己沈澱下來，這就是心性的鍛鍊，是一個過程。

無論在盡心、擴充四端或反身而誠的過程中，人們常常會走到岔路上。依孟子的說法，會誤入歧途，是因為你沒有分辨出「氣」跟「心」的區別。把盡心、盡性的工作當作一種利益。這是孟子說得比別人更清楚的地方。如果沒有走岔，盡心到最後的結果是「明性」、「知天」、「知命」。但是，這些都是言詞、文字的說明而已，沒人能說清楚「明性」是什麼樣子，因為那是一種感受。

《公孫丑上》第二章在關鍵的時候就開始講不動心，區分不動心是由外還是由內的問題。孟子說「我四十不動心」。當任何人碰到龐大利益的時候，這個利益包括財、權、名、位，你會不會動心？一般人，百分之九十甚至九十九是絕對動心的，只是動心的程度不一樣。絕大多數人的波瀾程度很大，有修養的人會有些波瀾，只有修養到位的人真的沒有波瀾。又例如，你突然中了一千萬元的樂透，動不動心？那幾天，你心裏一定很不平靜。但是如果修養夠、知識夠，你會稍微冷靜下來，我要怎麼安排這一千萬，但我想一般人都會不知所措。這還只是單純講財的部分，更何況權力、名位等等，那對人的衝擊就更大了，真是不動心也難。

孟子說他四十不動心，公孫丑說比孟賁強；孟賁是勇士，勇士靠膽識，膽識有個性的成分在內。每個人天生個性、氣質有別，有些人謹慎，有些人膽小；謹慎跟膽子大小不同，有的人膽子大但又謹慎，有的人膽子大但不夠謹慎，有的人很謹慎但膽子小，各有不同，這都屬於天生的。古代用一個簡單的話叫作「氣」，後人講來講去，就講到一個人的膽子大、小。實際上，這是一個不動心的問題。

　　孟子從兩方面說明，一是：「北宮黝之養勇也，不膚撓，不目逃，思以一豪挫於人，若撻之於市朝，不受於褐寬博，亦不受於萬乘之君。視刺萬乘之君，若刺褐夫。無嚴諸侯，惡聲至，必反之。」另一是：「孟施舍之所養勇也，曰視不勝猶勝也。量敵而後進，慮勝而後會，是畏三軍者也。舍豈能為必勝哉？能無懼而已矣。」（〈公孫丑上〉）就這麼兩個方法，一個是說鍛鍊自己，面對任何外來衝擊都一律看淡，所以，他用普通人跟萬乘之君來做對比。

　　可是，怎麼去鍛鍊？一，必須不怕死、很勇敢、不在乎。此一鍛鍊方式，從古到今都有，類似武士、軍人的膽識鍛鍊，因為對抗的是外在強禦，所以需要一而再、再而三的測試。二，要會深慮。像孟施舍就會考慮可以贏才做。這兩個不太一樣，孟子後面進一步講到孟施舍像曾子、北宮黝像子夏，這兩個哪一個比較好？可是孟施舍是守約，雖千萬人吾往矣，又不如曾子之守約，像這個地方，一般人在理解上有點困難。到底什麼叫作「守氣」？什麼又叫作「守約」？這兩個在境界上有什麼差異？從勇武上面的不動心來講，北宮黝有一個對抗的對象，為了維護強烈的尊嚴，不願意受辱，所以不管任何人，侯王、匹夫也罷，首先要守住的是尊嚴，那就表現不膚撓、不目逃，必反之。孟施舍也強調榮辱，他一樣也有個對抗的對象，但他可能贏，也可能輸，孟施舍只求無懼，不管成敗，所以他的勇武、不動心是本於內心。但這個內心比較明確的內涵是什麼呢？表面文字是看不出來的，如果勉強去比較，孟子也只能說孟施舍像曾子，曾子的特性是守約，他依據的是看理直不直，並以此來談勇，所以當你「自反而不縮，雖千萬人吾往矣」。縮就是直，你自己衡量內心，我是對的、正直的，那就勇往直前向前走；北宮黝像子夏，子夏的特性是在於維護個人尊嚴，個人的尊嚴勝於內心的理直，即使理不直，為了維護尊嚴，也要「硬拗」，這就變成傲慢，可說是低一個層次。

　　所以北宮黝跟孟施舍的不動心，依據是不一樣的。孟施舍的無懼，是本於內心的不懼，不帶衡量的對象，可是這個內心，孟子講不清楚它的內涵，只能說他近於曾子，但他不像曾子本於內心，孟施舍所守的氣當然就不如曾子所守的約。所謂的「約」應該是指什麼？約就是簡約、無心之理的簡約。因此，從孟子的心性論觀念來看，孟施舍的氣比較偏重像是生命力的氣，而曾子的「約」比較接近孟子所謂的浩然之氣。「守約」與「守氣」這兩個不動心究竟有何不同？一是依於理、一是依於氣。再往深層內心的感受上去看，仰賴勇膽只著眼於尊嚴，終究失了一個理，失去天生生命力內的浩然之氣。

　　其實，在理上面，孟子還沒談到死亡。每一個人都怕死，如果一個人面對死亡覺得稀鬆平常，那又有什麼好怕的呢？所以，更深層的鍛鍊，又回到人的欲望上面。但孟子還沒談到這麼深的層次，孟子所談的都還比較表層，為什麼？因告子說：「不得於言，勿求於心；不得於心，勿求於氣。」孟子說：「不得於心，勿求於氣，可；不得於言，勿求於心，不可。」所謂「不得於心，勿求於氣」，表示在認知、思想、觀念上，你已覺得不對，那就不要求諸於你的勇膽；「不得於言，勿求於心，不可」，為何不可？表示用言論怎麼都說不通、不能得到究竟的話，最後一定還是得回到「內心」去鍛鍊。所以他講「夫志，氣之帥也；氣，體之充，……持其志勿暴其氣」，這個志，還是根源於「內心」的道德性。所以，孟子就進一步講「志壹者動氣，氣壹者動志」，這兩個的交互影響，都有可能性，看誰強。意志強可以帶動生命力的行動，生命力的行動強，也可以把你內心深處根源於理、根源於道德性的智，以身體欲望為基礎，一起提升拉著跑，就好像摔跤或快走，這是氣動，像是禪宗比況的幡動仍不是心動。

　　孟子所講的心性論問題，好像不能夠很透澈、清楚，有時比喻也很奇怪，但你必須諒解，孟子的時代，在整個心性的鍛鍊過程中，頂

多看過孔子、子思的書（按史傳上講，就算他看過子思的東西），知
道《中庸》怎麼說，但《中庸》畢竟講的非常簡略。既然簡略，孟子
對於這種道德性，尤其是人性中內心跟肉體之間的那種衝突、掙扎和
探索，在沒有人引導下，只能靠自己不斷地一而再、再而三的經驗體
認。所以，在這個地方，他能把這麼抽象的思想，很仔細地用語言、
文字講出來，畢竟已經不是一件容易的事情。

第十五講
知識根源與生命安頓

　　今天把這學期所談的做一個總結。偏重點不在於儒家具體怎麼講，而是如何將儒家思想運用於不同的知識類別。就知識的起源而言，為什麼有這些知識？知識的作用是什麼？現在簡要的把根源說出來。儒家談中庸，為什麼要談中庸？儒家也談禮、談規範，規範本身有怎麼樣的侷限？儒家談道德，為什麼要談道德？了解了這些，再搭配實用性的知識，能夠做一些生活上的運用。

本能、智力與知識的開展

　　從人的生存現象來看，生命的活動，包括動物在內，就是兩件事情：工作與休息。在人稱為工作，在動物不稱為工作，而是求生。動物的求生活動很簡單，要偵查、要攻擊、要防衛、要逃跑，就這四個。人的工作不過就是這四個，只是藉著很多知識工具，活動頻率更加頻繁而已。就這個部分而言，人跟動物在本質上沒有什麼差別。從另外一個層面看，人會工作或者是休息，更根源的原因是什麼？是因為我們有身體——Body。生命本身最基礎的現象，就是身體跟欲望。這個身體跟欲望是一體的兩面，從形上面看是身體，從活動上面看就是欲望。身體靠著欲望而能夠持續的活下去，而欲望呢？用身體作為工具、作為載體。

　　所以，身體是透過了欲望的本能而追求生存資源，尋找吃的東西。欲望本能，就用身體的器官，手、腳、耳朵、眼睛等等各種器

官，作為工具，獲取生存資源，這是最基本的事實。這個最基本的事實，大家都承認，也都曉得。在人方面，跟生物的最大區別，就是智力。智力充分表現在哪裏？表現在學習。動物是靠本能，人是靠學習。這種智力，使我們突破了以身體作為工具的限制。如果只靠身體作為一個工具，那就叫力氣強大、動作敏捷，但是人因為智力的關係，可以運用很多間接的工具。其他生物要獲取生存資源時，自己的肉體、器官要跟對象直接接觸。人不需要。我們跟對象直接接觸的時候，只有吃飯、喝水，但是獲得這個飯跟水，是透過其他的方式，工作、權力、財富等等這些。所以人有了智力以後，在動物本能之外，多發展出一項很重要的東西，就是工具。智力發展出來的工具很多樣，從歷史的源頭看，從人開始用石頭、用火，這都是工具。或是像有些猩猩也可以用工具，猩猩拿一根草伸進樹洞裏面，然後、螞蟻就爬上來，爬上來、就勾出來就吃了，就好像人類釣魚一樣，猩猩也有很初級的工具。

智力的展現：組織、器物、符號

我們從最終端來看人類的發展，統合來講，從智力表現出來的就是組織、器物、符號。其實這三個是一體三面，其中的核心是什麼？核心就叫作「互動」，人在哪裏互動？在組織裏互動。人在互動的時候，有沒有溝通？有。他的溝通靠符號，最強的符號是語言，進而文明就有了文字。此外，還有沒有其他符號也有溝通的作用，當然也有，可是功能沒像語言、文字那麼強，比如說：繪畫、聲音、身體姿勢、數學等等，這些都是符號。

至於器物，就是互動當中，利用來獲得生存資源的東西。器物是一種工具，也是個概念。從最原始的石頭（把石頭打成尖）到火，這

些工具是物質性的，屬於物質性的器物。但是到後期，有的工具不是物質的，是思想、觀念、還有利用在組織當中所擁有的權力，那個也是器物。當人有了智力以後，就生存在組織、符號跟器物當中，人就同時有了社會性，組織就是社會性的表現，所以說人是社會性的生物。這個社會性，很多動物也有，但是人的社會性因為智力而更加強化。在我們要去探討組織、器物跟符號的時候，要知道組織、器物、符號是一體三面的，應該同時存在。但是在探討的時候，有邏輯上的優先性，於是就放在哪裏？放在組織裏面。為什麼要放在組織？因為器物有器物的使用者，符號有符號的使用者。而這些使用者，他是不是以一個游離的個人身分在使用？不是。他是以組織裏邊的角色去使用器物，所以得先談論關於這種組織。

生命的雙層衝突與規範的產生

第一個衝突：生物性與社會性，獨佔與分享

在社會裏，必須分配、分享，可是生物本身是一個獨佔的欲望，就像你不會看到狗拿到東西以後去分配給其他的狗，只有一種情況下會這樣做，就是要哺育剛生下來的幼小動物，如哺育幼犬、幼貓，其他的情況下是沒有的。但是人有社會性，在這個地方會產生一種潛在的衝突，最後只有兩種結果：一個是妥協；一個是不斷的衝突下去，最後造成社會的瓦解。這樣的衝突，只好靠什麼東西來平衡？靠規範，社會學上稱為規範，叫作 Norm。具體的說，就是從生活當中形成的一種禮俗、風俗習慣；或者，經過一個特定程序訂定的法律。

因此，禮跟法是人類社會規範裏很基本的東西，兩個都同時存在。禮跟法的功能，在人類的社會性裏邊，所具有的功能不一樣。人

文的互動經常都是先用禮，因為如果馬上就提升到法的時候，那個互動就陷入到非常的僵硬，而且又潛在著對立。因為法跟禮的性質是不一樣的，法的性質最後總有一種報復性，就是須遵守，若不遵守，就予以制裁。

那麼禮呢？禮是在生活互動當中逐漸形成的。生活互動裏本來就經常住在一起，人就會衍生出一種感情，所以禮俗的互動裏，經常是用感情做基礎的。衍生出來像是心情好不好？感覺好不好？有時行為舉止雖然不犯法，但是卻讓心情很不愉悅，這就是行為違反了禮俗。生活中的互動，幾乎八、九成都是靠禮俗。禮俗有些沒有明定，但是在社會裏大家都知道，一個人進入到另一個社會的時候，有時後會因為不了解，感到陌生，這種情形以大陸現在的話來說，就是不了解「潛規則」。

人的衝突，要靠規範來平衡，但也不太可能用規範就能化解所有的衝突。為什麼？因為規範本身就有一種壓抑的特性。人的欲望無窮，尤其是有了智力之後，會把對象抽象化，抽象的東西不佔空間，沒有體積，既然不佔空間、沒有體積，就是可以無限的了。貓跟狗，沒有抽象的能力，牠對什麼叫權力、什麼叫鈔票，沒有概念，因為那些都是抽象的東西。

第二個衝突：組織的分工與整合，層級的產生與競爭

既然人有了智力而進入了社會組織，具有社會性的同時，這個組織結構的本身在引誘他，引誘這個組織裏的個人之間產生衝突。人處在組織當中，實在莫可奈何。為何組織會導致衝突？因為組織之所以稱其為組織，第一個要素就是分工，看涂爾幹的社會學就可以知道，分工是很基本的概念，孟子跟許行的辯難中，也提到分工的概念。因為一個人，甚至一個家庭、家族都做不來，所以大家才聯合起來，各

自分工。所以分工是一個社會性組織裏最基本的事實。分工延伸出的問題是，分工產出的成果要怎麼樣整合？就需要整合者。整合者一定要高於分工者，或者至少數目要少於分工者，就形成位階。於是，在組織的位階中，越往上的整合者，數目越少，組織就成為金字塔形的結構，原則上是如此。雖然現在管理學有說要把組織簡化掉金字塔的流程，而改成扁平形組織，就是中間流程比較少，但還是有層級。既然有層級，在上面的整合者，不管從資訊或者權力來講，都比較大，越上層的越大。

這樣的金字塔形組織結構，能不能夠否定個人想要往上層攀升的欲望？不能。因為人天生就有佔有的欲望，其欲望以進入組織的位階為對象時，很合理的，就會想往上走。既然要往上走，而且是人人都要往上走，於是在最底層的分工者，或者每一層次的分工者之間，就產生一種競爭的關係。由競爭的關係，進一步因為急切的想要獨佔，就會惡化成鬥爭。所以此時要用什麼東西來處理攀升的欲望？還是規範。當分工者合於某些規範的時候，就可以升遷；不符合，就仍然繼續做一位分工者。

因此，人性在進入社會的時候，產生的第一個衝突是生物性跟社會性的衝突，是獨佔欲望跟分享的衝突。在進入社會之後，組織本身又在引誘他們之間產生衝突，所以這是雙層的衝突。所有這些衝突，都要靠規範去平衡，讓衝突儘量降低。但要完全沒有衝突，幾乎是不可能的事情，只能讓衝突儘量降低。這是兩個非常根本的衝突，雖然有了規範，但是要看在組織裏邊，這個規範由誰來訂定？組織裏邊的個體，從社會發展的現實來看，有一些差異性，最基本的是身體有強、弱，有全、殘；智力上，有聰明、愚笨的差別。這種個體之間的差異性，使得規範在設定的時候，非常容易成為強者的工具。這個強者，可能一開始是一個人，慢慢的形成一個群體，於是社會分成了階

級：分成統治階級、被統治階級，奴隸主跟奴隸。過去的階級是不可打破，永遠都是如此，像印度的種姓制度。現在則可以透過社會流動，經過努力由下層慢慢到上層來，這是合理的。

規範的工具化與德行的要求

從古到今，規範很容易淪為工具。當規範淪為工具的時候，規範就變得不公平，對社會下層的人，可能非常嚴苛；對上層，可以非常寬鬆。所以談先秦思想的時候，就可以看到親疏遠近的分別，那些規範裏有「禮不下庶人，刑不上大夫」的現象。這種現象只是嚴重程度不等，即使到今天的社會依然如此。在今天的社會被承認為合理，是因為可以流動。那古代呢？不合理，卻也沒有辦法。因為有強大的力量壓制著。所以，為什麼傳統社會往往需要考士大夫？因為士大夫是一個可以流動的階層。中國傳統的社會裏，除了受數目、數額多寡的影響，原則上是可以流動的。比如說一個農民、工人不識字，透過讀書，就可以慢慢成為士；成為士以後，慢慢有機會進入到屬於上層的官僚系統；進入官僚系統後，可以再往上到大臣；一旦獲罪貶為庶人，就下來了。其實傳統社會的士大夫，有點類似現代社會、資本社會裏的中產階級，是社會裏比較穩定的力量。但是，今天的中產階級，在全球化之後已經逐漸消失掉。

既然規範很容易淪為工具，那麼剩下的只有靠什麼？只有靠操控規範者的德行。但不能求助於社會裏比較低階的人，因為規範的操控，包括制定、執行，不在他們手上；規範掌握在社會組織上層的人身上，所以要求德。這樣就可知為什麼儒家，特別在《論語》、《孟子》裏，一而再、再而三地要求為君的德，因為君王掌控規範，只有用德去彌補，或者挽救，或者遏止那個規範淪為工具。這個德，就成

為規範在制定、執行時候的最終依據。《尚書·洪範》的「九疇」建了一個「皇極」,「無偏無黨,王道蕩蕩」(《尚書·洪範》),要求的就是「至公」、「大公無私」。

從社會發展的現象來看。如果不強調德,可不可以?可以。但是,這個社會組織,或者具體歷史裏的王朝、諸侯國,會處於不穩定的狀態。從不穩定狀態,再產生失效現象,就走到混亂。走到混亂後、接下來就是被推翻了。所謂「水能載舟,亦能覆舟」,用社會發展的角度去看就非常清楚,下層社會裏的人得不到規範的公平對待,最後承受不了,就會不安定、動盪不安。這種動盪不安最具體的表現,就是經濟生活問題。講得更白一點,如果吃不飽、穿不暖、沒有地方住,不能滿足衣食住行最基本的需要,就會動盪不安。所有的規範,至少必須滿足基本的需要。

這樣一路看過來,剛才講的這些綱要,就可以套到《論語》,或者《孟子》,乃至於《韓非子》、《道德經》。他們所談論的問題,都在這個綱要中的某一個部分。組織形成了分工,整合形成權力,追求權力,造成個人之間的衝突。弭平衝突,要透過規範,無論是禮俗或法律,但是規範有時而窮,最後訴諸道德。大致上就是這樣子,可以執簡御繁。

當我們把這些縮小、聚焦到具體的事項,比如放在先秦的組織裏頭,第一個是宗法,宗法也牽涉到利益分配的問題。在宗法裏先設定一個大宗,然後底下有許多的小宗。大宗是 A,小宗則是 A1、A2、A3 到 An,大小宗的權力都有規範,如果彼此間有爭執的時候,就會訴諸於規範、宗法制度。但是,他們的爭執如果延伸到具有武力、封建的時候,就更加嚴重了。因為大宗在封建裏所有的行政權、財政權、軍事權都是最大的,因此大家都要搶,雖然定了一個規則「立嫡以長不以賢,立子以貴不以長」,可是看看歷史,這個規則是不是常

常被破壞？整個春秋時代，雖有規範，但是卻常常被破壞、被工具化了。利用規範當工具的時候就遵守，把規範很技巧的做一種解釋；如果沒有辦法把規範工具化，就推翻規範，不要規範。所以常常變成不是嫡長子繼承，要不然用各種技巧把嫡長子搞掉，由其他的子嗣來爭奪。這就是聚焦到宗法跟封建裏所看到的。

人的生物性、社會性與精神性之進展

一方面可以看到《論語》很強調禮的重要，禮用和為貴，講到和要怎麼樣？要願意遵守禮，遵守法。首先，遵守這個規則，就是一種品德，《論語》裏也是不斷的強調要遵守禮。禮背後往往出於什麼？有些是人情所約定俗成的一種倫理，一種道德。剛才提到過法律跟禮俗之間的差別，這種禮俗隱含著一種大家認同的道德，叫「他律的道德」。還不是後來到良知方面的道德。這種「他律的道德」，會因不同的社會、文化、團體，以及不同的時代而有改變。我們拿陳前總統為例，這一回要去給岳母祭弔，按法規是要戴戒具；但是按人情，這是很難看的。所以呢，最後會將戒具拿掉，只是旁邊戒護人員會比較嚴密一點就是了。按情，這就是走到人的禮俗觀，禮俗觀有沒有規定？沒有規定，那是人情之所同然。

所以，儒家不斷強調禮的時候，先強調禮先於法，「道之以政，齊之以刑，民免而無恥；道之以德，齊之以禮，有恥且格」。但是這種德是他律的，是禮俗裏的倫理道德。禮俗裏的倫理道德，有時候並不完全是讓人心安的。所以，所有的禮俗最後要出於什麼？再更根本的，要出於人的良知。就是「仁」。從這種社會的內在衝突去看，就可以看得很清楚，為什麼儒家提出的方法，最後會訴諸於道德？因為規範、法是有侷限的。固然一方面要強調合於法規，遵守法、遵守禮

俗，這是一種美德，但是碰到有人不遵守時也莫可奈何。因此，再往上訴諸於良知，訴諸於仁心，只能如此。在往上訴諸良知、仁心的時候，只是現在講的道德勸說了，沒有強制力。他人若不聽，也莫可奈何。但是他人若不聽，只能用一個方法，就是警告，尤其越是先秦越是如此，只能用歷史經驗來提出警告：不聽可以，但最後自己會遭殃，「水能載舟，亦能覆舟」。所以、對仁這個部分，孔子還講得少，孟子多一點，要到《大學》、《中庸》才更多。看起來，好像很孤立，變成一種個人的精神素養，不斷的提升。其實有著最底層的社會基礎。可以發現人從生物性進入到社會性，再進入到精神性。

　　人的生物性，體現的是本能。人到社會性的時候，體現出來的就是個人跟群體之間的一種張力、一種衝突，個人獨佔欲望跟群體的衝突，生活在社會性裏，這個社會就帶你走向衝突。社會本身就有一個讓你們去衝突的因子，所以古今各個不同的組織裏，常常可以看到這樣的現象。比賽要通通有獎。比如說、放在小學裏，小孩子是最開始的幼苗，要培育，如果讓他們天天比賽，最後這個小孩子、這個班級，會感情不好啊！但是如果換一個方式，不給第一名、第二名、第三名，只將成績打甲、乙、丙，然後做一個說明，你得乙、你得丙，不表示你不能成為甲，當某個地方有一些改進，就變甲了。這樣，在各個小朋友之間，沒有製造衝突。一個人一個跑道，你在你的跑道上，往前、進步。不用跟別人比。

　　人類組織裏的工作型態有很多差異，有的真的具有不相容性，有的是可以相容的。大學老師沒有不相容性，升等，是自己的事情，一個人一條路。沒有說因為升等了以後，別人就不能升等。例外的是，有少數私校為了節省開支，限制教授只能有幾個人，這幾個教授升上去以後，其他副教授、助理教授都不能升了。人類社會有很多種不同的現象，儒家對這個問題的洞悉很深，平常我們片段片段的看，看不

清楚，如果把人放進整個社會裏，從這個角度去看，就非常清楚。儒家講王道、講仁、講愛民等等，這些都是讓規範發揮正面的功能，而不是讓規範成為被操縱的工具，重點就在這裏，用《周易》的話，就是「易簡」，「易則易知，簡則易從」。

符號、器物與分工過程

人的智力表現出來的另外兩個方面——符號和器物，就是不斷地來支援人的分工及規範。因為從分工裏延伸出來，最基礎的分工是器物製造，是生活最基礎的東西，一直延伸出來就到了現代的科技。從手工藝到科技，製造東西成為商品，就牽涉到交易。一進入交易，延伸出來的問題，就轉移到組織的規範。這時要不要受規範的侷限？當然也要。若不受規範侷限的話，這個器物的製造，就會從中牟取不合理的、不公平的利益。在現代，很多高科技器物，經常會出現這種問題，就是利用研究單位、大學的資源，研發出來的東西，然後轉換成商品，由工廠製造。當轉換成商品量產的時候，這個研究者、教授，就從中取得很多的股份（例如：何大一）。這種情況不只在臺灣，發生最多的是美國，自己本身是教授，但同時也是外面的股東，比如說最多的是藥廠的股東。

器物技術流衍出來，後來會跟組織裏涉及到的各式各樣的規範聯繫在一起。而器物這種東西，大部分都是後來自然科學研究的對象。只要工具的、器物的產品，產生出來成為一種商品之後，馬上就進入到組織的規範裏。即使如此，人在這個規範裏，經常僅能道德勸說，不見得有用，於是人的社會始終就處在一個不完美狀態。這就是我平常跟你們講，任何的組織能夠達到七成的理想，就已經很好了；動盪時代是混亂的狀態，根本連二成的理想都不到。

符號的功能：技術應用與內省批判

這個時候，符號的技術分裂為兩種功能。符號，一方面投注在組織技術、器物技術。另外一個部分就是文化、文學、藝術，成為對自身生活處境的一種內省、一種省察，現在用的辭彙比較強烈，就叫作「批判」。文學、藝術、電影各方面，這些都是符號技術的成果。

回過頭來做一個批判，將傳統談文學縮小到語言文字時，是不是有兩類。哪兩類？一種是應用性質的，一種是純粹的。純粹的比如說像詩、賦、詞、曲、小說等等；應用性質的像奏、議、章、表、書、信、議論等等。應用性質的文類就投入到組織裏，成為裏頭互動、溝通的一種工具。而純粹文學的這個部分，就游離出來，成為描述這個社會、組織裏，運作過程當中產生的各式各樣的流弊。就是大家在歷史上看的世衰亂離，文學常對此作一個批判，如杜甫的詩，這是一種情形。還有另外一種情形，根本不批判，游離出去，脫離、退出這個社會組織，就是中國傳統文學、藝術裏叫作隱逸的傳統。

這樣子分開來談論時，可以隱隱約約看到，我們所談的人文、社會、自然，這些現代的知識分類，根源在這個地方，就是人類社會開始發展時，所需要的幾個工具。以後同學讀書的時候，就可以很清楚，這本書大概是在探討這個知識結構裏的哪一類？那一類底下的次類是什麼？再次類是什麼？哪些東西是積極應用的？哪些東西是用來消遣的？消遣也是很重要的，沒有休息、沒有消遣，你就會得癌症。現代人為什麼這麼多癌症？現代人心裏太熱衷了，太少休息了。

歷程：中國歷史發展的三個階段

剛剛所談的，基本上是從結構上去看，但還要從歷史的發展去

看。歷史的發展是每一個時期，在結構裏就有一種起伏。以中國傳統的歷史來看，基本上是兩個階段，加入現代，算第三個階段。

第一個階段是先秦，主要是以宗法為基礎的封建，其實第二個階段跟第一個階段，差別不大。唯一的差別是成為帝制。成為帝制的時候，封建變得有名無實。如分封諸侯王，但是他們沒有實權，權力集中到帝王身上，但社會的基礎還是宗法。

第三個階段，就進入到現代，基本上劃分是從清朝結束以後，等於二十世紀，至今也不過一百年出頭。宗法殘留的觀念還在，但結構已經被破壞得差不多了。因為宗法的結構基礎在農業社會，現代因為工商業的興起，各式各樣的通訊、交通技術的興起，使人不再附著於土地上，於是離散；離散以後，以宗族為單位的宗法制度就逐漸瓦解掉。但是傳統那種宗法觀念，多多少少還是會殘留下來，宗法擴散出來的那些鄰里、鄉里，還是有的。但是在政治權力的制度上，已經完全改觀，成為一個算是民主初期，但還不成熟的民主制度，這是大致上的變遷。至於組織所引發的人的內在衝突，到今天也一樣存在。這個部分，還是要靠規範，因此在現代社會裏，從禮俗到法治，還是最根本的東西。這是從大方向去看，就等於說我們認識一種大的環境、大的結構。然後大的環境、大的結構，會一波波的影響到個人所生存的很多小組織裏，所生存的小組織關於個人的立身、個人的處世，那就是比較細節的部分。

原則上，依《論語》所言，個人的立身處事，最重要的就是不要投入到一個動盪不安的環境，故言「危邦不入，亂邦不居」；其次，因不可能尋求到一個最完美的環境，總是會有波盪，波盪對人會有一種衝擊。如何克服這一種衝擊？孔子在《論語》裏講得不多，孟子也講得少。這個方面，他們所達到精神素養，可以做得到；但是比較從正面去談如何避開這種衝擊的，還是在道家以及後來的佛教。如達到

孔子的擴充仁心、孟子的性善，甚至如《大學》的明德與《中庸》的誠，素養到這種地步時，一樣也可以做到像莊子所說的逍遙。只是孔子的重點不在這個地方，所以才會講富貴於我如浮雲，但能講這種話，正代表著恬淡。

學問的高遠作用

大方向是如此看，細節的部分是以後根據自己在生活當中所遭遇到的實況，然後去做彈性的思考和調整。文科的知識有一個特性，就是在一生裏一直在作注解。這裏的注解，並不是在書本裏邊講經學、講過去傳統經、子、史、集的注、疏、傳，那個是以前人的注解。讀的人是當代的，每一個時代給他作注解，用什麼作注解？用生活經驗，這是文科知識的特性，所以文科知識跟科技產品、器物的產品不一樣。器物產品的使用，照說明使用，使用完畢以後壞掉，再換一臺就可以了。可是文科的使用者，就是每一個讀者，現在使用，再下一次使用時，會越來越純熟，越用會更加的產生智慧，這是文科知識運用跟器物不一樣的地方。具體的內容看我們談過的《論語》、《孟子》，提到所謂「外王」的部分，就像「禮」這一類社會裏的各種活動，要填補現代知識，多了解社會科學的現代知識，比如像經濟的、社會的、法律的，這幾個是基礎，至於會計、統計都是專業技術。

這些現代知識，也只是學理上的探討，要再更聚焦地往下一層去為自己的生活學習，如學習關於理財的知識。為什麼要學？因為已經進入現代，要懂得這些知識，至少讓自己的經濟生活維持在小康，不要為衣食而焦慮。在古代的農業社會裏，對多數一般人而言，工作就是種田、手工藝謀生；剩下極少數人，投入仕宦之途，選擇性很少。現代社會中，你不能種田，也不會去做手工藝，因為你唸書了，但是

學理上的知識只能當自己的喜好、興趣。你還要學習跟個人生活有密切相關的，尤其是謀生方面的知識、技能。

附錄一
人文學術在消融生命內在衝突中的作用

一　引言

　　知識的功能在於解除人所遭遇的困擾。人所遭遇的困擾來自生命的三個層面，即生物性、社會性和精神性。現代的知識分類大體區分為自然科學、社會科學、人文科學。人文和自然的性質、功能截然不同，其思維方式與「科學」有所差異，因此，也有人避免用「科學」一詞，而稱為「人文學術」。這三大類知識隱然和人所遭遇的困擾層面相合。

　　自然科學的成就轉換為技術產品之後，是身體在使用，這就和人的生物性相應。社會科學的成就，是以化解群體的衝突關係為目標，也就是《論語》中所說的「禮之用，和為貴」，這就和人的社會性相應。人文學術的成就，是以心理、心靈的快樂、幸福為目的，這就和人的精神性相應。

　　這個相應的關係，也可以從《周易·繫辭》的角度來看。例如：《易緯·乾鑿度》說：「易一名而含三義：所謂易也，變易也，不易也。」鄭玄依此義，作〈易贊〉及〈易論〉也說：「易一名而含三義：易簡一也，變易二也，不易三也。」而三易的說法實本於〈繫辭傳〉[1]。

1　〈繫辭傳〉說：「在天成象，在地成形，變化見矣！」又說：「易之為書也不可遠，

　　從知識的層級來看，變易是日常生活的各種現象，易簡是統御日常生活現象的各種原理、理論，而不易則是使日常生活趨向幸福的不變之理。這也和自然、社會、人文學術的特性相應。自然科學的成就轉換為技術，它的變易性質，使前代的技術難以適用於當代。社會科學的成就可以相當長的時期統御生活中的各種變化，直到產業模式、社會結構發生重大的改變，因此，社會科學的知識和「易簡」之理相應。而人文學術從知識到實踐，都是以心理、心靈的安定和幸福為目的，它不會因為工具技術的改變和社會結構變遷而變易，它永遠是人類生命的終極目的，就是「不易」之道。

　　從日常生活的角度來看，人文和社會學術的知識似乎相當高遠而不切實際，難免被誤認為徒托空言。其實這些知識是植根於最基礎的日常生活，針對日常生活的根源——人的生物性和社會性——而發。所以人文和社會學術的知識並不高遠而空洞。為了說明人文和社會學術切近日常生活，可以從人類生命的內在衝突來看，看出人的生物性、社會性的衝突結構。說穿了，人天生就活在兩難的處境裏，正如朱熹說的：「教學者如扶醉人，扶得東來西又倒。」人類在處理自己兩難困境時，也時常落入二邊，難得保持平衡的中庸之道。

為道也屢遷。變動不居，周流六虛，上下无常，剛柔相易，不可為典要，唯變所適。」這就是「變易」之說的來源。〈繫辭傳〉：「一陰一陽之謂道。」又說：「乾坤，其易之門耶！」「乾以易知；坤以簡能。」「陰陽之義配日月；易簡之善配至德。」等等，就是「易簡」之說的來源。至於「不易」，〈繫辭傳〉說：「天尊地卑，乾坤定矣；卑高以陳，貴賤位矣；動靜有常，剛柔斷矣。」「知崇禮卑，崇效天，卑法地，天地設位，而易行乎其中矣！」「天下何思何慮？天下同歸而殊途，一致而百慮，天下何思何慮！」

二　生命的內在衝突

　　人類生命的內在衝突根源於生物性，發生在社會性，而消融於精神性。茲以下表略明大要，而後說明。

生物性	欲望	盲目佔有滿足	1 生存與死亡
社會性（靜態）	智力	2 獨佔欲望／分享之樂與不忍之心	
社會性（動態）	分工／權力	3 運作：集中與分散	
		4 分配：公與私	
		5 工具與目的：權力和規範	
精神性	無執／仁愛／智慧／大勇		

1 生命的內在衝突——生存與死亡的衝突

　　人類生命的基礎層次是生物性，而欲望是生物性自然的體現。欲望是生命最基本的事實，生命欲望的本能是生存，而不是死亡，但是生命卻終將死亡。因此，生命的第一個衝突就是「生存—死亡」的衝突。但是這個衝突是不可能克服的，人只能在生存期間最大化的滿足欲望本性。可是無論多大的滿足，終究要面對生存和死亡的衝突，而化解、消融這個衝突的唯一方式就是「永恆」。「永恆」的內涵雖然有不同的解釋，卻是宗教精義之所在，由此而觀，生命原來潛伏著宗教的傾向，只是被繁複、多變的生命現象掩蔽而已。

2 生命的內在衝突——獨佔與分享的衝突

　　人的生物性全部顯露在身體。這身體就是生命，生命就是欲望，讓生命存續下去就是生物的本能。這個本能和身體構造決定了人的整個活動。

人的生物活動包含了動和靜，以社會層次的言語來說，就是工作和休息。工作包含了偵察、攻擊、防衛、逃避，休息則包含了睡眠和遊戲。而身體各種器官是這兩種活動的工具，也是自然目的。從活動來看，生命就是活動和休息交互運作的過程，直到身體機能衰竭。身體生命這項基本事實在人的社會和精神層次仍然發揮深沉的影響。但是要認識這深沉的影響，就必須理解身體活動的動力來源──欲望的本性。【四念處（身、受、心、法）的內觀方法就是對此而發。】

在生物生命中，欲望是本能，而且以身體能即時享用為度。換句話說，欲望是有限的，誠如《莊子・逍遙遊》所說「鷦鷯巢於深林，不過一枝；偃鼠飲河，不過滿腹」。有限欲望的本性是佔有即滿足，二者一致。由於身體構造的本性是把吞食之物消化，因此，不滿足和滿足並在此身。於是欲望是「佔有─滿足─消耗─不滿足─佔有」不斷交互循環的過程。在人的社會和精神層次真正發揮深沉影響的是這個過程。

進入文明歷史之始，人的生物性和社會性就同時存在。生物欲望是有限的，只取身體所需。在社會性中，因智力之助，認知的對象從具體擴大至抽象。抽象物不佔空間，於是欲望的本性質變為無限，因無限而衍生為獨佔。無限和獨佔是一體的兩面，對欲求的對象而言，是無限；對其他個體而言，是獨佔。

在社會層次中質變的欲望本性和人的社會性有了衝突。人的社會性顯現為和同類分享所獲的對象。如果沒有分享，只能回到孤立的個體，而個體是無法生存的。為了生存，人必須在這兩者之間維持在平衡的範圍之內。

3 生命的內在衝突──權力集中與分散的衝突

獨佔與分享的衝突在社會生活中呈現為權力的內在衝突。

　　社會的本性是分工（孟子駁許行之說就是以社會分工論為依據。），而分工和權力並在。二者是一體的兩面。沒有分工，權力就沒有運用的場所；沒有權力，則分工無法運作。

　　分工的本性是既分離又匯聚。各人的工作沒有分離，就不成其為分工；分工而沒有匯聚工作成果，就無法實現分工的目標。分離和匯聚是衝突的。分工的本性同樣顯現於權力。權力必須分散，以符合分工的需要；但是權力又必須集中，以符合匯聚分工成果的需要。這就是人的社會性的內在衝突，這個衝突仰賴一套眾所認可的規範，以保持分工時分離和匯聚的平衡，保持權力集中和分散之間的平衡。而這套規範可以是活動中形成的風俗習慣，也可以是透過合法程序而制定的法律。

　　然而權力的集中和分散之間時常無法保持平衡，以致社會群體會週期的陷於混亂之中。其中的原因來自生物性的欲望。

　　生物欲望的有限已如前述，可是從文明之始，得到智力之助，有限欲望就質變為無限，從而具有獨佔性。獨佔欲望在「分工─權力─規範」的活動過程中產生了「公與私」的衝突，和規範的「工具─目的」之間的衝突。這兩種衝突是獨佔欲望在不同層面的呈現。

4　生命的內在衝突──公與私的衝突

　　社會是同心圓向外擴散的組織，依血親、姻親、鄉里的親疏遠近關係，不斷擴大至國人而構成。這個關係中的個人之間既不平等，也不均衡。隨著分工之需而分散權力時，為了權力掌握和信賴，勢必依其社會關係的親疏遠近作為授予權力的依據，以保權力的穩定。於是隨著權力運作而生的賞罰（利益分配）也以此為依據。

　　但是依親疏遠近而授予權力、施以賞罰，這和分工的效能牴觸。分工得以實施、得以提高效能的條件在於「信賴」，而公正、公平的

利益分配是「信賴」的表徵。於是造成兩難的衝突處境：完全捨私而從公將可能使權力不保，完全捨公而從私將使權力運作的效能急遽降低。於是陷於公與私的衝突（以春秋時代的用語來說，即「親親」與「尊尊」的衝突。）。這個衝突的緩和仍然必須仰賴規範，使二者區隔而避免陷入衝突的情境。而這些規範可以是禮俗，也可以是法律。

規範的功能本是為了維持分工與權力之間的平衡，為了維持公與私之間的分際，以緩和衝突的程度。但是獨佔欲望在「分工─權力─規範」的活動過程中卻造成規範的「工具─目的」悖離，而使權力和規範陷入衝突。

5 生命的內在衝突──權力和規範的衝突

不論是為了緩和權力集中與分散的衝突或公與私的衝突，規範在這個權力運作結構中的作用、功能是工具的。而工具從屬於欲望，不論是獨佔或分享的欲望。於是獨佔與分享的衝突並未因工具性質的規範而緩和，反而因規範的工具性質誘使權力運用趨向權術，造成獨佔與分享的衝突更形曲折而劇烈。何以導致如此？

工具的本性是在操作過程中顯出技術，而操作過程有各種情境的變化，技術也將隨之變化，而顯出精巧。規範本是為了緩和衝突而設計的，具有簡明、易簡的性質，如此才能統御複雜的事物、現象。但是規範的工具性質卻誘使權力的運用趨向精巧多變的技術，成為權術，而使分工失去基礎──信賴。於是權力的穩定不可得，反而陷入長期浮動不安的週期循環。這也是「合久必分，分久必合」之理。

6 生命內在衝突的化解──人的精神性

要緩和獨佔欲望介入而導致規範的「工具─目的」衝突，已經無法仰賴其他的智力結晶，而必須反轉衝突的根源，將獨佔欲望反轉為

無私至公，以呈現比社會性更高層次的精神性。

　　精神性的根苗就在社會性中的獨佔欲望。社會性中，獨佔欲望和分享是並在的，只是分享的對象有親疏遠近之別而已。與親近者分享的情境中，人心升起了「愛」的情感。雖然這是出於私欲，但是在社會活動的過程中，有可能受到其他因素的催化而質變為無私之愛、至公之愛。這些因素都建立在「不忍之悲」的人性中。

　　人的感知對於物質形體對象的「完整性」有本性上的要求，對象的完整性會使人升起愜意之感，而破毀的不完整，則使人有不適、不快之感。當對象是生命時，尤其是人類生命時，軀體破毀的「不完整」使人不忍卒睹，而在後續的思緒中生起悲憫。由此擴而大之，他人際遇、處境的不幸是「不完整」的另一種形式，也同樣引起悲憫。孟子所謂「惻隱之心，人皆有之」，就是此意，就是源自人的感知本性──「完整性」。

　　由此以觀，不忍之悲是從私愛質變為無私之愛的基礎。在公與私的衝突中，在權力與規範衝突從而無法化解公私衝突的過程中，「不忍之悲──無私之愛」提供了化解之道。它就是孔子所說的「仁」、《孟子》所說的「性善」、《中庸》所說的「誠」、《大學》所說的「明德」。各種宗教所說的「慈悲」、「仁慈」。這些心靈狀態就是人的精神性。

三　人文學術在知識分類中的相關位置

　　人文學術一般是指文學、史學和哲學。如果從消融生命內在衝突的作用來說，也可以包含藝術。

　　這三門知識的研究對象是生命的三個層面，也就是事、理、情。每一門知識以其中一種為主，而以另外二種為輔。為了看清楚人文學

術在知識地圖中的相關位置，不妨從現代的知識分類來觀察。

　　當智力使人從生物性上升一層之後，人的知識從此不斷擴延。雖然如此，始終環繞著生命的幾個層面發展。

　　智力的最大成就是技術。技術是運用智力，依循一套規則，而將自然物改變為文明產物的過程。人的技術有器物技術、組織技術和符號技術。器物技術是根據物質規律改造自然物，而成為人造物的過程。組織技術是根據特定規範將人群組合起來，透過分工，以實現其目標、目的的過程。符號技術則是將語音、文字、音聲、線條與顏色、身體動作、數字等媒介依其規則組合，以表達意義的過程。而這些符號的極致就是數學、語文、音樂、美術與造形、舞蹈。這三種技術已經無法從起源上論其先後，只知三者相因相倚。人在生產器物時，既透過組織的分工，也使用了符號。人在建構組識時，既運用了器物，也運用了符號。而人在使用符號以表其意義時，組織和器物世滲入符號意義中。

　　這三種技術在文明發展中，上窮碧落下黃泉，不斷的擴大、也不斷的精密。如果和現代的知識分類比較，器物技術的極致相當於自然科學，組織技術的極致相當於社會科學。而數學、語文等符號技術除了作為器物、組織技術的表達工具之外，語文、音樂、美術與造形、舞蹈等符號技術的功能，和器物、組織技術迥然有別。器物技術和軀體的關聯最密切，最貼近人的生物性。組織技術和人群離合的關係最密切，最貼近人的社會性。語文、音樂、美術與造形、舞蹈等符號技術，則和人心的發抒、反思最密切，它的極致相當於人文學術和藝術，最貼近人的精神性。

　　人憑藉這三種技術而在大地活動，互動。這些活動、互動就是史學中所說的「事件」。事件的意義是指：人以其心力，假借物力而互動的過程。心力包括了欲望、智力、性格、意志、情感、道德感等等，

物力意謂工具，因此器物技術和組織技術的成就都成為心力的工具。事件起於心力發動之時，而終於心力完成或心力、物力衰竭之時。

智力不只向外發明、創造，也向內反思。文學、史學、哲學的特性就是向內反思，循著生命的三個層面反思。人反思的第一個層面就是他所逢遇的事件。因為其中有得失成敗，和生命的生存關係最切近。反思所得就是「事理」，這就是史學的對象。在事理之中，免不了會引生情感，也會引生對生命終極歸趣的思緒，但是這些情感、思緒只是從事件、事理中滲透出來而已，不是史學的對象。

人的生物性在生存過程之中的奔逐和之後的滿足或不滿足，顯現為情緒。人的社會在事件過程中的折衝和事件之後的得失成敗，這些情緒因反思而質變為情感、情操。這些緣事而生的情感、情操就成為文學的主要對象，不論創作或閱讀。情感、情操都是緣事而生的，也會引生對生命終極歸趣的思緒，不過，那些事件、思緒只是從情感中滲透出來而已，不是文學的對象。

面對載浮載沉的人事和情感，智力會思索脫困之道，把焦點放在引生那些人事和情感的因由，抽空紛雜的人事和情感，思索自己的思維對或錯，自己的知識真或假，為什麼人應該這麼做而不應該那麼做。這些邏輯、知識真假、言行善惡的問題就成為哲學的對象。雖然哲學抽空了紛雜的人事和情感，並非沒有了事件和情感在心懷，只是從這些純理中滲透出來而已，不是哲學的對象。

人們常說：「文、史、哲不分家。」原因就在三者的探討對象是生命的三個層面，原是一體的，只是注意的焦點稍有偏移而已。

四　人文學術在生命內在衝突中的作用

生命內在衝突萌生於獨佔欲望和分享所獲，而顯現於權力的集中

與分散、權力分散之時的公與私。顯現的衝突仰賴規範而維持一定程度之內的平衡，使潛在衝突的張力不至於崩潰，而轉變為混亂。然而平衡的維持匪易，在一段時期之後，難免因各種偶發的因素而失去平衡。這些偶發的因素，有技術的重大突破，有天災、有人禍、有制度失靈、有人謀不臧。歷史就在衝突結構的平衡和失衡、混亂之間週期的變遷，而史學所探索的「事理」就是造成平衡和混亂的那些法則、原因，以作為當代前生活的修正參考。司馬遷《史記・自序》說：「通古今之變，究天人之際。」而賈誼〈過秦論下〉說：「是以君子為國，觀之上古，驗之當世，參之人事，察盛衰之理，審權勢之宜，去就有序，變化因時，故曠日長久，而社稷安矣。」「通古今之變」、「察盛衰之理」就是探索造成變遷的基本法則。但是這些法則可能因各種偶發的因素而需要彈性調整，所以說「審權勢之宜，去就有序，變化因時」。雖然，二人所論以天下國家為對象，但是放在社會各種小型組織的發展，乃至個人的生涯歷程，其理皆同。

　　由此可見，史學在生命內在衝突中的作用是探索維持一定程度平衡的方法。由於群體之中衝突的領域和層面不同，於是為了當前迫切的需要，就流衍為各種社會科學。

　　即使群體能夠維持一定程度之內的平衡，波動不免，一段時期之後的混亂也不能免。對於這種輕重不等的杌隉不安，就從情感和純粹理性反思，而有哲學和文學。

　　哲學抽空紛雜的人事和情感，思索自己的思維對或錯，自己的知識真或假，為什麼人應該這麼做而不應該那麼做之時，前二者的作用使史學及其流衍出來的社會科學由於不受紛雜經驗的遮蔽而更加明澈，更有助於尋思平衡衝突的法則。但是衝突的根源——獨佔欲望——並未轉化，只是潛伏而已，隨時都有可能被各種偶發的因素誘發出來。衝突根源——獨佔欲望——的轉化必須仰賴人的精神性，即

人應該這麼做而不應該那麼做所發展出來的道德哲學。

人對輕重不等的杌隉不安的生命歷程，哲學的反思只是一端而已，它顯出透明的智力，但是缺乏動力。另一端則是由杌隉不安引生出來的情感，這是自然的流露。將這些情感呈現出來，就有了文學。它一方面透過抒發而緩和、柔化杌隉不安的情緒強度，而昇華為情感；另一方面，在抒發中反思，這些情感不只是個人的，而且是普遍的，是人所共有的。這個反思就把獨佔欲望反轉過來，而對生命內在衝突所產生的杌隉不安興起悲感，成為消融衝突的動力。

「文、史、哲不分家」的意義不只是探討對象是生命整體的三個層面，而且在消融生命內在衝突的過程中各有不可或缺的功能。史學使衝突維持在一定程度之內的平衡，文學和哲學則分別發揮情感與理性、動力與明睿、仁與智，反轉獨佔欲望，以人的精神性消融生命的內在衝突。

然而人文學術中的文學、史學、哲學畢竟只是知識，只是學問，只是智力的顯現。回顧生命內在衝突的根源，端在知識成為獨佔欲望的工具。因此人文學術雖然彰明生命內在衝突的根源，指陳化解衝突的方法，它的知識性質也可能使它淪為獨佔欲望的工具。唯有將人文學術的知識性質提升至它所標立的精神，始能避免淪為工具，而提升的唯一途徑就是實踐，精神的實踐、心性的實踐。《禮記·中庸》說：「博學之，審問之，慎思之，明辨之，篤行之。」從博學到明辨是一個層次，所獲的一切知識、學問都可能淪為工具，唯有篤行才能將它提升至精神境界。

五　人文學術的實踐

生命內在衝突的根源既然來自獨佔欲望，消融衝突自然以獨佔欲

望為對象。欲望止息，生命就止息。因此，以獨佔欲望為對象並不是
消除它，而是超越它。孔子說：「七十而從心所欲，不踰矩。」（《論
語・為政》）並非無欲，而是不踰矩。但是如何才能不踰矩？莊子
說：「至人之用心若鏡，不將不迎，應而不藏，故能勝物而不傷。」
（《莊子・應帝王》）也不是無欲，如果無欲，也就無物可勝（平聲，
勝任、堪受、承擔），更無傷或不傷可言。

　　人文學術的實踐就是「不踰矩」。規矩有內有外，外在的規矩是
社會規範，包括風俗習慣到法律。這是明白可知的。但是誠如前述，
規範可以成為獨佔欲望的工具，因此人文學術最底層的實踐是內在的
規矩，即心性、良知的規矩。心性良知的規矩也可說沒有規矩，因為
規矩是個別的，而心性、良知卻是普遍的、圓滿的。實踐總要有個入
手處，普遍圓滿沒有入手處，那麼心性、良知的實踐、培養要從何入
手？還是從生命內在衝突的根源──獨佔欲望──入手。而今略以
《大學》、《道德經》、《莊子》為例，說明這入手處。這三段分別取自
敝人的三篇文章：論〈《禮記・大學》各章的訓詁關係及其大義〉，
〈論道德經的虛靜世界〉，〈莊子大宗師釋義〉。

1 《大學》的入手處

　　《禮記・大學》說：

> 大學之道，在明明德，在親民，在止於至善。知止而后有定，
> 定而后能靜，靜而后能安，安而后能慮，慮而后能得。物有本
> 末，事有終始，知所先後，則近道矣。

所謂「知止」是明瞭應該止於至善。但是尚未到此境地，這個明瞭只
是聽聞，如果要進一步實踐，便須是堅定的「信仰之知」，否則很容

易半途而廢。因此，心性、良知的實踐具有信仰的性質。

　　既已堅定的信仰至善，後續卻有一連串「靜」、「安」、「慮」的工夫，顯然一層比一層深入。其中的疑問便是：為什麼「定」之後不能靜？要如何才能「靜」？「靜」之後不能「安」？要如何才能「安」？「安」之後不能「慮」？要如何才能「慮」？

　　心志不靜是什麼狀態？依《大學》的理路，一方面是由於外物對自己的衝擊、威脅所產生的情緒，另一方面則是起心動念之際扭曲善惡。《大學》第九章說：

> 所謂脩身在正其心者，身有所忿懥，則不得其正；有所恐懼，則不得其正；有所好樂，則不得其正；有所憂患，則不得其正。心不在焉，視而不見，聽而不聞，食而不知其味。此謂脩身在正其心。

忿懥、恐懼、好樂、憂患都是受到外物衝擊、威脅之際所產生的情緒。外來的衝擊對自己的生存、利益造成威脅或損害，剎那之間的情緒反應就是**忿懥**。外來的衝擊對自己的生存、利益所造成威脅或損害持續加深，唯恐失去自己所有的一切，而生的情緒就是**恐懼**。獲得所期望的利益，欲望十分滿足，而生起的情緒就是**好樂**。預見外來的衝擊很可能對自己的生存、利益造成威脅或損害，所生的情緒就是憂患。每一種情緒都使心思起伏流亂，這就是心志不靜的狀態。

　　面對造成負面情緒的外物，人一方面憎恨外來的威脅對象，一方面不得不籌謀對策。由於憎恨，於是不能如實的認識對象和清晰的籌謀對策，而造成錯誤的判斷，而使自己果真無法對抗外來的威脅。如果面對造成正面情緒的外物，人很容易產生輕忽、率易的態度，而不能謹慎的處理外物。同時，不論正面或負面的情緒，都使注意的焦點

集中在自身的欲望和利益,而不容易生起對他人的關懷、仁愛。於是心地沉陷在自我的起伏之中,而不得其正。因此,所謂心志不正,就是指「不能如實的認識對象」、「不能清晰的籌謀對策」、「輕忽、率易的態度」。

至於動機不良而使心志不靜、不誠,《大學》第二章解釋說:

> 所謂誠其意者:毋自欺也,如惡惡臭,如好好色,此之謂自謙,故君子必慎其獨也!小人閒居為不善,無所不至,見君子而后厭然,揜其不善,而著其善。人之視己,如見其肺肝然,則何益矣。此謂誠於中,形於外,故君子必慎其獨也。曾子曰:「十目所視,十手所指,其嚴乎!」富潤屋,德潤身,心廣體胖,故君子必誠其意。

除非感官知覺異常,一般人對於味道的香臭、視覺對象的美醜都會如實的反應其好惡,而不至於知覺到臭味,卻說是香的,見了醜的,卻說是美的。但是對善惡的言行,卻有可能知道那是善的,卻說是惡的,而惡的卻說是善的。因為有所偏愛或畏懼的緣故,而不願或不敢如實說出所知。甚至在心志之內思維而無人能知時,也偏愛惡的或不合於倫理的事物,沉陷其中。這就是「自欺」的意義,意謂:動機不符合自己正確的道德判斷,亦即「不誠」、「不如實」。人能夠不自欺,因為這種道德認知是自己本有的、自足的,所以說是「自謙」,意即自足、足於自身。但是也很容易因為偏愛或畏懼而選擇違悖道德認知的判斷,尤其在沒有外在制約之時,所以必須「慎獨」。

但是小人卻以為自欺可以偽裝而使人不知,而不會受到制約、制裁。所以小人平時言行為惡,見了君子,便掩藏其不善,而極力表現其言行之善。即使他人不知,自己心裏卻很清楚是偽裝、是自欺,猶

如自己很清楚自己的身體，所以說：「人之視己，如見其肺肝然，則何益矣。」因此，自欺或可瞞過他人，卻瞞不過自己的良知。

不論外物衝擊、威脅之際所產生的情緒，回應外物衝擊、威脅之際所懷的態度，或因偏愛、畏懼而在起心動念之際違悖良知而不誠，心志不靜或妄動、從而不正、不誠的原因和狀態就是物欲和情緒糾纏流轉。那麼如何柔服這糾纏流轉的物欲和情緒？前引《大學》第九章所謂「心不在焉，視而不見，聽而不聞，食而不知其味」就是以「精神專一」為柔服的方法。

但是精神如何專一？

2 《道德經》的入手處

《道德經》四十八章說：

> 為學日益，為道日損。損之又損，以至於無為。無為則無不為。

老子深知文明是知識的積累，文明的發展和進步仰賴不斷的積累知識，因此說：「為學日益」。體「道」是足以消融人的心靈困境的精神境界。如果說對「道」的體認也是一種知識，則它是含容文明知識而又與之不同的另一種知識；如果說體「道」是一種生活方式，則它是行於文明生活而又與之不同的另一種生活方式。達到這樣的知識或生活方式所用的方法和建構文明的方法截然相反，建構文明的方法是積累知識，而體道的方法則是減損知識，而且是不斷的減損。因此說「損之又損」。然而「損」指什麼？它是怎樣的活動？

「損」預設了被「損」的對象，對象有何可「損」？對象呈現在意識時，有四種狀態：一是認識它，二是對它作真假、或美醜、或善惡的價值判斷，三是激起佔有或控制它的欲望，四是欲望滿足或不滿足所帶來的情緒、情感。

　　當意識中呈現一對象時，同時認識這個對象，也許認識得不夠完整、清晰，至少知道有這個對象。由於文化經驗之故，這個對象常落在文化的價值體系中，而顯出真假、或美醜、或善惡。當對象呈現在意識時，判斷隨之。即使因認識不足，而一時難以判斷，判斷之意已起。由於深固的欲望習性，如果是生理欲望的對象，便容易起吞噬或佔有之欲。如果是心理欲望的對象，便容易起控制之欲。吞噬或佔有顯出據心，將對象據為己有。控制則顯出勝心，意不在將對象據為己有，而在操縱、支配對象，以顯其權力。

　　據心和勝心是人的生物本性和社會本性。人的社會困境和自然困境的起因就在據心和勝心，因此，要「損」的不是關於對象的知識，而是佔有欲和權力欲。這些欲望又以價值判斷為基礎，如果沒有價值判斷，欲望將無法選擇其對象。因此，要「損」的不只是佔有欲和權力欲，還有價值判斷。

　　可是「損」佔有欲、權力欲和價值判斷時，這「損」的意念本身就是個欲望，也必須被「損」。因此，「損之又損」包含了兩個層次的對象，前者所損的對象是佔有欲、權力欲和真假、美醜、善惡等價值判斷，後者所損的對象是「損」的意念本身。這兩種損的對象所用的工夫不同。當所損的對象是佔有欲、權力欲和真假、美醜、善惡等價值判斷時，其工夫如何？當所損的對象是損的意念本身時，需起另一損的意念，如此則陷於無窮後退，那麼消弭無窮後退的工夫如何？這兩個問題是「損之又損」的關鍵問題。況且在損的工夫中，如何知道已完成損的工夫？依據《道德經》「損之又損，以至於無為」的說法，損的工夫在無為的精神境界時完成。而無為是怎樣的精神境界？這是第三個問題。

　　人的佔有欲、權力欲和真假、美醜、善惡等價值判斷外顯為言語和行為時，其目標在欲望的滿足，它和損的工夫是矛盾的，因此，也

不可能從事損的工夫。如果要從事損的工夫，就必須暫停這些外顯的言語和行為。一旦暫停這些外顯的言語和行為，則知識、佔有欲、權力欲和真假、美醜、善惡等價值判斷就存在於意識（心）中，於是損的工夫必須以意識中的這些知識、佔有欲、權力欲和真假、美醜、善惡等價值判斷為對象。

這些對象（欲望內容）在意識中的狀態是強烈的，如走馬燈快速變化的，於是意識處於躁動不安的狀態。當人反省時，並不喜歡這種躁動不安的狀態，因此想要或必須消除種躁動不安。其方法就是使這些意識內容單純化和美化。單純化是為了對治意識內容走馬燈似的快速變化，美化則是為了對治躁動不安。當意識內容是屬於真假的事物時，容易使意識追尋究竟的真，直到尋獲為止，而又另起一真假事物，如是循環不止。於是仍有較弱的躁動不安。當意識內容屬於善惡的對象時，一方面在知識上欲辨其究竟，另一方面念及惡時，易起憤慨，於是仍有較弱的躁動不安。如果意識對象屬於美的事物，容易浸潤其中，少作追尋究竟的思維，即使念及醜的事物，也因不喜而轉移至美的事物，少作追尋究竟的思維，於是躁動不安漸次輕微。使意識內容單純化、美化的方法就是集中意識觀照——美的事物。然而如何選擇美的事物？

《道德經》第二十五章說：

　　人法地，地法天，天法道，道法自然。

美的事物就在其中的法地與法天。「地法天」意即「人法天」，為修辭之故而稱「地法天」。

「地」有什麼？「地」之所有有何可法？大地所有的只是山川、動物、植物。大地之物並不像人類社會，將其他萬物納入價值等級體

系。因此，大地能為人所取法者泯除一切價值等級。當以大地之物為
意識之內觀照的對象時，社會上各種價值等級暫時被摒絕，大地上的
自然物不以各種價值之姿成為欲望對象而呈現於意識之中，人不易從
中生起佔有欲和權力欲。觀照既久而深，則欲望漸淡漸消，隨著欲望
而生的各種情緒、情感也漸消，只剩純然的愉悅之感、美感。此即
「損」的初步工夫。然而法地之時的愉悅之感、美感仍然可以成為欲
望對象而執著於此愉悅之境，於是需要進而「法天」。

　　天是廣大無垠的，上有日月星辰，風雲碧空，其性虛而涵容一
切，佔有欲和權力欲絲毫無法沾附。觀照既久而深，心則逐漸虛靜、
清明。

　　由此而觀，「法地」和「法天」的作用不同。「法地」如截斷眾
流，眾流喻紛然雜陳的欲望。「法天」則是光明天下，光明喻清淨本
性。可是「法天」而清明也可以成為欲望對象而執著於此，於是必須
進而「法道」。

　　道心超乎「法地」的愉悅和「法天」的清明。可是有「道」可
法，則可執。因此必須消融對「道」的執著，於是有「道法自然」。
「道法自然」即一切本然，即無「道」可法。如是才能臻於無為，也
是「損之又損」的極致。

　　「法地」與「法天」對「為學日益」而言，是「損」；對自身的
意識活動而言，則是「觀」。「法地」以對治勝心、據心為主，「法
天」則以顯露虛靜本性為主。不論從「損」或「觀」來看，都有能損
和所損或能觀和所觀之別，則能損或能觀都必須再損或再觀，於是陷
入無窮後退。而消弭無窮後退的方法就是「無為」。無為不是與「有
為」相對，而是超乎「有為」。如果與「有為」相對，則仍須對「無
為」施以「無」的工夫，如是仍然陷於無窮後退。此即《道德經》
「損之又損，以至於無為」的意義，「無為」在此是消弭「損」的無
窮後退的方法，同時也是究竟的境界。

3　莊子的入手處

《莊子・大宗師》說：

> 南伯子葵問乎女偶曰：「子之年長矣，而色若孺子，何也？」
> 曰：「吾聞道矣。」南伯子葵曰：「道可得學邪？」曰：「惡！
> 惡可！子非其人也。夫卜梁倚有聖人之才而無聖人之道，我有
> 聖人之道而無聖人之才。吾欲以教之，庶幾其果為聖人乎？不
> 然，以聖人之道告聖人之才，亦易矣。吾猶守而告之，三日而
> 後能外天下；已外天下矣，吾又守之，七日而後能外物；已外
> 物矣，吾又守之，九日而後能外生；已外生矣，而後能朝徹；
> 朝徹而後能見獨；見獨而後能無古今；無古今，而後能入於不
> 死不生。殺生者不死，生生者不生。其為物無不將也，無不迎
> 也，無不毀也，無不成也。其名為攖寧。攖寧也者，攖而後成
> 者也。」南伯子葵曰：「子獨惡乎聞之？」曰：「聞諸副墨之
> 子，副墨之子聞諸洛誦之孫，洛誦之孫聞之瞻明，瞻明聞之聶
> 許，聶許聞之需役，需役聞之於謳，於謳聞之玄冥，玄冥聞之
> 參寥，參寥聞之疑始。」

女偶色若孺子象徵盡去強固的習性。盡去強固的習性不僅需要
「才」，也需要工夫。「才」指對此強固的習性體認，而不是止於知識
上的認知。南伯子葵代表止於知識上的認知，所以女偶說：「子非其
人也。」卜梁倚代表對強固的習性有所體認，可以學「道」，於是進
而需要工夫。

工夫的階段、層級，女偶以三日、七日、九日為象徵。第一階段
的對象是世俗世界，即「天下」。天下事物都安置在人所樹立的價值

等級,而為欲望把持的對象。能夠消除對世俗世界一切事物的執著習性,便是完成第一階段的工夫。

第二階段的對象是一切天下之外的事物,即不在天下之內價值體系的事物。這些事物雖然不在價值等級之內,卻有生滅變化。雖然已超越第一階段,對外物的遷化猶不能泊然無感,仍然有輕淺的動心,而使心境處於灰濛。經過一番工夫,始能超離灰濛的心境,登上第三階段。

第三階段的對象是一切生命,包括自己的生命。生命是我所至愛、至欲、至為不捨。第一階段和第二階段的對象都是以生命為基礎而有。如果能夠透悟遷化,而將生命置之度外,則心無掛礙,胸無纖介。無掛礙、無纖介難以言宣,因此只能以既有的經驗擬喻,女偊則以「朝徹」喻之,即朝陽初啟,一片光明。人所見的外物繁賾,各不相同,是非好惡生於其間,而生相對。既已「朝徹」,所見萬物雖異,而一律看待,沒有任何是非好惡生於其間,無有相對,所以名為「見獨」。所以「朝徹」是就此心而言,「見獨」是就此心見物而言。萬物都存在於時間之流,往者為古,當下為今,既然「見獨」,則對古今無所好惡,所以說「無古今」。生命遷化在古今之間,而不免生死,既然「無古今」,則以古今為基礎的死生,自然也無所好惡,是謂「無死生」,即超越死生。既超越,則不墮生死之流,因此可以說「不死不生」。超越死生並非無此生命,既有此生命,又能超越,則此生雖殺而不死,雖生而未生。

在「朝徹」生命境界,觀照萬物的來來往往、成成毀毀,皆無不可。這種精神叫作「攖寧」,攖的意思是擾動,寧的思意是寂靜,攖寧是既動又靜。擾動的是萬物,寂靜的是道。一切萬物的往來成毀因道的寂靜而成其動。

從南伯子葵的角度來看,女偊所述修道工夫的歷程自是一種知

識，既然是知識，就有傳承，自然會問女偊這段說法的來歷，從何聞知。女偊則從截斷知識、文字、語言來溯其本源。

女偊的說明是一段隱喻，以生命歷程喻聞道歷程。「副墨」喻文字，「洛誦」喻語言，「瞻明」喻視，「聶許」喻聽，「需役」喻動，「於謳」喻嬰兒聲，「玄冥」喻寂靜，「參寥」喻廣漠，「疑始」則喻泯沒彼此終始。在個人生命裏，自我醒覺於文化、文明之中。符號是文化、文明的表徵，而文字、語言是各種符號中功用最強者，世界賴以建構，彼此是非賴以分辨。而文字、語言又是在視、聽的互動中學習而得，只有嬰兒將進入而尚未進入視、聽的互動。則無有視聽互動之際才是「道」的境地。從萬物無爭而言，名為「玄冥」；從萬物並在而言，名為「廣漠」；從泯除因萬物而起的一切是非之別而言，名為「疑始」。要而言之，「道」不從知識來，而顯於超越知識之處。

六　餘話

張岱在〈陶庵夢憶序〉裏頭說的：「余今大夢將寤，猶事雕蟲，又是一番夢囈。因歎慧業文人，名心難化，正如邯鄲夢斷，漏盡鐘鳴，盧生遺表，猶思摹揭二王，以流傳後世。則其名根一點，堅固如佛家舍利，劫火猛烈，猶燒之不失也。」

每一種人都有不同的強固習性，從事學術研究的人最強固的習性就是張岱所說的「慧業文人」，以聰慧為業障，他的聰慧正是他的業障。所以張岱在前一段說：「雞鳴枕上，夜氣方回，因想余生平，繁華靡麗，過眼皆空，五十年來，總成一夢。今當黍熟黃粱，車旅蟻穴，當作如何消受？遙思往事，憶即書之，持向佛前，一一懺悔。」懺悔是人文學術實踐的開端。有了懺悔，才會謙卑。有了謙卑，就會對「至善」虔誠。有了虔誠，心地就顯出一片光明，就是「反身而

誠，善莫大焉」（孟子語）。光明心地外照，見人有喜就隨喜，見人有
苦就生悲。既生悲就會想伸出援手，這伸出援手一念就是仁，這一念
之仁，由於無私，所有的知識就轉化成智慧，而顯於行事。

　　而今，頌一首靜坐之時的感悟，原是偈語，改寫成詩，在人文學
術實踐的道路上，共相勉勵：

　　　　空碧如心念似雲，去來不住每清澄。
　　　　偶經疊嶂悲幽曲，無際慈光照眾生。

附錄二
論「宗法—封建」制度的結構缺陷*

前言

　　孔子說：「天下有道，則禮樂征伐自天子出；天下無道，則禮樂征伐自諸侯出。自諸侯出，蓋十世希不失矣；自大夫出，五世希不失矣；陪臣執國命，三世希不失矣。天下有道，則政不在大夫。天下有道，則庶人不議。」（《論語·季氏》）

　　為什麼禮樂征伐自天子出是天下有道的表徵？自諸侯、大夫出則是天下無道的表徵？至於陪臣執國命，則更等而下之。

　　天子不只是一人，而是代表一個團體組織。這個團體組織如何控御天下而能使天下有道，井然有序？其前提必須是這個團體組織本身有道、井然有序。如果這個團體組織本身亂而無章，則無論運用什麼政策、策略，都無法使天下有道、井然有序。也正因這個團體本身亂而無章，才讓諸侯有機會掌禮樂征伐。而諸侯這個團體組織本身亂而無章，才讓大夫有機會掌握國命。進一步，大夫這個團體組織本身亂而無章，才讓陪臣掌握國命。

　　那麼，天子、諸侯、大夫所代表的這個組織是什麼樣子，是什麼結構，如何運作，以致天子、諸侯、大夫陸續失去禮樂征伐的權力？是組織結構潛在缺陷的因素？或人謀不臧的因素？

　　先秦經籍和諸子都相當重視這個問題，因為它是天下、國家動盪

---

*　編者案：本文為未完稿，姑錄存以見王金凌教授治學要旨。

的根源。從組織結構的角度來看，造成天子、諸侯、大夫陸續失去禮樂征伐權力的因素是「宗法—封建」組織的結構缺陷使然。宗法制度是社會結構，而封建制度是在勢力擴張之後複製宗法而成的政治制度。

先秦經籍和諸子並沒有「宗法」一詞，而是以「禮樂」一詞表述「宗法—封建」這種「社會—政治」組織的運作。「禮樂」是「儀式—規範」的概念，它是「宗法—封建」儀式、規範的總名。在這種「社會—政治」組織中，更常使用的概念是「祖」、「禰」、「昭穆」、「廟」、「宗」、「族」、「姓」、「氏」等概念群。後人為了討論之便，將這種「社會—政治」組織及其規範泛稱為「宗法」，確實恰如其分。

本文的目的是探討宗法制度潛在的結構缺陷，而我國歷史治亂相仍也可以由此而得到了解。

宗法制度的生產條件和親屬結構

組織和生產是達成生存目標的工具。為了擁有足夠的產量，需要組織；為了組織的活動，需要擁有足夠的產量；為了長期而穩定的生存，組織必須井然有序的承繼下去。因此，組織和生產是相因相倚的，而組織規範是組織、生產及其生存的支柱。

從周代到戰國的生產方式是農業。如果把農業生產視為常數，那麼，影響生存的因素就是組織結構及其規範。這就是孔子所說的「禮樂」。

人類最基本的組織是親代和子代共成的家庭。這種組織可以稱為血緣組織或原生組織，以別於無血緣關係而為特定目的或目標而形成的組織，如政治組織、軍事組織、宗教組織、商業組織、醫療組織、娛樂組織等等。

農業生產的基礎條件是土地，受到人力的限制，工作場所不能散

居太遠,因此家庭組織是農業生產最適當的生產單位。可是農業生產需要人力,而最方便的人力是子女,於是必須多子多女,為了多子多女,農業社會的家庭就需要一夫多妻的婚制。家庭會繁衍子孫,而子孫繁衍結合農業生產就會遭遇繼承的問題。另一方面,必須分配土地給繁衍的子孫,各自生產,於是伴隨繼承問題,而有分支問題。

為了生產量的分配,隨著就必須擴大土地。土地擴大之後,家庭必須分支,以便形成更多的生產單位,一方面滿足了生產量分配的需要,另一方面,也免除太多成員集體生產,造成勞逸不均的紛爭。於是,「家庭農業生產─分配─擴大土地─家庭分支─家庭農業生產」就成為家庭組織農業生產變遷的基本模型,周而復始。

在家庭組織從事農業生產的過程中,自然或人為因素的變數會使有些家庭興盛,有些家庭衰落,甚至滅亡,一如其他生物在繁殖、生存過程中的綿延和衰亡一樣。於是有些家庭的土地不斷擴大,有些家庭則無立錐之地。當土地不擴大而需要人力,並且即使家庭人力全部投入仍然不足時,就必須僱用沒有土地的人來協助。於是「家庭生產單位─自然╱人為因素─興盛╱衰落─僱╱傭」就成為農業時期家庭組織興衰的基本模型。

A　宗族

無論農業時期家庭組織如何變遷與興衰,家庭是變遷與興衰的主體,它必須有其結構和規範才能繁衍和因應變遷。周代的宗法制度以「宗族」為核心。「宗法」的「宗」指「宗族」,「法」則包括宗族的組織規則和行為規則,即傳統所說的「禮」。周代的宗族組織體現在親屬稱謂上。宗族的稱謂如下表[1]:

1　宗族稱謂依《爾雅·釋親》製表。《爾雅·釋親》:「父為考,母為妣。父之考為王

	高祖王姑		高祖王父（母）		高祖王姑			
	曾祖王姑		曾祖王父（母）		曾祖王姑			
	王姑	從祖祖父（母）	**王父（母）**	從祖祖父（母）	王姑			
	姑	世父	**父（考妣）**	叔父	姑			
	姐	兄	**本人**	**弟**	妹			
			子					
			孫					
			曾孫					
			玄孫					

父，父之姊為王母。王父之考為曾祖王父，王父之姊為曾祖王母。曾祖王父之考為高祖王父，曾祖王父之姊為高祖王母。父之世父、叔父為從祖祖父，父之世母、叔母為從祖祖母。（宗族一）

父之晜弟，先生為世父，後生為叔父。男子先生為兄，後生為弟。謂女子，先生為姊，後生為妹。父之姊妹為姑，父之從祖晜弟為從祖。父之從祖晜弟為族父。族父之子相謂為族晜弟。族晜弟之子相謂為親同姓。兄之子、弟之子相謂為從父晜弟。（宗族二）

子之子為孫，孫之子為曾孫，曾孫之子為玄孫，玄孫之子為來孫，來孫之子為晜孫，晜孫之子為仍孫，仍孫之子為雲孫。（宗族三）

王父之姊妹為王姑，曾祖王父之姊妹為曾祖王姑，高祖王父之姊妹為高祖王姑，父之從父姊妹為從祖姑，父之從祖姊妹為族祖姑，父之從父晜弟之母為從祖王母，父之從祖晜弟之母為族祖王母。父之兄妻為世母，父之弟妻為叔母。父之從父晜弟之妻為從祖母，父之從祖晜弟之妻為族祖母。父之從祖祖父為族曾王父，父之從祖祖母為族曾王母。父之妾為庶母。祖，王父也。晜，兄也。（宗族四）

				來孫					
				晜孫					
				仍孫					
				雲孫					

　　上表顯示宗族結構的原始構成成素是夫婦。夫婦可能無嗣，無嗣則無宗族，因此夫婦是宗族的構成基礎，誠如《禮記‧內則》所說：「禮始於謹夫婦。」《中庸》也說：「君子之道，造端乎夫婦。」以夫婦為基礎，以二代計算，有直系血親，即父母與子女。以直系血親為基礎，才可能有旁系血親，即兄弟姐妹，也可能沒有旁系血親，因為單傳。要而言之，宗族是個父子相續、兄弟相維的縱橫結構，只要有完整的成員，就有一個宗族。

　　由於農業生產的場所受土地限制，因此家庭成員不能散居太遠。為了需要人力從事農事，因此，子女必須眾多。子女年幼時需要親代養育，親代年老而不能勞動時，需要子代孝養。而子女之間必須友愛，否則家庭組織的工作效能無法維持。因此，父子相續、兄弟相維的宗族結構必須有個規範，才能免除宗族成員的衝突。這個規範就是父慈、子孝、兄友、弟恭的宗族倫理。至於實際的言行儘管有所變化，以不悖離這個宗族倫理的基本規範為原則。

　　除了宗族倫理的基本規範之外，宗族賴以生存的資源──土地──在親代年老之時必須傳移給子代，而子代不只一人，即兄弟不只一人，因此必須有個財產繼承的規範。這個規範要能發揮二項功能，第一，親代在世之時有人奉養，去世之後，有人祭祠。第二，子代必須人人都獲得生產資源──土地。為了發揮這二項功能，財產繼承規範就會形成「大宗」和「小宗」。

B 大宗與小宗

關於「大宗」和「小宗」的形成,是由一套規則而衍生出來的。這套規則姑且名之為「宗法規則」。「大宗」和「小宗」的意義主要見於《禮記・喪服小記》和《禮記・大傳》。

〈喪服小記〉說:

> 王者禘其祖之所自出,以其祖配之,而立四廟。庶子王,亦如之。別子為祖,繼別為宗,繼禰者為小宗。有五世而遷之宗,其繼高祖者也。是故祖遷於上,宗易於下。尊祖故敬宗,敬宗所以尊祖禰也。庶子不祭祖者,明其宗也。

> 鄭注:「禘,大祭也。始祖天神靈而生,祭天,則以祖。自外至者,無主不上。」又:「高祖以下,以始祖而五。」又:「世子有廢疾,不可立,庶子立,其祭天立廟亦如世子之立也。」孔疏:「王者禘其祖之所自出者,禘,大祭也,謂夏正郊天。」

又〈大傳〉說:

> 別子為祖,繼別為宗,繼禰者為小宗。有百世不遷之宗,有五世則遷之宗。百世不遷者,別子之後也。宗其繼別子之所自出者,百世不遷者也。宗其繼高祖者,五世則遷者也。尊祖故敬宗,敬宗,尊祖之義也。

這兩段話的關鍵都在首三句。何謂「別子」?何謂「禰」?是誰的「別子」?誰的「禰?誰繼承「別子」而構成大宗?誰繼承禰而構成小宗?今先列舊注如下:

　　舊注都以諸侯來說明大宗和小宗，足見宗法制度是以周代歷史為基礎而建立的。何以見得？西周封建諸侯有同姓和異姓二類，如果以天下為範圍而建立宗法，則有些諸侯並非姬姓，無法納入以周天子為基準的宗法。若以諸侯為基準，則姬、姜、嬀等等諸姓都可以各自有其宗法，有其大宗與小宗。

　　至於「別子」的指涉，為了清晰區別各種舊說，先說明諸侯之子的身分差異。諸侯之妻有夫人和娣媵之別，夫人為正室，僅一人，娣媵為側室，有多人。夫人所生之子為嫡子，嫡長子為君位第一順位繼承人，稱為「世子」。其餘嫡子的繼承資格依長幼為序。娣媵所生之子為庶子。嫡次子以下諸子和庶子稱為「公子」。茲表列其關係如下：

諸侯	夫人	嫡長子	世子
		嫡次子、三子……	公子
	娣媵	庶長子、次子……	公子

　　鄭玄認為「別子」指諸侯的庶子（鄭玄注〈喪服小記〉說：「諸侯之庶子，別為後世為始祖也。」），也可以指包含嫡、庶的公子（鄭玄注〈大傳〉：「別子，謂公子。若將來在此國者，後世以為祖。」）。杜預之說與鄭玄略有不同，杜預認為「別子」指嫡長子之弟（杜預〈宗譜〉說：「別子者，君之嫡妻之子——長子——之母弟也。」）。孔穎達之說與杜預同（孔穎達疏說：「別子為祖者，謂諸侯適子之弟，別於正適，故稱別子也。」）。綜合三者之說，別子指包含嫡、庶的公子，他們都是嫡長子之弟。

　　「別子」在什麼條件下可以立其「宗」而成為「祖」？鄭玄認為：「別子」被諸侯君（別子之父）封於某國，且有後世繼承其國

者，這位「別子」及其後世繼承者就構成「宗」，而這位「別子」就是此「宗」之祖（鄭玄注〈大傳〉：「別子，謂公子。若將來在此國者，後世以為祖。」）。這位「別子」的「祖」身分，杜預認為是諸侯君所命的（杜預〈宗譜〉說：「別子者，君之嫡妻之子——長子——之母弟也。君命為祖，其子則為大宗。」）。因此，立「宗」是建立一個血緣組織，「祖」則是這個血緣組織的創始者。

既然有了「祖」和「宗」，為何必須分為「大宗」和「小宗」？「別子」也和其父諸侯君一樣有嫡子和庶子。當「別子」以世世嫡長子繼承其封地時，也必須封嫡次子以下諸子和庶子，於是就以世世嫡長子繼承所構成的組織為「大宗」，其餘諸子（不論嫡、庶）及其世世嫡長子所構成的組織就相對於「大宗」而成為「小宗」。「小宗」組織也必須有個創始者，即「別子」的嫡次子以下諸子和諸庶子，這位創始者就稱為「禰」。

根據舊注，既然「大宗」是嫡次子以下諸子和庶子的世世嫡長子所構成的，則一方面「大宗」為多數，另一方面諸侯君世世嫡長子所構成的世系也應是「大宗」，而且是血緣標記的「大宗」，和其他因財產分配而形成的多數「大宗」不同。然而舊注為什麼不將諸侯君世世嫡長子所構成的世系列為「大宗」？

為了區分這二種「大宗」，諸侯世系可以稱為「血緣大宗」，由「別子」及其世世嫡長子所形成的「大宗」可以稱為「生產大宗」。

從血緣組織的繼承來看，大宗的功能是組織的標記，小宗的功能則是組織的擴張。雖然《禮記》的〈喪服小記〉和〈大傳〉都以諸侯為準來說明宗法制度，但是諸侯若與天子同姓，例如周代的姬姓諸侯，則大宗應是指天子世系所構成者。相對於天子世系的大宗，各諸侯世系所構成的就是小宗。而諸侯世系所構成的小宗，相對於此諸侯國內同姓的卿大夫世系，就成為大宗，而卿大夫世系是小宗。

　　釐清別子、宗、祖、禰的指涉之後，可以依此解讀《禮記》的〈喪服小記〉和〈大傳〉。

〈喪服小記〉說：

1 別子為祖，繼別為宗，繼禰者為小宗。

　　諸侯的長子封於某地，並且世世傳位給嫡長子，則此諸侯長子稱為「別子」，他所建的世系就是「大宗」，而他是「大宗」的創始者，稱為「祖」。（「別子為祖，繼別為宗」應是「諸侯立別子，繼別為宗，別子為宗之祖」）

　　諸侯的嫡次子以下諸子和諸庶子封於某地，並且世世傳給各自的嫡長子，他所建的世系就是「小宗」，而他是「小宗」的創始者，稱為「禰」。

2 有五世而遷之宗，其繼高祖者也。是故祖遷於上，宗易於下。

　　祭祀之時共祭五世，從自身而上及父、祖、曾祖、高祖為五世，因為自身是繼承高祖而有的。所以傳到下一世時，原來的五世祖成為六世祖，必須在祭祀時遷廟，這就是「祖遷於上」的意義，另一方面，「宗」的組織傳到了下一世，所以說「宗易於下」。

3 尊祖故敬宗，敬宗所以尊祖禰也。

　　祭祀儀式上，尊敬五世祖的是為了尊敬、彰顯他們所創立的「宗」組織；在行動上，尊敬、顯揚「宗」組織是為了尊敬大宗的開創者──祖，和小宗的開創者──禰。

4 庶子不祭祖者，明其宗也。

　　庶子所繼承的「宗」組織是小宗，所以不祭祀大宗的創始者──祖，這是為了分別大宗和小宗的緣故。

〈大傳〉說：

1 別子為祖，繼別為宗，繼禰者為小宗。

諸侯的公子（嫡次子以下和庶子）稱為「別子」，若封於某地，其世世嫡長子構成「大宗」組織。則此別子是這個大宗的「祖」。繼承此別子的世世嫡長子就構成「大宗」的組織。

此別子的公子（嫡次子以下和庶子）若封於某地，其世世嫡長子構成「小宗」組織。此小宗的創始者稱為「禰」，繼承此「禰」的世世嫡長子就構成「小宗」的組織。

2 有百世不遷之宗，有五世則遷之宗。百世不遷者，別子之後也。宗其繼別子之所自出者，百世不遷者也。宗其繼高祖者，五世則遷者也。

在祭祀儀式上，大宗雖百世不遷歷世祖先，小宗則五世即遷高祖於廟。為什麼大宗雖百世不遷「祖」？為了標識此「大宗」組織的本源和永續（作為所轄小宗的依歸。），「小宗」組織是繼承高祖而立，所以五世就遷高祖於廟。

3 尊祖故敬宗，敬宗，尊祖之義也。

祭祀儀式上，尊敬五世祖的是為了尊敬、彰顯他們所創立的「宗」組織；在行動上，尊敬、顯揚「宗」組織是尊敬開創者具體表現。

　　要而言之，大宗是宗族凝聚的核心，小宗則是宗族力量的擴張。然而大宗以「祖」為始源，小宗以「禰」為其始源，那麼，二者如何如何聯繫？周人運用了昭穆制度來維繫。

C 昭穆

《禮記・大傳》說：

> 上治祖禰，尊尊也；下治子孫，親親也；旁治昆弟，合族以食，序以昭繆，別之以禮義，人道竭矣。

「上治祖禰」、「下治子孫」是就「宗」而言。在宗法制度中,「宗」
是組織的縱系,如織布的經線。它顯現在繼承的世系上,而同一世代
的大宗和小宗是昆弟關係。由於世系綿延,每一個世代都有其昆弟關
係,周人就以「昭」和「穆」指稱間隔世代的昆弟。例如第一世代的
昆弟為「昭」,第二世代的昆弟就聚合為「穆」,第三世代的昆弟復為
「昭」,第四世代的昆弟復為「穆」,如此推衍。這個規則可以從《左
傳》的記載看出來。

《左傳‧僖公五年》說:

> 大伯、虞仲,大王之昭也;大伯不從,是以不嗣。虢仲、虢
> 叔,王季之穆也。

杜注:「大伯、虞仲皆大王之子。不從父命,俱讓嫡。吳仲雍支子別
封西吳,虞公,其後也。穆生昭,昭生穆,以世次計,故大伯、虞仲
於周為昭。」又注:「王季者,大伯、虞仲之母弟。虢仲、虢叔,王
季之子,文王之母弟也。仲、叔皆虢君字。」據「穆生昭,昭生
穆」,父為「昭」,則子為「穆」。大王生大伯、虞仲、王季。由於大
伯、虞仲讓國而不願繼承,所以由王季繼承。當大王為「昭」時,王
季為「穆」。

又《左傳‧僖公二十四年》:「管、蔡、郕、霍、魯、衛、毛、
聃、郜、雍、曹、滕、畢、原、酆、郇,文之昭也。邗、晉、
應、韓,武之穆也。」杜注:「十六國皆文王子也。」又注:
「四國皆武王子。」則是以文王為「昭」,而以武王為「穆」。
但是為什麼說這十六國是「文之昭」,而邗、晉、應、韓四國
是「武之穆」?顯然「昭」不是專指文王,而「穆」也不是專

指武王。「昭」是指以文王為首的這十六國，而「穆」是指以武王為首的這四國。那麼這十六國和文王是什麼關係？這四國和武王是什麼關係？

　　根據《禮記·大傳》：「上治祖禰，尊尊也；下治子孫，親親也；旁治昆弟，合族以食，序以昭繆，別之以禮義，人道竭矣。」「文之昭」的這十六國和文王是昆弟關係，而「武之穆」的四國和武王也是昆弟關係。因此，「昭」和「穆」是兩代各自的昆弟們。

　　為什麼要作這樣的分類？根據《禮記·大傳》，「上治祖禰，尊尊也；下治子孫，親親也」是指王權繼承，不能繼承王權的其他昆弟，則分封一領地，這些昆弟們一方面尊服侯王，另一方面輔翼侯王。因此，「昭穆制」確立王權繼承者和被分封者的輔翼關係，而「上治祖禰，下治子孫」則是確立王權的繼承關係。一縱一橫，編織成穩固的封建權力結構。

　　但是杜預說「穆生昭，昭生穆」是什麼意思？「昭」、「穆」既然是兩代各自的昆弟，依杜預之說，王權世系是由「昭→穆→昭→穆→昭→穆……」一直延續下去。可是繼承到第四代時，第一代可能已經死亡，又有何輔翼的作用？何必將每個世代分類為「昭」或「穆」？

　　「昭穆」則是組織的橫系，如織布的緯線。

夫祭有昭穆，昭穆者，所以別父子、遠近、長幼、親疏之序而無亂也。是故，有事於大廟，則群昭群穆咸在而不失其倫。此之謂親疏之殺也。古者，明君爵有德而祿有功，必賜爵祿於大廟，示不敢專也。——（《禮記·祭統》）凡賜爵，昭為一，穆為一。昭與昭齒，穆與穆齒，凡群有司皆以齒，此之謂長幼有序。

子曰：「武王、周公，其達孝矣乎！夫孝者：善繼人之志，善述人之事者也。春、秋修其祖廟，陳其宗器，設其裳衣，薦其時食。宗廟之禮，所以序昭穆也；序爵，所以辨貴賤也；序事，所以辨賢也；──（《禮記‧中庸》）

子曰：「郊社之義，所以仁鬼神也；嘗禘之禮，所以仁昭穆也；饋奠之禮，所以仁死喪也；射鄉之禮，所以仁鄉黨也；食饗之禮，所以仁賓客也。」（《禮記‧仲尼燕居》）

冢人：掌公墓之地，辨其兆域而為之圖。先王之葬居中，以昭穆為左右。凡諸侯居左右以前，卿、大夫、士居後，各以其族。（《周禮‧春官‧宗伯》）

小史：掌邦國之志，奠繫世，辨昭穆。若有事，則詔王之忌諱。大祭祀，讀禮法，史以書敘昭穆之俎簋。（《周禮‧春官‧宗伯》）

掌國中之士治，凡其戒令。掌擯士者，膳其摯。凡祭祀，掌士之戒令，詔相其法事；及賜爵，呼昭穆而進之。──〔司士 2〕（《周禮‧夏官‧司馬》）

《禮記‧大傳》說：

> 上治祖禰，尊尊也；下治子孫，親親也；旁治昆弟，合族以食，序以昭繆，別之以禮義，人道竭矣。

祭祀／大廟	小宗	大宗	小宗	
賜爵祿		太祖（祖）		
春秋修其祖廟	昭 s（禰 s）	高祖父		
		曾祖父	穆 s（禰 s）	
	昭	祖父		
		父	穆	
		侯王		
上治祖禰，尊尊也；下治子孫，親親也；旁治昆弟，合族以食，序以昭繆，別之以禮義，人道竭矣。（《禮記‧大傳》）			
嘗禘之禮，所以仁昭穆也。（《禮記‧仲尼燕居》）			

婦稱夫之父曰舅，稱夫之母曰姑。姑舅在則曰君舅君姑，沒則曰先舅先姑。謂夫之庶母為少姑。（**婚姻**）

＊宗法規則

先秦典籍敍及宗法相關名詞者以經籍為多，諸子為少。經籍中以三禮與三傳為多。三禮與三傳不僅敍及名詞，又言其制度。從這個現象可以略知二事：

第一，五經以其性質之故，《禮》與《春秋》敍宗法者多。

第二，五經所記多春秋時代以前史事，宗法的正面功能較強，負面功能較弱。春秋晚期以迄戰國時代，宗法的負面功能漸強，而正面功能衰微，因此，諸子敍及宗法者較少。

第三，雖然宗法的正面功能至戰國時代衰微，但是這種「社會一政治」結構的模式仍然沒有其他的結構模式可以取代。因此，中國歷史到清代為止都在這種結構的正面和負面功能交替之中進行。這就是傳統所說的「一治一亂」、「天下大勢，合久必分，分久必合」。只是傳統學說並未點出這種「社會一政治」結構的癥結而已。

然而這種「社會一政治」結構如何運作而產生正面或負面功能？這必須先分析宗法制度的結構及其功能。

娣媵制

一夫多妻的婚制中，第一位妻子稱為夫人，在族規中為「嫡」，其餘的妻子稱為妾，眾妾在族規中為為「庶」。

嫡夫人所生之子為嫡子。嫡子中的長子為嫡長子。嫡長子是宗族的繼承者。

庶妾所生之子為庶子。

規則一：「宗」是所有世代繼承者構成的譜系。

規則二：世代繼承者有二類。第一類是嫡長子所構成的世代繼承者，稱為「大宗」。第二類是嫡長子之外其他嫡、庶諸子分別構成的世代繼承者。

規則三：大宗的創始者稱為「祖」。小宗的創始者稱為「禰」。（立小宗，旨
　　　　在擴張。擴張過度則分裂。為了避免分裂，設昭穆祭祀以統合。）
規則四：「宗」以祭祀的儀式顯現。
規則五：祭祀是本世的繼承者對歷世繼承者的儀式。旨在統合宗族。
規則六：大宗祭祀的對象包含歷世繼承者。
規則七：小宗祭祀的對象包含前五世的歷世繼承者。前六世的繼承者遷於
　　　　宗廟。

親屬關係
繼承規則
儀式（親屬關係及其繼承行為的符號化和法定化）

附錄三
權力論

一　什麼是權力？從存在現象觀察

權力呈現的方式是：一個組織（家庭、家族、宗族、部落、諸侯國、天下）的領袖（個人或集體）以口語或其他符號（文字、圖像）將命令傳達給所屬的成員執行其目標。

二　欲望本性的內在衝突

從權力呈現的方式可以分析其本性。

權力是欲望的工具。

欲望的本性是佔有和分享。欲望的實現多數時候仰賴群體，群體成員和己有血親、姻親關係者，固然出於情感和利益，而必須分享；即使和自己沒有關係血親、姻親者，也因為貢獻力量和共同利益而必須分享。因此，佔有是欲望的生物本性，分享則是欲望的社會（理性）本性。佔有和分享是矛盾的，因此，二者在行動時潛藏可能的衝突：即佔有超過分享而充分滿足生物本性，或分享超過佔有而以欲望的社會（理性）本性克制生物本性，或二者平衡而使生物本性滿足，社會本性也得到發揮。

三　權力本性的內在衝突

權力既然是欲望的工具，欲望的內在衝突也延伸到權力的運用。

權力既然是欲望的工具，工具講求效能，不論掌權者智能如何，

掌權者總是要把權力握在自己手中，才能放心保證權力發揮效能，因此權力的本性是傾向於集中。

但是，「天下之大，非一人所能獨治。」權力的控制範圍要擴大，就必須把權力賦予代理人。於是權力又有傾向分散的本性。

權力的本性既傾向集中，在運用時傾向分散，於是造成權力本身的內在衝突。這個衝突很容易激起掌權者的猜疑。

四　權力的客觀條件

權力雖然是欲望的工具，工具有其客觀性，不受主觀欲望的控制。猶如利刃是切割工具，堅硬、鋒利是利刃的物性、客觀性，不受欲望的影響而失其堅硬、鋒利的物性。同理，權力的物性、客觀性不受欲望的影響。

權力的呈現透過命令和規範。為了讓被控制者遵循控制者的欲望，必須將控制者的欲望傳達給被控制者。這個傳達的工具就是「命令」。為了使被控制者的權力能充分發揮效用，權力必須依循「規範」。沒有固定規範的權力命令，將使接受命令者無所適從，而造成權力的工具效能弱化，甚至無法發揮效能。「命令」的傳佈要透過「符號」，尤其語言、文字。而「命令」傳佈範圍的大小仰賴「傳輸工具」，即交通或電訊。

因此，命令、規範是權力的構成條件，而符號、傳輸工具則是權力的物質條件、文化條件，四者就是權力的物性、客觀性。

五　權力客觀條件和欲望本性的衝突

如前所述，欲望本性中的分享。一般情況，分享依「親近—疏遠」而作「多—寡」的分配。但是另一方面，命令不只要求執行，還包括利益分配的命令。而命令必須依循規範，自然也包括利益分配的

規範。利益分配的「多—寡」，依客觀性，應據執行功效的「強—弱」。而執行功效的「強—弱」和「親近—疏遠」的關係未必一致。當利益分配的二種依據—執行功效的「強—弱」和「親近—疏遠」的關係——不一致時，就造成利益分配規範的衝突。這就是權力客觀條件和欲望本性的衝突。在各種組織形態中，它呈現為「公」和「私」的衝突，從封建制度、帝制、到民主制度皆然。

六　結語

權力本性和權力運用具有「集中」和「分散」的潛在衝突。

利益分配規範的權力客觀性和分享的欲望本性具有潛在的衝突。

七　權力內在衝突在行動中呈現的現象——滿足的彈性造成緩解

既然權力本性和權力運用潛藏著內在衝突，於是不能不在「集中」和「分散」這兩種本性之間尋求調和。

這兩種本性所以能夠調和，奠基於對既有利益和欲求利益的比較。既有利益是已獲的，不願損失；欲求利益是未獲而期望獲取。人們對已獲和未獲的利益的滿足具有彈性，亦即利益標的的質量有等級。人們在不得已的情況下，可以接受次一等級質量的利益標的。俗諺說：「沒魚，蝦也好。」就是利益比較的具體實例。不論權力的控制者或被控制者皆然。

八、權力內在衝突在行動中呈現的現象——生命張弛本性造成權力週期

權力欲望的本性是「集中」，而且「永遠」掌握。雖然權力運用時不得不「分散」，但是，只要條件許可，權力運用永遠傾向「集中」。

權力發生在許多個人或群體的互動，而互動發生在組織之內或之間。

在獲取利益標的時，「組織體」的個體必須分工，權力才能運作。分工必須依智力、專長，而智力、專長有高低，於是組織勢必形成階層。不同階層的個體所獲利益不等。

這時，組織體不會因個體所獲利益不等所產生的不滿而瓦解，端賴個體在比較利益之後，對於所獲的待遇認為仍然在利益滿足彈性的範圍之內。如果超出利益滿足的彈性範圍之外，個體將以一切方法爭取，或離去。

如果為了防制個體來爭取權力或離去，而採取高壓集權，也就是傾向高度「集中」，權力的維持也勢不能久。

因為權力的控制者和被控制者綁在一起，在高壓集權之中，控制者期望永遠控制，而被控制者永遠期望擺脫控制。

但是生命本身卻是一張一弛，不可能永遠處於繃緊的狀態。於是控制者終必鬆弛，而使被控制者有機會爭取權力或離去。

所以集中、高壓的權力運用勢不能久，這也是權力內在本性衝突所呈現的現象。

潛在衝突

欲望佔有 vs 分享

權力本性與運用集中 vs 分散

衝突顯現──利益分配規範衝突

權力客觀性──利益分配規範功效「強─弱」vs 關係「親─疏」

衝突顯現──緩解

權力內在衝突在行動中呈現的現象比較利益緩解

衝突顯現──衰落

權力集中生命張弛／波狀週期爭取／脫離

九　權力在組織中呈現的形態

分享

情感／親近──疏遠／衝突：親近者

第一，權力運作冷硬／公正／公平──情感溫暖／偏私疏遠者

第二，權力運作冷硬／公正／公平──被控制者──冷酷導致權
　　　力象作困難。

第三，權力運作冷硬／公正／公平──被控制者──溫暖導致控
　　　制者利益削弱

　　　導致總體利益擴大，控制者預估的利益並未削弱。（藏富
　　　於民）

★權力本性

人類的一切內部鬥爭和外部鬥爭都肇因於所獲利益超出利益滿足
彈性範圍之外，無法接受。於是爭端遂起。孔子說：「不患寡，而患
不均。」這個觀念的學理基礎就是上述權力理論。而傳統所謂「天下
大勢，分久必合，合久必分」理由，就在一張一弛的生命使權力集中
的期望呈現波狀起伏。

★權力分配形態

封建制度是權力分配的一種形態。它和控制技術不足有關。權力
的運用需要將武力和命令傳達至所控制的對象，武力和命令的傳達需
要順暢的交通和符號（尤其文字）。周代在這方面的技術有所不足，
即使想集權於天子，也有困難。因此，在艱辛的武力行動之後，只能
將統治範圍區分為若干部分，以彌補技術不足的缺憾，便於在小範圍
之內行使權力。於是必須由可信賴的人（宗室）代為控制，而形成

「一極—多元」的權力結構,即「天子—諸侯」的權力結構。

　　「一極—多元」的封建權力結構在歷史推移中會變形,它的動力來自權力欲望的本性。權力欲望無時無刻都需要標的,只要力量許可,就會併吞標的。多元的諸侯在權力欲望的本性的推動下,勢必相互成為標的,於是造成兼併之勢。

　　當多元諸侯的力量大於一極的天子時,依權力組織的本性,強者斷無屈居弱者之下之理,於是封建的權力結構重組。此時重組的權力結構仍然可以採取封建的形態。但是封建既然已經崩潰,人們自然要尋求更理想的權力結構,以免再度崩潰。如果這時的技術條件不足,即使想改變封建的權力結構也不可能,如果技術條件充分,當然可以改變。而秦一統天下之後,就有足夠的技術條件,而能夠將「一極—多元」的封建權力結構改變為「一極」的帝制權力結構。它彌補了封建權力結構的流弊——兼併。但是權力結構內在衝突的基因並未消失,它從「多元」諸侯的場域轉移到「一極」帝王的內部。

　　「一極」的帝制權力結構仍然潛藏集中和分散的衝突,只是權力集中之勢大於分散之勢。然而誠如前述「一張一弛的生命本性使權力集中的期望呈現波狀起伏」,「一極」的帝制權力結構也勢不能久。

　　既然封建和帝制的權力結構都勢不能久,人們只能接受這樣的命運。說命運,那是因為權力結構來自權力欲望,而欲望與生命並在。只要是人類的生命形態,其權力結構及運作方式勢必導致衝突和不能永久的結果。人們只能儘量使權力體的運作趨於合理,而合理的判準是群生咸遂,即個體的生活狀態處於利益滿足彈性的範圍之內。

　　從帝制的權力結構轉向民主的權力結構時,權力基因——集中和分散的衝突,集中勢不能久——也沒有消失,只是把權力從集中的一端移向分散的一端,不是分散到多元的封建諸侯,而是分散到多元的政黨和資本家。同時,因為價值觀趨向權力分散,因此政黨和資本家

權力集中的期望在操作時需要更細緻的技巧。

從權力本性論封建制度、帝制、民主制度只是個綱領，可以運用到社會各種組織的權力結構。但是權力結構只是組織的一個層面，是冷、硬的層面，組織的另一個層面是人性中的「情緒─情感」（包括正向和負向，如喜與怒）。這種「情緒─情感」不是指獲利之時的反應，而是指對個人的印象。它對冷、硬的權力結構有軟化（正向情感）或催化（負向情感）的作用，使組織趨向暖、軟或冷、硬。這兩端的典型實例是家庭到軍隊。

組織裏的二個層面──「權力結構」和「情緒─情感」──使組織的權力處於不穩定的狀態。不論權力結構傾向集中或傾向分散，在實際運作時，「情緒─情感」都會或多或少滲入其中。由於「情緒─情感」依「親近─疏遠」作「暖─冷」的分佈，不論集中型或分散型的權力結構，溫暖的「情緒─情感」會投射在權力控制集團。然而權力本身透過規範、命令而行，是冷硬的，於是和溫暖的「情緒─情感」形成衝突之勢。這就是封建制度中常說的「親親─尊尊」衝突，也就是私情和公法的衝突。這個衝突是內在於組織的權力結構，因此不論封建、帝制、民主，都不能免。

另一方面，權力控制集團的「情緒─情感」投射在被控制者身上時，依「暖─冷」而分佈，於是形成「仁政─暴政」的光譜。「仁政─暴政」和權力控制集團的權力欲望是衝突的。在暴政的情況下，其衝突固然很明顯，因為被控制者是控制者獲利的工具，若工具不堪使用，控制者也無從獲利。如果傾向仁政，又因資源有限，勢必削弱控制者的利益。

暴政既然使控制者的獲利困難，仁政又會削弱控制者的利益，柳宗元〈封建論〉已經道出其中關鍵，封建是勢，是不得已之勢。

正因為「權力體」本身的集權傾向太強，卻無法保證智力超卓，

更無法保證道德崇高，而又不能沒有「權力體」，所以對「權力體」
要以制度、法律設下限制。董仲舒以天制君是一種限制方式，雖然沒
有什效力。王朝的權力發佈須經相國，也是一種權力限制，雖然在重
大事情上顯得沒有什麼限制力。民主三權分立，也是一種限制「權力
體」的方式。它的效果仍體需要許多條件，否則不會有第三世界國家
的民主動亂。

附錄四
道論與氣論的思維方式

1 氣論與道論的分野。

2 萬物存在，存在則有活動，活動則由此至彼，在人，則投向一目標或目的。

3 先秦思想以「生」、「有」、「動」、「變」、「極」（《尚書》：「皇極。」）等概念表述存在、活動、目的。

4 先問萬物何以生？依自然現象，循時序上溯，而無窮後退，不得其解。

5 而後依部分與整體之關係思考萬物何以生。

　從認識來看，每認識 A 物，不僅知道 A 物「存在」，也知道 A 物的性相，同時知道 A 物之外尚有 B 物「存在」，但是不知 B 物的性相。於是進而認識 B 物的性相。依此類推，而認識 N 物。A 物 B 物乃至 N 物的存在是有限的、部分的，於是這個認識現象顯示：每一存在物預設無限者、整體者。整體包含部分，部分不能包含整體。因此在邏輯上部分待整體而「有」（存在）。萬物為多，則萬物之存在為部分，故萬物待整體而存在，遂稱整體為「有」。

6 萬物為多、為異。何以異？仍循部分與整體之關係思考，使萬物別異之整體，稱為「本質」。

7 萬物活動。何以活動？仍循部分與整體之關係思考，使萬物活動之整體，稱為「反」。

8 萬物生滅。何以生滅？仍循部分與整體之關係思考，使萬物生滅
之整體，稱為「無」。

9 有「有」、「本質」、「反」、「無」，則為多，猶非最終整體。何以有
「有」、「本質」、「反」、「無」？仍循部分與整體之關係思考，此
整體稱之為「道」

10 能作以上思維者為人，人超乎萬物。萬物皆活動，人亦活動。活
動由此之彼，人之由此之彼，稱為「目的」。人的活動種類甚多，
其目的也多樣，經過不斷內省、思辨，在各種目的中區分出有益
與有害，於是有「價值」觀念。在個別活動中，人對自己所作的
價值判斷和抉擇會追問：價值的依據何在？於是依循部分與整體
之關係思考，能使此價值成其為價值者須是最終整體，即「道」。
然而「道」是絕對的、唯一的，因此價值根源只能附屬於「道」，
而稱為「道之德」。（或如西方哲學稱為「存有屬性」。）人類個別
活動中所涉的價值每歸結為「真」的事物、「善」的事物、「美」
的事物，於是其根源為「道之真」、道之善」、「道之美」。「善」在
我國思想以「仁」、「誠」等詞彙表之。

11 以上是從「為什麼有萬物」引導出來的思想，是為道論（存有論
ontology）。這是以思辨方式得出來的，另外又有從實踐（工夫）
的方式得出來的。下文再敘。

12 關於萬物，人們還有另一種提問，即「萬物如何而有？」這個問
題涉及歷程。古代哲學的看法先從經驗考察。凡是能以感官知覺
的事物，都有形、色、聲、嗅、味、觸及其生滅等，要而言之，
即形、質、活動。那麼這些萬物如何而有（存在、生）？於是推
之於無形者。可是無形者是什麼？仍取知覺所知的無形之物名此
無形者，此即氣。氣是推知的。見雲之動之變，必有使之動而變
者，假若使之動者是雲自身，則雲為實有，為有形。但是雲自身

又在動中變化，始終難以具陳何形為雲之形。如是則推知雲為無形之物，名之曰氣。於是以氣為萬物化生之源。

13 萬物化生是在動中化生，若只一氣，無動可言，如何化生？若有二氣，始能活動、互動，而有化生。此二氣即名為陰、陽。

14 萬物為多，陰陽二氣能解釋萬物由動而生，卻無法解釋萬物之多。當陰、陽以符號（如爻）表示時，符號的排列將顯出由二變為四（即四象），於是四象可以作為萬物為多的來源。然而學者又可以取「五行」作為萬物之多的來源。「五行」是從經驗知識抽象為物質元素，於是萬物由此元素之聚合而成其多與異。

15 萬物若由二氣化生，則二氣如何生成？化生二氣者不能是「二」，須為「一」，且「一」須是氣。於是名之為「太極」。化生須「動」，因此，「太極動而生陽，動極而靜，靜而生陰。」

16 依「如何生成」的提問，當問「太極如何而生？」由於太極為「一」為「氣」，為「質」為「有」，就化生言，不能再予窮究。若窮究，將不可解。若必欲窮究，則是問：此「一」、「氣」、「質」、「有」何以有？如此轉為道論（存有論）的提問方式。濂溪說：「無極而太極。」即是從氣論躍至道論。不宜。

17 以上從「萬物如何而有」推出氣論。氣論明萬物之存在事實，道論推究至極，則欲明人類活動之目的、價值依據。而人類所以欲明其活動之目的、價值依據，係因對生命有深切之內省，而感於一切活動源自欲望，而生種種苦樂。為了消融苦樂相循，於是對欲望作工夫。

18 此工夫在孔子為「克己復禮」，在孟子為「養氣」、在《大學》為「知止」以至「定」、「靜」、「安」、「慮」、「得」，在《中庸》為「慎獨」以至「喜怒哀樂之未發」，在《老子》為「損」、「觀」以

至於虛靜。在《莊子》為「心齋」、「齊物」以至於「逍遙」，在佛教為「無念」、「無住」以至於「涅槃」。

19 大凡可欲之物往往引生情緒、情感，因此常觀非欲望對象。常觀非欲望對象，漸能無喜怒哀樂，而只在悅樂，在藝術稱為美感。觀非欲望對象又不免尋逐，而流轉、流連、停住其間，因此須無住無執。久之，則游觀非欲望對象而無執，是為虛靜。虛靜在心，無喜怒哀樂，謂之「中」，因喜怒哀樂為偏為偶之故。虛靜發於言行則無偽無妄，謂之「誠」。虛靜以觀人之不幸而生惻隱、悲憫，拯拔之念，謂之「仁」、「慈」。

20 要而言之，氣論（宇宙論）為尋客觀世界之因，推其目標將至於用物以供養此身軀，近世科學可取而代之。道論（存有論）為尋心靈、精神之安，而非此身軀之安。思辨可明其理，但須實踐工夫始能踏實。實踐工夫多方，可依宗教而至，亦可不依宗教而至。但是能獨立不倚者寡，因此多依宗教或聖人。此「依」不僅是思想之依，更是虔敬、虔誠之依。

附錄五
道論與氣論術語比較

一　部分預設整體。

二　部分內的價值預設整體內的價值。

三　整體既超越又內在於部分。

四　整體既超越又內在於部分在符號上的表述方式。

五　思辨心性時了了分明。實踐心性時渾然一片。

六　心性的思辨和實踐是內聖。

七　心性的思辨和實踐在現實世界中進行即外王。

八　無無外王的內聖，亦無無內聖之外王。

絕對存有（屬性）	存有本質		存在―價值	人
道（之德―反）	有無		萬物―變	人
存有論（道論）				
太極	陰―翕陽―闢	五行	萬物	人
無極	太極氣（總說）	陰陽―五行（氣―散說）	萬物	人
太極	二儀	四象	八卦	人
存有論―宇宙論（道論―氣論）				
自然科學				
絕對存有／道／太極／無極 仁／誠／良知／性／理／天理／天／帝				人／心／價值
內聖―道德哲學―道德實踐				
絕對存有／道／太極／無極 仁／誠／良知／性／理／天理／天／帝	現實世界			人／心／世界／價值
外王―文明建構				

附錄六
先秦的知識分類

研究對象、方法、和目標或目的

1　對象是「學術」。這個名稱和「思想」、「哲學」二詞的不同。

「學術」是泛指對人類整體生命各層次及其各種問題的探討。這些問題都有其解說而名之為「思想」或「哲學」。

2　那麼「人類整體生命各層次及其各種問題」指什麼？這可以從人的生存現象分析而知。分析出來的內容就是不同層次的生命現象和每一層次生命的各種現象。這些層次有生物生命、社會生命、和精神生命。

3　為什麼要討論人類的生物生命？生存條件和求生方式在文明發展之後，往往被遺忘，而使文明階段的思想忽略其基礎而難以實踐。例如：個人一生所追求的社會共認的各種價值，在生命行將結束時，才突然發現身體這個生物生命具有根源的地位。又如：社會文明高度發展，人類常視之為當然，而往往在一場自然或人為災難之際，才突然發現高度文明是建立在非常脆弱的基礎上──人類身體這個生物生命需要飲食，而飲食的資源不是必然充裕的。

4　為什麼討論人類的社會生命？人類能夠超越其生物生命而更上一層，端賴智力及其表現──技術。而技術呈現在三方面：組織、器物和符號。組織、器物和符號三種技術的關係是相因相倚的，這三種技術在運用過程中不斷進步（進步是就其功能增強而言。），而使人的生存比處於生物生命時更安全、更豐富。

5 為什麼要討論人類的精神生命？技術使人的生存更安全、更豐富，
其原因是對技術產品和運用過程不斷反思。這些反思有兩個向度：
一是對技術功能的反思，因為每當技術效能降低或無法解決生存問
題時，便激起改善技術的要求。二是對技術所造成的生存狀態的反
思。因為技術在解決若干生存問題時，往往衍生出對生存狀態（包
括肉體和心理）的負面影響。在上述第二種反思向度中，以生命的
意義、價值為焦點者形成了人類的精神生命。

6 學術的分類

學術發生在社會。人類社會異於動物社會之處，誠如前文所言，在
於能運用智力，而智力表現在技術。技術呈現在三方面：組織、器
物和符號。組織、器物和符號三種技術的關係是相因相倚的，而每
一種技術在文明發展過程中產生了許多不同學門的知識。

7 組織是根據規範而聚集、分工、追求特定目標，以謀求生存的群體。
於是首先有**關於組織及其規範的知識**，如果沒有規範，就沒有組
織。規範如風俗（禮）、他律道德、宗教、法律等皆是。

從生物生命延續而來的本性，組織是個鬥爭體，必須偵察、攻擊、
防衛、逃避。所以組織一方面是個體生命求生存的工具，另一方面
從生物生命的本性來看，個體生命和組織是共生體，因為個體生命
不能處於絕對的孤獨而生存。這些活動在社會生命中呈現為**政治和
軍事**的知識。政治和軍事知識運用在組織內部和組織之間。

政治和軍事的目標是獲取生存資源，而工具技術的發展使獲取資源
的方式擴大，不止於掠奪的方式，更進而採用生產的方式。不論掠
奪或生產，資源是個質與量的物體，因此需要**數學和語文**的知識。
獲取資源必須透過製造和分配的過程，於是有**經濟**的知識。

製造和分配的條件是人力和物力。在人力方面，需要知道有什麼樣
的人，俾便運用，於是有**社會學**；需要強化人力的素質，於是有**教**

育、醫學、體育；在物力方面，需要知道有什麼物質及其特性，於是有**自然科學**；需要知道如何運用這些物質，於是有各種**科學技術**。隨著技術的發展，上述學問的焦點會轉變，甚至衍生新的知識門類，但是其目標都是直接或間接環繞著生存問題而開展。最後需要知道如何運用這些人力、物力，於是有**行政學（管理學），財政學**。

生物生命為了生存而有工作的活動，另一個重要的活動就是休息。休息是生命延續不可或缺的一環。休息分為睡眠和遊戲。從遊戲衍生出來的知識包括各種娛樂知識和更高層次的藝術知識，如文學、音樂、繪畫、舞蹈等。從一張一弛的天道（即自然規律）來看，遊戲和藝術是弛的活動。但是在藝術活動中會衍生出對工作和休息的批判，思考生命活動的意義或目的，於是藝術從遊戲變為與宗教、哲學和歷史等列，而對技術所造成的生存狀態提出批判。

從實際的知識運用經驗可以知道，各類學術往往援引其他門類的學術為助。這個現象顯出學術分類是功能取向的，最終都是為了供養此身及其存在的意義。上述學術分類可以表列如下：

生物生命	工作	偵察 防衛 攻擊 逃避		
	休息	睡眠 遊戲		
社會生命	組織	習俗 道德 宗教 法律		

	工作	政治 軍事	數學 語文	
			經濟	教育 醫學 體育
				自然科學
			行政 財政	
	休息	睡眠		
		遊戲	娛樂知識	
			藝術	文學 音樂 繪畫 舞蹈
精神生命			藝術 歷史 哲學 宗教	

7 上述學術分類是從今人的角度來看，傳統的學術分類雖然名稱不
  同，類別較少，但是仍然從個人和組織的生存為基準而衍生出其學
  術類別。再者，不同的時代關注的焦點因其需要而轉移，於是有所
  謂「顯學」。而關注的焦點常在具有重大發展的知識上。茲以《尚
  書‧洪範》所述九疇為例，觀其知識類別。又以《漢書‧藝文志》
  為例，說明具有重大發展的知識類別。

8 《尚書‧洪範》九疇的知識類別。
  詳見附錄七（〈《尚書‧洪範》的知識分類及其對應的論題〉）。

9　《漢書・藝文志》著錄典藉所顯示的新興知識。（見《漢書・藝文志》師古注，王先謙補注。藝文印書館二十五史本。）

附錄七

《尚書‧洪範》的知識分類及其對應的論題

《尚書‧洪範》所對應的論題

A　《尚書‧洪範》

惟十有三祀，王訪于箕子。王乃言曰：「嗚呼！箕子，惟天陰騭下民，相協厥居，我不知其彝倫攸敘。」

箕子乃言曰：「我聞在昔，鯀陻洪水，汩陳其五行，帝乃震怒，不畀洪範九疇，彝倫攸斁。鯀則殛死，禹乃嗣興，天乃錫禹洪範九疇，彝倫攸敘。

初一、曰五行，次二、曰敬用五事，次三、曰農用八政，次四、曰協用五紀，次五、曰建用皇極，次六、曰乂用三德，次七、曰明用稽疑，次八、曰念用庶徵，次九、曰嚮用五福，威用六極。

一、五行：一曰水，二曰火，三曰木，四曰金，五曰土。水曰潤下，火曰炎上，木曰曲直，金曰從革，土爰稼穡。潤下作鹹，炎上作苦，曲直作酸，從革作辛，稼穡作甘。

二、五事：一曰貌，二曰言，三曰視，四曰聽，五曰思。貌曰恭，言曰從，視曰明，聽曰聰，思曰睿。恭作肅，從作乂，明作晢，聰作謀，睿作聖。

三、八政：一曰食，二曰貨，三曰祀，四曰司空，五曰司徒，六曰司寇，七曰賓，八曰師。

四、五紀：一曰歲，二曰月，三曰日，四曰星辰，五曰曆數。

五、皇極：皇建其有極，斂時五福，用敷錫厥庶民。惟時厥庶民于汝極，錫汝保極。凡厥庶民，無有淫朋；人無有比德，惟皇作極。凡厥庶民，有猷、有為、有守，汝則念之。不協于極，不罹于咎，皇則受之。而康而色，曰：「予攸好德。」汝則錫之福。時人斯其惟皇之極，無虐煢獨，而畏高明。人之有能有為，使羞其行，而邦其昌。凡厥正人，既富方穀，汝弗能使有好于而家，時人斯其辜。于其無好德，汝雖錫之福，其作汝用咎。無偏無陂，遵王之義；無有作好，遵王之道；無有作惡，遵王之路。無偏無黨，王道蕩蕩；無黨無偏，王道平平；無反無側，王道正直。會其有極，歸其有極，曰：皇極之敷言，是彝是訓，于帝其訓。凡厥庶民，極之敷言，是訓是行，以近天子之光，曰：「天子作民父母，以為天下王。

六、三德：一曰正直，二曰剛克，三曰柔克。平康正直，彊弗友，剛克，燮友，柔克；沈潛，剛克，高明，柔克。惟辟作福，惟辟作威，惟辟玉食。臣無有作福、作威、玉食，臣之有作福、作威、玉食，其害于而家，凶于而國，人用側頗僻，民用僭忒。

七、稽疑：擇建立卜筮人，乃命卜筮。曰雨，曰霽，曰蒙，曰驛，曰克，曰貞，曰悔。凡七，卜五，占用二，衍忒。立時人作卜筮，三人占，則從二人之言。汝則有大疑，謀及乃心，謀及卿士，謀及庶人，謀及卜筮。汝則從，龜從，筮從，卿士從，庶民從，是之謂大同，身其康彊，子孫其逢吉。汝則從，龜從，筮從，卿士逆，庶民逆，吉。卿士從，龜從，筮從，汝則逆，庶民逆，吉。庶民從，龜從，筮從，汝則逆，卿士逆，吉。汝則從，龜從，筮逆，卿士逆，庶民逆，作內，吉，作外，凶。龜筮共違于人，用靜，吉；用作，凶。

八、庶徵：曰雨，曰暘，曰燠，曰寒，曰風，曰時。五者來備，各以其敘，庶草蕃廡。一極備，凶：一極無，凶。曰休徵：曰肅，時

雨若；曰乂·時暘若；曰哲，時燠若；曰謀，時寒若；曰聖，時風若；曰咎徵：曰狂，恆雨若；曰僭，恆暘若；曰豫，恆燠若；曰急，恆寒若；曰蒙，恆風若。曰：王省惟歲，卿士惟月，師尹惟日。歲月日時無易，百穀用成，乂用明，俊民用章，家用平康。日月歲時既易，百穀用不成，乂用昏不明，俊民用微，家用不寧。庶民惟星，星有好風，星有好雨，日月之行，則有冬有夏，月之從星，則以風雨。（屈萬里《尚書釋義》：自「曰王省惟歲」至「則以風雨」八十七字，宋代余鬃曾上書，請移此節於「五曰曆數」之下。事見《中吳記聞》。可從。）

　　九、五福：一曰壽，二曰富，三曰康寧，四曰攸好德，五曰考終命。六極：一曰凶短折，二曰疾，三曰憂，四曰貧，五曰惡，六曰弱。」

B 解說

　　本篇約成於戰初期，說見屈萬里《尚書釋義》。九疇為人類生活的九大範圍，每一範圍皆有其理，而為人所共遵，故為疇為法。這九大範圍可從論理和實踐二種方式重新調整，今先從論理的方式重新調整。

（一）從論理看九疇的結構

1 五福六極為目的。為了實現目的，從自然與人事二方面著手。自然首為五行（物質），次為五紀（天文曆法）、庶徵（氣象），認識自然是為了善用自然以造福人群。人事方面首為八政（制度），次則個人素養的「敬用五事」（身心）。二者具備，其發用則以「皇極」（準則）為本，以「三德」（策略）應事，以「稽疑」決策。茲表列其綱目如下：

五福六極（目的）	五行（物質） 五紀（天文曆法） 庶徵（氣象）		
	五事（身心）	皇極（準則）	三德（策略）
	八政（制度）		稽疑（決策）

2 人類的任何活動都以生存和安全為基礎。在生存和安全的基礎上進一步追求幸福。幸福是人的目的。然而什麼是幸福？〈洪範〉以「五福」為幸福，而以「六極」為不幸福。這不僅是個人目的，也是社會目標。五福包含身與心二方面。在身體方面，以「富」為基礎，而到「康寧」、「壽」、「考終命」；在心理方面，則以「攸好德」為目標。

與五福相反，則是六極。「貧」是「富」之反；「疾」、「弱」、「憂」是「康寧」之反；「凶短折」是「壽」、「考終命」之反；「惡」則是「攸好德」之反。

五福六極是千古不易之理，不因社會變遷、文明日進而改變。當代世界所遭遇的難題都直接或間接與此有關。

3 人生天地之間，其生存基礎在於善用自然，以供養其生命。因此認識自然是追求五福的首要工作。〈洪範〉是農業時期的經籍，對自然的認識就以與農業有關者為限。首先是「五行」，即物質特性；其次是「五紀」，即天文、曆法；最後是「庶徵」，即氣象。

「五行」代表五種物質，其性質則以感官知覺來辨識。「水曰潤下」是從物質動態和觸覺辨識其性質，「潤下作鹹」則從味覺辨識其性質。「火曰炎上」是從物質的動態和觸覺辨識其性質，「炎上作苦」則從物體烤焦之後的味道辨識其性質。「木曰曲直」是從視覺辨識植物的形態，「曲直作酸」則從味覺上辨識其性質，植物通常

具有酸性。「金曰從革」是從以金屬器切割獸皮而辨識其功能,「從
革作辛」則從常燒金屬所產生的氣味辨識其性質。「土爰稼穡」是
從土壤生長植物的動能辨識其功能。「稼穡作甘」則從味覺辨識農
作物的性質,因為農作物多數含有醣分。

從五行的敘述,可知其生產背景是畜牧和農業兼而有之。而「五
行」是生活中必備的材料,因此也稱為「五材」,如《左傳》襄公
二十七年:「天生五材,民並用之。」

隨著文明日進,人類對自然物質的認識已非昔比,但是,由於材料
發明、開發而帶來的產業結構變遷、社會結構變遷和生態威脅。

4 五紀是時間的計算。根據星辰規律的變化而推算出年(歲)月、
日。它包含天文與曆法的知識,作為農業生產的依據。

〈洪範〉敘「庶徵」時,「王省惟歲,卿士惟月,師尹惟日。歲月
日時無易,百穀用成,乂用明,俊民用章,家用平康。日月歲時既
易,百穀用不成,乂用昏不明,俊民用微,家用不寧。庶民惟星,
星有好風,星有好雨,日月之行,則有冬有夏,月之從星,則以風
雨。」察其語意,係鋪陳歲、月、日,應移於「五紀」之下。

5 變化莫測的天氣對農業生產有相當大的影響,因此必須了解天氣變
化及因應之道。天氣影響農作物生產者有適量的水,所以庶徵中提
到「雨」、「暘」。其次為氣溫,因此庶徵中有「燠」、「寒」。其次為
「風」。此五者各有其時,過多或過少都有害農作物。天氣對農業
生產的影響,人所能做的只是盡量降低災害,而無法改變天氣,所
以庶徵中列了休徵和咎徵,以示預防之道。

6 幸福之道除了認識自然之外,還需要善於治理社會。而治理社會有
二項重點,即良好的制度和行為。在制度上,八政是針對社會所需
的公共事務而設的。「食」、「貨」指生活必需品的生產、供應和管
理。「祀」則是凝聚社會所需的思想、文化活動。「司空」屬於營建

事務，「司徒」則負責教育。「司寇」處理社會治安問題。「賓」的任務是溝通諸侯的關係。「師」則建立防衛力量。

7 即使有良好制度，如果缺乏優秀的執行者，也是徒然。制度與人才有如鳥之雙翼、車之兩輪，缺一不可。而執行者的代表就是領導者，於是〈洪範〉有「五事」以說明領導者的素養。貌、恭、言、從是人際溝通的素養，視、明、聽、聰、思、睿則是慮事、處事的素養，這些素養可以使制度的運作更順暢。

8 社會公共事務涉及群體，即使有良好的制度和個人崇高的素養，制度和個人素養未必完美，如何讓每一個人都信服所從事的公共事務？於是〈洪範〉有「皇極」作為高的判斷準則。皇極就是正義。

9 社會公共事務紛然雜錯，每一項事務可能有其不同的特性，而必須分別以相應的方式處理，於是〈洪範〉有三德說明其策略。正直是依皇極為準，剛克是直接、正面的方式，柔克則是迂迴曲折的方式。

10 社會公共事務有其客觀性質，從而有其有限的選擇方案，於是不免有不同的意見。這些意見分為二類，一類是事務的客觀之理和客觀情勢，一類是人的主觀判斷。前者在上古以占（龜）和筮二種方式呈現，後世則根據理性的分析。後者因角色不同而區分為領導者（君）、管理者（卿士）和執行者（庶民）。決策是透過這些意見綜合之後而定的，這些綜合的意見也是公共事務是否進行的依據。〈洪範〉的說明可以列表如下：

君	＋	＋	－	－	＋	
龜	＋	＋	＋	＋	＋	－
筮	＋	＋	＋	＋	－	－
卿士	＋	－	＋	－	－	

庶民	＋	－	－	＋	－	
	大同，吉	吉	吉	吉	內吉外凶	靜吉作凶

從上表可以看出其決策以龜、筮為主，而人的意見為從。龜、筮在後世轉變為理性的分析事務的客觀之理和情勢，它體現「順事而為」和「順勢而為」的思想。

（二）從實踐看九疇的結構

由於〈洪範〉成於王權獨重的時代，王者的素養對治亂有關鍵的影響，因此在實踐上以「五事」為綱。

1　〈洪範〉所敘「五事」涉及個人素養的項目、言行所宜及修養境界。茲表列如下。

五　　　事	言行所宜	修養境界
貌	恭	肅
言	從	乂
視	明	哲
聽	聰	謀
思	睿	聖

2　這些素養外發成為待人處事的方式。為了說明這些素養，先表列待人處事的現象。

欲望 意志 勇膽 個性 情感 思想 道德感 美感	意 識　思　視　聽	意　向	言　行（言）	言語　容色　行為（貌）	語意　語氣	態度	人／事

3 制度既立，王者（可擴至任何人）依循制度而行之時，須面對待人和處事二項。五事中的「貌」與「言」屬於言語溝通。「言」包含語意和語氣（口氣），貌則是容色、儀態，二者合而為態度。「視」、「聽」、「思」則是培養清明、謀略和善德。

4 「視」與「聽」歸本於「思」。就王者而言，其思須是全面、通達而明澈。因此說「思曰睿」，「睿」有通達之意。通達至極則是聖人的素養，因此說「睿作聖」。那麼王者所思的內涵是什麼？是孔子所說的「足食、足兵，民信之矣」。

5 在《易・繫辭》則說：「天地之大德，曰生；聖人之大寶，曰位。何以守位？曰仁。何以聚人（仁）？曰財。理財政辭，禁民為非，曰義。」聖人有位，則為聖王。聖王所以為聖，在於愛民。愛民者仁，所以說：守位以仁。但是仁何由而見？見於物阜民豐，所以說：聚人（仁）以財。說理財。人民在致富的過程中，不能無爭，爭而無法度則亂，亂則民不得而富，即使富有，也不得而保。為了使爭能依循法度，而所有的法度須歸本於正義，所以說：理財正辭，禁民為非，曰義。要而言之，聖王之所思在於經濟、法律、文化合於正義、公義。

6 在《禮記・禮運》則說：「大道之行也，天下為公，選賢與能，講信修睦。故人不獨親其親，子其子。使老有所終，壯有所用，幼有所長，矜寡孤獨者廢疾者皆有所養。男有分，女有歸。貨，惡其棄於地也，不必藏於己；力，惡其不出於身也，不必為己。是故謀閉而不興，盜竊亂賊而不作，故外戶而不閉。是謂大同。」

7 王者之所思必須有所憑藉，所憑藉的是各種訊息、政策、策略。於是「思」須以「聽」為助。而各種訊息、政策、策略又需有人提供，而且必須得其人，始能獲得完整而正確的訊息，於是須以「視」為助，即觀人、用人。訊息以迅速、完整、切要、正確為原則。訊息若不迅速，則事過境遷；若不完整，則不明事勢；若不切要，則紛然雜陳，徒擾人意；若不正確，則誤判事勢。雖然訊息能夠迅速、完整、切要、正確，仍待王者善聽。而使王者不能善聽的因素，最主要的是性格剛愎。剛愎則自以為是，自以為是，則惡聞不利的訊息。惡聞不利的訊息，則群臣所供應的訊息將經過選擇，投其所好，於是所得的訊息無法完整、切要、正確，而導致不聽。因此「聽」意謂迅速、完整、切要、正確的獲知訊息。如是始能據以籌畫適切的對策。所以說「聽作謀」。「謀」就是決策。茲列今人的「決策動態流程圖」作為參考。

決策動態流程圖

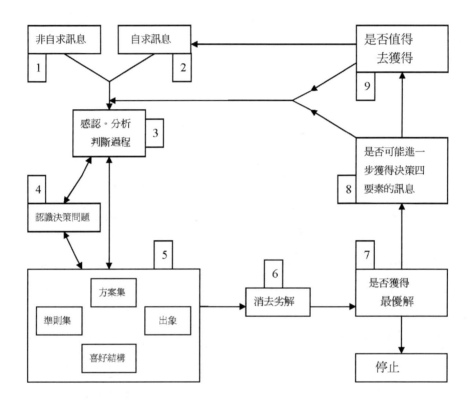

a 方案集（alternative set）：實現目標的可行方案。

b 準則集（criterion set）：評估方案優劣的標準。

c 出象或預期感認值（outcome）：依據準則預估某方案可能出現的情況。

d 選擇方案（preference structure）。

e 訊息（information）：對前四者產生的影響。

8 迅速、完整、切要、正確的決策訊息必須有正直而明智的臣子供應。王者要甄別正直而明智的臣子須賴「視」，即觀察。善於觀察、甄別，則能「明」，而善用正直明智的臣子就是「哲」。

9 王者經過視、聽、思而形成的政策、決策,包括了九疇中其餘的五行、八政、五紀、皇極、三德、稽疑、庶徵、五福。

10 王者經視、聽、思而形成決策之後,必須傳達和付諸行動。貌和言就是王者傳達各種決策的儀態。由於軍國大政涉及重大利益,而王者又權重如山,為臣民所信賴,因此不能以率易的態度,而須鄭重。否則臣民不知所從。因此、王者的儀態以恭敬為主,而後群臣始能嚴肅的看待,以示必行的決心。王者的言語必須從理、順理。此處所謂從理、順理不是指決策合理而為最優選擇,決策合理而為最優選擇屬於視、聽、思之事。言語從理意謂合於王者身分的用語、用意。王者的用語是莊重而無戲言,用意是大公之旨。如此臣民服膺而諸事平治。所以說「從作乂」。

(三)先秦學說焦點與九疇知識分類的比較

1 〈洪範〉雖然成於戰國初期,其思想是承自周文,而作理想的重構。因此,九疇可視為學術論題的分析模式。

2 孔子之前的春秋時代,其學術論題與〈洪範〉一致,而說解不同。這可與五經比較。

3 儒家的孔、孟、荀,其學術論題屬於「五事」(身心修養)、「八政」(制度、禮)、「皇極」的範圍,而涉及「三德」(策略)、「稽疑」(決策)。其中,最具有創造力的論題是將五事深化到仁、性善。儒家思想在孔孟荀階段,環境的巨變是禮壞樂崩,即封建制度崩潰。這是政治制度的改變。其核心問題是王權的基礎安在,或如何鞏固王權、諸侯國權。

4 由於諸侯交戰,如何鞏固政權遂有法家之說。法家學說屬於「五事」、「三德」、「八政」的範圍,但是立論與儒家截然不同。

5 兵家的論題屬於「三德」、「八政」中的「師」。其層次又低一階，從軍事上論鞏固和擴張政權。

6 墨家、陰陽家、道家、和名家都從不同的層次對周文提出批評。墨家所言屬於「八政」。而從國人、野人立場抒論。因此與儒家、法家又不同。

7 陰陽家結合了稽疑和五行、五紀、庶徵等論題，而述政權轉移（主運）。它借重傳統的自然知識。

8 道家直就整個文明、禮樂批評之。其論題針對「五事」、「八政」、「三德」、「稽疑」而批判。

9 名家則從言詞的離析批評周文在語言上的呈現，深具學術意義，在秦漢之後，基本問題未變，而所採策略和表述的言語則不同。

（四）〈洪範〉九疇與當代問題比觀

從〈洪範〉九疇與當代問題的比較，可知當代人比較少注意個人素養，如五事、三德。

《人類有未來嗎》（牛頓出版社）	《尚書 · 洪範》九疇
第一章　剖析未來	稽疑
第二章　基本的生活條件 　　　　人口與健康 　　　　世界糧食的供應	五福六極 五行、八政（食、貨）
第三章　環境與資源	五紀、庶徵
第四章　權力事業 　　　　國際政情 　　　　自由與法律	八政（賓、師） 八政（祀）。皇極
第五章　戰爭與和平 　　　　軍事科技 　　　　恐怖主義	五行、八政（師）

《人類有未來嗎》（牛頓出版社）	《尚書‧洪範》九疇
第六章　科技、技術 　　　　未來的物理世界 　　　　運輸	 五行 五行
第七章　資訊革命 　　　　通訊的現在與未來 　　　　新聞事業的未來 　　　　電視新聞	 五行。皇極。八政（司徒）
第八章　醫療新方向 　　　　高科技醫療 　　　　被否定的醫療	五行。五福
第九章　成人與小孩：家庭制度 　　　　兒童的權利 　　　　養育子女 　　　　女人的未來	五福六極
第十章　何去何從 　　　　反未來主義 　　　　如何創造未來	稽疑
	五事。三德

附錄八
禮的分析模式與孔子論禮

一　禮的分析模式

　　禮，就字源來看，與祭祀有關，而祭祀與武力為王權兩顯支柱，因此，《左傳》說：「國之大事，唯祀與戎。」祀為文，戎為武，王權賴此而立而興而亡。孔子承周文，即承周之禮樂制度，其教學亦以此為主，而溯其精神至仁義。然而禮樂制度指涉廣泛，具體而言，將涉及各種不同位階、不同領域的制度，因此，《論語》中言及「禮」者，必須辨明其指涉。為此，可將禮視為組織內規範的總名，而先設定一組織規範模式，以此模式作為解釋《論語》中禮的各種意義。

　　組織是人為了特定的目標或目的，依據規範而聚集、分工和分配資源的群體。這個定義涉及目標或目的，人，工作和所得三個項目。這三個項目都需要規範才能發揮作用。而這三個項目所涉及的規範，可以用下列目題來探討。

　　首先，誰可以成為組織的成員？其次，誰來決定組織的目標或目的？第三，依據什麼規範決定一個人在組織中從事什麼工作？第四，由於分工之故，依據什麼規範決定每個人的工作和別人的工作關係？第五，每個人依據什麼規範從事他的工作？第六，依據什麼規範決定每個人的工作效能？第七，依據什麼規範判斷每個人的效能而調整其職位？第八，依據什麼規範決定每個人的資源分配？第九，工作時，每個人依據什麼規範與相關的人、事、物互動？第十、個人依據前述規範而活動時，若與任何人、事、物有衝突，依據什麼規範判斷其是

非？第十一，誰來制定上述規範？上列問題所涉的規範有不同的位階，表列如下：

1 誰可以成為組織的成員？	組織規範——人	A
2 誰來決定組織的目標或目的	組織規範——目標或目的	A
3 依據什麼規範決定一個人在組織中從事什麼工作？	組織規範——職掌	A
4 由於分工之故，依據什麼規範決定每個人的工作和別人的工作關係？	組織規範——職位	A
5 每個人依據什麼規範從事他的工作？	作業規範	B
6 依據什麼規範決定每個人的工作效能？	監督規範	C
7 依據什麼規範判斷每個人的效能而調整其職位？	報償規範一	D
8 依據什麼規範決定每個人的資源分配？	報償規範二	D
9 工作時，每個人依據什麼規範與相關的人、事、物互動？	互動規範	B
10 個人依據前述規範而活動時，若與任何人、事、物有衝突，依據什麼規範判斷其是非？	仲裁規範	E
11 誰來制定上述規範？		X

　　一個組織的形成必須有人懷著目標或目的去推動。推動之時必須制定組織規範。組織規範必須包含其對象：目標、人、和工作。由於組織無法容納一切人，所以必須規定進入組織的資格。由於工作必須分工才能完成，而分工涉及每個工作的內容和每個工作之間的命令或協調關係。相應於每個工作之間命令或協調關係而有職位，相應每個工作的內容而職掌。一個職位是因其本身的職掌和相對於其他職位而發揮其作用。因此職位總體就可以稱為「組織結構」，職掌本身所發揮的效能和職位關係所發揮的效能可以統稱為「組織功能」。

　　當一個人知道其工作內容時，他必須依據一定的程序去執行，這就是「作業規範」。因此，作業規範低於組織規範中的職位和職掌規範。為了實現組織的目標或目的，必須考察工作的效能，這是「監督規範」，可是監督必須有對象，即工作效能，因此監督規範低於作業規範。工作必須有報償，不論是賞或罰，而報償依據工作效能和監督結果，因此，「報償規範」低於「監督規範」。報償分二類：一是職位位階的調整，即權力；一是實物或實物的替代品，如貨幣。

　　從進入組織到獲得報償，個人將不斷的與其他的成員、物資、事情互動，這些互動有一定的規範，即「互動規範」。它們常以習慣的方式呈現。因此互動規範是靈活而具有彈性的，它與其他規範同時存在。個人在組織中活動難免與相關的人、事、物發生衝突，於是必須有規範判斷其是非，而有「仲裁規範」。

　　上述規範的分析模式是從結構和功能的角度來設計，如果從實踐的角度來設計，其模式又不同。在實踐上，規範有其作用，稱為「禮意」。規範本身的規則採取容許或禁止的規定，可以稱為「禮制」。禮制的規定呈現為兩種方式：一是不成文的規定，二是成文的規定。禮制必須透過一套執行程序才能體現，這套程序可以稱為「禮儀」。禮儀必須透過人的活動才能完成，而人的活動透過言語、動作、表情呈

現者，可以稱為「禮容」。透過物品而呈其心意者，可以稱為「禮物」。從禮意到禮物是依實踐而設計的分析模式。孔子論禮比較適合運用這個分析模式，以辨明其義。由於禮制、禮儀、禮容、禮物最後都有其所以然的理由，即禮意，而孔子之言禮多數是針對實例評論，因此常可溯及禮意。大體而言，孔子所云禮意有二：心之誠敬與和諧、秩序，而和諧、秩序必須透過封建社會階層的穩定始能維持，因此孔子反對僭越。要而言之，孔子的社會思想是以和諧為目的，以個體的愛心和群體的規範為達到目的的方法。而愛心和規範落在各種社會角色就具體化為各種德性。

不論上述組織規範的分析模式是依據結構和功能而得，或依據實踐而得，組織的社會結構基礎往往影響這些規範的內涵。例如：宗法社會結構為基礎的規範內涵和工業社會結構為基礎的規範內涵就不同。

二　孔子論禮

A　禮用（禮的功能）——和諧

1〈學而〉第十二章：有子曰：「禮之用，和為貴。先王之道，斯為美。小大由之，有所不行。知和而和，不以禮節之，亦不可行也。」（程石泉《論語讀訓解詁》：「此章必有錯簡錯字。『小大由之，有所不行』若無上文，難成文理。『知和而和』，亦殊費解。」馬融注：「人知禮貴和，而每事從和，不以禮為節，亦不可行。」凌案：此言禮之功能及其侷限。其功能在促進人際和諧，雖然不論小大之事都應循禮，但是禮無法規範人的一切言行，故云「小大由之，有所不行」。既然如此，禮所未規範之處應如何？仍然以和為貴，但是必循禮。既無禮，如何循禮？依禮意而制禮。

2〈八佾〉第十六章：「射不主皮，為力不同科，古之道也。」
（射為禮之一。禮所以避免以力爭勝，而致和。射禮需力，但不以力
能否貫革為主，而以中的為主。）

B 禮意——仁心

1〈八佾〉第三章：「人而不仁，如禮何？人而不仁，如樂何？」
（仁為至德，落實在具體生活，則化為愛心。禮若不能本於愛心，則
互相猜忌，於是禮不受信賴，其功能亦消失。愛心的最低表現是遵守
禮，進而尊重對方。因此，仁具體化為守禮與敬人是禮的功能得以發
揮的基礎。）

2〈八佾〉第四章：「林放問禮之本。子曰：大哉問！禮，與其奢
也，寧儉；喪，與其易也，寧戚。」（林放所問何禮？據孔子所答，
應是喪禮，因此論其奢儉與情感。禮以盡情為本，而盡情是仁心的體
現之一。物則視財力而定其豐儉。）

3〈八佾〉第八章：子夏曰：「巧笑倩兮，美目盼兮，素以為絢
兮。何謂也？」子曰：「繪事後素。」曰：「禮後乎？」子曰：「起予
者商也，始可與言詩已矣！」（以素喻心之誠，以絢喻禮之文。）

4〈八佾〉第十二章：祭如在，祭神如神在。子曰：「吾不與祭，
如不祭。」（祭為禮之一，神不可以目見，故易失其誠心。既與祭，
則誠其心，則合於禮意。）

5〈八佾〉第十三章：王孫賈問曰：「與其媚於奧，寧媚於灶，何
謂也？」子曰：「不然。獲罪於天，無所禱也。」（王孫賈為衛大夫，
為衛靈公治軍旅。所問為俗諺。奧為室之西南隅，祭宗廟及五祀之神
之處。灶為炊食之處，祭祀灶神。灶神於天帝處言人之善惡，人祭之
禱之，祈灶神美言。今猶有此俗。故孔子駁之，謂善惡自取，媚灶無
益。王孫賈應知此俗。既知此俗而問，則有寓意。意謂人多集於佞幸
小人，願其於國君之處美言。）

6〈里仁〉第二十三章：以約失之者，鮮矣！（此章無主詞，「約」之義難以判斷。可以指言、行、或物。若指言，則可與「吉人之詞寡」比觀。若指行，則可與「先行其言，而後從之」比觀。若指物，則可與「禮，與其奢也，寧儉。」比觀。）

7〈子罕〉第三章：子曰：「麻冕，禮也，今也純，儉，吾從眾。拜下，禮也，今拜乎上，泰也，雖違眾，吾從下。」（孔安國注：「冕，緇布冠也。古者績麻三十升布為之。純，絲也。絲易成，故從儉。」劉節《古史存考》：「拜下者，拜於堂下也。」禮物從儉，禮容從恭。可與〈八佾〉第四章：「禮，與其奢也，寧儉。」）

8〈陽貨〉第十一章：子曰：「禮云，禮云，玉帛云乎哉？樂云，樂云，鐘鼓云乎哉？」（玉帛、鐘鼓為禮物，所以示其心之真誠。因此禮意為本，禮物為末。）

9〈陽貨〉第二十一章：宰我問：「三年之喪，期已久矣！君子三年不為禮，禮必壞：三年不為樂，樂必崩。舊穀既沒，新穀既升，鑽燧改火，期可已矣。」子曰：「食夫稻，衣夫錦，於女安乎？」曰：「安。」「女安則為之。夫君子之居喪，食旨不甘，聞樂不樂，居處不安，故不為也。今女安，則為之。」宰我出，子曰：「予之不仁也，予生三年，然後免於父母之懷。夫三年之喪，天下之通喪也。予也有三年之愛於其父母乎？」（劉寶楠《論語正義》：「三年喪期，鄭君以為二十七月，王肅對為二十五月。《儀禮・士虞禮》云：大祥間一月，凡二十七月。大戴喪服變除禮云：二十五月大祥，二十七月而禫。與鄭說異，非也。」馬融注《論語》：「周書月令有更火之文：春取榆柳之火，夏取棗杏之火，季夏取桑柘之火，秋取柞楢之火，冬取槐檀之火。一年之中，鑽火各異木，故曰改火也。」《禮記・檀弓》載：孔子不知其父之墓，母死，殯於五父之衢，問諸鄹曼父之母，乃知其父墓在防，於是合葬之。又其妻死，其子伯魚居喪一年，猶哀而

哭之，孔子責其過甚而止之。案：宰我認為三年之喪太久的理由是妨礙日常生活。故稱三年不為禮樂，禮樂必壞。且以新穀、改火暗示必須新生。孔子重禮意，未必非守三年之喪不可，但是當時風俗如此，自有其社會生活的基礎。若社會生活改變，則喪期並非不能改。）

10〈為政〉第二十四章：非其鬼而祭之，諂也。見義不為，無勇也。（《禮記・曲禮》：「非其所祭而祭之，名之曰淫祀。淫祀無福。」《左傳》僖公十年：「神不歆非類，民不祀非族。」祭為禮儀。論其不合禮儀，必溯其禮意。此所謂鬼，殆謂祖考。祭祖考之鬼，意在慎終追遠，繼志述事，非為求福。流俗以為祭祀所以求福，又為求福之故，流於淫祀，是以謂之諂也。）

C 仁心的體現——禮儀、禮容、禮物諸德

1〈八佾〉第七章：「君子無所爭，必也射乎！揖讓而升，下而飲。其爭也君子。」（此為禮儀中之禮容——行動。）

2〈八佾〉第十五章：子入太廟，每事問。或曰：「孰謂鄹人之子知禮乎？入太廟，每事問。」子聞之曰：「是禮也。」「謂禮儀中之禮容——言語。」

3〈八佾〉第十九章：定公問：「君使臣，臣事君，如之何？」孔子對曰：「君使臣以禮，臣事君以忠。」（禮儀——敬——容）

4〈里仁〉第二十六章：事君數，斯辱矣！朋友數，斯疏矣！（數，有頻繁之意。互動頻繁而生厭之心理基礎。）

5〈學而〉第八章：君子不重則不威，學則不固。（重謂容，威謂態，謂氣。以示敬也。）

6〈學而〉第十三章：恭近於禮，遠恥辱也。因不失其親，亦可宗也。（恭與諂之容態相近，故以禮別之。）

7〈學而〉第十五章：子貢曰：「貧而無諂，富而無驕，何如？」子曰：「可也，未若貧而樂，富而好禮者也。」子貢曰：「詩云：『如切如磋，如如磨。』其斯之謂與？」子曰：「賜也，始可與言詩已矣，告諸往剛知來者。」（富而無驕，將如之何，未明。若好禮，則恭敬。）

8〈八佾〉第十八章：事君盡禮，人以為諂也。（事君以恭敬為禮，恭敬與諂佞之容色相近。故易致誤會。）

9〈八佾〉第二十六章：居上不寬，為禮不敬，臨喪不哀，吾何以觀之哉！

10〈泰伯〉第二章：子曰：「恭而無禮則勞，慎而無禮則思，勇而無禮則亂，直而無禮則絞。」

D 禮制——階序

1〈八佾〉第十七章：子貢欲去告朔之餼羊。子曰：「賜也，爾愛其羊，我愛其禮。」（朱熹《四書集注》：「告朔之禮：古者，天子常以季冬頒來歲十二月之朔於諸候，諸候受而藏之祖廟。月朔則以特羊告廟而行之。餼，生牲也。魯自文公始不視朔，而有司猶異此羊。故子貢欲去之。」告朔之禮所以示天子之權。天子之權伸張，則封建組織穩定。告朔為禮儀，其意則在封建禮制）

2〈為政〉第二十三章：子張問：「十世可知也？」子曰：「殷因於夏禮，所損益可知也，周因於殷禮，所損益可知也。其或繼周者，雖百世，可知也。（泛言禮制。）

3〈八佾〉第五章：「夷狄之有君，不如諸夏之亡也。」知不足齋本皇侃《論語義疏》：「此蓋為下僭上者發也。……言中國所以尊於夷狄者，以其名分定而上下不亂也。周室既衰，諸候放恣，禮樂征伐之

權，不復出自天子，反不如夷狄之國尚有尊長統屬，不至如中國之無君也。」又敦煌殘卷皇侃《論語義疏》【約為五代後梁時抄本，約西元 915-923 年】：「此明孔子重中國，賤蠻夷。言夷狄之有君主而不如中國之無君。故云：不如諸夏之亡。故孫綽云：諸夏有時無君，道不都喪；夷狄強者為師，理同禽獸。」兩種版本之解釋不同。王重民《巴黎敦煌殘卷敘錄》第一輯對此有所辨明，略云：知不足齋本皇侃《論語義疏》有二種版本，一為日本所存抄本，一為敦煌殘卷。敦煌殘卷本襲漢唐尊王攘夷之說。日本抄本經四庫館臣之干預，改為貶僭上之義。但已印行者無法收回，故仍存其舊。案：皇侃疏乃迴護中國。其實，孔子有乘桴浮於海之言。不必為中國諱。尋文意，君為禮之體現，有君優於無君，其意甚明。王引之《經傳釋詞》、吳昌瑩《經詞衍釋》嘗謂：「之」與「且」可通，「不」與「無」可通。則孔子蓋謂：夷狄猶且有君，不像諸夏無君。

　　4〈八佾〉第九章：夏禮，吾能言之，杞不足徵也；殷禮，吾能言之，宋不足徵也。文獻不足故也，足，則吾能徵之矣！（泛言禮制。）

　　5〈八佾〉第十四章：周監於二代，郁郁乎文哉！吾從周。（泛言禮制。）

　　6〈八佾〉第二十二章：子曰：「管仲之器小哉！」或曰：「管仲儉乎？」曰：「管氏有三歸，官事不攝，焉得儉。」「然則管仲知禮乎？」曰：「邦吾樹塞門，管氏亦樹塞門。邦君為兩君之好，有反坫，管氏亦有反坫。管氏而知禮，孰不知禮？」（方觀旭《論語偶記》：三歸者，娶三姓女也。官事不攝，謂其家臣眾多，不兼理齊候官事。〈郊特牲〉鄭玄注：「臺門、旅樹、而反坫，大夫之僭禮也。」孔穎達疏：「兩邊築土為基，上起屋，曰臺門。諸侯有捍衛之重，故為臺門。而大夫不得為也。」故知「塞門」為「臺門」之誤。反坫，

築於兩楹之間，備獻酬食畢時置爵之用。管仲佐桓公，有大材，何以孔子譏其器小？為其僭越也。胸襟器識之大小不在治事之材，而在寬容。管仲雖有大材，且有大功，僭越禮制，則顯其汲汲於於功勳報償，故曰器小。若能尊禮，則不以居處豪華矜炫其功，始見器大。故器在心，不在物。既以物矜其功而不稱其位，則不得為儉。豐儉以位定，而不以物之貴賤定。）

7〈里仁〉第十三章：能以禮讓為國乎，何有？不能以禮讓為國，如禮何？（此禮指禮制，謂繼承法。禮制所本之禮意多為權力位階。禮儀所本之禮意多為傳統風俗道德。）

8〈八佾〉第一章：孔子謂：八佾舞於庭，是可忍也，孰不可忍也？（《穀梁傳》隱公五年：「穀梁子曰：舞夏，天子，八佾；諸公，六佾；諸侯，四佾。初獻六羽，始僭樂矣。」八佾為禮儀，其禮意在權力位階。）

9〈八佾〉第二章：三家者以雍徹。子曰：「相維辟公，天子穆穆。奚取於三家之堂？」（朱熹《四書集注》：「雍，周頌篇名。徹，祭畢而必其俎也。天子宗廟之祭，則歌雍以徹。」（此為禮儀，其禮意在權力位階。）

10〈八佾〉第六章：季氏旅於泰山。子謂冉有曰：「女弗能救與？」對曰：「不能。」子曰：「嗚乎！曾謂泰山不如林放乎！」（程石泉以為「泰山」當作「求也」。許慎《說文》徐鉉箋引戴侗：「並人在旗下，以旗致民之義。合祀帝、天、神為旅上帝。徧祀山川為旅四望。祀群於泰山之下，為旅於泰山。是則旅泰山應是諸侯分內事，而季氏擅之。」此為禮儀，其禮意在權力位階。）

11〈八佾〉第十章：禘，自既灌而往者，吾不欲觀之矣！（《周禮》鄭注：「祭必先灌，乃後薦腥薦熟。」朱子《四書集注》：「方祭之時，用鬱鬯灌地對降神。」《禮記・祭法》、《禮記・禮運》、《國

語・魯語》、《左傳》昭十五年皆謂：禘居五典之首。五典者，禘、
郊、祖、宗、報。魯為諸候，本無郊禘之典，承周之賚，獲禘於周公
之廟，以文王為所出之帝。魯行禘祭，灌以降文王、周公之神，孔子
所欲觀者在此，謂思周文之盛也。自此以下，則不足觀也已。禘為禮
儀，其禮意則在文德。）

　　12〈八佾〉第十一章：或問禘之說。子曰：「不知也。知其說者
之於天下也，其如示諸斯乎？」指其掌。

三　孔子論禮資料

　　A 禮用（禮的功能）──和諧
　　B 禮意──仁心
　　C 仁心的體現──禮儀、禮容、禮物諸德
　　D 禮制──階序

	A 禮用（禮的功能）──和諧	
學而	12 有子曰：「禮之用，和為貴。先王之道，斯為美；小大由之。有所不行，知和而和，不以禮節之，亦不可行也。」	★
八佾	16 子曰：「射不主皮，為力不同科，古之道也。」	★
	B 禮意──仁心	
八佾	3 子曰：「人而不仁，如禮何？人而不仁，如樂何？」	★
八佾	4 林放問禮之本。子曰：「大哉問！禮，與齊奢也，寧儉；喪，與齊易也，寧戚。」	★
八佾	8 子夏問曰：「『巧笑倩兮，美目盼兮，素以為絢兮。』何謂也？」子曰：「繪事後素。」曰：「禮後乎？」子曰：「起予者商也！始可與言詩矣。」	★

八佾	12 祭如在，祭神如神在。子曰：「吾不與祭，如不祭。」	★
八佾	13 王孫賈問曰：「與其媚於奧，寧媚於竈，何謂也？」子曰：「不然；獲罪於天，吾所禱也。」	★
里仁	23 子曰：「以約失之者鮮矣。」	★
子罕	3 子曰：「麻冕，禮也，今也純，儉，吾從眾。拜下，禮也，今拜乎上，泰也，雖違眾，吾從下。」	★
陽貨	11 子曰：「禮云禮云！玉帛云乎哉！樂云樂云！鍾鼓云乎哉！」	★
陽貨	21 宰我問：「三年之喪期已久矣！君子三年不為禮，禮必壞；三年不為樂，樂必崩。舊穀既沒，新穀既升；鑽燧改火，期可已矣。」子曰：「食夫稻，衣夫錦，於女安乎？」曰：「安！」「女安，則為之！夫君子之居喪，食旨不甘，聞樂不樂，居處不安，故不為也。今女安，則為之！」宰我出。子曰：「予之不仁也！子生三年，然後免於父母之懷。夫三年之喪，天下之通喪也；予也，有三年之愛於其父母乎？」	★
為政	24 子曰：「非其鬼而祭之，諂也。見義不為，無勇也。」	★
	C 仁心的體現——禮儀、禮容、禮物諸德	
八佾	7 子曰：「君子無所爭。必也射乎！揖讓而升，下而飲。其爭也君子。」	
八佾	15 子入太廟，每事問。或曰：「孰謂鄹人之子知禮乎？入太廟，每事問。」子聞之，曰：「是禮也。」	
八佾	19 定公問：「**君使臣**，臣事君，如之何？」孔子曰：「君使臣以禮，臣事君以忠。」	
里仁	26 子游曰：「事君數，斯辱矣；朋友數，斯疏矣。」	
學而	8 君子**不重則不威**，學則不固。主忠信，無友不如己者。過則勿憚改。	
學而	13 有子曰：「信近於義，言可復也。**恭近於禮**，遠恥辱	

	也。因不失其親，亦可宗也。」	
學而	15 子貢曰：「貧而無諂，富而無驕，何如？」子曰：「可也，未若貧而樂，**富而好禮**者也。」	
八佾	18 子曰：「事君盡禮，人以為諂也。」	
八佾	26 子曰：「居上不寬，為禮不敬，臨喪不哀，吾何以觀之哉？」	
泰伯	2　子曰：「恭而無禮則勞；慎而無禮則葸；勇而無禮則亂；直而無禮則絞。」	
	D　禮制──階序	
八佾	17 子貢欲去告朔之餼羊。子曰：「賜也！爾愛其羊，我愛其禮。」	
為政	23 子張問：「十世可知也？」子曰：「殷因於夏禮，所損益可知也；周因於殷禮，所損益可知也。其或繼周者，雖百世可知也。」	
八佾	5　子曰：「夷狄之有君，不如諸夏之亡也。」	
八佾	9　子曰：「夏禮，吾能言之，杞不足徵也；殷禮，吾能言之，宋不足徵也。文獻不足故也。足，則吾能徵之矣。」	
八佾	14 子曰：「周監於二代，郁郁乎文哉！吾從周。」	
八佾	22 子曰：「管仲之器小哉。」或曰：「管仲儉乎？」曰：「管氏有三歸，官事不攝，焉得儉？」「然則管仲知禮乎？」曰：「邦君樹塞門，管氏亦樹塞門。邦君為兩君之好，有反坫，管氏亦有反坫。管氏而知禮，孰不知禮？」	
里仁	13 子曰：「能以禮讓為國乎？何有？不能以禮讓國，如禮何？」	
八佾	1　孔子謂季氏，「八佾舞於庭，是可忍也，孰不可忍也？」	

八佾	2	三家者以雍徹。子曰:「『相維辟公,天子穆穆。』奚取於三家之堂?」	
八佾	6	季氏旅於泰山。子謂冉有曰:「女弗能救與?」對曰:「不能。」子曰:「嗚呼!曾謂泰山不如林放乎?」	
八佾	10	子曰:「禘自既灌而往者,吾不欲觀之矣!」	
八佾	11	或問禘之說。子曰:「不知也。知其說者之於天下也,其如示諸斯乎?」指其掌。	

學而 1.12	**有子**曰:「**禮**之用,**和**為貴。先王之道斯為美,小大由之。有所不行,知和而和,不以禮節之,亦不可行也。」
	禮—和
學而 1.13	有子曰:「信近於義,言可復也;**恭**近於**禮**,遠恥辱也;因不失其親,亦可宗也。」
學而 1.15	子貢問曰:「貧而無諂,富而無驕,何如?」子曰:「可也。未若貧而樂道②、**富**而好**禮**者也。」
為政 2.3	子曰:「道之以政,齊之以刑,民免而無恥;道之以**德**,齊之以**禮**,有恥且格。」
為政 2.5	孟懿子問孝。子曰:「無違。」樊遲御,子告之曰:「孟孫問孝於我,我對曰:『無違』。」樊遲曰:「何謂也?」子曰:「**生**,事之以**禮**;**死**,葬之以禮,祭之以禮。」
為政 2.23	子張問:「十世可知也?」子曰:「殷因於夏**禮**,所**損益**可知也;周因於殷禮,所損益,可知也;其或繼周者,雖百世可知也。」
先進 11.1	子曰:「先進於**禮樂**,野人也;後進於**禮樂**,君子也。如用之,則吾從先進。」
先進 11.25	子路、曾皙、冉有、公西華侍坐。子曰:「以吾一日長乎爾,毋吾以也!居則曰:『不吾知也!』如或知爾,則何以哉?」子路率爾而對曰:「千乘之國,攝乎大國之間,加之

	以師旅，因之以饑饉，由也為之，比及三年，可使有勇，且知方也。」夫子哂之。「求，爾何如？」對曰：「方六七十，如五六十，求也為之，比及三年，可使足民；如其禮樂，以俟君子。」「赤，爾何如？」對曰：「非曰能之，願學焉！宗廟之事，如會同，端章甫，願為小相焉。」「點，爾何如？」鼓瑟希，鏗爾，舍瑟而作。對曰：「異乎三子者之撰！」子曰：「何傷乎？亦各言其志也。」曰：「莫春者，春服既成；冠者五六人，童子六七人，浴乎沂，風乎舞雩，詠而歸。」夫子喟然歎曰：「吾與點也。」三子者出，曾晳後。曾晳曰：「夫三子者之言何如？」子曰：「亦各言其志也已矣。」曰：「夫子何哂由也？」曰：「為國以禮，其言不讓，是故哂之。」「唯求則非邦也與？」「安見方六七十，如五六十，而非邦也者？」「唯赤則非邦也與？」「宗廟會同，非諸侯而何？赤也為之小，孰能為之大？」
雍也 6.26	子曰：「君子博學於文，約之以禮，亦可以弗畔矣夫。」
述而 7.17	子所雅言：《詩》、《書》、執禮，皆雅言也。
述而 7.30	陳司敗問：「昭公知禮乎？」孔子曰：「知禮。」孔子退，揖巫馬期而進之，曰：「吾聞君子不黨，君子亦黨乎？君取於吳為同姓，謂之吳孟子。君而知禮，孰不知禮？」巫馬期以告。子曰：「丘也幸，苟有過，人必知之。」
顏淵 12.1	顏淵問仁。子曰：「克己復禮為仁。一日克己復禮，天下歸仁焉。為仁由己，而由人乎哉？」顏淵曰：「請問其目。」子曰：「非禮勿視，非禮勿聽，非禮勿言，非禮勿動。」顏淵曰：「回雖不敏，請事斯語矣！」
顏淵 12.5	司馬牛憂曰：「人皆有兄弟，我獨亡！」子夏曰：「商聞之矣：死生有命，富貴在天。君子敬而無失，與人恭而有禮；四海之內，皆兄弟也。君子何患乎無兄弟也？」
顏淵 12.15	子曰：「博學於文，約之以禮，亦可以弗畔矣夫！」
憲問 14.13	子路問成人。子曰：「若臧武仲之知，公綽之不欲，卞莊子

	之勇，冉求之藝，**文**之以**禮樂**，亦可以為成人矣。」曰：「今之成人者何必然？見利思義，見危授命，久要不忘平生之言，亦可以為成人矣。」
憲問 14.44	子曰：「上好**禮**，則民易使也。」
衛靈公 15.18	子曰：「君子**義**以為質，**禮**以行之，**孫**以出之，**信**以成之。君子哉！」
衛靈公 15.33	子曰：「知及之，仁不能守之，雖得之，必失之。知及之，仁能守之，不莊以涖之，則民不敬。**知**及之，**仁**能守之，**莊**以涖之，動之不以**禮**，未善也。」
陽貨 17.11	子曰：「**禮**云禮云！玉帛云乎哉？**樂**云樂云！鐘鼓云乎哉？」
陽貨 17.21	宰我問：「三年之喪，期已久矣。君子三年不為**禮**，禮必壞；三年不為**樂**，樂必崩。舊穀既沒，新穀既升，鑽燧改火，期可已矣。」子曰：「食夫稻，衣夫錦，於女安乎？」曰：「安。」「女安則為之！夫君子之居喪，食旨不甘，聞樂不樂，居處不安，故不為也。今女安，則為之！」宰我出。子曰：「予之不仁也！子生三年，然後免於父母之懷。夫三年之喪，天下之通喪也。予也有三年之愛於其父母乎？」
陽貨 17.24	子貢曰：「君子亦有惡乎？」子曰：「有惡，惡稱人之惡者，惡居下流而訕上者，惡**勇**而無**禮**者，惡果敢而窒者。」曰：「賜也亦有惡乎？」「惡徼以為知者，惡不孫以為勇者，惡訐以為直者。」
堯曰 20.3	孔子曰：「不知命，無以為君子也。不知**禮**，無以立也。不知言，無以知人也。」
鄉黨	孔子於鄉黨，恂恂如也，似不能言者。其在宗廟、便便言，唯謹爾。朝，與下大夫言，侃侃如也；與上大夫言，誾誾如也。君在，踧踖如也，與與如也。君召使擯，色勃如也，足躩如也。揖所與立，左右手。衣前後，襜如也。趨進，翼如也。賓退，必復命曰：「賓不顧矣。」入公門，鞠躬如也，

	如不容。立不中門，行不履閾。過位，色勃如也，足躩如也，其言似不足者。攝齊升堂，鞠躬如也，屏氣似不息者。出，降一等，逞顏色，怡怡如也。沒階趨進，翼如也。復其位，踧踖如也。執圭，鞠躬如也，如不勝。上如揖，下如授。勃如戰色，足蹜蹜，如有循。享禮，有容色。私覿，愉愉如也。
八佾 3.3	子曰：「人而不**仁**，如**禮**何？人而不仁，如**樂**何？」
八佾 3.4	林放問**禮**之本。子曰：「大哉問！禮，與其奢也，寧儉；喪，與其易也，寧戚。」
八佾 3.8	子夏問曰：「『巧笑倩兮，美目盼兮，素以為絢兮。』何謂也？」子曰：「繪事後素。」曰：「**禮**後乎？」子曰：「起予者商也，始可與言《**詩**》已矣！」
八佾 3.9	子曰：「夏**禮**，吾能言之，杞不足徵也；殷**禮**，吾能言之，宋不足徵也。文獻不足故也，足則吾能徵之矣。」
八佾 3.15	子入太廟，每事問。或曰：「孰謂鄹人之子知**禮**乎？入太廟，每事問。」子聞之曰：「是禮也。」
八佾 3.17	子貢欲去告朔之餼羊。子曰：「賜也，爾愛其羊，我愛其**禮**。」
八佾 3.18	子曰：「事君盡**禮**，人以為諂也。」
八佾 3.19	定公問：「君使臣，臣事君，如之何？」孔子對曰：「君使臣以**禮**，臣事君以**忠**。」
八佾 3.22	子曰：「管仲之器小哉！」或曰：「管仲儉乎？」曰：「管氏有三歸，官事不攝，焉得儉？」「然則管仲知**禮**乎？」曰：「邦君樹塞門，管氏亦樹塞門；邦君為兩君之好，有反坫，管氏亦有反坫。管氏而知禮，孰不知禮？」
八佾 3.26	子曰：「居上不寬，為**禮**不**敬**，臨喪不哀，吾何以觀之哉？」
里仁 4.13	子曰：「能以**禮讓**為國乎？何有！不能以禮讓為國，如禮何！」

泰伯 8.2	子曰：「**恭**而無**禮**則勞，**慎**而無禮則葸，**勇**而無禮則亂，**直**而無禮則絞。君子篤於親，則民興於仁；故舊不遺，則民不偷。」
泰伯 8.9	子曰：「興於《**詩**》，立於**禮**，成於**樂**。」
子罕 9.3	子曰：「麻冕，**禮**也；今也純，儉。吾從眾。拜下，**禮**也；今拜乎上，泰也。雖違眾，吾從下。」
子罕 9.10	顏淵喟然歎曰：「仰之彌高，鑽之彌堅，瞻之在前，忽焉在後！夫子循循然善誘人，博我以**文**，約我以**禮**。欲罷不能。既竭吾才，如有所立卓爾。雖欲從之，末由也已！」
子路 13.3	子路曰：「衛君待子而為政，子將奚先？」子曰：「必也正名乎！」子路曰：「有是哉，子之迂也！奚其正？」子曰：「野哉，由也！君子於其所不知，蓋闕如也。名不正，則言不順；言不順，則事不成；事不成，則**禮樂**不興；禮樂不興，則刑罰不中；刑罰不中，則民無所措手足。故君子名之必可言也，言之必可行也。君子於其言，無所苟而已矣！」
子路 13.4	樊遲請學稼。子曰：「吾不如老農。」請學為圃。曰：「吾不如老圃」樊遲出。子曰：「小人哉，樊須也！上好**禮**，則民莫敢不**敬**；上好**義**，則民莫敢不服；上好信，則民莫敢不用情。夫如是，則四方之民襁負其子而至矣，焉用稼？」
季氏 16.2	孔子曰：「天下有道，則**禮樂**征伐自天子出；天下無道，則**禮樂**征伐自諸侯出。自諸侯出，蓋十世希不失矣；自大夫出，五世希不失矣；陪臣執國命，三世希不失矣。天下有道，則政不在大夫。天下有道，則庶人不議。」
季氏 16.5	孔子曰：「益者三樂，損者三樂：樂節**禮樂**，樂道人之善，樂多賢友，益矣；樂驕樂，樂佚遊，樂宴樂，損矣。」
季氏 16.13	陳亢問於伯魚曰：「子亦有異聞乎？」對曰：「未也。嘗獨立，鯉趨而過庭。曰：『學《**詩**》乎？』對曰：『未也。』『不學《詩》，無以言。』鯉退而學《詩》。他日，又獨立，鯉趨而過庭。曰：『學**禮**乎？』對曰：『未也。』『不學禮，

	無以立！」鯉退而學禮。聞斯二者。」陳亢退而喜曰：「問一得三：聞《詩》，聞禮，又聞君子之遠其子也。」

論禮資料校正

	★A 禮用（禮的功能）── 和諧	
禮／意	有子曰：「禮之用，和為貴。先王之道，斯為美。小大由之，有所不行。知和而和，不以禮節之，亦不可行也。」※	學而 12
禮／意	射不主皮，為力不同科，古之道也。※	八佾 16
	★B 禮意── 仁心	
禮／意	人而不仁，如禮何？人而不仁，如樂何？※	八佾 3
禮／意	林放問禮之本。子曰：「大哉問！禮，與其奢也，寧儉；喪，與其易也，寧戚。」※	八佾 4
禮／意	子夏曰：「巧笑倩兮，美目盼兮，素以為絢兮。何謂也？」子曰：「繪事後素。」曰：「禮後乎？」子曰：「起予者商也，始可與言詩已矣！」※	八佾 8
禮／儀／意	祭如在，祭神如神在。子曰：「吾不與祭，如不祭。」※	八佾 12
禮／儀／意	王孫賈問曰：「與其媚於奧，寧媚於灶，何謂也？」子曰：「不然。獲罪於天，無所禱也。」※	八佾 13
禮／意	以約失之者，鮮矣！※	里仁 23
禮儀／意	子曰：「麻冕，禮也，今也純，儉，吾從眾。拜下，禮也，今拜乎上，泰也，雖違眾，吾從下。」※	子罕 3
禮／意	子曰：「禮云，禮云，玉帛云乎哉？樂云，樂云，鐘鼓云乎哉？」※	陽貨 11
禮／意	宰我問：「三年之喪，期已久矣！君子三年不為禮，禮必壞；三年不為樂，樂必崩。舊穀既沒，新穀既	陽貨 20

	升，鑽燧改火，期可已矣。」子曰：「食夫稻，衣夫錦，於女安乎？」曰：「安。」「女安則為之。夫君子之居喪，食旨不甘，聞樂不樂，居處不安，故不為也。今女安，則為之。」宰我出，子曰：「予之不仁也，予生三年，然後免於父母之懷。夫三年之喪，天下之通喪也。予也有三年之愛於其父母乎？」※	
禮／儀	非其鬼而祭之，諂也。見義不為，無勇也。※	為政 24
	★C 仁心的體現 —— 禮儀、禮容、禮物諸德	
禮／儀	君子無所爭，必也射乎！揖讓而升，下而飲。其爭也君子。※	八佾 7
禮／儀	子入太廟，每事問。或曰：「孰謂鄹人之子知禮乎？入太廟，每事問。」子聞之曰：「是禮也。」※	八佾 15
禮／儀	定公問：「君使臣，臣事君，如之何？」孔子對曰：「君使臣以禮，臣事君以忠。」※	八佾 19
禮／儀	事君數，斯辱矣！朋友數，斯疏矣！※	里仁 26 君
	君子**不重則不威**，學則不固。主忠信，無友不如己者。過則勿憚改。	學而 8
	有子曰：「信近於義，言可復也。**恭近於禮**，遠恥辱也。因不失其親，亦可宗也。」	學而 13
禮／儀／容	子貢曰：「貧而無諂，富而無驕，何如？」子曰：「可也，未若貧而樂，富而好禮者也。」子貢曰：「詩云：『如切如磋，如琢如磨。』其斯之謂與？」子曰：「賜也，始可與言詩已矣，告諸往而知來者。」※	學而 15
禮／儀／容	事君盡禮，人以為諂也。※	八佾 18
禮／容	居上不寬，為禮不敬，臨喪不哀，吾何以觀之哉！※	八佾 26
禮／儀／容	子曰：「恭而無禮則勞，慎而無禮則葸，勇而無禮則亂，直而無禮則絞。」※	

	★D 禮制──階序	
禮／儀／意	子貢欲去告朔之餼羊。子曰：「賜也，爾愛其羊，我愛其禮。」	八佾 17
禮／禮制	子張問：「十世可知也？」子曰：「殷因於夏禮，所損益可知也，周因於殷禮，所損益可知也。其或繼周者，雖百世，可知也。※	為政 23
禮／制	夷狄之有君，不如諸夏之亡也。※	八佾 5
禮／制	夏禮，吾能言之，杞不足徵也；殷禮，吾能言之，宋不足徵也。文獻不足故也，足，則吾能徵之矣！※	八佾 9
禮／制	周監於二代，郁郁乎文哉！吾從周。※	八佾 14
禮／制	子曰：「管仲之器小哉！」或曰：「管仲儉乎？」曰：「管氏有三歸，官事不攝，焉得儉。」「然則管仲知禮乎？」曰：「邦吾樹塞門，管氏亦樹塞門。邦君為兩君之好，有反坫，管氏亦有反坫。管氏而知禮，孰不知禮？」※	八佾 22
禮／制	能以禮讓為國乎，何有？不能以禮讓為國，如禮何？※	里仁 13
禮／儀	孔子謂：八佾舞於庭，是可忍也，孰不可忍也？※	八佾 1
禮／儀	三家者以雍徹。子曰：「相維辟公，天子穆穆。奚取於三家之堂？」※	八佾 2
禮／儀	季氏旅於泰山。子謂冉有曰：「女弗能救與？」對曰：「不能。」子曰：「嗚乎！曾謂泰山不如林放乎！」※	八佾 6
禮／儀	禘，自既灌而往者，吾不欲觀之矣！※	八佾 10
禮／儀	或問禘之說。子曰：「不知也。知其說者之於天下也，其如示諸斯乎？」指其掌。※	八佾 11
	★其他	
禮／儀／容	賢賢易色。……雖曰未學，吾必謂之學矣。※	學而 7

禮	哀公問社於宰我。宰我對曰：「夏后氏以松，殷人以柏，周人以栗。」曰：「使民戰栗。」子聞之曰：「成事不說，遂事不諫，既往不咎。」	八佾 21
禮／儀／言	邦君之妻，君稱之曰夫人，夫人自稱小童，邦人稱之曰君夫人，稱諸異邦曰寡小君，異邦人稱之亦曰君夫人。	季氏
詩	陳亢問於伯魚曰：「子亦有異聞乎？」對曰：「未也。嘗獨立，鯉趨而過庭，曰：『學詩乎？』對曰：『未也。』『不學詩，無以言。』鯉退而學詩。他日，又獨立，鯉趨而過庭。曰：『學禮乎？』對曰：『未也。』『不學禮，無以立。』鯉退而學禮。聞斯二者。」陳亢退而喜，曰：「問一得三，聞詩，聞禮，又聞君子之遠其子也。」	季氏 13
詩	子曰：「小子！何莫學夫詩。詩可以興，可以觀，可以群，可以怨，之事父，遠之事君，多識於鳥獸草木之名。」	陽貨 9
詩	子謂伯魚曰：「女為周南、召南乎？人而不為周南、召南，其猶正牆面而立也與。」	陽貨 10
論詩	子曰：「興於詩，立於禮，成於樂。」	泰伯 9
論詩	唐棣之華，偏其反而。豈不爾思，室是遠而。子曰：「未之思也夫，何遠之有？」	子罕 31
論樂	子曰：「師摯之始，關雎之亂，洋洋乎盈耳哉！」	泰伯 16

附錄九
孔子論禮資料重組

一　《論語》論「禮」的資料

依論《語論》「學」資料重組的方法，先列《語論》中論「禮」的資料，如下：

學而 1	為政 2	八佾 3	里仁 4	公冶長 5
雍也 6	述而 7	泰伯 8	子罕 9	鄉黨 10
先進 11	顏淵 12	子路 13	憲問 14	衛靈公 15
季氏 16	陽貨 17	微子 18	子張 19	堯曰 20

禮用 → 禮意 → 禮制 → 禮儀／禮容／禮物	
禮用	社會功能
禮意	言行所本的真心
禮制	成文或不成文的規範
禮儀	典禮、人際互動的程序
禮容	典禮、人際互動的態度（容色、口氣、措辭、姿勢）
禮物	典禮、人際互動所用的物品（場所、贈物）

學而 1.7	子夏曰：「賢賢易色，事父母能竭其力，事君能致其身，與朋友交言而有信。雖曰未學，吾必謂之學矣。」【禮】	意／儀／容

學而 1.8	子曰：「君子不重則不威，學則不固。主忠信。無友不如己者。過則勿憚改。」【禮】	容／意
學而 1.12	有子曰：「禮之用，和為貴。先王之道斯為美，小大由之。有所不行，知和而和，不以禮節之，亦不可行也。」	用
學而 1.13	有子曰：「信近於義，言可復也；恭近於禮，遠恥辱也；因不失其親，亦可宗也。」	容／儀
學而 1.15	子貢曰：「貧而無諂，富而無驕，何如？」子曰：「可也。未若貧而樂，富而好禮者也。」子貢曰：「詩云：『如切如磋，如琢如磨。』其斯之謂與？」子曰：「賜也，始可與言詩已矣！告諸往而知來者。」	儀／容／意
為政 2.3	子曰：「道之以政，齊之以刑，民免而無恥；道之以德，齊之以禮，有恥且格。」	制
為政 2.5	孟懿子問孝。子曰：「無違。」樊遲御，子告之曰：「孟孫問孝於我，我對曰『無違』。」樊遲曰：「何謂也？」子曰：「生，事之以禮；死，葬之以禮，祭之以禮。」	儀
為政 2.23	子張問：「十世可知也？」子曰：「殷因於夏禮，所損益，可知也；周因於殷禮，所損益，可知也；其或繼周者，雖百世可知也。」	制
為政 2.24	子曰：「非其鬼而祭之，諂也。見義不為，無勇也。」【禮】	儀／意
八佾 3.1	孔子謂季氏：「八佾舞於庭，是可忍也，孰不可忍也？」【禮】	制
八佾 3.2	三家者以雍徹。子曰：「『相維辟公，天子穆穆』，奚取於三家之堂？」【禮】	制
八佾 3.3	子曰：「人而不仁，如禮何？人而不仁，如樂何？」	意

八佾 3.4	林放問禮之本。子曰：「大哉問！禮，與其奢也，寧儉；喪，與其易也，寧戚。」	意
八佾 3.5	子曰：「夷狄之有君，不如諸夏之亡也。」【禮】	制
八佾 3.6	季氏旅於泰山。子謂冉有曰：「女弗能救與？」對曰：「不能。」子曰：「嗚呼！曾謂泰山，不如林放乎？」【禮】	制
八佾 3.7	子曰：「君子無所爭，必也射乎！揖讓而升，下而飲，其爭也君子。」【禮】	儀
八佾 3.8	子夏問曰：「『巧笑倩兮，美目盼兮，素以為絢兮。』何謂也？」子曰：「繪事後素。」曰：「禮後乎？」子曰：「起予者商也！始可與言詩已矣。」	意
八佾 3.9	子曰：「夏禮，吾能言之，杞不足徵也；殷禮，吾能言之，宋不足徵也。文獻不足故也，足則吾能徵之矣。」	制
八佾 3.10	子曰：「禘自既灌而往者，吾不欲觀之矣。」【禮】	儀
八佾 3.11	或問禘之說。子曰：「不知也。知其說者之於天下也，其如示諸斯乎！」指其掌。【禮】	儀
八佾 3.12	祭如在，祭神如神在。子曰：「吾不與祭，如不祭。」【禮】	意
八佾 3.13	王孫賈問曰：「與其媚於奧，寧媚於灶，何謂也？」子曰：「不然，獲罪於天，無所禱也。」【禮】	意
八佾 3.14	子曰：「周監於二代，郁郁乎文哉！吾從周。」【禮】	制
八佾 3.15	子入大廟，每事問。或曰：「孰謂鄹人之子知	意

	禮乎？入大廟，每事問。」子聞之曰：「是禮也。」	
八佾 3.16	子曰：「射不主皮，為力不同科，古之道也。」【禮】	意
八佾 3.17	子貢欲去告朔之餼羊。子曰：「賜也，爾愛其羊，我愛其禮。」	儀
八佾 3.18	子曰：「事君盡禮，人以為諂也。」	儀／容
八佾 3.19	定公問：「君使臣，臣事君，如之何？」孔子對曰：「君使臣以禮，臣事君以忠。」	儀
八佾 3.21	哀公問社於宰我。宰我對曰：「夏后氏以松，殷人以柏，周人以栗，曰使民戰栗。」子聞之曰：「成事不說，遂事不諫，既往不咎。」【禮】	制
八佾 3.22	子曰：「管仲之器小哉！」或曰：「管仲儉乎？」曰：「管氏有三歸，官事不攝，焉得儉？」「然則管仲知禮乎？」曰：「邦君樹塞門，管氏亦樹塞門；邦君為兩君之好，有反坫，管氏亦有反坫。管氏而知禮，孰不知禮？」	儀／制
八佾 3.26	子曰：「居上不寬，為禮不敬，臨喪不哀，吾何以觀之哉？」	儀／容
里仁 4.13	子曰：「能以禮讓為國乎？何有？不能以禮讓為國，如禮何？」	制
里仁 4.23	子曰：「以約失之者，鮮矣。」【禮】	意
里仁 4.26	子游曰：「事君數，斯辱矣，朋友數，斯疏矣。」【禮】	儀
雍也 6.26	子曰：「君子博學於文，約之以禮，亦可以弗畔矣夫。」	泛指

述而 7.18	子所雅言，詩、書、執禮，皆雅言也。	儀／容
述而 7.31	陳司敗問昭公知禮乎？孔子曰：「知禮。」孔子退，揖巫馬期而進之，曰：「吾聞君子不黨，君子亦黨乎？君取於吳為同姓，謂之吳孟子。君而知禮，孰不知禮？」巫馬期以告。子曰：「丘也幸，苟有過，人必知之。」	泛指
泰伯 8.2	子曰：「恭而無禮則勞，慎而無禮則葸，勇而無禮則亂，直而無禮則絞。君子篤於親，則民興於仁；故舊不遺，則民不偷。」	儀／容
泰伯 8.8	子曰：「興於詩，立於禮。成於樂。」	儀／容
泰伯 8.16	子曰：「師摯之始，關睢之亂，洋洋乎盈耳哉！」	
子罕 9.3	子曰：「麻冕，禮也；今也純，儉。吾從眾。拜下，禮也；今拜乎上，泰也。雖違眾，吾從下。」	容／儀／意
子罕 9.10	顏淵喟然歎曰：「仰之彌高，鑽之彌堅；瞻之在前，忽焉在後。夫子循循然善誘人，博我以文，約我以禮。欲罷不能，既竭吾才，如有所立卓爾。雖欲從之，末由也已。」	泛指
子罕 9.31	唐棣之華，偏其反而。豈不爾思，室是遠而。子曰：「未之思也夫，何遠之有？」	
鄉黨 10.5	執圭，鞠躬如也，如不勝。上如揖，下如授。勃如戰色，足縮縮，如有循。享禮，有容色。私覿，愉愉如也。	儀／容
先進 11.1	子曰：「先進於禮樂，野人也；後進於禮樂，君子也。如用之，則吾從先進。」	意
先進 11.25	子路、曾皙、冉有、公西華侍坐。子曰：「以吾一日長乎爾，毋吾以也。居則曰：『不吾知也！』如或知爾，則何以哉？」子路率爾而對	制

	曰:「千乘之國，攝乎大國之間，加之以師旅，因之以饑饉；由也為之，比及三年，可使有勇，且知方也。」夫子哂之。「求！爾何如？」對曰:「方六七十，如五六十，求也為之，比及三年，可使足民。**如其禮樂，以俟君子。**」「赤！爾何如？」對曰:「非曰能之，願學焉。宗廟之事，如會同，端章甫，願為小相焉。」「點！爾何如？」鼓瑟希，鏗爾，舍瑟而作。對曰:「異乎三子者之撰。」子曰:「何傷乎？亦各言其志也。」曰:「莫春者，春服既成。冠者五六人，童子六七人，浴乎沂，風乎舞雩，詠而歸。」夫子喟然歎曰:「吾與點也!」三子者出，曾晳後。曾晳曰:「夫三子者之言何如？」子曰:「亦各言其志也已矣。」曰:「夫子何哂由也？」曰:「**為國以禮，其言不讓，是故哂之。**」「唯求則非邦也與？」「安見方六七十如五六十而非邦也者？」「唯赤則非邦也與？」「宗廟會同，非諸侯而何？赤也為之小，孰能為之大？」【**學**】	
顏淵 12.1	顏淵問仁。子曰:「克己復禮為仁。一日克己復禮，天下歸仁焉。為仁由己，而由人乎哉？」顏淵曰:「請問其目。」子曰:「**非禮勿視，非禮勿聽，非禮勿言，非禮勿動。**」顏淵曰:「回雖不敏，請事斯語矣。」	儀
顏淵 12.5	司馬牛憂曰:「人皆有兄弟，我獨亡。」子夏曰:「商聞之矣:死生有命，富貴在天。君子敬而無失，**與人恭而有禮。**四海之內，皆兄弟也。君子何患乎無兄弟也？」	儀
顏淵 12.15	子曰:「君子博學於文，**約之以禮**，亦可以弗畔矣夫！」	泛指

子路 13.3	子路曰：「衛君待子而為政，子將奚先？」子曰：「必也正名乎！」子路曰：「有是哉，子之迂也！奚其正？」子曰：「野哉由也！君子於其所不知，蓋闕如也。名不正，則言不順；言不順，則事不成；**事不成，則禮樂不興；禮樂不興**，則刑罰不中；刑罰不中，則民無所措手足。故君子名之必可言也，言之必可行也。君子於其言，無所苟而已矣。」	制
子路 13.4	**樊遲請學稼**，子曰：「吾不如老農。」請學為圃。曰：「吾不如老圃。」樊遲出。子曰：「小人哉，樊須也！**上好禮，則民莫敢不敬**；上好義，則民莫敢不服；上好信，則民莫敢不用情。夫如是，則四方之民襁負其子而至矣，焉用稼？」	制
憲問 14.13	子路問成人。子曰：「若臧武仲之知，公綽之不欲，卞莊子之勇，冉求之藝，**文之以禮樂**，亦可以為成人矣。」曰：「今之成人者何必然？見利思義，見危授命，久要不忘平生之言，亦可以為成人矣。」	儀
憲問 14.44	子曰：「**上好禮，則民易使也**。」	制
衛靈公 15.17	子曰：「君子義以為質，**禮以行之**，孫以出之，信以成之。君子哉！」	儀
衛靈公 15.32	子曰：「知及之，仁不能守之；雖得之，必失之。知及之，仁能守之。不莊以涖之，則民不敬。知及之，仁能守之，莊以涖之。**動之不以禮，未善也**。」	儀
季氏 16.2	孔子曰：「天下有道，則禮樂征伐自天子出；天下無道，則禮樂征伐自諸侯出。自諸侯出，蓋十世希不失矣；自大夫出，五世希不失矣；	制

	陪臣執國命,三世希不失矣。天下有道,則政不在大夫。天下有道,則庶人不議。」	
季氏 16.5	孔子曰:「益者三樂,損者三樂。**樂節禮樂**,樂道人之善,樂多賢友,益矣。樂驕樂,樂佚遊,樂宴樂,損矣。」	制
季氏 16.13	陳亢問於伯魚曰:「子亦有異聞乎?」對曰:「未也。嘗獨立,鯉趨而過庭。曰:『學詩乎?』對曰:『未也。』『不學詩,無以言。』鯉退而學詩。他日又獨立,鯉趨而過庭。曰:『學禮乎?』對曰:『未也。』『不學禮,無以立。』鯉退而學禮。聞斯二者。」陳亢退而喜曰:「問一得三,聞詩,**聞禮**,又聞君子之遠其子也。」【禮】	泛指
季氏 16.	邦君之妻,君稱之曰夫人,夫人自稱曰小童;邦人稱之曰君夫人,稱諸異邦曰寡小君;異邦人稱之亦曰君夫人。【禮／儀／言】	儀／言
陽貨 17.9	子曰:「小子!何莫學夫詩。詩可以興,可以觀,可以群,可以怨,之事父,遠之事君,多識於鳥獸草木之名。」	
陽貨 17.10	子謂伯魚曰:「女為周南、召南乎?人而不為周南、召南,其猶正牆面而立也與。」	
陽貨 17.11	子曰:「**禮云禮云**,玉帛云乎哉?**樂云樂云**,鐘鼓云乎哉?」	意
陽貨 17.21	宰我問:「三年之喪,期已久矣。君子三年不**為禮,禮必壞**;三年不**為樂,樂必崩**。舊穀既沒,新穀既升,鑽燧改火,期可已矣。」子曰:「食夫稻,衣夫錦,於女安乎?」曰:「安。」「女安則為之!夫君子之居喪,食旨不甘,聞樂不樂,居處不安,故不為也。今女	儀

	安，則為之！」宰我出。子曰：「予之不仁也！子生三年，然後免於父母之懷。夫三年之喪，天下之通喪也。予也，有三年之愛於其父母乎？」	
陽貨 17.24	子貢曰：「君子亦有惡乎？」子曰：「有惡：惡稱人之惡者，惡居下流而訕上者，**惡勇而無禮者**，惡果敢而窒者。」曰：「賜也亦有惡乎？」「惡徼以為知者，惡不孫以為勇者，惡訐以為直者。」	儀
堯曰 20.3	子曰：「不知命，無以為君子也。不知禮，無以立也。不知言，無以知人也。」	儀

二　《論語》論「禮」的觀念系統

禮用→禮意→禮制→禮儀／禮容／禮物	
禮用	社會功能
禮意	言行所本的真心
禮制	成文或不成文的規範
禮儀	典禮、人際互動的程序
禮容	典禮、人際互動的態度（容色、口氣、措辭、姿勢）
禮物	典禮、人際互動所用的物品（場所、贈物）

A　禮用

學而 1.12	有子曰：「**禮之用，和為貴**。先王之道斯為美，小大由之。有所不行，知和而和，不以**禮**節之，亦不可行也。」	用 制

B 禮意

學而 1.7	子夏曰：「賢賢易色，事父母能竭其力，事君能致其身，與朋友交言而有信。雖曰未學，吾必謂之學矣。」【禮】	意（敬）／儀／容
八佾 3.3	子曰：「**人而不仁，如禮何？人而不仁，如樂何？**」	意（仁）
八佾 3.4	林放問禮之本。子曰：「大哉問！禮，與其奢也，寧儉；喪，與其易也，寧戚。」	意（誠）
八佾 3.8	子夏問曰：「『巧笑倩兮，美目盼兮，素以為絢兮。』何謂也？」子曰：「繪事後素。」曰：「禮後乎？」子曰：「起予者商也！始可與言詩已矣。」	意（誠）
八佾 3.12	祭如在，祭神如神在。子曰：「吾不與祭，如不祭。」【禮】	意（誠）
八佾 3.13	王孫賈問曰：「與其媚於奧，寧媚於灶，何謂也？」子曰：「不然，獲罪於天，無所禱也。」【禮】	意（不誠）
八佾 3.15	子入大廟，每事問。或曰：「孰謂鄹人之子知禮乎？入大廟，每事問。」子聞之曰：「是禮也。」	意（敬）
八佾 3.16	子曰：「射不主皮，為力不同科，古之道也。」【禮】	意
里仁 4.23	子曰：「以約失之者，鮮矣。」【禮】	意
先進 11.1	子曰：「先進於禮樂，野人也；後進於禮樂，君子也。如用之，則吾從先進。」	意（質樸）
陽貨 17.11	子曰：「**禮云禮云，玉帛云乎哉？樂云樂云，鐘鼓云乎哉？**」	意（誠）

C 禮制

為政 2.3	子曰：「道之以政，齊之以刑，民免而無恥；道之以德，齊之以禮，有恥且格。」	制
為政 2.23	子張問：「十世可知也？」子曰：「殷因於夏禮，所損益，可知也；周因於殷禮，所損益，可知也；其或繼周者，雖百世可知也。」	制
八佾 3.1	孔子謂季氏：「八佾舞於庭，是可忍也，孰不可忍也？」【禮】	制
八佾 3.2	三家者以雍徹。子曰：「『相維辟公，天子穆穆』，奚取於三家之堂？」【禮】	制
八佾 3.5	子曰：「夷狄之有君，不如諸夏之亡也。」【禮】	制
八佾 3.6	季氏旅於泰山。子謂冉有曰：「女弗能救與？」對曰：「不能。」子曰：「嗚呼！曾謂泰山，不如林放乎？」【禮】	制
八佾 3.9	子曰：「夏禮，吾能言之，杞不足徵也；殷禮，吾能言之，宋不足徵也。文獻不足故也，足則吾能徵之矣。」	制
八佾 3.14	子曰：「周監於二代，郁郁乎文哉！吾從周。」【禮】	制
八佾 3.21	哀公問社於宰我。宰我對曰：「夏后氏以松，殷人以柏，周人以栗，曰使民戰栗。」子聞之曰：「成事不說，遂事不諫，既往不咎。」【禮】	制
里仁 4.13	子曰：「能以禮讓為國乎？何有？不能以禮讓為國，如禮何？」	制
先進 11.25	子路、曾皙、冉有、公西華侍坐。子曰：「以吾一日長乎爾，毋吾以也。居則曰：「不吾知	制

	也！』如或知爾，則何以哉？」子路率爾而對曰：「千乘之國，攝乎大國之間，加之以師旅，因之以饑饉；由也為之，比及三年，可使有勇，且知方也。」夫子哂之。「求！爾何如？」對曰：「方六七十，如五六十，求也為之，比及三年，可使足民。**如其禮樂，以俟君子。**」「赤！爾何如？」對曰：「非曰能之，願學焉。宗廟之事，如會同，端章甫，願為小相焉。」「點！爾何如？」鼓瑟希，鏗爾，舍瑟而作。對曰：「異乎三子者之撰。」子曰：「何傷乎？亦各言其志也。」曰：「莫春者，春服既成。冠者五六人，童子六七人，浴乎沂，風乎舞雩，詠而歸。」夫子喟然歎曰：「吾與點也！」三子者出，曾皙後。曾皙曰：「夫三子者之言何如？」子曰：「亦各言其志也已矣。」曰：「夫子何哂由也？」曰：「**為國以禮**，其言不讓，是故哂之。」「唯求則非邦也與？」「安見方六七十如五六十而非邦也者？」「唯赤則非邦也與？」「宗廟會同，非諸侯而何？赤也為之小，孰能為之大？」【**學**】	
子路 13.3	子路曰：「衛君待子而為政，子將奚先？」子曰：「必也正名乎！」子路曰：「有是哉，子之迂也！奚其正？」子曰：「野哉由也！君子於其所不知，蓋闕如也。名不正，則言不順；言不順，則事不成；**事不成，則禮樂不興；禮樂不興**，則刑罰不中；刑罰不中，則民無所措手足。故君子名之必可言也，言之必可行也。君子於其言，無所苟而已矣。」	制
子路 13.4	**樊遲請學稼**，子曰：「吾不如老農。」請學為圃。曰：「吾不如老圃。」樊遲出。子曰：「小	制

	人哉，樊須也！**上好禮，則民莫敢不敬**；上好義，則民莫敢不服；上好信，則民莫敢不用情。夫如是，則四方之民襁負其子而至矣，焉用稼？」	
憲問 14.44	子曰：「**上好禮，則民易使也。**」	制
季氏 16.2	孔子曰：「天下有道，則**禮樂征伐自天子出**；天下無道，則**禮樂征伐自諸侯出**。自諸侯出，蓋十世希不失矣；自大夫出，五世希不失矣；陪臣執國命，三世希不失矣。天下有道，則政不在大夫。天下有道，則庶人不議。」	制
季氏 16.5	孔子曰：「益者三樂，損者三樂。**樂節禮樂**，樂道人之善，樂多賢友，益矣。樂驕樂，樂佚遊，樂宴樂，損矣。」	制

D 禮儀

學而 1.15	子貢曰：「貧而無諂，富而無驕，何如？」子曰：「可也。未若貧而樂，**富而好禮者也。**」子貢曰：「詩云：『如切如磋，如琢如磨。』其斯之謂與？」子曰：「賜也，始可與言詩已矣！告諸往而知來者。」	儀／容／意
為政 2.5	孟懿子問孝。子曰：「無違。」樊遲御，子告之曰：「孟孫問孝於我，我對曰『無違』。」樊遲曰：「何謂也？」子曰：「**生，事之以禮；死，葬之以禮，祭之以禮。**」	儀
為政 2.24	子曰：「非其鬼而祭之，諂也。見義不為，無勇也。」【禮】	儀／意
八佾 3.7	子曰：「君子無所爭，必也射乎！揖讓而升，下而飲，其爭也君子。」【禮】	儀

八佾 3.10	子曰：「禘自既灌而往者，吾不欲觀之矣。」【禮】	儀
八佾 3.11	或問禘之說。子曰：「不知也。知其說者之於天下也，其如示諸斯乎！」指其掌。【禮】	儀
八佾 3.22	子曰：「管仲之器小哉！」或曰：「管仲儉乎？」曰：「管氏有三歸，官事不攝，焉得儉？」「然則管仲知禮乎？」曰：「邦君樹塞門，管氏亦樹塞門；邦君為兩君之好，有反坫，管氏亦有反坫。管氏而知禮，孰不知禮？」	儀／制
八佾 3.26	子曰：「居上不寬，為禮不敬，臨喪不哀，吾何以觀之哉？」	儀／容
里仁 4.26	子游曰：「事君數，斯辱矣，朋友數，斯疏矣。」【禮】	儀
述而 7.18	子所雅言，詩、書、執禮，皆雅言也。	儀／容
泰伯 8.2	子曰：「恭而無禮則勞，慎而無禮則葸，勇而無禮則亂，直而無禮則絞。君子篤於親，則民興於仁；故舊不遺，則民不偷。」	儀／容
泰伯 8.8	子曰：「興於詩，立於禮。成於樂。」	儀／容
八佾 3.17	子貢欲去告朔之餼羊。子曰：「賜也，爾愛其羊，我愛其禮。」	儀
八佾 3.18	子曰：「事君盡禮，人以為諂也。」	儀／容
八佾 3.19	定公問：「君使臣，臣事君，如之何？」孔子對曰：「君使臣以禮，臣事君以忠。」	儀
鄉黨 10.5	執圭，鞠躬如也，如不勝。上如揖，下如授。勃如戰色，足縮縮，如有循。享禮，有容色。私覿，愉愉如也。	儀／容

顏淵 12.1	顏淵問仁。子曰：「**克己復禮**為仁。一日克己復禮，天下歸仁焉。為仁由己，而由人乎哉？」顏淵曰：「請問其目。」子曰：「**非禮勿視，非禮勿聽，非禮勿言，非禮勿動。**」顏淵曰：「回雖不敏，請事斯語矣。」	儀
顏淵 12.5	司馬牛憂曰：「人皆有兄弟，我獨亡。」子夏曰：「商聞之矣：死生有命，富貴在天。君子敬而無失，**與人恭而有禮**。四海之內，皆兄弟也。君子何患乎無兄弟也？」	儀
憲問 14.13	子路問成人。子曰：「若臧武仲之知，公綽之不欲，卞莊子之勇，冉求之藝，**文之以禮樂**，亦可以為成人矣。」曰：「今之成人者何必然？見利思義，見危授命，久要不忘平生之言，亦可以為成人矣。」	儀
衛靈公 15.17	子曰：「君子義以為質，**禮以行之**，孫以出之，信以成之。君子哉！」	儀
衛靈公 15.32	子曰：「知及之，仁不能守之；雖得之，必失之。知及之，仁能守之。不莊以涖之，則民不敬。知及之，仁能守之，莊以涖之。**動之不以禮，未善也。**」	儀
季氏 16.	邦君之妻，君稱之曰夫人，夫人自稱曰小童；邦人稱之曰君夫人，稱諸異邦曰寡小君；異邦人稱之亦曰君夫人。【禮／儀／言】	儀／言
陽貨 17.21	宰我問：「三年之喪，期已久矣。**君子三年不為禮，禮必壞；三年不為樂，樂必崩。**舊穀既沒，新穀既升，鑽燧改火，期可已矣。」子曰：「食夫稻，衣夫錦，於女安乎？」曰：「安。」「女安則為之！夫君子之居喪，食旨不甘，聞樂不樂，居處不安，故不為也。今女	儀

	安，則為之！」宰我出。子曰：「予之不仁也！子生三年，然後免於父母之懷。夫三年之喪，天下之通喪也。予也，有三年之愛於其父母乎？」	
陽貨 17.24	子貢曰：「君子亦有惡乎？」子曰：「有惡：惡稱人之惡者，惡居下流而訕上者，**惡勇而無禮者**，惡果敢而窒者。」曰：「賜也亦有惡乎？」「惡徼以為知者，惡不孫以為勇者，惡訐以為直者。」	儀
堯曰 20.3	子曰：「不知命，無以為君子也。**不知禮，無以立也**。不知言，無以知人也。」	儀

E 禮容

學而 1.8	子曰：「**君子不重則不威，學則不固。主忠信。無友不如己者。過則勿憚改。**」【禮】	容／意
學而 1.13	有子曰：「信近於義，言可復也；**恭近於禮，遠恥辱也**；因不失其親，亦可宗也。」	容／儀

F 禮物

子罕 9.3	子曰：「**麻冕，禮也**；今也純，儉。吾從眾。拜下，**禮也**；今拜乎上，泰也。雖違眾，吾從下。」	物／容／意

G 泛指

雍也 6.26	子曰：「君子博學於文，**約之以禮**，亦可以弗畔矣夫。」	泛指
述而 7.31	陳司敗問昭公知禮乎？孔子曰：「**知禮。**」孔子退，揖巫馬期而進之，曰：「吾聞君子不	泛指

		黨，君子亦黨乎？君取於吳為同姓，謂之吳孟子。君而知禮，孰不知禮？」巫馬期以告。子曰：「丘也幸，苟有過，人必知之。」	
子罕 9.10		顏淵喟然歎曰：「仰之彌高，鑽之彌堅；瞻之在前，忽焉在後。夫子循循然善誘人，博我以文，**約我以禮**。欲罷不能，既竭吾才，如有所立卓爾。雖欲從之，末由也已。」	泛指
顏淵 12.15		子曰：「君子博學於文，**約之以禮**，亦可以弗畔矣夫！」	泛指
季氏 16.13		陳亢問於伯魚曰：「子亦有異聞乎？」對曰：「未也。嘗獨立，鯉趨而過庭。曰：『**學詩**乎？』對曰：『未也。』『不學詩，無以言。』鯉退而**學詩**。他日又獨立，鯉趨而過庭。曰：『**學禮**乎？』對曰：『未也。』『不學禮，無以立。』鯉退而**學禮**。聞斯二者。」陳亢退而喜曰：「問一得三，聞詩，**聞禮**，又聞君子之遠其子也。」【禮】	泛指

H 詩、樂與禮

泰伯 8.16		子曰：「師摯之始，關雎之亂，洋洋乎盈耳哉！」	
子罕 9.31		唐棣之華，偏其反而。豈不爾思，室是遠而。子曰：「未之思也夫，何遠之有？」	
陽貨 17.9		子曰：「小子！何莫學夫詩。詩可以興，可以觀，可以群，可以怨，之事父，遠之事君，多識於鳥獸草木之名。」	
陽貨 17.10		子謂伯魚曰：「女為周南、召南乎？人而不為周南、召南，其猶正牆面而立也與。」	

附錄十
孔子的思想系統及其跨時代性質

一 孔子思想系統

《論語》是孔子弟子、門人所記的語錄，記錄孔子和弟子的對話、孔子弟子的言論，因此是了解孔子思想最可靠的文獻。

探討一個人的思想必須是系統的，探討孔子思想也是如此。但是《論語》的語錄體裁卻不是系統的呈現孔子思想，因此從《論語》探討孔子思想，首先需要一套系統的論題，姑且稱為「分析模式」，而後將《論語》各章納入這個分析模式。

如何製定這套系統的論題？系統的分析模式？

孔子和弟子的師生關係決定了首出的論題是「教育」、「學習」，在《論語》中，「學」這個詞呈現了「教育」、「學習」這個論題。這個論題可以名為「教育思想」。

「教育」、「學習」是知識的探討，必須有其對象，即探討什麼知識。以孔子一生所面對、關切的事情來看，莫過於周天下的禮壞樂崩。在《論語》中，「禮」這個詞呈現了禮壞樂崩的相關問題，因此，這個論題可以名為「禮樂思想」。

「禮」是人群組織的規範，它的內涵包括「禮用」、「禮意」、「禮制」、「禮儀」、「禮容」、和「禮物」。禮用指禮的功能。禮意指禮制和禮儀所以能夠發揮功能的依據——誠意。禮制指群體組織賴以活動、運作的規範，它因組織內人際互動、階序、事務而分化為各種層次、類別的風俗習慣、法律。禮儀和禮容、禮物三者合而為一，是人際互

動的程序、言行、和物品。其中，禮容包括臉色、口氣、姿勢、言辭及其內容，統稱為「態度」。禮物則在各種文化中各有其象徵意義。

　　禮既然是人群組織的規範，必定是人際的規範。人際規範在傳統上以「五倫」名之，即君臣、父子、夫婦、昆弟、朋友。因此，在禮樂思想落實到生活實踐，就有君臣之間的「政治倫理」，父子之間、夫婦之間、昆弟之間的「親屬倫理」，和廣義的朋友之間的「社會倫理」。

　　在倫理生活中，遵循或悖離規範的言行成為判斷個人品格的德目，包括善德和惡德。從善德到惡德有從聖賢君子到小人之名，這是《論語》中出現頻率相當高的名稱，足以成為孔子思想的要論題，而可以名之為「道德德目」。

　　依循禮樂規範而成就的道德言行，畢竟是他律的。如果個人內心缺乏自發的道德意識，甚至充滿邪枉的心術，所有的禮樂規範將淪為邪枉的工具。為了避免禮樂規範淪為邪枉心術的工具，必須探索發自內心的道德意識。《論語》中的「仁」一詞就體現這個道德思想。

　　由此而觀，《論語》中所記的孔子思想包括了「教育思想」、「禮樂思想」、和「道德思想」。在「禮樂思想」之下，衍生出「政治倫理」、「親屬倫理」、和「社會倫理」，從另一個層面來看，實踐「政治倫理」、「親屬倫理」、和「社會倫理」的言行形成從聖賢君子到小人的「道德德目」。茲將孔子思想所涉及的論題表列如下：

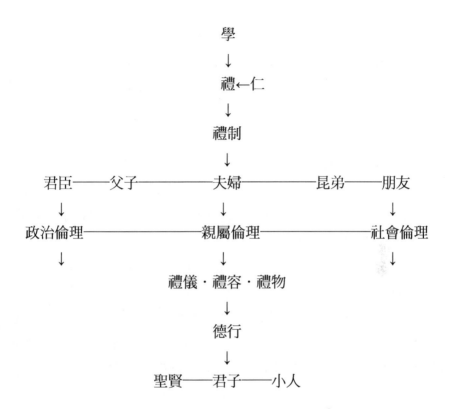

二　孔子思想的跨時代性質

　　孔子思想的核心是「禮樂」,「禮樂」是因應人群組織的需要而有的。因此,組織是禮樂思想的基礎。

　　自古及今,組織有各種類別,也有各式各樣的演變。就人類組織的發生而言,最原始的組織是由具有血緣、親屬關係的人組成的,可以名為「原生組織」,它具有生產、分配、休閒娛樂、心理認同等功能。而組織的這些功能所以能夠發揮,端賴規範,從風俗到法律的各種規範。宗法組織就屬於這種組織。

　　隨著生產的需要,技術的變革,組織納入沒有血緣、親屬關的成

員。又因組織的目的、目標不同,而分化為各種功能組織。這種納入非血緣、親屬關係成員的組織可以名為「衍生組織」。

衍生組織有二種。第一種以具有血緣關係的成員為主幹,它的所有權屬於私人,私人可以指個人,也可以指具有血緣關係的成員。這種組織如封建組織、帝制組織、私人公司組織。

當所有權屬於公眾時,就成為第二種衍生組織。現代的法律概念稱為「法人」。有私法人和公法人之別。私法人又分為公益法人和營利法人,公益法人如私立學校,營利法人如私人公司。公法人則指國家、地方自治團體,如臺北市。

雖然演變到衍生組織,原生組織的功能——生產、分配、休閒娛樂、心理認同等——仍然延續到衍生組織,只是有些功能強化,而另一些功能弱化而已。不只如此,原生組織的凝聚因子——血緣、親情、私密——也隨之延續到衍生組織,而產生各種曲折的公、私難題。而化解公、私糾纏的唯一方法就是訴諸規範,從「禮」到「法」的各種規範。

從「組織—規範」一體兩面的關係來看,孔子以禮為核心的思想有跨時代的效力,並不因為孔子處於「宗法—封建」的時代就不適用於現代。

附錄十一
《論語》中「仁」思想的研究步驟

一　根據《論語》索引列出關於「仁」字的章節。

二　逐章圈出與「仁」相關的重要概念。

學而而	2 有子曰：「其為人也**孝弟**，而好犯上者，鮮矣。不好犯上，而好作亂者，未之有也。君子務本，本立而道生。孝弟也者，其為**仁**之本與！」
學而	3 子曰：「巧**言**令**色**，鮮矣**仁**！」
學而	6 子曰：「弟子入則**孝**，出則**弟**，謹而信，汎**愛眾**，而**親仁**。行有餘力，則以**學文**。」
八佾	3 子曰：「人而不**仁**，如**禮**何？人而不仁，如**樂**何？」
里仁	1 子曰：「里**仁**為美。擇不處仁，焉得**知**？」
里仁	2 子曰：「不**仁**者不可以久**處約**，不可以長**處樂**。仁者**安仁**，知者**利仁**。」
里仁	3 子曰：「唯**仁**者能**好人**，能**惡人**。」
里仁	4 子曰：「苟志於仁矣，無惡也。」
里仁	5 子曰：「**富與貴**，是人之所欲也，不以其道得之，不處也。**貧與賤**，是人之惡也，不以其道得之，不去也。君子去**仁**，惡乎成名？君子無終食之間違仁，造次必於是，顛沛必於是。」
里仁	6 子曰：「我未見**好仁**者，**惡不仁**者。好仁者，無以尚之；惡不仁者，其為仁矣，不使不仁者加乎其身。有能一日用其力於仁矣乎？我未見力不足者。蓋有之矣，我未之見也。」
里仁	7 子曰：「人之過也，各於其黨。觀**過**，斯知**仁**矣。」

雍也	23 子曰：「**知**者樂水，**仁**者樂山；知者動，仁者靜；知者樂，仁者壽。」
雍也	26 宰我問曰：「**仁**者，雖告之曰：『井有仁焉。』其從之也？」子曰：「何為其然也？君子可逝也，不可陷也；可欺也，不可罔也。」
雍也	30 子貢曰：「如有**博施**於民而能**濟眾**，何如？可謂仁乎？」子曰：「何事於仁！必也聖乎！堯舜其猶病諸！夫仁者，**己欲立**而立人，**己欲達**而達人。能近取譬，可謂**仁**之方也已。」
述而	30 子曰：「**仁**遠乎哉？我欲仁，斯仁至矣！」
泰伯	11 子曰：「好**勇**疾貧，亂也。人而不仁，疾之已甚，亂也。」
子罕	29 子曰：「**知**者不惑，**仁**者不憂，**勇**者不懼。」
顏淵	1 顏淵問仁。子曰：「**克己復禮為仁**。一日克己復禮，天下歸仁焉。為仁由己，而由人乎哉？」顏淵曰：「請問其目？」子曰：「非禮勿視，非禮勿聽，非禮勿言，非禮勿動。」顏淵曰：「回雖不敏，請事斯語矣！」
顏淵	2 仲弓**問仁**。子曰：「出門如見大賓；使民如承大祭；己所不欲，勿施於人；在邦**無怨**，在家無怨。」仲弓曰：「雍雖不敏，請事斯語矣！」
顏淵	3 司馬牛**問仁**。子曰：「仁者，其**言**也訒。」曰：「其言也訒，斯謂之仁矣乎？」子曰：「為之難，言之得無訒乎？」
顏淵	22 樊遲**問仁**。子曰：「**愛人**。」問知。子曰：「**知人**。」樊遲未達。子曰：「**舉直錯諸枉**，能使枉者直。」樊遲退，見子夏，曰：「子曰：『舉直錯諸枉，能使枉者直。』何謂也？」子夏曰：「富哉言乎！舜有天下，選於眾，舉皋陶，不仁者遠矣。湯有天下，選於眾，舉伊尹，不仁者遠矣。」
子路	19 樊遲**問仁**。子曰：「居處**恭**，執事**敬**，與人**忠**；雖之夷狄，不可棄也。」
子路	27 子曰：「**剛、毅、木訥**，近**仁**。」

憲問	2	「克、伐、怨、欲，不行焉，可以為仁矣？」子曰：「可以為難矣，仁則吾不知也。」
憲問	5	子曰：「有德者，必有言；有言者，不必有德。仁者，必有勇；勇者，不必有仁。」
衛靈公	9	子曰：「志士仁人，無求生以害仁，有殺身以成仁。」
衛靈公	10	子貢問為仁。子曰：「工欲善其事，必先利其器。居是邦也，事其大夫之賢者，友其士之仁者。」
衛靈公	33	子曰：「知及之，仁不能守之，雖得之，必失之。知及之，仁能守之，不莊以涖之，則民不敬。知及之，仁能守之，莊以涖之，動之不以禮，未善也。」
衛靈公	35	子曰：「民之於仁也，甚於水火。水火，吾見蹈而死者矣，未見蹈仁而死者也。」
衛靈公	36	子曰：「當仁，不讓於師。」
陽貨	6	子張問仁於孔子。孔子曰：「能行五者於天下，為仁矣。」請問之。曰：「恭、寬、信、敏、惠：恭則不侮，寬則得眾，信則人任焉，敏則有功，惠則足以使人。」
陽貨	21	宰我問：「三年之喪，期已久矣。君子三年不為禮，禮必壞；三年不為樂，樂必崩。舊穀既沒，新穀既升，鑽燧改火，期可已矣。」子曰：「食夫稻，衣夫錦，于女安乎？」曰：「安！」「女安則為之。夫君子之居喪，食旨不甘，聞樂不樂，居處不安，故不為也。今女安，則為之。」宰我出。子曰：「予之不仁也！子生三年，然後免于父母之懷。夫三年之喪，天下之通喪也。予也有三年之愛于其父母乎？」

三　根據分析模式將論「仁」各章重組成有系統的思想。

四　如何建立分析模式？以「仁」為核心而提出若干問題，將這些問題轉換為論題，並組織成系統。

　（1）「仁」是什麼？是道德心靈。那麼，如何認識它？

（2）透過言語和行為。什麼樣的言語是仁的體現？

（3）什麼樣的行為是仁的體現？言語和行為涉及對象，有哪些對象？

（4）「仁」的體現需要什麼樣的相關條件？

五　前述問題可以轉換為下列論題：

（1）心靈特質。

（2）言語特徵。

（3.1）行為對象──自我。

（3.21）行為對象──私領域：親屬（夫婦、親子、昆弟、長幼）。朋友（知交、同學、同好、交易雙方）。

（3.22）行為對象──公領域：行政、政治關係雙方或多方。

（4）「仁」的體現的相關條件。

六　以這個分析模式重組關於「仁」的各章節資料時，有些章節不易立即辨明其論題，因此須反覆分析，先尋其論題明顯者，而後思辨其論題難定者。

七　重組完畢之後，為了避免遺漏，將重組的資料逐章與（二）比對。

（1）心靈特質

述而	30 子曰：「仁遠乎哉？我欲仁，斯仁至矣！」
子罕	29 子曰：「知者不惑，仁者不憂，勇者不懼。」
雍也	23 子曰：「知者樂水，仁者樂山；知者動，仁者靜；知者樂，仁者壽。」
子路	27 子曰：「剛、毅、木訥，近仁。」

（2）言語特徵

學而	3 子曰：「巧言令色，鮮矣仁！」
顏淵	3 司馬牛問仁。子曰：「仁者，其言也訒。」曰：「其言也訒，斯謂之仁矣乎？」子曰：「為之難，言之得無訒乎？」
子路	27 子曰：「剛、毅、木訥，近仁。」

（3.1）行為對象——自我

里仁	2 子曰：「不仁者不可以久處約，不可以長處樂。仁者安仁，知者利仁。」
里仁	3 子曰：「唯仁者能好人，能惡人。」
里仁	4 子曰：「苟志於仁矣，無惡也。」
里仁	5 子曰：「富與貴，是人之所欲也，不以其道得之，不處也。貧與賤，是人之惡也，不以其道得之，不去也。君子去仁，惡乎成名？君子無終食之間違仁，造次必於是，顛沛必於是。」
里仁	6 子曰：「我未見好仁者，惡不仁者。好仁者，無以尚之；惡不仁者，其為仁矣，不使不仁者加乎其身。有能一日用其力於仁矣乎？我未見力不足者。蓋有之矣，我未之見也。」
泰伯	11 子曰：「好勇疾貧，亂也。人而不仁，疾之已甚，亂也。」
子路	19 樊遲問仁。子曰：「居處恭，執事敬，與人忠；雖之夷狄，不可棄也。」
憲問	2 「克、伐、怨、欲，不行焉，可以為仁矣？」子曰：「可以為難矣，仁則吾不知也。」
衛靈公	9 子曰：「志士仁人，無求生以害仁，有殺身以成仁。」
衛靈公	35 子曰：「民之於仁也，甚於水火。水火，吾見蹈而死者矣，未見蹈仁而死者也。」
衛靈公	36 子曰：「當仁，不讓於師。」

（3.21）行為對象——私領域

學而	2 有子曰：「其為人也**孝弟**，而好犯上者，鮮矣。不好犯上，而好作亂者，未之有也。君子務本，本立而道生。孝弟也者，其為**仁**之本與！」
學而	6 子曰：「弟子入則**孝**，出則**弟**，謹而信，汎**愛眾**，而**親仁**。行有餘力，則以**學文**。」
里仁	7 子曰：「人之過也，各於其黨。觀過，斯知仁矣。」
衛靈公	10子貢**問為仁**。子曰：「工欲善其事，必先利其器。居是邦也，事其大夫之賢者，友其士之仁者。」
陽貨	6 子張**問仁**於孔子。孔子曰：「能行五者於天下，為仁矣。」請問之。曰：「**恭、寬、信、敏、惠**：恭則不侮，寬則得眾，信則人任焉，敏則有功，惠則足以使人。」
陽貨	21宰我問：「三年之喪，期已久矣。君子三年不為**禮**，禮必壞；三年不為樂，樂必崩。舊穀既沒，新穀既升，鑽燧改火，期可已矣。」子曰：「食夫稻，衣夫錦，于女**安**乎？」曰：「安！」「女安則為之。夫君子之居喪，食旨不甘，聞樂不樂，居處不安，故不為也。今女安，則為之。」宰我出。子曰：「予之**不仁**也！子生三年，然後免于父母之懷。夫三年之喪，天下之通喪也。予也有三年之愛于其父母乎？」

（3.22）行為對象——公領域

雍也	30子貢曰：「如有**博施**於民而能**濟眾**，何如？可謂仁乎？」子曰：「何事於仁！必也聖乎！堯舜其猶病諸！夫仁者，**己欲立**而立人，**己欲達**而達人。能近取譬，可謂**仁**之方也已。」
顏淵	1 顏淵問仁。子曰：「**克己復禮為仁**。一日克己復禮，天下歸仁焉。為仁由己，而由人乎哉？」顏淵曰：「請問其目？」子曰：「非禮勿視，非禮勿聽，非禮勿言，非禮勿動。」顏淵曰：「回雖不敏，請事斯語矣！」

顏淵	2 仲弓**問仁**。子曰：「出門如見大賓；使民如承大祭；己所不欲，勿施於人；在邦**無怨**，在家無怨。」仲弓曰：「雍雖不敏，請事斯語矣！」
顏淵	22樊遲**問仁**。子曰：「**愛人**。」問知。子曰：「**知人**。」樊遲未達。子曰：「**舉直錯諸枉**，能使枉者直。」樊遲退，見子夏，曰：「子曰：『舉直錯諸枉，能使枉者直。』何謂也？」子夏曰：「富哉言乎！舜有天下，選於眾，舉皋陶，不仁者遠矣。湯有天下，選於眾，舉伊尹，不仁者遠矣。」
衛靈公	33子曰：「**知**及之，**仁**不能守之，雖得之，必失之。知及之，仁能守之，**不莊**以涖之，則民不敬。知及之，仁能守之，莊以涖之，動之不以**禮**，未善也。」

（3.3）「仁」的體現的相關條件

八佾	3 子曰：「人而不**仁**，如**禮**何？人而不仁，如**樂**何？」
里仁	1 子曰：「里**仁**為美。擇不處仁，焉得**知**？」
雍也	26宰我問曰：「**仁者**，雖告之曰：『井有仁焉。』其從之也？」子曰：「何為其然也？君子可逝也，不可陷也；可欺也，不可罔也。」
憲問	5 子曰：「有德者，必有言；有言者，不必有德。**仁者**，必有**勇**；勇者，不必有仁。」

七　「仁」的思想系統既已重組完畢，而後分析闡明各論題的義蘊。

八　將前述研究結果置於當代環境，以通古今之變。

孔子論仁

一 仁是心靈、精神境界

述而	30 子曰：「仁遠乎哉？我欲仁，斯仁至矣！」
子罕	29 子曰：「知者不惑，仁者不憂，勇者不懼。」
雍也	23 子曰：「知者樂水，仁者樂山；知者動，仁者靜；知者樂，仁者壽。」
子路	27 子曰：「剛、毅、木訥，近仁。」

1 《論語・子罕》第三十章述孔子之言說：「仁遠乎哉？我欲仁，斯仁至矣！」孔子這句話的語境可以視為談過「仁」的意義之後的勉勵，勉勵弟子立行仁之志（欲）。但是也可以配合後來的孟子、中庸、大學所述善、誠、明德，而視為仁的描述。只是這個描述是間接的。

大凡欲求都需要條件始能實現，而仁卻不需要條件，只須心思即至即生，所以說：「我欲仁，斯仁至矣！」那麼，人心之中有什麼內涵是不需要條件的？

欲望不是仁，因為欲望以吞噬、滿足為本性，它正是仁所要克制的，即所謂「克己復禮」。意志不是仁，因為意志是欲望投向對象（包括「仁」）的動力。**個性**不是仁，因為個性呈現為言行的特殊方式，而仁呈現為愛人（《論語・顏淵》第二十二章：「樊遲問仁。子曰：愛人。」）。**認知能力**不是仁，因為，不論感性或理性的認知能力，都需要認知對象作為件，才能完成認知活動而有知識。情感不是仁，因為情感需要事情的激盪作為條件。道德感也不是仁，因為道德感呈現為道德判斷時，需要對象作為判斷的對象。美感也不

是仁，因為它需要對象的激盪作為條件。要而言之，凡是需要對象才能生起意識內涵者都不是仁。

可是意識內涵都必須透過認知作為基礎條件才能升起，則仁不是既有的感性、理性能力所能認識的。那麼將如何認識仁？以感性、理性能力認識事物時，常以已知推未知的方法，若以這個方法來認識仁，則須從既有的意識內涵——憂慮和恐懼——來推知仁。

2 《論語·子罕》第二十九章述孔子之言說：「知者不惑，仁者不憂，勇者不懼。」

「憂」是擔心事物未來狀態不利或有害於己的情感。它生於確知或不確知事物的未來狀態。如果不確知，是因為現有的知識不足以知之，如果確知，則是因為無力消弭事物未來狀態對自己的傷害。而仁是對事物未來狀態無所憂慮的心靈或精神境界，無論任何事物。

「惑」是不明或誤解對象實況的認知狀態。人的知識無論如何淵博，不可能全知，因此對於對象總難免有範圍多寡和程度不等的困惑，即不明或誤解。則「知者不惑」應不是指一般的認知、一般的知識。關於對象，除了認識而形成知識之外，人對它只有利害的考慮。既然「不惑」不是針對知識而言，則應是對知識所帶來的利害而言，則所謂「不惑」不是智力，而是智慧，是超越利害考量的智慧。然而這樣的智慧由何而生？它不可能來自智力，因為智力正是形成知識、判斷利害的能力。它也不是來自其他的意識內涵，如欲望、意志、個性、情緒、情感、道德感、美感，因為這些意識內涵都需要以知識為基礎才能發揮作用。則不惑的智慧只能來自仁，來自對事物未來狀態無所憂慮的心靈或精神境界。

「懼」和「憂」是類似的情感，二者都是擔心事物狀態對自己的危害。所不同的是時間。近期未來的事物狀態若有害於己，所造成的情感是「憂」，而眼前事物狀態若有害於己，則所造成的情感是

「懼」。憂的情感力度較弱而時間較長，懼的情感力度較強而時間較短。無論如何，事情狀態有害時，人本能的會抗拒或逃避。抗拒是面對事物狀態的勢力，需要勇氣，於是恐懼和勇氣交雜於心。不懼之勇則純然勇氣，深明事物的勢力和危害而超越之，則不懼之勇須以仁為基礎，因為仁就是對事物狀態無所憂慮的心靈或精神境界。由此而觀，不惑的智慧和不懼的勇氣本於仁。不惑的智慧是仁外發而超越事物的利害，不懼的勇氣則是仁外發而面對、善處事物的不利狀態。

3 「仁」又可以從經驗可知的性格——剛、毅——來推知。《論語・子路》第二十九章述孔子之言說：「剛、毅、木訥，近仁。」「剛」是一種力量的形態，它外顯、直接，不曲折，可以用來描述人的性格，而從言行觀察。「毅」是指行為的持續不懈，顯出意志的一種特徵。人的性格之剛和意志之毅是透過面對特定事物而顯，而特定事物是生滅的，不是永恆的，則剛毅之顯是有條件的，而仁卻沒有條件，宛然自在。因此，剛毅只是「近仁」。「近」是接近，在此有類似之意，則「仁」本身是完全的、圓滿的剛、毅，即完全的、圓滿的顯白、不息。

4 從情感、性格、意志這些可知的經驗推知「仁」，只是片面的，人既然可以成為仁者，那麼就整體來看，仁者呈現出來的是什麼樣子？《論語・雍也》第二十三章述孔子之言說：「知者樂水，仁者樂山；知者動，仁者靜；知者樂，仁者壽。」這是形態類比的描述。「山」的形態崇高、安穩不動，以喻仁者的「靜」。此「靜」超越動靜。此「靜」若是與「動」相對的「靜」，動、靜應物而生，是有條件的，則不能喻仁。由於仁者的「靜」超越動靜，而仁者又不能不與事物交接，事物變化不居，於是仁者的「靜」須外發而應物、處物，而顯現其動、靜，且得其宜。因此以流動的「水」為喻

而言仁者之「智」。此「智」是「涵仁之智」。大凡人，不免憂樂而傷性命，仁者不憂，因此能盡其自然生命，而稱其壽。在仁者的生命歷程中，正因不憂，所以應物之時不會緣事而悲喜，而傷其生，仁者超越了情緒、情感的憂樂。應物是仁者之智的呈現，因此其樂不是與憂相對的樂，而是至樂。

5 雖然人們可以從已知的各種經驗推知「仁」的精神，從而相信人類可以有「仁」的精神、心靈境界，終究止於推知，而尚未親受。那麼，如何才能親受「仁」的精神、心靈境界？《論語》中並沒有這方面的載錄，至《中庸》、《大學》、《孟子》才正面的說明這個方法和過程。《論語》所載孔子之言都是從生活言行來透露「仁」的涵義。

二　仁在言行上的呈現

1 《論語・顏淵》第二十二章記載樊遲問仁，孔子說：「愛人。」這是「仁」呈現在言行上最寬泛的說明。愛人必須涉及對象，而對象可能是個人，也可能是群體；對象和自己的關係是什麼；針對什麼事物；言行要做到什麼地步才能顯出自己的愛，而不至於被誤解或發生不良的後果。從反面來說，也必須知道什麼樣的言行是不愛人，甚至害人。假如一個人不愛人必有其原因，這些原因主要來自自己的欲求和愛人的精神相悖，因此，「仁」的呈現也包括了自己所追求的目標或目的不能違背愛人之心和言行，易言之，善於自處是愛人的基礎。

仁在自我要求上的呈現

里仁	4 子曰：「苟志於仁矣，無惡也。」
衛靈公	9 子曰：「志士仁人，無求生以害仁，有殺身以成仁。」
衛靈公	35 子曰：「民之於仁也，甚於水火。水火，吾見蹈而死者矣，未見蹈仁而死者也。」勇
衛靈公	36 子曰：「當**仁**，不讓於師。」
子路	19 樊遲**問仁**。子曰：「居處**恭**，執事**敬**，與人**忠**；雖之夷狄，不可棄也。」
憲問	2 「克、伐、怨、欲，不行焉，可以為仁矣？」子曰：「可以為難矣，仁則吾不知也。」
里仁	3 子曰：「唯**仁**者能**好人**，能**惡人**。」
里仁	6 子曰：「我未見**好仁**者，**惡不仁**者。好仁者，無以尚之；惡不仁者，其為仁矣，不使不仁者加乎其身。有能一日用其力於仁矣乎？我未見力不足者。蓋有之矣，我未之見也。」
泰伯	11 子曰：「好勇疾貧，亂也。人而不仁，疾之已甚，亂也。」

2 當人還沒有親身體認仁的精神時，由於受到文化教育的影響，具有社會倫理、道德的觀念，能夠分辨是非善惡。但是能夠分辨是非善惡是一回事，能不能付諸言行又是另一回事。因為生活中的是非善惡之事總是和個人利害聯結在一起。一般人出於求生本能，總是先考量利害。為後爭利避害，甚至甘冒危險。如果爭利避害的言行與道德之善無關或合於道德之善，固然可以增強冒險的勇氣，如果違背善的道德，人們便陷於掙扎。一旦言行合於善卻和自己的利害無關，甚至對自己可能或必定有害，那麼，是否還要鼓起冒險的勇氣就十分猶豫。所以《論語・衛靈公》第三十六章載孔子之言說：

「民之於仁也，甚於水火。水火，吾見蹈而死者矣，未見蹈仁而死

者也。」這段話的語意並不完整。完整的語意形式是：人為了 X 理由而冒 Y 險。於是構成如此的類比：「民：仁：死＝民：X：水火」。在這個類比關係中，「死」和「水火」是相應的類比項，「水火」喻危險而可能致死。「仁」和「X」是相應的類比項，都指冒險的理由，但是二者意義相反。因此，「X」指利害，卻未呈現在〈衛靈公〉第三十六章中。如果要使本章語意顯豁，可改寫為：「仁之於民也，甚於利害。利害，吾見蹈之而陷水火死者，未見蹈仁而陷水火死者。」意謂：為了利害，一般人可以冒可能死亡的水火之險，卻很難看到為了仁而冒死亡險。這是人情之常，也由此益見立志為仁之難，須以道德之善先於利害為言行的準則。

3 所以〈里仁〉第四章載孔子之言說：「苟志於仁矣，無惡也。」能立志為仁，雖然未至，已是將道德之善先於利害置於胸中。一旦遭遇道德之善與利害的衝突，至少有一番掙扎，即使最後仍以利害先於道德之善，總是有所不安。因此，「無惡」不是指外顯的言行，而指內心不是全然惡念，而毫無道德感。

4 正因立志只是為仁的初步，仍然不免出現利害與道德的掙扎，及其終，則完全將利害置之度外。利害之極者莫如死生，所以〈衛靈公〉第九章述孔子之言說：「志士仁人，無求生以害仁，有殺身以成仁。」意謂：一旦遭遇的事物必須違背仁德始能生存，則仁者不為；一旦必須犧牲性命始能合於仁德，則仁者為之。

5 立志為仁者，自有其社會關係、社會倫理，而有長幼禮讓之事。於是面對的事物合於道德之善而必須付諸言行時，難免考慮長幼禮讓之事，而猶豫自己是否可以先行。這種考慮是合理的。因為合於仁德的善行有時並非一人獨力為之，而需眾力，於是須由眾人之中的長者主導。長者可以是領袖、可以是父兄、可以是師長等等。但是長者未必有為仁之志，也許有為仁之志而缺乏勇氣或智慮不足。在

這種情況下,自然不須考慮長幼禮讓之事。易言之,仁先於禮。所以〈衛靈公〉第三十六章述孔子之言說:「當仁,不讓於師。」

6 仁的言行是呈現在社會生活,而且以愛人為最高原則。然而愛人不能徒托空言,必須付諸行動。付諸行動必須有資源,不論富或貴的資源。因此,追求富貴是行仁的準備,而脫離貧賤也是立志為仁者應有的責任。但是富貴與貧賤並不是那麼直截了當,而是有所曲折。獲得富貴或脫離貧賤在社會生活中是透過複雜的交換活動而來的,而交換活動有合於公平、正義規範者,也有巧取豪奪者。立志為仁者既然要愛人,卻在獲取愛人的資源時出之以不正當的手段,違背愛人之道,則其立志與言行矛盾。因此,立志為仁者在獲取富貴或脫離貧賤的過程中不能使用不正當的方法,以使目的和方法、程序有道德的一致性。這就是〈里仁〉第五章所載孔子之言的旨趣:「富與貴,是人之所欲也,不以其道得之,不處也。貧與賤,是人之所惡也,不以其道得之,不去也。君子去仁,惡乎成名?君子無終食之間違仁,造次必於是,顛沛必於是。」意謂:一旦追求富貴或脫離貧賤所運用的方法不正當,而和愛人的目的矛盾時,寧可不求富貴或安於貧賤。君子所以成就其為君子之名就在不違背仁德,而且是時時刻刻不違背,始終不違背,無論處境是多麼困窘皆然。

7 反之,若未嘗立志為仁者,眼中只有利害,即使思及道德,也是以道德是否符合利害為考量。因此,無愛人之心者如果處於困窘的時間超出他的耐心,勢必急著脫離困窘,而無所不用其極,即使敗德也在所不惜。無愛人之心者也不能長久居於得意的際遇,一旦得意久了,便生起驕人、慢人之心,而這和愛人之志是矛盾的。唯有仁者能夠在各種處境中始終安於為仁之志,並由此生起智慧,成為智者。

附錄十二
《論語》倫理觀念系聯——仁

仁	智	勇	道	德	學	禮	義	忠	信	政
智	仁	仁		仁		仁	智	仁		
勇	勇	智				勇	勇	恕		
道			道	道						
德				德	德					德
藝										刑
王			政							
聖					思	文				
禮		禮			禮		禮			禮
				藝	詩	詩				詩
樂					文	樂				樂
					博	書				
	義	義	義			義	義	義		名
學	學	學	學	學				學	學	
	徵				和					正
莊					莊					
恭					恭					
敬					敬					
忠			忠			忠	忠		忠	忠
信			信			信	信	信		信

清			**土**	孫	利		惠				
寬			**色**	慎			勞				
敏			**怨**	直			欲				
惠			**鄉愿**				泰				
孝							威				
弟											
言			**巧言**	視聽言動		言					
色											
				祿	富						
				穀	生死						
				仕	損益						

政－禮樂征伐－德－刑／禮－殺－正－忠－信－正名－詩－惠／勞／欲／泰／威

仁							學	禮	義	忠	信
智	仁	勇		學	徵		道	仁	智	信	忠
勇	仁	智	禮	義	學		德	勇	勇	義	言
道				義	學		祿	義	忠	仁	義
德				**仁**	**智**	**勇**	穀	忠	信	恕	學
藝				**智**	**勇**	**仁**	仕	信	禮	學	

王					**勇**	**仁**	**智**		思	德	利	
聖						**禮**			博	文		
禮					**義**	**忠**	**信**		文	詩		
樂					**忠**	**信**	**義**		禮	樂		
學					**信**	**義**	**忠**		詩	書		
莊										和		
孝										莊		
弟										恭		
忠										敬		
清										孫		
恭										慎		
寬										直		
信										富		
敏										生死		
惠										損益		
敬										視聽言動		
言												
色												

學而 1.3	子曰：「**巧言令色**，鮮矣仁。」	仁－言－色
學而 1.2	有子曰：「其為人也孝弟而好犯上者，鮮矣！不好犯上，而好作亂者，未之有也。君子務本，本立而道生。**孝弟**也者，其為仁之本與！」	仁－孝弟
學而 1.6	子曰：「弟子入則孝，出則悌，謹而信，汎愛眾，而親仁，行有餘力，則以學文。」	
八佾 3.3	子曰：「人而不仁，如禮何？人而不仁，如樂何？」	仁－禮樂
里仁 4.1	子曰：「里仁為美，擇不處仁，焉得知？」	仁－智
里仁 4.2	子曰：「不仁者，不可以久處約，不可以長處樂。仁者安仁，知者利仁。」	仁－智
里仁 4.3	子曰：「唯仁者能好人、能惡人。」	
里仁 4.4	子曰：「苟志於仁矣，無惡也。	
里仁 4.5	子曰：「富與貴是人之所欲也；不以其道得之，不處也。貧與賤是人之所惡也；不以其道得之，不去也。君子去仁，惡乎成名？君子無終食之間違仁，造次必於是，顛沛必於是。」	
里仁 4.6	子曰：「我未見好仁者，惡不仁者。好仁者，無以尚之；惡不仁者，其為仁矣，不使不仁者加乎其身。有能一日用其力於仁矣乎？我未見力不足者。蓋有之矣，我未之見也。」	
里仁 4.7	子曰：「人之過也，各於其黨。觀過，斯知仁矣。」	過－仁
公冶長 5.5	或曰：「雍也**仁而不佞**。」子曰：「焉用佞？禦人以口給，屢憎於人。不知其仁，焉用佞？」	仁－言
公冶長 5.8	孟武伯問：「子路仁乎？」子曰：「不知也。」又問。子曰：「由也，千乘之國，可使治其賦也。不知其仁也。」「求也何如？」子曰：「求也，千	

		室之邑，百乘之家，可使為之宰也。不知其仁也。」「赤也何如？」子曰：「赤也，束帶立於朝，可使與賓客言也。不知其仁也。」	
公冶長 5.19		子張問曰：「令尹子文三仕為令尹，無喜色；三已之，無慍色。舊令尹之政，必以告新令尹。何如？」子曰：「忠矣。」曰：「仁矣乎？」曰：「未知，焉得仁？」「崔子弒齊君，陳文子有馬十乘，棄而違之。至於他邦，則曰：『猶吾大夫崔子也。』違之。之一邦，則又曰：『猶吾大夫崔子也。』違之。何如？」子曰：「清矣。」曰：「仁矣乎？」曰：「未知，焉得仁？」	忠－仁－清
雍也 6.6		子曰：「回也，其心三月不違仁；其餘，則日月至焉而已矣。」	
雍也 6.21		樊遲問知。子曰：「務民之義，敬鬼神而遠之，可謂知矣。」問仁。曰：「仁者先難而後獲，可謂仁矣。」	智－仁
雍也 6.22		子曰：「知者樂水，仁者樂山；知者動，仁者靜；知者樂，仁者壽。」	智－仁
雍也 6.25		宰我問曰：「仁者，雖告之曰：『井有仁焉。』其從之也？」子曰：「何為其然也？君子可逝也，不可陷也；可欺也，不可罔也。」	
雍也 6.29		子貢曰：「如有博施於民而能濟眾，何如？可謂仁乎？」子曰：「何事於仁，必也聖乎！堯、舜其猶病諸！夫仁者，己欲立而立人，己欲達而達人。能近取譬，可謂仁之方也已。」	仁－聖
述而 7.6		子曰：「志於道，據於德，依於仁，遊於藝。」	道－德－仁－藝
述而 7.14		冉有曰：「夫子為衛君乎？」子貢曰：「諾。吾將問之。」入，曰：「伯夷、叔齊何人也？」曰：	

	「古之賢人也。」曰:「怨乎?」曰:「求仁而得仁,又何怨!」出,曰:「夫子不為也。」	
述而 7.29	子曰:「仁遠乎哉?我欲仁,斯仁至矣!」	仁
述而 7.33	子曰:「若聖與仁,則吾豈敢?抑為之不厭,誨人不倦,則可謂云爾已矣!」公西華曰:「正唯弟子不能學也!」	聖－仁
泰伯 8.2	子曰:「恭而無禮則勞,慎而無禮則葸,勇而無禮則亂,直而無禮則絞。君子篤於親,則民興於仁;故舊不遺,則民不偷。」	
泰伯 8.7	曾子曰:「士不可以不弘毅,任重而道遠。仁以為己任,不亦重乎?死而後已,不亦遠乎?」	
泰伯 8.10	子曰:「好**勇**疾貧,亂也。人而不仁,疾之已甚,亂也。」	勇－仁
子罕 9.1	子罕言利與命與仁。	
子罕 9.28	子曰:「**知**者不惑,**仁**者不憂,**勇**者不懼。」	智－仁－勇
顏淵 12.1	顏淵問仁。子曰:「克己復**禮**為**仁**。一日克己復禮,天下歸仁焉。為仁由己,而由人乎哉?」顏淵曰:「請問其目。」子曰:「非禮勿視,非禮勿聽,非禮勿言,非禮勿動。」顏淵曰:「回雖不敏,請事斯語矣!」	禮－仁
顏淵 12.2	仲弓問仁。子曰:「出門如見大賓,使民如承大祭。己所不欲,勿施於人。在邦無怨,在家無怨。」仲弓曰:「雍雖不敏,請事斯語矣!」	
顏淵 12.3	司馬牛問仁。子曰:「仁者,其言也訒。」曰:「其言也訒,斯謂之仁已乎?」子曰:「為之難,言之得無訒乎?」	仁－言
顏淵 12.20	子張問:「士何如斯可謂之達矣?」子曰:「何哉,爾所謂達者?」子張對曰:「在邦必聞,在家必聞。」子曰:「是聞也,非達也。夫達也	仁－色－行

	者，質直而好義，察言而觀色，慮以下人。在邦必達，在家必達。夫聞也者，**色取仁而行違**，居之不疑。在邦必聞，在家必聞。」	
顏淵 12.22	樊遲問仁。子曰：「**愛人**。」問知。子曰：「知人。」樊遲未達。子曰：「舉直錯諸枉，能使枉者直。」樊遲退，見子夏，曰：「鄉也吾見於夫子而問知，子曰『舉直錯諸枉，能使枉者直』，何謂也？」子夏曰：「富哉言乎！舜有天下，選於眾，舉皋陶，不仁者遠矣。湯有天下，選於眾，舉伊尹，不仁者遠矣。」	仁－智
顏淵 12.24	曾子曰：「君子以文會友，以友輔仁。」	
子路 13.12	子曰：「如有**王者，必世而後仁**。」	王－仁
子路 13.19	樊遲問仁。子曰：「居處恭，執事敬，與人忠；雖之夷狄，不可棄也。」	仁－恭－敬－忠
子路 13.27	子曰：「剛毅木訥，近仁。」	仁－言
憲問 14.2	「**克、伐、怨、欲**不行焉，可以為仁矣？」子曰：「可以為難矣，仁則吾不知也。」	X
憲問 14.5	子曰：「有德者必有言，有言者不必有德；仁者必有勇，勇者不必有仁。」	仁－勇
憲問 14.7	子曰：「君子而不仁者有矣夫，未有小人而仁者也。」	
憲問 14.17	子路曰：「桓公殺公子糾，召忽死之，管仲不死。曰：未仁乎？」子曰：「桓公九合諸侯，不以兵車，管仲之力也。如其仁！如其仁！」	
憲問 14.18	子貢曰：「管仲非仁者與？桓公殺公子糾，不能死，又相之。」子曰：「管仲相桓公，霸諸侯，一匡天下，民到於今受其賜。微管仲，吾其被髮左衽矣！豈若匹夫匹婦之為諒也，自經於溝瀆而莫之知也。」	

憲問 14.30	子曰：「君子道者三，我無能焉：**仁**者不憂，**知**者不惑，**勇**者不懼。」子貢曰：「夫子自道也！」	仁－智－勇
衛靈公 15.9	子曰：「志士仁人，無求生以害仁，有殺身以成仁。」	
衛靈公 15.10	子貢問為仁。子曰：「工欲善其事，必先利其器。居是邦也，事其大夫之賢者，友其士之仁者。」	
衛靈公 15.33	子曰：「**知**及之，**仁**不能守之，雖得之，必失之。知及之，仁能守之，不莊以涖之，則民不敬。知及之，仁能守之，莊以涖之，動之不以**禮**，未善也。」	智－仁－莊－禮
衛靈公 15.35	子曰：「民之於仁也，甚於水火。水火，吾見蹈而死者矣，未見蹈仁而死者也。」	
衛靈公 15.36	子曰：「當仁，不讓於師。」	
陽貨 17.1	陽貨欲見孔子，孔子不見，歸孔子豚。孔子時其亡也，而往拜之，遇諸塗。謂孔子曰：「來！予與爾言。」曰：「懷其寶而迷其邦，可謂仁乎？」曰：「不可。」「好從事而亟失時，可謂知乎？」曰：「不可。」「日月逝矣，歲不我與。」孔子曰：「諾。吾將仕矣。」	
陽貨 17.6	子張問仁於孔子。孔子曰：「能行五者於天下，為仁矣。」請問之。曰：「恭、寬、信、敏、惠。恭則不侮，寬則得眾，信則人任焉，敏則有功，惠則足以使人。」	仁－恭－寬－信－敏－惠
陽貨 17.8	子曰：「由也，女聞『六言六蔽』矣乎？」對曰：「未也。」「居！吾語女。**好仁不好學**，其**蔽也愚**；好知不好學，其蔽也蕩，好信不好學，其蔽也賊；好直不好學，其蔽也絞；好勇不好	仁－學

	學，其蔽也亂；好剛不好學，其蔽也狂。」	
陽貨 17.17	子曰：「巧言令色，鮮矣仁。」	仁－言－色
陽貨 17.21	宰我問：「**三年之喪**，期已久矣。君子三年不為禮，禮必壞；三年不為樂，樂必崩。舊穀既沒，新穀既升，鑽燧改火，期可已矣。」子曰：「食夫稻，衣夫錦，於女安乎？」曰：「安。」「女安則為之！夫君子之居喪，食旨不甘，聞樂不樂，居處不安，故不為也。今女安，則為之！」宰我出。子曰：「**予之不仁**也！子生三年，然後免於父母之懷。夫三年之喪，天下之通喪也。予也有三年之愛於其父母乎？」	孝－仁
微子 18.1	微子去之，箕子為之奴，比干諫而死。孔子曰：「殷有三仁焉。」	
子張 19.6	子夏曰：「**博學**而篤志，切問而近思，仁在其中矣。」	學－仁
子張 19.15	子游曰：「吾友張也，為難能也。然而未仁。」	
子張 19.16	曾子曰：「堂堂乎張也，難與並為仁矣。」	
堯曰 20.1	堯曰：「咨！爾舜！天之曆數在爾躬。允執其中。四海困窮，天祿永終。」舜亦以命禹。曰：「予小子履，敢用玄牡，敢昭告于皇皇后帝：有罪不敢赦。帝臣不蔽，簡在帝心。朕躬有罪，無以萬方；萬方有罪，罪在朕躬。」周有大賚，善人是富。「雖有周親，不如仁人。百姓有過，在予一人。」謹權量，審法度，修廢官，四方之政行焉。興滅國，繼絕世，舉逸民，天下之民歸心焉。所重：民、食、喪、祭。寬則得眾，信則民任焉，敏則有功，公則說。	
堯曰 20.2	子張問於孔子曰：「何如斯可以從政矣？」子曰：「尊五美，屏四惡，斯可以從政矣。」子張	

曰：「何謂五美？」子曰：「君子惠而不費，勞而
不怨，欲而不貪，泰而不驕，威而不猛。」子張
曰：「何謂惠而不費？」子曰：「因民之所利而利
之，斯不亦惠而不費乎！擇可勞而勞之，又誰
怨？欲仁而得仁，又焉貪？君子無眾寡，無大
小，無敢慢，斯不亦泰而不驕乎！君子正其衣
冠，尊其瞻視，儼然人望而畏之，斯不亦威而不
猛乎！」子張曰：「何謂四惡？」子曰：「不教而
殺謂之虐；不戒視成謂之暴；慢令致期謂之賊；
猶之與人也，出納之吝，謂之有司。」

附錄十三
《孟子》「知言養氣章」疏解

本章以養浩然之氣和知言為核心，由北宮黝和孟施舍之勇引至知言養氣，再從知言養氣引至聖人之德體現於仁心仁政。

一

1 戰國游士挾智略以說諸侯者眾。孟子也是個游士，但是有所不同。一般游士的目標在取富貴，因此必須善察形勢。然而形勢不是自己所能控制，於是面臨大事，難免懾於利害而畏怯趑趄。此即公孫丑所謂的「動心」。「動心」的後果可能為了苟活而放棄道義，可能平日所積的智略至此陷於昏昧。因此，智略固然是出仕的條件之一，更重要的是「不動心」的素養。公孫丑以此為問，無所避諱，孟子也藉此廣論不動心之道，辨其虛實，而不以公孫丑為無禮。

2 公孫丑以為不動心即「勇武」能對抗強禦，因此，當孟子說四十不動心時，公孫丑認為強於勇士孟賁。

3 孟子知道公孫丑不明「不動心」的真義，因此，遂說勇武不難，難的是本於內心素有所養的不動心，而以「告子先我不動心」引導公孫丑。「告子先我不動心」的「先」不是指時間，而是指境界層次。從字面意思來看，「先」指告子的不動心比孟子早，但是，這是指告子在四十以前就不動心嗎？如果是，孟子如何知道告子在四十以前就不動心？即使知道，「有生而知之者，有學而知之

者，有困而知之者，及其知之，一也」，早幾歲不動心有何意義？能說明不動心的內涵嗎？從下文公孫丑問不動心之道，而孟子從北宮黝、孟施舍談到告子，認為告子主張「義外」為有所不足，則「先」應是指不動心的層次、境界。若然，「是不難，告子先我不動心」一語應是承上句而來的省筆，意謂：就勇武而言，這並不難，在這方面，告子比我更早提到不動心。然而何以見得告子比孟子更早提到勇武意義的「不動心」？從下文孟子引述告子之言可知。說詳下文。

4 孟子既知公孫丑不明「不動心」的真義，因此，當公孫丑問不動心之道時，孟子就從勇武意義的不動心說起，而先敘北宮黝和孟施舍。

5 就勇武的不動心而言，北宮黝有個對抗的對象，而對抗的是為了維護強烈的尊嚴感，絕不受辱，無論對他侮辱者是侯王或匹夫。由此而表現出來的行為就是「不膚橈，不目逃」，「惡聲至，必反之」。因此，北宮黝的勇武、不動心本於個人尊嚴。

6 孟施舍的不動心也是勇武一類，也有個對抗的對象。孟施舍和對象的關係是衝突的對抗，可能勝，也可能負。但是孟施舍只求無畏，不論勝負。因此說：「視不勝猶勝也。量敵而後進，慮勝而後會，是畏三軍者也。舍豈能為必勝哉？能無懼而已矣。」如是，則其勇武、不動心本於內心，但是無法明確道出其內涵。

7 那麼，北宮黝和孟施舍有何不同？孟子很難判斷二人孰優，因此說：「夫二子之勇，未知其孰賢。」在此，孟子分兩頭來說北宮黝和孟施舍。一方面將二人和曾子、子夏比較，而認為孟施舍和曾子同一類型而稍遜，北宮黝和子夏同一類型而稍遜。另一方面，比較北宮黝和孟施舍，而說「孟施舍守約」。何謂守約？北宮黝之勇須待別人的挑激而後顯露，孟施舍則反求諸己，要求

自己無所畏懼。「守約」就是針對反求諸己而言。

但是孟施舍和曾子同一類型而稍遜，這是什麼樣的勇？孟子以曾子的行誼來說明。曾子之行是大勇，但問理直不直，若自我反省而理不直，即使對方是卑賤的匹夫，也不敢恐嚇他。若反省而理直，即使千萬人，也無所畏懼，勇往直前。（朱注：縮，直也。檀弓曰：「古者冠縮縫，今也衡縫。」又曰：「棺束縮二衡三。」）因此，孟施舍和曾子的差別只在其勇是否有理作為後盾。由此而觀，孟施舍只是守住膽氣，而曾子所守在理，更為要約。

8 要而言之，北宮黝之勇來自對抗對方，孟施舍則不顧慮對方，只求無畏。二人所守的「氣」是膽氣。膽氣比理直低一個層次。因為，如果理不直，而為了維護個人尊嚴。將流於凌傲。曾子以吾心之理為本，則近於孟子的「浩然之氣」，即本於道德而外發的勇武。

二

9 孟子談過北宮黝和孟施舍的膽氣之通之後，公孫丑就立刻提起先前孟子所說「告子先我不動心」，而問孟子和告子不動心的內涵究竟是什麼？

10 孟子的解說涉及「心」、「志」、「言」、「氣」四個概念，釐清其意義始能明其意蘊。孟子認為「氣」是「體之充」，此「氣」即泛指生命力。凡動物皆具。以今日觀念言之，「氣」的全部現象是以本能的欲望為根，外發而以其體能運用身體所具的攻擊、防衛器官，而與天敵博鬥，以求生存。「氣」就特別顯現在其聲音、表情、姿勢等動作。

在人類社會，因智力之故，一切攻擊和防衛的工具多數假借技　術

工具，以滿足其欲望。由於智力之故，其欲望已經透過各種知識予以合理化，而由言語、文字、圖像等等符號呈現。技術工具的效能顯現為個人或群體的力量強弱，猶如動物的強弱，它透過音聲、表情、姿勢、裝飾等等文化產物而顯現出來，而成為感受得到的「氣」。

動物面對強弱不等的天敵之「氣」，呈現為凶猛或畏怯。人類面臨對方各式各樣的「氣」，也呈現出各種不同的情緒、情感、表情，動作、姿勢、言語等等，其中，涉及利誘或威脅時，很容易表現出憤怒、欣喜、屈服、佞媚等等心境，而統稱為「動心」。

要而言之，本於欲望而顯現出來的文化行為，就是孟子所說的「氣」。只是孟子以「言」表之。然而文化行為是知識的呈現，而知識是「心」之作用的結果。「心」指「感性──理性」的認知能力。

「心」的能力一方面產生了知識，另一方面，也對道德之善有所認知，在意志的堅持之下，凝為道德情操，這就是孟子所說的「志」。

11 辨明心、志、言、氣的意義和關係之後，孟子對告子的批評始怡然理順。

「不得於心，勿求於氣」意謂：應事之時，其心在理性上不能得理，在感性上不能自安，此時，當然不能訴諸生物生命的膽氣、情緒。因此，孟子認可告子所說的「不得於心，勿求於氣」。此時，應在理性和感性上反思其「志」，反思其道德的理據。

「不得於言，勿求於心」意謂：應事之時，其言談（文化行為）不當於理，不須求諸內心的反省。從字面上來看，誠如孟子所說「不可」。但是告子既然能夠說出「不得於心，勿求於氣」，就表示他對修身養性有相當的了解。因此，應從告子的角度解釋孟子所引述的這兩句話。

12 「不得於言，勿求於心；不得於心，勿求於氣」一語的關鍵是：
在什麼情況下「不得於言」？在什麼情況下「不得於心」？「不
得於言」可能是言語不夠敏利，也可能是言語不當於理。如果不
當於理，當然應該求之於心的反省。如果是不夠敏利，可能是木
訥，也可能是雖然有理，卻面對高權、強禦而膽氣不足。如果是
前者，則不須求之於心，而是鍛鍊口才。如果是後者，則應鍛鍊
膽氣。雖然孟子所謂的不動心而勇是本於「志」，本於「浩然之
氣」，但是此「志」此「氣」尚未充量至極之時，其不動心、其勇
未必能堅定而外發，尤其面對高權、強禦之時，免不了有所猶
豫、畏怯。當此之時，求之於心的反省而率其「志」已緩不濟
急，只能求之於膽氣，有意識的壯其膽氣。

　　這是告子「不得於言，勿求於心」的合理解釋。然而告子仍然由此
而進一步從根本、究極處談不動心，於是說「不得於心，勿求於
氣」，而應求之於「志」。如此則與孟子之說合轍，而孟子也首肯。

13 孟子首肯告子「不得於心，勿求於氣」之後，進一步說明理由。
如果「不得於心，勿求於氣」，那麼應該求之於什麼？誠如前文所
說，當求之於「志」。所以孟子接著說明「志」和「氣」的關係。
當一個人內秉道德之「志」而應物，這就是「志至焉，氣次焉」，
就是行動（氣：勇膽、身體力行。）跟隨道德之「志」。可是道德
之「志」在未臻圓滿之時，未必每次面對事務都能堅定其道德之
「志」，事務的難度、自身的利害考慮都會影響道德之「志」的堅
定程度。所以孟子補充說：「持其志，勿暴其氣。」意謂：道德之
「志」需要持養。因為如果道德之「志」堅定，就可以引導
「氣」；反之，則「氣」為主導而動搖了道德之「志」。這就是
「志壹則動氣，氣壹則動志也」的意義。孟子以行路為喻。行路
之時，不論跌倒或快走，都需要身體的活動，這是「氣」。這時，

心裏只是專注在行路上，也必須專注在行路上。所以「心」受身體活動（氣）的引導。

14 要而言之，如果把道德之「志」喻為理想，「氣」喻為現實，理想不是必然可致，反而常因現實的誘惑而犧牲理想，因此，理想需要不斷的堅持，才能使現實逐漸趨向理想。

三

15 孟子既說「持其志，勿暴其氣」，緊接的問題是「如何持其志」？公孫丑並不如此提問，而是以「敢問夫子惡乎長」代替「如何持其志」。

16 孟子從「知言」和「養浩然之氣」陳述持志的方法。並隨著公孫丑的提問，而先談養浩然之氣。

17 浩然之氣和膽氣對比，是道德感。道德感是道德理性和情感的融合。道德理性使人能夠明辨是非善惡，依此道德理性，在應物之時，自然生發同情、悲憫、正義、仁慈的情感。所以浩然之氣所以難言，端在它具有情感旳成分，而情感不是認知的對象，是感受、感知的對象，卻又和應事所生的喜怒哀樂之情不同，這種情感的內涵是道德理性。

因此，孟子不得已而必須說明時，只能說是「配義與道」。「義」是應事之德。「道」是「義」的本源，即道德性、善性，而「道」內在於人心。「義」若無「道」為本源，只是流於「勇」，流於膽氣之勇，如北宮黝和孟施舍。正因「義」是應事之德，事物繁賾，每一次應事，就是「義」的掙扎、堅持，所以浩然之氣是「集義所生」，「集義」也就是「持志」。

「集義」、「持志」是在應事之際的道德（善惡）判斷。「集義」、

「持志」，針對個別的生活事務，而個別生活事務受到既有社會倫理的規範，於是言行是否合於「義」是先根據社會倫理的規範。相對於內在於人心的「道」（即道德性、善性），社會倫理的規範是人群約定而成，所以為「外」。但是在有些情況，社會倫理規範和「道」衝突或矛盾，如果依從社會倫理規範，將會導致內心不安，這就是孟子所說的「無是（道），餒也」、「行有不慊於心，則餒矣」。而此際依從社會倫理規範就是孟子所說的「義襲而取之」。

因此，最終的判斷根據應是「道」（即道德性、善性）。不論社會倫理規範和「道」是否衝突或矛盾，最終的判斷根據都是「道」（即道德性、善性）。由於「道」內在於人心，所以孟子說「是集義所生者，非義襲而取之」，並且批評告子以義為外。至於孟子對告子的誤解，已見前文。

18 雖然孟子從「集義」、「持志」說明「浩然之氣」的培養，以達「不動心」的境地，但是「集義」、「持志」的過程中不是沒有流弊。盧子就以揠苗助長比喻這個流弊。

19 「集義」、「持志」既不能太過，也不能不及。這是孟子「必有事焉，而勿正，心勿忘，勿助長也」的意義所在。「勿正」和「勿忘」是相對的。「勿忘」指未能「集義」，甚為明白。則「勿正」應指能夠「集義」。「集義」為正行，何以孟子提醒「勿正」？顯然「集義」可能有過度的現象而造成流弊。無論「忘」或「正」，對適切的「集義」都是偏頗，都是「助長」。然而「集義」的過度現象是什麼？

不論依據社會倫理規範或「道」（道德性、善性），義行為正是無可置疑的。但是在面對人、事、物時，可能因明智不足，而使堅持義行流為剛愎；也可能因仁心不足，而使堅持義行造成小過大

懲的結果，既傷人（對方），又喪仁（自己）。所以在面對事務
（有事）時，不能只賴「義」，而須本乎仁而依於智，其義始不至
於「正」（太過。）。

但是如果凜於太過而不能「集義」，則形同忘「義」，所以說「心
勿忘」。換句話說，「集義」既不可操切，也不可荒疏。然而拿捏
中庸之道甚難，所以孟子說：「天下之不助苗長者寡矣。」荒疏而
不「集義」固然有如「不耘苗」，不能本於仁而依於智的「集義」
也有如「揠苗」。二者俱不可，然則將如何？須在生活經驗體察而
養其明智，這就是「知言」。

四

20 前此，公孫丑問「夫子惡乎長」時，孟子答以「我知言，我善養
吾浩然之氣」。當孟子從浩然之氣談到集義、持志，進而說到勿
正、勿忘時，如何才能既勿正又勿忘成為甚難解說的問題。前文
提到集義需要本乎仁而依於智，孟子的「知言」之說就是從「依
於智」而言。

21 個別的生活事務中，呈現在最表層的就是言語。人際言語的交錯
伴隨行動，其底層就是動機、意向。言語、行動可能直接表現出
動機、意向，也可能掩飾動機、意向。這就是孟子所說的「（言
語）生於其心」。

對方言語的動機、意向若涉及道德時，可能合於義，也可能不合
於義。合於義時，溝通甚易。不合於義時，就必須明智的認清對
方的真意，始能有正確而適度的判斷和回應，以免自身「集義」
的行為導致不義的結果。

孟子在各種言語互動的情況中，獨藉其中最難以知悉的言語掩

飾，來說明「知言」在「集義」太過（「勿正」）之時的防止方
法，即詖、淫、邪、遁之辭。

22 當對方心懷不軌時，其言語勢必掩飾。隨著事況不同，而有詖、
淫、邪、遁之辭。詖辭是偏頗的話，淫辭是誇大的話，邪辭是悖
離正道的話，遁辭是閃爍游移的話。詖辭源自其心不公，淫辭源
自力不足而好勝，邪辭源自其心懷惡，遁辭源自理屈有愧而無改
過之勇。

23 但是詖、淫、邪、遁之辭並非表面就顯出言語的這些破綻。一般
而言，要說出這些言辭的人必定力求言語不會顯出偏頗、誇大、
惡意、閃爍游移。如果這些言辭可以沒有絲毫缺陷，而使人無法
察覺其詖、淫、邪、遁，則孟子也無從「知言」。然而孟子卻能知
其所蔽，則表示這些言辭不可能精密到沒有絲毫缺陷，如此，孟
子始能察知其詖、淫、邪、遁。既然如此，孟子如何知其詖、
淫、邪、遁？孟子並未道出其中關鍵。而是把話題跳躍至「生於
其心，害於其政；發於其政，害於其事」，意謂：說詖、淫、邪、
遁言辭者將自作自受。

五

24 孟子既然自道善養浩然之氣，又能知言，於是公孫丑似讚歎似疑
惑又似揶揄而嚴正的舉孔子及其弟子來對比，而以孟夫子似為聖
人。公孫丑認為「宰我、子貢善為說辭」，孟夫子善「知言」似
之。「冉牛、閔子、顏淵善言德行」，孟夫子善養浩然之氣似之。
孔子兼備二者，但是猶然謙遜不善辭命。孟夫子既善養浩然之
氣，預能知言，相較之上，應是已為聖人。

25 孟子有其風格，卻不至於狂妄，因此，笑責公孫丑：「噫！這是什

麼話！」並且引子貢和孔子的談話，表明孔子不敢自居聖人，自己如何敢如此狂妄！

26 孟夫子既然不敢自居聖人，下聖人一階，應在某方面似聖人（有聖人之一體），或已具聖人全體氣象，只是尚未圓滿（具體而微）。於是公孫丑進一步以此為問。子夏、子游、子張「有聖人之一體，冉牛、閔子、顏淵則具體而微」，那麼，孟夫子的德位屬於哪一種？孟子知道這種談法無益，因為太過闊略，不如具體一些，所以要公孫丑換個方式談，而說：「姑舍是。」

附錄十四
孟子心性論研究步驟

一、依據索引列出孟子心性論關鍵術語所屬篇章表：心、性、氣、
　　情、命、誠。良知。而後登錄該術語所屬篇、章次第，如「孟子
　　心性論關鍵術語所屬篇章表」。

二、依次列出孟子心性論關鍵術語所屬篇章全文，以備進一步解析之
　　用，如「孟子心性論關鍵術語所屬篇章全文表」。

三、依據「孟子心性論關鍵術語所屬篇章全文」，逐章解析心性論關
　　鍵術語意義。

　　1 於各章心性論關鍵術語之下標其各術語意義。

　　2 判斷術語意義時，先立該術語意義的分析模式。

　　3 「心」的分析模式如下：

良知	B 氣質之性		C 思想	D 行為（禮）	
A 性	心	B1 欲望／動機	意念／想法 觀念／思想 待人接物		D1 言語 D2 行為 D3 態度
		B2 意志			
		B3 性格			
		B4 智力			
		B5 道德感			
		B6 情緒／情感			

說明：

A 動機即欲望，欲望是總稱，動機則針對一對象而言。

B 欲望（動機）以「要」的方式呈現。意志則是「要」持續力，它對抗的是自身阻力（如懶惰）或外在阻力（如艱難）。

C 性格影響所要對象的選擇。

D 智力從利害影響欲望對象可欲或不可欲的選擇。若可欲，則智力影響欲望實現的可能性。

E 道德感從善惡影響欲望對象可欲或不可欲的選擇。

F 情緒、情感是欲望得失的反應。

G 上述心識活動結構如下表：

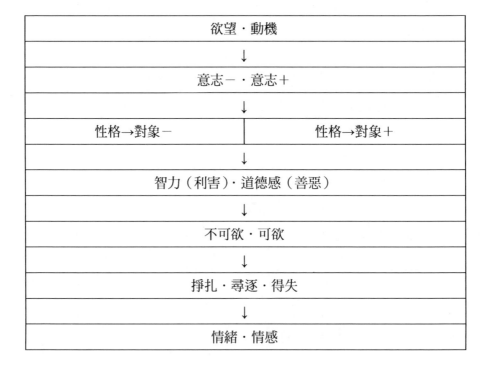

欲望・動機	
↓	
意志－・意志＋	
↓	
性格→對象－	性格→對象＋
↓	
智力（利害）・道德感（善惡）	
↓	
不可欲・可欲	
↓	
掙扎・尋逐・得失	
↓	
情緒・情感	

四、選取各術語意義為道德性、道德感者，如「道德義的心性論術語
　　表」，並據此解說孟子心性論。

五、孟子心性論。

　　既明心性論關鍵術語的意義，而後將這些術語意義組構成系統的
心性思想。組構的方法是以「盡心」為主導觀念，以提問演繹其內涵。

　1 什麼是心？

　2 既然說盡心，要盡人心中的什麼內涵？人心有一種內涵，足以致
　　善。這內涵就是四端。

　3 為什麼足以致善之心止此四端？既為四端，其間有何關係？

　4 惻隱等四心何以只是「端」？

　5 既然只是「端」，則未不能成，而可能中道汩沒，其原因是什
　　麼？

　6 如何不令四端汩沒？
　　A 在人倫中擴充四端，「存心」，「求放心」，「盡心」。
　　B 在心中反身而誠。

　7 盡心之際，有何歧途？
　　A 不辨氣與性。
　　B 以性為利。

　8 心若已盡，其情如何？明性。

　9 上述內涵表列如下，以顯其結構。

心	什麼是心	四端為心之一	四端關係 何以為「端」	汩沒（原因）
				圓成（盡心）
盡	歧途： 不辨氣與性 以性為利			
	擴充四端	存心，求放心， 盡心	明性	知天

梁上	1	2	3 **心**	4	5	6
	7 **心**					
梁下	1	2	3	4	5	6
	7	8	9	10	11	12
	13	14	15	16		
公上	1	2 **氣心★**	3 心	4 命	5	6 **心**
	7	8	9 **心**			
公下	1	2 **心**	3 **心**	4 **心**	5	6
	7 心	8	9	10	11	12 心
	13	14				
滕上	1 **性**	2 心	3 命心	4 情心	5 心	
滕下	1	2	3 心	4	5	6
	7	8	9 心	10		
離上	1 心	2	3	4 **命**	5	6
	7 **命**	8	9 **心**	10	11	12 **誠**
	13	14	15	16	17	18
	19	20 心	21	22	23	24

25	26	27	28		
離下 1	2	3 心	4	5	6
7	8	9	10	11	12 心
13	14	15	16 心	17	18 情
19	20	21	22	23	24
25	26 性	27	28 心	29	30 心
31	32	33			
萬上 1 心	2	3	4	5	6 命
7	8 命	9			
萬下 1	2	3	4 心	5	6
7	8	9			
告上 1 性★	2 性★	3 性★	4 性★	5 性★	6 心性情★
7 心性★	8 心性情氣★	9 心★	10 心★	11 心★	12 心★
13	14	15 心★	16	17 心★	18
19	20				
告下 1	2	3	4	5	6
7	8	9	10	11	12
13	14	15 心性★	16		
盡上 1 性命心	2 命	3 命	4 誠	5	6
7	8	9	10	11	12
13	14 心	15 良知良心	16	17	18 心
19	20	21 心性	22	23	24
25	26	27 心	28	29	30 性

	31	32	33	34	35	36 **氣**
	37	38 **性**	39	40	41	42
	43	44	45	46		
盡下	1 **心**	2	3	4	5	6
	7	8	9	10	11	12
	13	14	15	16	17	18
	19 **心**	20	21 **心**	22	23	24 **命性**
	25	26	27	28	29	30 **心**
	31 **心**	32	33 **命性**	34	35 **心**	36
	37	38				

告上 1	告子曰：「性【B 氣質之性】，猶杞柳也；義，猶桮棬也。以人性【B 氣質之性】為仁義，猶以杞柳為桮棬。」孟子曰：「子能順**杞柳之性**而以為桮棬乎？將戕賊杞柳而後以為桮棬也？如將戕賊杞柳而以為桮棬，則亦將戕賊人以為仁義與？率天下之人而禍仁義者，必子之言夫！」
	告子與孟子所說的「性」是不同層次，二者並不衝突。 告子所說的「性」指生而有之的自然生命。仁義是社會化過程中的社會規範。杞柳改變為桮棬是比喻的說法，其形式如下： 　　杞柳→社會化（仁義）→變化→桮棬 同理，告子以湍水喻人性無善不善的形式也是如此： 　　湍水→社會化（仁義、善／不仁不義、不善）→變化→ 　　東流／西流 同理，就自然生命而言，一切生物是一樣的，所以犬性、牛性，和人性在自然生命的部分是一樣的。差別在於只有人性可以透過社會化而轉變。 自然生命的本能是食色，所以告子說：「食色，性也。」孟子也承認人有自然生命的部分，所以他說：「口之於味也，目之於色

也，耳之於聲也，鼻之於臭也，四肢之於安佚也；性也，有命焉，君子不謂性也。」（盡心下 24）又說：「形色，天性也。」（盡心上 38）

對自然生命的轉化，孟子也有和告子一樣的說法，即仰賴社會化，透過社會道德規範而使人趨向善。【孟子說：「富歲，子弟多賴；凶歲，子弟多暴。非天之降才爾殊也，其所以陷溺其心者然也。今夫麰麥，播種而耰之，其地同，樹之時又同，浡然而生，至於日至之時，皆熟矣。雖有不同，則地有肥磽，雨露之養、人事之不齊也」（告子上 7）。】所謂「陷溺其心者」是指什麼？是社會化過程中的不良因素。【孟子又以牛山之木為喻而說：「牛山之木嘗美矣。以其郊於大國也，斧斤伐之，可以為美乎？是其日夜之所息，雨露之所潤，非無萌蘗之生焉，牛羊又從而牧之，是以若彼濯濯也。」】所謂斧斤、牛羊，也是指社會化過程中的不良因素。

孟子和告子的不同在於「善」此一觀念所在的脈絡。告子把「善」放在社會行為來看，孟子也有此義，但是孟子對於社會脈絡中的「善」提出一問：「為什麼社會規範的善是人必須、應該追求的？如果不是人必須、應該追求的，那麼，當掌握大權、武力的個人或群體是否可以倡導人必須、應該追求惡，追求迫害弱者的目標？」這個提問迫使告子必須為社會規範的善尋求必然、應該的理由。而告子並未對此提出理由，這是孟子和告子人性論不同的關鍵。

那麼。孟子如何提出這個理由？孟子訴諸人心在生活經驗中的真實感受，即四端。【公都子曰：「告子曰：『**性無善無不善也。**』或曰：『**性可以為善，可以為不善，是故文武興則民好善，幽厲興則民好暴。**』或曰：『**有性善，有性不善，是故以堯為君而有象，以瞽瞍為父而有舜，以紂為兄之子且以為君，而有微子啟、王子比干。**』今曰『**性善**』，然則彼皆非歟？」孟子曰：「乃若其情則可以為善矣，乃所謂善也。若夫為不善，非才之罪也。惻隱之心，人皆有之；羞惡之心，人皆有之；恭敬之心，人皆有之；是非之心，人皆有之。惻隱之心，仁也；羞惡之心，義也；恭敬

之心，禮也；是非之心，智也。仁義禮智，非由外鑠我也，我固有之也，弗思耳矣。故曰：求則得之，舍則失之。或相倍蓰而無算者，不能盡其才者也。《詩》曰：『天生烝民，有物有則。民之秉彝，好是懿德。』孔子曰：『為此詩者，其知道乎！故有物必有則，民之秉彝也，故好是懿德。』」】公都子所述的告子之說「性無善無不善」，是就尚未社會化的自然生命而言，所述「性可以為善，可以為不善」，是就人和其他動物不同的學習能力而言，學習能力是潛能，端視所學的是善或不善。至於所述「有性善，有性不善」，是就社會化之後結果而言。

公都子所述的人性，孟子都認可，但是強調社會化之後的言行善惡和人本有的性善是二個不同層次的思想。人本有的性善是肯定人必須、應該為善，它是社會化之後言行善惡的判斷準則。只要言行為惡，就會不安，只要遭遇值得同情的人、事、物，性善自然顯露，而呈現為不同的心境，如惻隱、羞惡、恭敬、是非之心。因此，人依其學習能力而在社體化過程中導向善的言行，那是順著尚未自覺的性善而為。如果導向惡的言行，那不是性善所致，而是環境不良的因素所致。所以孟子說：「乃若其情，則可以為善矣，乃所謂善也。若夫為不善，非才之罪也。」

而性善的理由，孟子直接訴諸惻隱、羞惡、恭敬、是非之心等生活感受。性善本身難以言宣，因此，孟子從外顯的四端言行彰顯性善。以易傳的方式來說，性善是「體」，四端則是「用」。所以四端本乎性善，而不是由外鑠。相對的，社會規範的言行之善，則是外鑠的，是學習而得的。所以人性是否外鑠，端視所指的是善的根源或社會行為。

| 告上 2 | 告子曰：「**性【B 氣質之性】，猶湍水也**，決諸東方則東流，決諸西方則西流。**人性【B 氣質之性】**之無分於善不善也，猶水之無分於東西也。」孟子曰：「水信無分於東西，無分於上下乎？**人性【A 道德性】**之善也，猶水之就下也。人無有不善，水無有不下。今夫水搏而躍之，可使過顙，激而行之，可使在山，是豈**水之性**哉？其勢則然也。人之可使為不善，**其性**亦猶是也。」 |

告上 3	告子曰：「**生之謂性【B 氣質之性】**。」孟子曰：「**生之謂性也，猶白之謂白與**？」曰：「然。」「白羽之白也，猶白雪之白，白雪之白，猶白玉之白歟？」曰：「然。」「**然則犬之性猶牛之性，牛之性猶人之性歟**？」
告上 4	告子曰：「**食色，性也【B 氣質之性】**。仁，內也，非外也。義，外也，非內也。」孟子曰：「何以謂仁內義外也？」曰：「彼長而我長之，非有長於我也。猶彼白而我白之，從其白於外也，故謂之外也。」曰：「異於白馬之白也，無以異於白人之白也！不識長馬之長也，無以異於長人之長歟？且謂長者義乎？長之者義乎？」曰：「吾弟則愛之，秦人之弟則不愛也，是以我為悅者也，故謂之內。長楚人之長，亦長吾之長，是以長為悅者也，故謂之外也。」曰：「嗜秦人之炙，無以異於嗜吾炙。夫物則亦有然者也。然則嗜炙亦有外歟？」
	告子從社會規範談仁義。社會行為須合於社會規範（禮）。因應對象不同，於是有不同社會規範和社會行為。表現出某種社會行為時，內心有相應的情意。告子所說的「仁」就是內心的情意，「義」就是社會規範和社會行為。所以「仁內」而「義外」。依此思路，對方年長而我尊敬他，尊敬是內心的情意，因對方年長而表現尊敬的言行，則尊敬的言行受對方條件決定，所以為「外」。因此，就告子的思路和對仁義二概念的運用，是合理的，也是孟子會認可的。 但是孟子所談的仁義不是放在社會規範的脈絡，而是放在性善的顯發。孟子的思路是「性 ── 仁義之心 ── 仁義之行（禮）── 對象」，而告子則是「仁心 ── 義行（禮）── 對象」。如此比較，可知二者並不衝突。只是孟子更深刻的論及仁義的道德根源而已。 至於孟子對告子的反駁則無效。白馬之白和白人之白在性質上是相同的，但是「長馬之長」和「長人之長」則混淆認知問題和倫理問題。「長馬之長」是認知問題，意謂：見馬長則稱之為長馬。「長人之長」則是倫理問題，意謂：見其人年長，則尊敬之。

告上 5	孟季子問公都子曰：「何以謂義內也？」曰：「<u>行吾敬</u>，故謂之內也。」「鄉人長於伯兄一歲，則誰敬？」曰：「敬兄。」「酌則誰先？」曰：「先酌鄉人。」「所敬在此，所長在彼，果在外，非由內也。」公都子不能答，以告孟子。孟子曰：「敬叔父乎？敬弟乎？彼將曰『敬叔父』。曰：『弟為尸，則誰敬？』彼將曰『敬弟。』子曰：『惡在其敬叔父也？』彼將曰：『在位故也。』子亦曰：『在位故也。』庸敬在兄，斯須之敬在鄉人。」季子聞之曰：「敬叔父則敬，敬弟則敬，果在外，非由內也。」公都子曰：「冬日則飲湯，夏日則飲水，然則飲食亦在外也？」
	本章談「義」在外或在內，但是所談之事屬於「禮」，因此，「義」的意義在本章是「宜」，謂「禮之宜」，屬於「禮」之下的概念，並無內、外之別的議題。只因孟子有仁義內在之說，而季孟子和公都子在應用時未辨其語用範圍，於是有此口舌之爭。

告上 6	公都子曰：「告子曰：『**性【B 氣質之性】無善無不善也。**』或曰：『**性【B 氣質之性】可以為善，可以為不善，**是故文武興則民好善，幽厲興則民好暴。』或曰：『**有性【D 行為】善，有性不善，**是故以堯為君而有象，以瞽瞍為父而有舜，以紂為兄之子且以為君，而有微子啟、王子比干。』今曰『**性善**』，然則彼皆非歟？」孟子曰：「乃若其情則可以為善矣，乃所謂善也。若夫為不善，非才之罪也。**惻隱之心【B5 道德感】，**人皆有之；羞惡之心，人皆有之；恭敬之心，人皆有之；是非之心，人皆有之。惻隱之心，仁也；羞惡之心，義也；恭敬之心，禮也；是非之心，智也。仁義禮智，非由外鑠我也，我固有之也，弗思耳矣。故曰：求則得之，舍則失之。或相倍蓰而無算者，不能盡其才者也。《詩》曰：『天生烝民，有物有則。民之秉彝，好是懿德。』孔子曰：『為此詩者，其知道乎！故有物必有則，民之秉彝也，故好是懿德。』」
告上 7	孟子曰：「富歲，子弟多賴；凶歲，子弟多暴。非天之降才爾殊也，其所以陷溺其心者然也。今夫麰麥，播種而耰之，其地同，

	樹之時又同，浡然而生，至於日至之時，皆熟矣。雖有不同，則地有肥磽，雨露之養、人事之不齊也。故凡同類者，舉相似也，何獨至於人而疑之？聖人與我同類者。故龍子曰：『不知足而為屨，我知其不為蕢也。』屨之相似，天下之足同也。口之於味，有同嗜也，易牙先得我口之所嗜者也。如使口之於味也，**其性【B1 欲望】與人殊**，若犬馬之與我不同類也，則天下何嗜皆從易牙之於味也？至於味，天下期於易牙，是天下之口相似也。惟耳亦然，至於聲，天下期於師曠，是天下之耳相似也。惟目亦然，至於子都，天下莫不知其姣也；不知子都之姣者，無目者也。故曰：口之於味也，有同嗜焉；耳之於聲也，有同聽焉；目之於色也，有同美焉。至於心，獨無所同然乎？心之所同然者，何也？謂理也，義也。聖人先得**我心【B5 道德感】**之所同然耳。故理義之悅**我心【B5 道德感】**，猶芻豢之悅我口。」
告上 8	孟子曰：「牛山之木嘗美矣。以其郊於大國也，斧斤伐之，可以為美乎？是其日夜之所息，雨露之所潤，非無萌蘗之生焉，牛羊又從而牧之，是以若彼濯濯也。人見其濯濯也，以為未嘗有材焉，此豈**山之性【自然】**也哉？雖存乎人者，豈無**仁義之心【B5 道德感】**哉？其所以放其良心者，亦猶斧斤之於木也。旦旦而伐之，可以為美乎？其日夜之所息，**平旦之氣**，其好惡與人相近也者幾希，則其旦晝之所為，有梏亡之矣。梏之反覆，則其**夜氣**不足以存。**夜氣**不足以存，則其違禽獸不遠矣。人見其禽獸也，而以為未嘗有才焉者，是豈人之情也哉？故苟得其養，無物不長；苟失其養，無物不消。孔子曰：『操則存，舍則亡。出入無時，莫知其鄉。』惟心之謂與！」
告上 9	孟子曰：「無或乎王之不智也。雖有天下易生之物也，一日暴之，十日寒之，未有能生者也。吾見亦罕矣，吾退而寒之者至矣，吾如有萌焉何哉！今夫弈之為數，小數也；**不專心致志【B2 注意力】**，則不得也。弈秋，通國之善弈者也。使弈秋誨二人弈：其一人**專心致志**，惟弈秋之為聽；一人雖聽之，**一心**以為

	有鴻鵠將至，思援弓繳而射之。雖與之俱學，弗若之矣。為是其智弗若與？曰：非然也。」
告上 10	孟子曰：「魚，我所欲也；熊掌，亦我所欲也。二者不可得兼，舍魚而取熊掌者也。生，亦我所欲也；義，亦我所欲也。二者不可得兼，舍生而取義者也。生亦我所欲，所欲有甚於生者，故不為苟得也。死亦我所惡，所惡有甚於死者，故患有所不辟也。如使人之所欲莫甚於生，則凡可以得生者，何不用也？使人之所惡莫甚於死者，則凡可以辟患者，何不為也？由是則生而有不用也，由是則可以辟患而有不為也。是故所欲有甚於生者，所惡有甚於死者，**非獨賢者有是心【B5 道德感】**也，人皆有之，賢者能勿喪耳。一簞食，一豆羹，得之則生，弗得則死。呼爾而與之，行道之人弗受；**蹴爾而與之**，乞人不屑也。萬鍾則不辨禮義而受之。萬鍾於我何加焉？為宮室之美、妻妾之奉、所識窮乏者得我與？鄉為身死而不受，今為宮室之美為之；鄉為身死而不受，今為妻妾之奉為之；鄉為身死而不受，今為所識窮乏者得我而為之——是亦不可以已乎？此之謂失其本心。」
告上 11	孟子曰：「仁，**人心也【B5 道德感】**。義，人路也。舍其路而弗由，**放其心**而不知求，哀哉！人有雞犬放，則知求之，有放心，而不知求。學問之道無他，求其**放心**而已矣。」
告上 12	孟子曰：「今有無名之指，屈而不信，非疾痛害事也。如有能信之者，則不遠秦楚之路，為指之不若人也。指不若人，則知惡之；**心不若人**，則不知惡。【B4／C 判斷能力】此之謂不知類也。」
告上 15	公都子問曰：「鈞是人也，或為大人，或為小人，何也？」孟子曰：「從其大體為大人，從其小體為小人。」曰：「鈞是人也，或從其大體，或從其小體，何也？」曰：「耳目之官不思，而蔽於物。物交物，則引之而已矣。**心之官則思【B4 智力】**；思則得之，不思則不得也。此天之所與我者，先立乎其大者，則其小者不能奪也。此為大人而已矣。」
告上 17	孟子曰：「**欲貴者，人之同心也【B1 願望】**。人人有貴於己者，

	弗思耳矣。人之所貴者，非良貴也。趙孟之所貴，趙孟能賤之。《詩》云：『既醉以酒，既飽以德。』言飽乎仁義也，所以不願人之膏粱之味也。令聞廣譽施於身，所以不願人之文繡也。」
告下 15	孟子曰：「舜發於畎畝之中，傅說舉於版築之間，膠鬲舉於魚鹽之中，管夷吾舉於士，孫叔敖舉於海，百里奚舉於市。故天將降大任於是人也，必先苦其心志，勞其筋骨，餓其體膚，空乏其身，行拂亂其所為；**所以動心忍性【B 氣質之性】**，曾益其所不能。人恆過，然後能改。困於心，衡於慮，而後作。徵於色，發於聲，而後喻。入則無法家拂士、出則無敵國外患者，國恆亡。然後知生於憂患，而死於安樂也。」
	「性」而須忍，「忍」者，克制也。則所忍之「性」是氣質之性。

附錄十五
孟子研究關鍵術語表

一　孟子心性論關鍵術語所屬篇章表

梁上	1	2	3心	4	5	6
	7心					
梁下	1	2	3	4	5	6
	7	8	9	10	11	12
	13	14	15	16		
公上	1	2氣心	3心	4命	5	6心
	7	8	9心			
公下	1	2心	3心	4心	5	6
	7心	8	9	10	11	12心
	13	14				
滕上	1性	2心	3命心	4情心	5心	
滕下	1	2	3心	4	5	6
	7	8	9心	10		
離上	1心	2	3	4命	5	6
	7命	8	9心	10	11	12誠
	13	14	15	16	17	18
	19	20心	21	22	23	24
	25	26	27	28		
離下	1	2	3心	4	5	6

	7	8	9	10	11	12心
	13	14	15	16心	17	18情
	19	20	21	22	23	24
	25	26性	27	28心	29	30心
	31	32	33			
萬上	1心	2	3	4	5	6命
	7	8命	9			
萬下	1	2	3	4心	5	6
	7	8	9			
告上	1性	2性	3性	4性	5性	6心性情
	7心性	8 心性情氣	9心	10心	11心	12心
	13	14	15心	16	17心	18
	19	20				
告下	1	2	3	4	5	6
	7	8	9	10	11	12
	13	14	15心性	16		
盡上	1性命心	2命	3命	4誠	5	6
	7	8	9	10	11	12
	13	14心	15 良知良心	16	17	18心
	19	20	21心性	22	23	24
	25	26	27心	28	29	30性
	31	32	33	34	35	36氣
	37	38性	39	40	41	42
	43	44	45	46		

盡下	1 **心**	2	3	4	5	6
	7	8	9	10	11	12
	13	14	15	16	17	18
	19 **心**	20	21 **心**	22	23	24 **命性**
	25	26	27	28	29	30 **心**
	31 **心**	32	33 **命性**	34	35 **心**	36
	37	38				

二　孟子心性論關鍵術語所屬篇章全文表

心（共計 53 筆）	
梁上 3	梁惠王曰：「寡人之於國也，**盡心**焉耳矣【B6／C 情意、責任】。河內凶，則移其民於河東，移其粟於河內；河東凶，亦然。察鄰國之政，無如寡人之**用心**【B4 智力】者。鄰國之民不加少，寡人之民不加多，何也？」孟子對曰：「王好戰，請以戰喻：填然鼓之，兵刃既接，棄甲曳兵而走，或百步而後止，或五十步而後止。以五十步笑百步，則何如？」曰：「不可，直不百步耳，是亦走也。」曰：「王如知此，則無望民之多於鄰國也。不違農時，穀不可勝食也；數罟不入洿池，魚鱉不可勝食也；斧斤以時入山林，材木不可勝用也。穀與魚鱉不可勝食，材木不可勝用，是使民養生喪死無憾也。養生喪死無憾，王道之始也。五畝之宅，樹之以桑，五十者可以衣帛矣！雞豚狗彘之畜，無失其時，七十者可以食肉矣！百畝之田，勿奪其時，數口之家可以無飢矣！謹庠序之教，申之以孝悌之義，頒白者不負戴於道路矣。七十者衣帛食肉，黎民不飢不寒，然而不王者，未之有也。狗彘食人食而不知檢；塗有餓莩而不知發。人死，則曰：『非我也，歲也。』是何異於刺人而殺之，曰『非我也，兵也。』王無罪歲，斯天下之民至焉。」

梁上 7	齊宣王問曰：「齊桓、晉文之事，可得聞乎？」孟子對曰：「仲尼之徒無道桓、文之事者，是以後世無傳焉，臣未之聞也。無以，則王乎？」曰：「德何如，則可以王矣？」曰：「保民而王，莫之能禦也。」曰：「若寡人者，可以保民乎哉？」曰：「可。」曰：「何由知吾可也？」曰：「臣聞之胡齕曰：『王坐於堂上，有牽牛而過堂下者。王見之曰：『牛何之？』對曰：『將以釁鐘。』王曰：『舍之！吾不忍其觳觫，若無罪而就死地。』對曰：『然則廢釁鐘與？』曰：『何可廢也？以羊易之。』不識有諸？」曰：「有之。」曰：「**是心足以王矣【B5 道德感】**。百姓皆以王為愛也；臣固知王之不忍也。」王曰：「然。誠有百姓者，齊國雖褊小，吾何愛一牛？即不忍其觳觫，若無罪而就死地，故以羊易之也。」曰：「王無異於百姓之以王為愛也。以小易大，彼惡知之？王若隱其無罪而就死地，則牛羊何擇焉？」王笑曰：「**是誠何心【C 念頭】**哉？我非愛其財而易之以羊也。宜乎百姓之謂我愛也。」曰：「無傷也，是乃仁術也。見牛未見羊也。君子之於禽獸也，見其生，不忍見其死；聞其聲，不忍食其肉。是以『君子遠庖廚』也。」
梁上 7	王說，曰：「《詩》云：『他人**有心【B4／C 思想、觀念】**，予忖度之』，夫子之謂也。夫我乃行之，反而求之，不得**吾心【B4／C 思想、觀念】**夫子言之，於**我心【B6 情意】**有戚戚焉。**此心【B4／C 思想、觀念】**之所以合於王者，何也？」曰：「有復於王者曰：『吾力足以舉百鈞』，而不足以舉一羽；『明足以察秋毫之末』，而不見輿薪。則王許之乎？」曰：「否。」「今恩足以及禽獸，而功不至於百姓者，獨何與？然則一羽之不舉，為不用力焉；輿薪之不見，為不用明焉；百姓之不見保，為不用恩焉。故王之不王，不為也。非不能也。」曰：「不為者與不能者之形何以異？」曰：「挾太山以超北海，語人曰：『我不能』，是誠不能也。為長者折枝，語人曰：『我不能』，是不為也，非不能也。故王之不王，非挾太山以超北海之類也；王之不王，是折枝之類也。老吾老以及人之老，幼吾幼以及人之幼，天下可運於掌。

	《詩》云：『刑于寡妻，至于兄弟，以御于家邦』，言舉**斯心**加諸彼而已【B4／C **思想、觀念**】。故推恩足以保四海，不推恩無以保妻子。古之人所以大過人者無他焉，善推其所為而已矣。今恩足以及禽獸，而功不至於百姓者，獨何與？權，然後知輕重；度，然後知長短。物皆然，**心**【B4／C **思想、觀念**】**為甚**。王請度之。
梁上 7	「抑王興甲兵，危士臣，構①怨於諸侯，然後**快於心**【B5 **情意**】與？」王曰：「否。吾何快於是？將以求吾所大欲也。」曰：「王之所大欲，可得聞與？」王笑而不言。曰：「為肥甘不足於口與？輕煖不足於體與？抑為采色不足視於目與？聲音不足聽於耳與？便嬖不足使令於前與？王之諸臣皆足以供之，而王豈為是哉？」曰：「否，吾不為是也。」曰：「然則王之所大欲可知已。欲辟土地，朝秦、楚，蒞中國而撫四夷也。以若所為，求若所欲，猶緣木而求魚也。」王曰：「若是其甚與？」曰：「殆有甚焉。緣木求魚，雖不得魚，無後災；以若所為，求若所欲，盡心力而為之，後必有災。」曰：「可得聞與？」曰：「鄒人與楚人戰，則王以為孰勝？」曰：「楚人勝。」曰：「然則小固不可以敵大，寡固不可以敵眾，弱固不可以敵強。海內之地，方千里者九，齊集有其一；以一服八，何以異於鄒敵楚哉？蓋亦反其本矣。
梁上 7	「今王發政施仁，使天下仕者皆欲立於王之朝，耕者皆欲耕於王之野，商賈皆欲藏於王之市，行旅皆欲出於王之塗，天下之欲疾其君者，皆欲赴愬於王。其若是，孰能禦之？」王曰：「吾惛，不能進於是矣。願夫子輔吾志，明以教我。我雖不敏，請嘗試之。」曰：「無恆產而有**恆心**者，【B2 **意志**】惟士為能。若民則無恆產，因無**恆心**。**苟無恆心**，放辟邪侈，無不為已。及陷於罪，然後從而刑之，是罔民也。焉有仁人在位，罔民而可為也？是故明君制民之產，必使仰足以事父母，俯足以畜妻子；樂歲終身飽，凶年免於死亡；然後驅而之善，故民之從之也輕。今也制民之產，仰不足以事父母，俯不足以畜妻子；樂歲終身苦，凶年

	不免於死亡；此惟救死而恐不贍，奚暇治禮義哉？王欲行之，則盍反其本矣。五畝之宅，樹以之桑，五十者可以衣帛矣。雞豚狗彘之畜，無失其時，七十者可以食肉矣。百畝之田，勿奪其時，八口之家可以無飢矣。謹庠序之教，申之以孝悌之義，頒白者不負戴於道路矣。老者衣帛食肉，黎民不飢不寒，然而不王者，未之有也。」
公上 2	公孫丑問曰：「夫子加齊之卿相，得行道焉，雖由此霸王不異矣。如此則**動心**否乎？【B5 **意志**】孟子曰：「否，我四十**不動心**【B5 **意志**】。」曰：「若是則夫子過孟賁遠矣。」曰：「是不難。告子先我**不動心**【B5 **意志**】。」曰：「**不動心**【B5 **意志**】有道乎？」曰：「有。北宮黝之養勇也，不膚撓，不目逃。思以一豪挫於人，若撻之於市朝。不受於褐寬博，亦不受於萬乘之君。視刺萬乘之君若刺褐夫。無嚴諸侯。惡聲至，必反之。孟施舍之所養勇也，曰：『視不勝猶勝也。量敵而後進，慮勝而後會，是畏三軍者也。舍豈能為必勝哉？能無懼而已矣。』孟施舍似曾子，北宮黝似子夏。夫二子之勇，未知其孰賢，然而孟施舍守約也。昔者曾子謂子襄曰：『子好勇乎？吾嘗聞大勇於夫子矣：自反而不縮，雖褐寬博，吾不惴焉；自反而縮，雖千萬人吾往矣。』孟施舍之守氣，又不如曾子之守約也。」曰：「敢問夫子之**不動心**【B5 **意志**】與告子之**不動心**【B5 **意志**】，可得聞與？」「告子曰：『不得於言，**勿求於心**【B5／B4／C **道德判斷**】；不得於心【B5／B4／C **道德判斷**】，勿求於氣。』不得於心【B5／B4／C **道德判斷**】，勿求於氣，可；不得於言，**勿求於心**【B5／B4／C **道德判斷**】，不可。夫志，氣之帥也；氣，體之充也。夫志至焉，氣次焉。故曰：持其志，無暴其氣。」「既曰『志至焉，氣次焉』，又曰『持其志，無暴其氣』者，何也？」曰：「志壹則動氣；氣壹則動志也。今夫蹶者趨者是氣也，而反**動其心**【B5／B4／C **道德判斷**】。」
公上 2	「敢問夫子惡乎長？」曰：「我知言，我善養吾浩然之氣。」「敢問何謂浩然之氣？」曰：「難言也。其為氣也至大至剛，以直養

	而無害，則塞于天地之間。其為**氣**也配義與道，無是餒也。是集義所生者，非義襲而取之也。**行有不慊於心則餒矣【B5 道德感】**。我故曰：告子未嘗知義。以其外之也。必有事焉而勿正，**心勿忘，勿助長也**。無若宋人然。宋人有閔其苗之不長而揠之者，芒芒然歸，謂其人曰：『今日病矣，予助苗長矣。』其子趨而往視之，苗則槁矣。天下之不助苗長者寡矣。以為無益而舍之者，不耘苗者也。助之長者，揠苗者也，非徒無益，而又害之。」「何謂知言？」曰：「詖辭知其所蔽，淫辭知其所陷，邪辭知其所離，遁辭知其所窮。**生於其心，【B4／C 思慮心】害於其政**；發於其政，害於其事。聖人復起，必從吾言矣。」
公上3	孟子曰：「以力假仁者霸，霸必有大國；以德行仁者王，王不待大，湯以七十里，文王以百里。以力服人者，非**心【B6 情意】服**也，力不贍也；以德服人者，**中心【B6 情意】**悅而誠服也，如七十子之服孔子也。《詩》云：『自西自東，自南自北，無思不服』，此之謂也。」
公上6	孟子曰：「人皆有**不忍人之心**。先王有**不忍人之心**，斯有不忍人之政矣。以**不忍人之心**，行不忍人之政，治天下可運之掌上。所以謂人皆有不忍人之心者，今人乍見孺子將入於井，皆有怵惕惻隱之心；非所以內交於孺子之父母也，非所以要譽於鄉黨朋友也，非惡其聲而然也。由是觀之，**無惻隱之心非人也，無羞惡之心非人也，無辭讓之心非人也，無是非之心非人也。惻隱之心，仁之端也；羞惡之心，義之端也；辭讓之心，禮之端也；是非之心，智之端也。【B6／C 道德感與道德判斷】**人之有是四端也，猶其有四體也。有是四端而自謂不能者，自賊者也；謂其君不能者，賊其君者也。凡有四端於我者，知皆擴而充之矣，若火之始然、泉之始達。苟能充之，足以保四海；苟不充之，不足以事父母。」
公上9	孟子曰：「伯夷非其君不事，非其友不友。不立於惡人之朝，不與惡人言；立於惡人之朝，與惡人言，如以朝衣朝冠坐於塗炭。**推惡惡之心，【B6 道德感】**思與鄉人立，其冠不正，望望然去

	之，若將浼焉。是故諸侯雖有善其辭命而至者，不受也。不受也者，是亦不屑就已。柳下惠不羞污君，不卑小官。進不隱賢，必以其道。遺佚而不怨，阨窮而不憫。故曰：『爾為爾，我為我；雖袒裼裸裎於我側，爾焉能浼我哉！』故由由然與之偕而不自失焉，援而止之而止。援而止之而止者，是亦不屑去已。」孟子曰：「伯夷隘，柳下惠不恭。隘與不恭，君子不由也。」
公下2	景子曰：「內則父子，外則君臣，人之大倫也。父子主恩，君臣主敬。丑見王之敬子也，未見所以敬王也。」曰：「惡！是何言也！齊人無以仁義與王言者，豈以仁義為不美也？其**心**曰【C 念頭、觀念】『是何足與言仁義也』云爾，則不敬莫大乎是。我非堯舜之道不敢以陳於王前，故齊人莫如我敬王也。」景子曰：「否，非此之謂也。《禮》曰：『父召無諾；君命召，不俟駕。』固將朝也，聞王命而遂不果，宜與夫禮若不相似然。」曰：「豈謂是與？曾子曰：『晉楚之富，不可及也。彼以其富，我以吾仁；彼以其爵，我以吾義，吾何慊乎哉？』夫豈不義而曾子言之？是或一道也。天下有達尊三：爵一，齒一，德一。朝廷莫如爵，鄉黨莫如齒，輔世長民莫如德。惡得有其一，以慢其二哉？故將大有為之君，必有所不召之臣；欲有謀焉則就之。其尊德樂道，不如是不足以有為也。故湯之於伊尹，學焉而後臣之，故不勞而王；桓公之於管仲，學焉而後臣之，故不勞而霸；今天下地醜德齊，莫能相尚。無他，好臣其所教，而不好臣其所受教。湯之於伊尹，桓公之於管仲，則不敢召；管仲且猶不可召，而況不為管仲者乎？」
公下3	陳臻問曰：「前日於齊，王餽兼金一百而不受；於宋，餽七十鎰而受；於薛，餽五十鎰而受。前日之不受是，則今日之受非也；今日之受是，則前日之不受非也；夫子必居一於此矣。」孟子曰：「皆是也。當在宋也，予將有遠行；行者必以贐，辭曰『餽贐』，予何為不受？當在薛也，予有**戒心**【C 意念】，辭曰『聞戒故為兵餽之』，予何為不受？若於齊則未有處也。無處而餽之，是貨之也；焉有君子而可以貨取乎？」

公下4	孟子之平陸，謂其大夫曰：「子之持戟之士，一日而三失伍，則去之否乎？」曰：「不待三。」「然則子之失伍也亦多矣。凶年饑歲，子之民老羸轉於溝壑，壯者散而之四方者幾千人矣。」曰：「此非**距心**之所得為也。」曰：「今有受人之牛羊而為之牧之者，則必為之求牧與芻矣。求牧與芻而不得，則反諸其人乎？抑亦立而視其死與？」曰：「此則距心之罪也。」他日見於王曰：「王之為都者，臣知五人焉。知其罪者，惟孔距心。為王誦之。」王曰：「此則寡人之罪也。」
公下7	孟子自齊葬於魯。反於齊，止於嬴。充虞請曰：「前日不知虞之不肖，使虞敦匠事；嚴，虞不敢請。今願竊有請也：木若以美然。」曰：「古者棺槨無度，中古棺七寸、槨稱之，自天子達於庶人。非直為觀美也，然後盡於**人心【B6 情意】**。不得，不可以為悅；無財，不可以為悅。得之為有財。古之人皆用之，吾何為獨不然？且比化者，無使土親膚，於**人心【B6 情意】**獨無恔乎？吾聞之君子：不以天下儉其親。」
公下12	孟子去齊，尹士語人曰：「不識王之不可以為湯、武，則是不明也；識其不可然且至，則是干澤也。千里而見王，不遇故去；三宿而後出晝，是何濡滯也！士則茲不悅。」高子以告。曰：「夫尹士惡知予哉？千里而見王，是予所欲也。不遇故去，豈予所欲哉？予不得已也。予三宿而出晝，於予**心猶以為速【C 判斷】**。王庶幾改之！王如改諸，則必反予。夫出晝而王不予追也，予然後浩然有歸志。予雖然，豈舍王哉？王由足用為善；王如用予，則豈徒齊民安？天下之民舉安。王庶幾改之！予日望之！予豈若是小丈夫然哉！諫於其君而不受，則怒，悻悻然見於其面，去則窮日之力而後宿哉？」尹士聞之，曰：「士誠小人也。」
滕上2	滕定公薨，世子謂然友曰：「昔者孟子嘗與我言於宋，於**心【C 念慮】**終不忘。今也不幸至於大故，吾欲使子問於孟子，然後行事。」然友之鄒，問於孟子。孟子曰：「不亦善乎！親喪固所自盡也。曾子曰：『生，事之以禮；死，葬之以禮，祭之以禮，可謂孝矣。』諸侯之禮，吾未之學也。雖然，吾嘗聞之矣：三年之

	喪，齋疏之服，饘粥之食，自天子達於庶人，三代共之。」然友反命，定為三年之喪。父兄百官皆不欲也，故曰：「吾宗國魯先君莫之行，吾先君亦莫之行也；至於子之身而反之，不可。且〈志〉曰：『喪祭從先祖。』」曰：「吾有所受之也。」謂然友曰：「吾他日未嘗學問，好馳馬試劍。今也父兄百官不我足也；恐其不能盡於大事。子為我問孟子。」然友復之鄒，問孟子。孟子曰：「然，不可以他求者也。孔子曰：『君薨，聽於冢宰，歠粥，面深墨，即位而哭。百官有司，莫敢不哀，先之也。上有好者，下必有甚焉者矣。君子之德，風也；小人之德，草也。草上之風必偃。』是在世子。」然友反命。世子曰：「然，是誠在我。」五月居廬，未有命戒。百官族人，可謂曰知。及至葬，四方來觀之。顏色之戚，哭泣之哀，弔者大悅。
滕上 3	滕文公問為國。孟子曰：「民事不可緩也。《詩》云：『晝爾于茅，宵爾索綯。亟其乘屋，其始播百穀。』民之為道也，有恆產者有恆心【B2 意志】，無恆產者無恆心。苟無恆心，放僻邪侈，無不為已。及陷乎罪然後從而刑之，是罔民也。焉有仁人在位罔民而可為也？是故賢君必恭儉禮下，取於民有制。陽虎曰：『為富不仁矣；為仁不富矣。』夏后氏五十而貢，殷人七十而助，周人百畝而徹。其實皆什一也。徹者徹也，助者藉也。龍子曰：『治地莫善於助，莫不善於貢。貢者校數歲之中以為常。樂歲粒米狼戾，多取之而不為虐，則寡取之；凶年糞其田而不足，則必取盈焉。為民父母，使民盻盻然，將終歲勤動，不得以養其父母，又稱貸而益之，使老稚轉乎溝壑，惡在其為民父母也？』夫世祿滕固行之矣。《詩》云：『雨我公田，遂及我私。』惟助為有公田。由此觀之，雖周亦助也。設為庠序學校以教之。庠者養也，校者教也，序者射也。夏曰校，殷曰序，周曰庠，學則三代共之，皆所以明人倫也。人倫明於上，小民親於下。有王者起，必來取法，是為王者師也。《詩》云：『周雖舊邦，其命維新。』文王之謂也。子力行之，亦以新子之國。」
滕上 4	陳相見孟子，道許行之言曰：「滕君則誠賢君也；雖然，未聞道

	也。賢者與民並耕而食，饔飧而治。今也滕有倉廩府庫，則是厲民而以自養也，惡得賢？」孟子曰：「許子必種粟而後食乎？」曰：「然。」「許子必織布而後衣乎？」曰：「否，許子衣褐。」「許子冠乎？」曰：「冠。」曰：「奚冠？」曰：「冠素。」曰：「自織之與？」曰：「否，以粟易之。」曰：「許子奚為不自織？」曰：「害於耕。」曰：「許子以釜甑爨、以鐵耕乎？」曰：「然。」「自為之與？」曰：「否，以粟易之。」「以粟易械器者，不為厲陶冶；陶冶亦以械器易粟者，豈為厲農夫哉？且許子何不為陶冶，舍皆取諸其宮中而用之？何為紛紛然與百工交易？何許子之不憚煩？」曰：「百工之事，固不可耕且為也。」「然則治天下獨可耕且為與？有大人之事，有小人之事。且一人之身，而百工之所為備。如必自為而後用之，是率天下而路也。故曰：或**勞心【B4 思慮】**，或勞力。**勞心【B4 思慮】**者治人，勞力者治於人。治於人者食人，治人者食於人——天下之通義也。
滕上 4	「當堯之時，天下猶未平，洪水橫流，氾濫於天下；草木暢茂，禽獸繁殖；五穀不登，禽獸偪人；獸蹄鳥跡之道，交於中國。堯獨憂之，舉舜而敷治焉。舜使益掌火；益烈山澤而焚之，禽獸逃匿。禹疏九河，瀹濟、漯而注諸海；決汝、漢，排淮、泗，而注之江，然後中國可得而食也。當是時也，禹八年於外，三過其門而不入，雖欲耕，得乎？后稷教民稼穡，樹藝五穀，五穀熟而民人育。人之有道也，飽食煖衣，逸居而無教，則近於禽獸。聖人有憂之，使契為司徒，教以人倫：父子有親，君臣有義，夫婦有別，長幼有序，朋友有信。放勳曰：『勞之來之、匡之直之、輔之翼之，使自得之；又從而振德之。』聖人之憂民如此，而暇耕乎？堯以不得舜為己憂；舜以不得禹、皋陶為己憂。夫以百畝之不易為己憂者，農夫也。分人以財謂之惠，教人以善謂之忠，為天下得人者謂之仁。是故以天下與人易，為天下得人難。孔子曰：『大哉，堯之為君！惟天為大，惟堯則之。蕩蕩乎民無能名焉！君哉舜也！巍巍乎有天下而不與焉！』堯舜之治天下，豈無所用其**心**哉？**【B4 思慮】**亦不用於耕耳。

滕上 5	墨者夷之，因徐辟而求見孟子。孟子曰：「吾固願見，今吾尚病，病愈，我且往見。」夷子不來。他日又求見孟子。孟子曰：「吾今則可以見矣。不直則道不見，我且直之。吾聞夷子墨者，墨之治喪也，以薄為其道也。夷子思以易天下，豈以為非是而不貴也？然而夷子葬其親厚，則是以所賤事親也。」徐子以告夷子。夷子曰：「儒者之道，古之人『若保赤子』，此言何謂也？之則以為愛無差等，施由親始。」徐子以告孟子。孟子曰：「夫夷子信以為人之親其兄之子為若親其鄰之赤子乎？彼有取爾也。赤子匍匐將入井，非赤子之罪也。且天之生物也使之一本，而夷子二本故也。蓋上世嘗有不葬其親者，其親死則舉而委之於壑。他日過之，狐狸食之，蠅蚋姑嘬之。其顙有泚，睨而不視。夫泚也，非為人泚，**中心達於面目【B6 情意】**。蓋歸反虆梩而掩之，掩之誠是也。則孝子仁人之掩其親，亦必有道矣。」徐子以告夷子。夷子憮然為間曰：「命之矣。」
滕下 3	周霄問曰：「古之君子仕乎？」孟子曰：「仕。傳曰：『孔子三月無君，則皇皇如也。出疆必載質。』公明儀曰：『古之人三月無君則弔。』」「三月無君則弔，不以急乎？」曰：「士之失位也，猶諸侯之失國家也。《禮》曰：『諸侯耕助，以供粢盛。夫人蠶繅，以為衣服。犧牲不成，粢盛不絜，衣服不備，不敢以祭。惟士無田，則亦不祭。』牲殺器皿衣服不備，不敢以祭，則不敢以宴，亦不足弔乎？」「出疆必載質，何也？」曰：「士之仕也，猶農夫之耕也。農夫豈為出疆舍其耒耜哉？」曰：「晉國亦仕國也，未嘗聞仕如此其急。仕如此其急也，君子之難仕，何也？」曰：「丈夫生而願為之有室，女子生而願為之有家。**父母之心【B1／C 願望】**，人皆有之。不待父母之命、媒妁之言，鑽穴隙相窺，踰牆相從，則父母、國人皆賤之。古之人未嘗不欲仕也，又惡不由其道。不由其道而往者，與鑽穴隙之類也。」
滕下 9	「世衰道微，邪說暴行有作。臣弒其君者有之，子弒其父者有之。孔子懼，作《春秋》。《春秋》，天子之事也。是故孔子曰：『知我者，其惟《春秋》乎！罪我者，其惟《春秋》乎！』聖王

	不作，諸侯放恣，處士橫議。楊朱、墨翟之言盈天下。天下之言，不歸楊則歸墨。楊氏為我，是無君也。墨氏兼愛，是無父也。無父無君，是禽獸也。公明儀曰：『庖有肥肉，廄有肥馬，民有飢色，野有餓莩，此率獸而食人也。』楊墨之道不息，孔子之道不著，是邪說誣民、充塞仁義也。仁義充塞，則率獸食人，人將相食。吾為此懼，閑先聖之道，距楊墨、放淫辭，邪說者不得作。**作於其心【C 思想、觀念】**，害於其事；作於其事，害於其政。聖人復起，不易吾言矣。昔者禹抑洪水而天下平，周公兼夷狄、驅猛獸而百姓寧，孔子成《春秋》而亂臣賊子懼。《詩》云：『戎狄是膺，荊舒是懲；則莫我敢承。』無父無君，是周公所膺也。我亦欲**正人心【C 思想、觀念】**、息邪說、距詖行、放淫辭，以承三聖者。豈好辯哉？予不得已也。能言距楊墨者，聖人之徒也。」
離上 1	孟子曰：「離婁之明，公輸子之巧，不以規矩，不能成方員。師曠之聰，不以六律，不能正五音。堯舜之道，不以仁政，不能平治天下。今有**仁心【B5 道德感】**仁聞而民不被其澤，不可法於後世者，不行先王之道也。故曰：徒善不足以為政，徒法不能以自行。《詩》云：『不愆不忘，率由舊章。』遵先王之法而過者，未之有也。聖人既竭目力焉，繼之以規矩準繩，以為方員平直，不可勝用也。既竭耳力焉，繼之以六律正五音，不可勝用也。既**竭心思**焉**【B4 思維能力】**，繼之以不忍人之政而仁覆天下矣。故曰：為高必因丘陵，為下必因川澤。為政不因先王之道，可謂智乎？是以惟仁者宜在高位。不仁而在高位，是播其惡於眾也。上無道揆也，下無法守也；朝不信道，工不信度；君子犯義，小人犯刑，國之所存者幸也。故曰：城郭不完，兵甲不多，非國之災也。田野不辟，貨財不聚，非國之害也。上無禮，下無學，賊民興，喪無日矣。《詩》曰：『天之方蹶，無然泄泄。』泄泄猶沓沓也。事君無義，進退無禮，言則非先王之道者，猶沓沓也。故曰：責難於君謂之恭，陳善閉邪謂之敬，吾君不能謂之賊。」
離上 9	孟子曰：「桀紂之失天下也，失其民也。失其民者，**失其心**也。

	【B6 **情意**】得天下有道：得其民斯得天下矣。得其民有道，**得其心**斯得民矣。**得其心有道**：所欲，與之聚之；所惡，勿施爾也。民之歸仁也，猶水之就下，獸之走壙也。故為淵驅魚者，獺也；為叢驅爵者，鸇也；為湯、武驅民者，桀與紂也。今天下之君有好仁者，則諸侯皆為之敺矣；雖欲無王，不可得已。今之欲王者，猶七年之病求三年之艾也。苟為不畜，終身不得。苟不志於仁，終身憂辱，以陷於死亡。《詩》云：『其何能淑？載胥及溺』，此之謂也。」
離上20	孟子曰：「人不足與適也，政不足與間也，惟大人為能格**君心**之非【C **思想、觀念**】。君仁莫不仁，君義莫不義，君正莫不正，一正君而國定矣。」
離下3	孟子告齊宣王曰：「君之視臣如手足，則**臣視君如腹心**【B **身體器官**】；君之視臣如犬馬，則臣視君如國人；君之視臣如土芥，則臣視君如寇讎。」王曰：「禮，為舊君有服。何如斯可為服矣？」曰：「諫行言聽，膏澤下於民；有故而去，則使人導之出疆，又先於其所往；去三年不反，然後收其田里。此之謂三有禮焉。如此則為之服矣。今也為臣，諫則不行，言則不聽，膏澤不下於民；有故而去，則君搏執之，又極之於其所往；去之日，遂收其田里。此之謂寇讎。寇讎何服之有？」
離下12	孟子曰：「大人者，不失其**赤子之心**者也。【C **意念**】」
離下16	孟子曰：「以善服人者，未有能服人者也。以善養人，然後能服天下。天下不**心服**而王者，【B6 **情意**】未之有也。」
離下28	孟子曰：「君子所以異於人者，以**其存心**【B5 **道德感**】也。君子**以仁存心，以禮存心**。【B5 **道德感**】仁者愛人，有禮者敬人。愛人者，人恆愛之；敬人者，人恆敬之。有人於此，其待我以橫逆，則君子必自反也：『我必不仁也，必無禮也，此物奚宜至哉？』其自反而仁矣，自反而有禮矣。其橫逆由是也，君子必自反也：『我必不忠。』自反而忠矣，其橫逆由是也，君子曰：『此亦妄人也已矣。如此則與禽獸奚擇哉？於禽獸又何難焉！』是故君子有終身之憂，無一朝之患也。乃若所憂則有之。舜人也，我

	亦人也；舜為法於天下，可傳於後世，我由未免為鄉人也，是則可憂也。憂之如何？如舜而已矣。若夫君子所患則亡矣。非仁無為也，非禮無行也。如有一朝之患，則君子不患矣。」
離下 30	公都子曰：「匡章，通國皆稱不孝焉。夫子與之遊，又從而禮貌之，敢問何也？」孟子曰：「世俗所謂不孝者五：惰其四支，不顧父母之養，一不孝也；博弈、好飲酒，不顧父母之養，二不孝也；好貨財、私妻子，不顧父母之養，三不孝也；從耳目之欲，以為父母戮，四不孝也；好勇鬥狠，以危父母，五不孝也。章子有一於是乎？夫章子，子父責善而不相遇也。責善，朋友之道也。父子責善，賊恩之大者。夫章子豈不欲有夫妻子母之屬哉？為得罪於父，不得近；出妻屏子，終身不養焉。**其設心【B4／C 動機】**以為不若是，是則罪之大者。是則章子已矣。」
萬上 1	萬章問曰：「舜往于田，號泣于旻天。何為其號泣也？」孟子曰：「怨慕也。」萬章曰：「父母愛之，喜而不忘；父母惡之，勞而不怨。然則舜怨乎？」曰：「長息問於公明高曰：『舜往于田，則吾既得聞命矣；號泣于旻天、于父母，則吾不知也。』公明高曰：『是非爾所知也。』夫公明高以**孝子之心【B6 情意】**為不若是恝。『我竭力耕田，共為子職而已矣；父母之不我愛，於我何哉？』帝使其子九男二女，百官牛羊倉廩備，以事舜於畎畝之中。天下之士多就之者，帝將胥天下而遷之焉。為不順於父母，如窮人無所歸。天下之士悅之，人之所欲也，而不足以解憂。好色，人之所欲；妻帝之二女，而不足以解憂。富，人之所欲；富有天下，而不足以解憂。貴，人之所欲；貴為天子，而不足以解憂。人悅之、好色、富貴無足以解憂者，惟順於父母，可以解憂。人少則慕父母，知好色則慕少艾，有妻子則慕妻子，仕則慕君，不得於君則熱中。大孝終身慕父母，五十而慕者，予於大舜見之矣。」
萬下 4	萬章曰：「敢問**交際何心也？【C／D3 意念、態度】**」孟子曰：「恭也。」曰：「卻之卻之為不恭，何哉？」曰：「尊者賜之，曰：『其所取之者，義乎不義乎？』而後受之，以是為不恭，故

	弗卻也。」曰：「請無以辭卻之，**以心【C╱D3 意念、態度】卻之，曰：『其取諸民之不義也。』**而以他辭無受，不可乎？」曰：「其交也以道，其接也以禮，斯孔子受之矣。」萬章曰：「今有禦人於國門之外者，其交也以道，其餽也以禮，斯可受禦與？」曰：「不可。〈康誥〉曰：『殺越人于貨，閔不畏死，凡民罔不譈。』是不待教而誅者也。殷受夏，周受殷，所不辭也，於今為烈，如之何其受之？」曰：「今之諸侯取之於民也，猶禦也。『苟善其禮際矣，斯君子受之』，敢問何說也？」曰：「子以為有王者作，將比今之諸侯而誅之乎？其教之不改而後誅之乎？夫謂非其有而取之者盜也，充類至義之盡也。孔子之仕於魯也，魯人獵較，孔子亦獵較。獵較猶可，而況受其賜乎？」曰：「然則孔子之仕也，非事道與？」曰：「事道也。」「事道奚獵較也？」曰：「孔子先簿正祭器，不以四方之食供簿正。」曰：「奚不去也？」曰：「為之兆也，兆足以行矣，而不行，而後去；是以未嘗有所終三年淹也。孔子有見行可之仕，有際可之仕，有公養之仕。於季桓子，見行可之仕也；於衛靈公，際可之仕也；於衛孝公，公養之仕也。」
告上6	公都子曰：「告子曰：『性無善無不善也。』或曰：『性可以為善，可以為不善，是故文武興則民好善，幽厲興則民好暴。』或曰：『有性善，有性不善，是故以堯為君而有象，以瞽瞍為父而有舜，以紂為兄之子且以為君，而有微子啟、王子比干。』今曰『性善』，然則彼皆非歟？」孟子曰：「乃若其**情**則可以為善矣，乃所謂善也。若夫為不善，非才之罪也。**惻隱之心，人皆有之；羞惡之心，人皆有之；恭敬之心，人皆有之；是非之心，人皆有之。惻隱之心，仁也；羞惡之心，義也；恭敬之心，禮也；是非之心，智也。【B5╱C 道德感與道德判斷】**仁義禮智，非由外鑠我也，我固有之也，弗思耳矣。故曰：求則得之，舍則失之。或相倍蓰而無算者，不能盡其才者也。《詩》曰：『天生烝民，有物有則。民之秉彝，好是懿德。』孔子曰：『為此詩者，其知道乎！故有物必有則，民之秉彝也，故好是懿德。』」

告上 7	孟子曰：「富歲，子弟多賴；凶歲，子弟多暴。非天之降才爾殊也，其所以**陷溺其心**者然也【B5 **道德感**】。今夫麰麥，播種而耰之，其地同，樹之時又同，浡然而生，至於日至之時，皆熟矣。雖有不同，則地有肥磽，雨露之養、人事之不齊也。故凡同類者，舉相似也，何獨至於人而疑之？聖人與我同類者。故龍子曰：『不知足而為屨，我知其不為蕢也。』屨之相似，天下之足同也。口之於味，有同耆也，易牙先得我口之所耆者也。如使口之於味也，其性與人殊，若犬馬之與我不同類也，則天下何耆皆從易牙之於味也？至於味，天下期於易牙，是天下之口相似也。惟耳亦然，至於聲，天下期於師曠，是天下之耳相似也。惟目亦然，至於子都，天下莫不知其姣也；不知子都之姣者，無目者也。故曰：口之於味也，有同耆焉；耳之於聲也，有同聽焉；目之於色也，有同美焉。**至於心，獨無所同然乎？心之所同然者，何也？謂理也，義也。聖人先得我心之所同然耳。故理義之悅我心，【B5 道德感】**猶芻豢之悅我口。」
告上 8	孟子曰：「牛山之木嘗美矣。以其郊於大國也，斧斤伐之，可以為美乎？是其日夜之所息，雨露之所潤，非無萌蘗之生焉，牛羊又從而牧之，是以若彼濯濯也。人見其濯濯也，以為未嘗有材焉，此豈山之性也哉？雖存乎人者，豈無**仁義之心**哉？【B5 **道德感**】其所以放其**良心**者，亦猶斧斤之於木也。旦旦而伐之，可以為美乎？其日夜之所息，平旦之**氣**，其好惡與人相近也者幾希，則其旦晝之所為，有梏亡之矣。梏之反覆，則其**夜氣**不足以存。**夜氣**不足以存，則其違禽獸不遠矣。人見其禽獸也，而以為未嘗有才焉者，是豈人之**情**也哉？故苟得其養，無物不長；苟失其養，無物不消。孔子曰：『操則存，舍則亡。出入無時，莫知其鄉。』**惟心之謂與**！」
告上 9	孟子曰：「無或乎王之不智也。雖有天下易生之物也，一日暴之，十日寒之，未有能生者也。吾見亦罕矣，吾退而寒之者至矣，吾如有萌焉何哉！今夫弈之為數，小數也；**不專心致志**【B2 **注意力**】，則不得也。弈秋，通國之善弈者也。使弈秋誨二

	人弈：其一人**專心**致志，惟弈秋之為聽；一人雖聽之，**一心**以為有鴻鵠將至，思援弓繳而射之。雖與之俱學，弗若之矣。為是其智弗若與？曰：非然也。」
告上 10	孟子曰：「魚，我所欲也；熊掌，亦我所欲也。二者不可得兼，舍魚而取熊掌者也。生，亦我所欲也；義，亦我所欲也。二者不可得兼，舍生而取義者也。生亦我所欲，所欲有甚於生者，故不為苟得也。死亦我所惡，所惡有甚於死者，故患有所不辟也。如使人之所欲莫甚於生，則凡可以得生者，何不用也？使人之所惡莫甚於死者，則凡可以辟患者，何不為也？由是則生而有不用也，由是則可以辟患而有不為也。是故所欲有甚於生者，所惡有甚於死者，**非獨賢者有是心【B5 道德感】**也，人皆有之，賢者能勿喪耳。一簞食，一豆羹，得之則生，弗得則死。呼爾而與之，行道之人弗受；蹴爾而與之，乞人不屑也。萬鍾則不辨禮義而受之。萬鍾於我何加焉？為宮室之美、妻妾之奉、所識窮乏者得我與？鄉為身死而不受，今為宮室之美為之；鄉為身死而不受，今為妻妾之奉為之；鄉為身死而不受，今為所識窮乏者得我而為之——是亦不可以已乎？此之謂失其本心。」
告上 11	孟子曰：「**仁，人心也【B5 道德感】**。義，人路也。舍其路而弗由，**放其心**而不知求，哀哉！人有雞犬放，則知求之，有放心，而不知求。學問之道無他，求其**放心**而已矣。」
告上 12	孟子曰：「今有無名之指，屈而不信，非疾痛害事也。如有能信之者，則不遠秦楚之路，為指之不若人也。指不若人，則知惡之；**心不若人，則不知惡。【B4／C 判斷能力】**此之謂不知類也。」
告上 15	公都子問曰：「鈞是人也，或為大人，或為小人，何也？」孟子曰：「從其大體為大人，從其小體為小人。」曰：「鈞是人也，或從其大體，或從其小體，何也？」曰：「耳目之官不思，而蔽於物。物交物，則引之而已矣。**心之官則思【B4 智力】**；思則得之，不思則不得也。此天之所與我者，先立乎其大者，則其小者不能奪也。此為大人而已矣。」

告上 17	孟子曰：「**欲貴者，人之同心也【B1　願望】**。人人有貴於己者，弗思耳矣。人之所貴者，非良貴也。趙孟之所貴，趙孟能賤之。《詩》云：『既醉以酒，既飽以德。』言飽乎仁義也，所以不願人之膏粱之味也。令聞廣譽施於身，所以不願人之文繡也。」
告下 15	孟子曰：「舜發於畎畝之中，傅說舉於版築之間，膠鬲舉於魚鹽之中，管夷吾舉於士，孫叔敖舉於海，百里奚舉於市。故天將降大任於是人也，必先苦其**心志，【B　意志】**勞其筋骨，餓其體膚，空乏其身，行拂亂其所為；所以**動心忍性【B】**，曾益其所不能。人恆過，然後能改。困於**心【B】**，衡於慮，而後作。徵於色，發於聲，而後喻。入則無法家拂士、出則無敵國外患者，國恆亡。然後知生於憂患，而死於安樂也。」
盡上 1	孟子曰：「**盡其心者【B5　道德感】，知其性也。知其性，則知天矣。存其心，養其性，所以事天也。殀壽不貳，修身以俟之，所以立命也。**」
盡上 14	孟子曰：「仁言，不如仁聲之入人深也。善政，不如善教之得民也。善政民畏之；善教民愛之。善政得民財；善教得**民心。【B6　情意】**」
盡上 18	孟子曰：「人之有德慧術知者，恆存乎疢疾。獨孤臣孽子，其**操心【B4／C　思慮】**也危，其慮患也深，故達。」
盡上 21	孟子曰：「廣土眾民，君子欲之，所樂不存焉。中天下而立，定四海之民，君子樂之，**所性不存焉。君子所性**，雖大行不加焉，雖窮居不損焉，分定故也。**君子所性，仁義禮智根於心【B5　道德感】**。其生色也，睟然見於面、盎於背。施於四體，四體不言而喻。」
盡上 27	孟子曰：「飢者甘食，渴者甘飲，是未得飲食之正也，飢渴害之也。豈惟口腹有飢渴之害？**人心亦皆有害【B5　道德感】**。人能無以飢渴之害為**心害**，則不及人不為憂矣。」
盡下 1	孟子曰：「不仁哉，梁惠王也！仁者，以其所愛及其所不愛；不仁者，以其所不愛及其所愛。」公孫丑問曰：「何謂也？」「梁惠

	王以土地之故，糜爛其民而戰之，大敗；將復之，恐不能勝，故驅其所愛子弟以殉之；是之謂以其所不愛及其所愛也。」
盡下 19	孟子曰：「無傷也。士憎茲多口。《詩》云：『憂心悄悄【B6 **情意**】，慍于群小』，孔子也。『肆不殄厥慍，亦不隕③厥問』，文王也。」
盡下 21	孟子謂高子曰：「山徑之蹊間介然，用之而成路；為間不用，則茅塞之矣。今茅塞子之心矣【B4／C 思慮】。」
盡下 30	孟子之滕，館於上宮。有業屨於牖上，館人求之弗得。或問之曰：「若是乎從者之廋也。」曰：「子以是為竊屨來與？」曰：「殆非也。夫子之設科也，往者不追，來者不拒。苟以**是心**至【C／D3 意念、態度】，斯受之而已矣。」
盡下 31	孟子曰：「人皆有所不忍，達之於其所忍，仁也；人皆有所不為，達之於其所為，義也。人能充『**無欲害人**』之心【B5 道德感】，而仁不可勝用也。人能充『**無穿窬**』之心，而義不可勝用也。人能充無受『爾』、『汝』之實，無所往而不為義也。士未可以言而言，是以言餂之也；可以言而不言，是以不言餂之也。是皆穿踰之類也。」
盡下 35	孟子曰：「**養心**【B5 道德感】莫善於寡欲。其為人也寡欲，雖有不存焉者，寡矣。其為人也多欲，雖有存焉者，寡矣。」

性（共 16 筆）	
滕上 1	滕文公為世子，將之楚，過宋而見孟子。**孟子道性善【A 道德性】，言必稱堯舜**。世子自楚反，復見孟子。孟子曰：「世子疑吾言乎？夫道一而已矣。成覸謂齊景公曰：『彼丈夫也，我丈夫也，吾何畏彼哉？』顏淵曰：『舜何人也？予何人也？有為者亦若是。』公明儀曰：『文王我師也，周公豈欺我哉？』今滕絕長補短，將五十里也，猶可以為善國。《書》曰：『若藥不瞑眩，厥疾不瘳。』」
	孟子思想主軸。

離下26	孟子曰：「**天下之言性【B 氣質之性】也，則故而已矣。故者，以利為本。**所惡於智者，為其鑿也。如智者，若禹之行水也，則無惡於智矣。禹之行水也，行其所無事也。如智者亦行其所無事，則智亦大矣。天之高也，星辰之遠也，苟求其故，千歲之日至，可坐而致也。」
	然而世人談「（道德）性」往往陷於深求目的。深求目的就是以利為最終目的。如是則窮盡巧智，而使道德淪為工具。因此巧智最可惡之處在於虛言飾說其道德。真正的大智，就像禹疏導水患，順水而行，就不會以巧智虛飾。（猶如人的言行依「（道德）性」而行，無所矯飾。）禹疏導水患，順水而行，不以己欲干預，而若無其事。智者如果能夠不以己欲干預，而若無其事，那麼，他就有大智慧。這個大智慧就是循「（道德）性」而行。猶如天上星辰的運行，依其法度。如果要深求其理由，就在法度中求，那麼即使千年之後的冬至，都能坐著推算出來。【案：此與老莊「自然」之旨同。】
盡上1	孟子曰：「**盡其心【B5 道德感】者，知其性【A 道德性】也。知其性【A 道德性】，則知天矣。存其心【B5 道德感】，養其性【A 道德性】，所以事天也。**殀壽不貳，修身以俟之，所以立命也。」
	什麼是「心」？如何盡？為什麼心盡則能知「性」？為什麼知「性」則能知「天」？「心」如何「存」？「性」如何「養」？存心養性何以能事天？修身和存心養性有何關係？修身何以能夠立命？
盡上21	孟子曰：「廣土眾民，君子欲之，所樂不存焉。中天下而立，定四海之民，**君子樂之，所性【A 道德性】不存**焉。**君子所性【A 道德性】，雖大行不加焉，雖窮居不損焉，分定故也。君子所性【A 道德性】，仁義禮智根於心【B5 道德感】。**其生色也，睟然見於面、盎於背。施於四體，四體不言而喻。」
	「所性」指人所秉的道德性。此「性」不受任何影響。會受影響者，必是自身不夠圓滿，則「性」是圓滿的。

	君子最大的志願是安天下的廣土眾民。能如是，應能帶來快樂。但是君子有此志願（君子欲之），卻不以此為樂（所樂不存焉），意謂：若以此為樂，則是以此為自己功勞，既是自己的功勞，則萌生私意，於是道德的淪落自此萌芽。因此，「所樂不存」不是不樂於行此志願，而是不執此樂。 君子當然會因「中天下而立，定四海之民」而樂，但是此樂不存於所秉的道德性（性，道德根源）。因為「性」的圓滿，超乎相對的苦樂，越超人的窮通際遇。 以上是說「性」超越現象世界的各種現象。既然如此，人之所為都是現象世界中的現象，如何能夠觸及超越現象世界的「性」？透過仁義禮智之心。易言之，仁義禮智之心是「性」在現象世界的體現。以《易傳》的哲學概念言之，「性」為「體」，而仁義禮智為「用」。 但是心如何才能夠呈現為仁義禮智？這和前面的提問相同：「心」如何「盡」？「心」如何「存」？「性」如何「養」？
盡上 30	孟子曰：「堯舜，性之也【A 動詞】；湯武，身之也；五霸，假之也。久假而不歸，惡知其非有也？」
	人既然有軀體生命的自然之性，也秉「道德性」（性），於是人的生命是從自然生命趨向道德性的歷程。但是在趨向道德性時，每個人的自然秉賦不同，這自然秉賦是總說，分說則有軀軀、在社會化過程中所顯露的欲望、意志、個性、認知、情緒、情感，和社會規範所塑（外塑）的道德感。這些秉賦都是生而有之，而在社會化的學習過程中不斷調整、改變，可能趨向於好，也可能趨向於壞。這些生而有之的秉賦，從戰國時代的「氣化」思想到漢代的氣化宇宙論的基礎上，被統稱為「氣」，而宋儒稱為「氣質」（之性）。 個人所秉的氣質有不同的等級，例如在認知的智力上有智愚，在性情上有賢、不肖。統合言之，儒家概括的分為生而知之、學而知之、困而知之。 於是從自然生命趨向道德生命（道德性）的過程中，就有不同途

	徑。孟子在此所說的「性之」、「身之」、「假之」就是這些不同途徑的代表。堯舜的「性之」，意謂：生而明「性」，不學而能。湯武的「身之」，意謂：親身踐履，學而後能。五霸的「假之」，意謂：他們在智力上能夠理解此「性」，也了解此「性」外發為社會行為時將為人所推崇，但是他們受私欲（氣質之性）的引導，於是假借、標榜（假之）此「性」外發的社會行為。雖然假借、標榜是不真實的，雖然做不到，但是知道，總比不假借、標榜來得好，假借、標榜此「性」雖然很可能只是利用道德以遂私欲，但是也可能在假借、標榜的過程中，良知不斷浮現，越來越明澈，而逐漸放棄私欲，步上踐履道德的途程（身之）。所以孟子說：即使經久假借、標榜而無法復歸此道德性，安知此道德性是虛無的？孟子仍然寄望在假借、標榜的過程中，良知能夠浮現。
盡上38	（孟子曰：「食而弗愛，豕交之也。愛而不敬，獸畜之也。恭敬者，幣之未將者也。恭敬而無實，君子不可虛拘。」）孟子曰：「**形色，天性也【B 氣質之性】。惟聖人然後可以踐形。**」
	「天性」即自然生命，指軀體、「氣質之性」。聖人「踐形」，猶「堯舜性之」、「湯武身之」，謂以此自然生命的實踐透出「（道德）性」。
盡下24	孟子曰：「口之於味也，目之於色也，耳之於聲也，鼻之於臭也，**四肢之於安佚也；性也【B1 欲望】，有命焉，君子不謂性【A 道德性】也。**仁之於父子也，義之於君臣也，禮之於賓主也，知之於賢者也，聖人之於天道也；**命也，有性焉【A 道德性】，君子不謂命也。**」
	分辨世人與孟子所言之「性」的不同。 感官知覺的自然本性是趨向安佚，世人稱之為「性」，這是自然之性。自然之性受到肉體生命的限制，所以說是「有命」。 孟子所說的「性」不是自然之性，而是指仁、義、禮、智、聖等道德。人秉受軀體生命，但是對這些道德能夠認識、實踐。就道德的認識、實踐而言，是立於軀體生命的基礎上，所以說「命」，但是道德的認識、實踐可以使人不屈服於感官知覺的安

	佚趨向，進而不屈服於言行的邪惡，所以不受「（軀體生）命」的限制，而稱之為「性」。 當孟子說仁、義、禮、智、聖等道德為「性」時，仁、義、禮、智、聖有五項，為多。在生活經驗上，此五項道德對應相同的事物，因此，多是有限的，部分的。既然如此，仁、義、禮、智、聖五者就沒有普遍性、無限性。於是孟子所說的五項道德就不是至理。 【以下是西方形上學的思維，中國哲學在王弼始有此種思維。】 在認知上，對有限者、部分者的認知始終預設無限者、整體者。因此仁、義、禮、智、聖五項道德預設圓滿的道德。這圓滿的道德，孟子就稱之為「性」。 因此，孟子道性善意謂他的思想主軸是論述各種道德行為的形上根源。有此形上根源，各種道德行為才有應然的理由。
盡下 33	孟子曰：「**堯、舜，性【A 動詞】者也；湯、武，反之也**。動容周旋中禮者，盛德之至也。哭死而哀，非為生者也。經德不回，非以干祿也。言語必信，非以正行也。**君子行法，以俟命而已矣。**」
	不論堯舜生而明性，或湯武踐履而明性，（反之，與「身之」意同。「身之」謂踐履，「反之」謂踐履中反躬自省，知過而改。）都是內心的活動。當明性之後，外顯於言行皆能合禮，就是此「（道德）性」的體現。<u>如此的道德性本身具足，不是為了某個目的，易言之，是無目的的。一旦陷入目的，則外顯的合禮言行就淪為功利的工具，而悖離此「（道德）性」</u>。孟子舉「哭死而哀，非為生者也。經德不回，非以干祿也。言語必信，非以正行也」三項行為來說明合禮的言行不能淪為功利的工具。臨喪而哭之甚哀，不是做給別人看，以博得美名。遵行道德而不違禮，不是為了藉此博得官職。言語信守承諾，不是為了博得言行端正的聲譽。君子言行依乎法度，只是顯露其所謂的「命」而已，顯露其「（道德）性」而已。

誠（共 15 筆。屬心性論者二筆）	
離上 12	孟子曰：「居下位而不獲於上，民不可得而治也。獲於上有道，不信於友，弗獲於上矣。信於友有道，事親弗悅，弗信於友矣。悅親有道，反身不**誠**【B5 **道德感**】，不悅於親矣。**誠**身【**道德工夫**】有道，不明乎善，不**誠**其身矣。是故**誠**【A **道德性**】者，天之道也；思**誠**【**道德工夫**】者，人之道也。至**誠**【B5 **道德感**】而不動者，未之有也；不**誠**，未有能動者也。」

1 獲於上、信於友、悅於親是誠意外顯於言行。如何誠意？反身。如何反身而至於誠意？明善。如何明善？

2 誠是天道，而思誠是人道，明善者是人，則明善須思。善待思後明，那麼，思什麼？如何思？再者，既然善待思而後明，則善有從晦而明的不同階段、程度。

3 善是對言行的價值判斷，相對的，有惡的價值判斷。對於言行本身，無論如何思，只是知道言行狀態而已。言行本身不是善或惡，善或惡是另一種知識。那麼如何思維這種知識，如何獲得正確的善惡知識，以便正確的判斷言行的善惡？換句話說，孟子反身而誠的關鍵在如何思維善或惡的知識，如何知道自己已經確實獲知正確的善惡知識。

4 再者，思在我心之內活動，即使明善、誠意，如何為人所感，而能獲於上、信於友、悅於親？要為人所感，勢必透過言行，則明善、誠意必須在與人交接之中完成、實現。

盡上 4	孟子曰：「萬物皆備於我矣！反身而**誠**【B5 **道德感**】，樂莫大焉，強恕而行，求仁莫近焉。」

1
2
3
4

士誠小人也／是誠在我／滕君則誠賢君也／掩之誠是也。／公孫衍、張儀豈不誠大丈夫哉？／陳仲子豈不誠廉士哉？／誠如是也／誠有百姓者／是誠何心哉？／是誠不能也／彼以愛兄之道來，故誠信而喜

之。奚偽焉？／誠然乎哉？／子誠齊人也／以德服人者，中心悅而誠
服也，

良知良能	
盡上 15	孟子曰：「人之所不學而能者，其**良能**【B5 **道德感**】也。所不慮而知者，其**良知**【B5 **道德感**】也。孩提之童，無不知愛其親者，及其長也，無不知敬其兄也。親親，仁也。敬長，義也。無他，達之天下也。」

命（共 32 筆）	
盡上 1	孟子曰：「盡其心者，知其性也。知其性，則知天矣。存其心，養其性，所以事天也。殀壽不貳，修身以俟之，所以立命【B **氣質**】也。」
盡上 2	孟子曰：「莫非命【B **氣質**】也，順受其正。是故知命【B **氣質**】者，不立乎巖牆之下。盡其道而死者，正命【B **氣質**】也。桎梏死者，非正命【B **氣質**】也。」
盡上 3	孟子曰：「『求則得之，舍則失之』，是求有益於得也，求在我者也。『求之有道，得之有命【**命運**】』，是求無益於得也，求在外者也。」
盡下 24	孟子曰：「口之於味也，目之於色也，耳之於聲也，鼻之於臭也，四肢之於安佚也；性也，有命【**命運**】焉，君子不謂性也。仁之於父子也，義之於君臣也，禮之於賓主也，知之於賢者也，聖人之於天道也；命也，有性焉，君子不謂命也。」
盡下 33	孟子曰：「堯、舜，性者也；湯、武，反之也。動容周旋中禮者，盛德之至也。哭死而哀，非為生者也。經德不回，非以干祿也。言語必信，非以正行也。君子行法，以俟命而已矣。」
滕上 3	人倫明於上，小民親於下。有王者起，必來取法，是為王者師也。《詩》云：『周雖舊邦，其命維新。』文王之謂也。子力行之，亦以新子之國。」

離上4	孟子曰：「愛人不親，反其仁；治人不治，反其智；禮人不答，反其敬。行有不得者，皆反求諸己。其身正而天下歸之。《詩》云：『永言配命，自求多福。』」
公上4	孟子曰：「仁則榮，不仁則辱。今惡辱而居不仁，是猶惡溼而居下也。如惡之，莫如貴德而尊士。賢者在位，能者在職；國家閒暇，及是時明其政刑，雖大國，必畏之矣。《詩》云：『迨天之未陰雨，徹彼桑土，綢繆牖戶。今此下民，或敢侮予？』孔子曰：『為此詩者，其知道乎！能治其國家，誰敢侮之？』今國家閒暇，及是時般樂怠敖，是自求禍也。禍福無不自己求之者。《詩》云：『永言配命，自求多福。』〈太甲〉曰：『天作孽，猶可違；自作孽，不可活』，此之謂也。」
離上7	孟子曰：「天下有道，小德役大德，小賢役大賢。天下無道，小役大，弱役強，斯二者，天也。順天者存，逆天者亡。齊景公曰：『既不能令，又不受命，是絕物也。』涕出而女於吳。今也小國師大國，而恥受命焉，是猶弟子而恥受命於先師也。如恥之，莫若師文王，師文王，大國五年，小國七年，必為政於天下矣。《詩》云：『商之孫子，其麗不億。上帝既命，侯于周服。侯服于周，天命靡常。殷士膚敏，裸將于京。』孔子曰：『仁不可為眾也夫！國君好仁，天下無敵。』今也欲無敵於天下，而不以仁，是猶執熱而不以濯也。《詩》云：『誰能執熱，逝不以濯？』」
萬上6	舜、禹、益相去久遠，其子之賢不肖皆天也，非人之所能為也。莫之為而為者，天也；莫之致而至者，命也。
萬上8	萬章問曰：「或謂『孔子於衛主癰疽，於齊主侍人瘠環』，有諸乎？」孟子曰：「否，不然也，好事者為之也。於衛，主顏讎由。彌子之妻與子路之妻，兄弟也。彌子謂子路曰：『孔子主我，衛卿可得也。』子路以告，孔子曰：『有命。』孔子進以禮，退以義，得之不得曰：『有命』。而主癰疽與侍人瘠環，是無義無命也。孔子不悅於魯衛，遭宋桓司馬，將要而殺之，微服而過宋。是時孔子當阨，主司城貞子，為陳侯周臣。吾聞觀近臣，

	以其所為主；觀遠臣，以其所主。若孔子主癰疽與侍人瘠環，何以為孔子？」

初命曰／方命虐民／他日君出，則必命有司所之／昔者有王命／君命召／聞王命而遂不果／夫士也，亦無王命而私受之於子，則可乎／繼而有師命，不可以請／然友反命／未有命戒／命之矣／嬰奚反命曰／父命之／母命之／不待父母之命、媒妁之言／以君命將之／君命召，不俟駕而行／舜往于田，則吾既得聞命矣／德之流行，速於置郵而傳命。／我於辭命，則不能也。／是故諸侯雖有善其辭命而至者／天與之者，諄諄然命之乎？

氣（共四筆）	
盡上 36	孟子自范之齊，望見齊王之子，喟然嘆曰：「**居移氣【B 氣質】，養移體**，大哉居乎！夫非盡人之子與？」孟子曰：「王子宮室、車馬、衣服多與人同，而王子若彼者，其居使之然也。況居天下之廣居者乎？魯君之宋，呼於垤澤之門。守者曰：『此非吾君也，何其聲之似我君也？』此無他，居相似也。」
公上	孟施舍之守氣，又不如曾子之守約也。」曰：「敢問夫子之不動心與告子之不動心，可得聞與？」「告子曰：『不得於言，勿求於心；不得於心，勿求於氣。』不得於心，勿求於氣，可；不得於言，勿求於心，不可。夫志，氣之帥也；氣，體之充也。夫志至焉，氣次焉。故曰：持其志，無暴其氣。」「既曰『志至焉，氣次焉』，又曰『持其志，無暴其氣』者，何也？」曰：「志壹則動氣；氣壹則動志也。今夫蹶者趨者是氣也而反動其心。」
公上	「敢問夫子惡乎長？」曰：「我知言，我善養吾浩然之氣【A 性善】。」「敢問何謂浩然之氣【A 性善】？」曰：「難言也。其為氣【A 性善】也至大至剛，以直養而無害，則塞于天地之間。其為氣【A 性善】也配義與道，無是餒也。是集義所生者，非義襲而取之也。

告上	其日夜之所息，平旦之氣【空氣】，其好惡與人相近也者幾希，則其旦晝之所為，有梏亡之矣。梏之反覆，則其夜氣【空氣】不足以存。夜氣【空氣】不足以存，則其違禽獸不遠矣。

情（共 4 筆）	
滕上 4	曰：「夫物之不齊，物之情【實況】也。或相倍蓰，或相什百，或相千萬；子比而同之，是亂天下也。巨屨小屨同賈，人豈為之哉？從許子之道，相率而為偽者也，惡能治國家？」
離下 18	徐子曰：「仲尼亟稱於水曰：『水哉！水哉！』何取於水也？」孟子曰：「源泉混混，不舍晝夜，盈科而後進，放乎四海；有本者如是，是之取爾。苟為無本，七、八月之間雨集，溝澮皆盈；其涸也，可立而待也。故聲聞過情【事實】，君子恥之。」
告上	孟子曰：「乃若其情【氣質之實情】，則可以為善矣，乃所謂善也。若夫為不善，非才之罪也。
告上	夜氣不足以存，則其違禽獸不遠矣。人見其禽獸也，而以為未嘗有才焉者，是豈人之情【實況】也哉？

三　道德義心性論關鍵術語表

心	性	氣	誠	良知	命
梁上 7	滕上 1	公上 2	離上 12	盡上 15	公上 4
公上 2	離下 26	告上 8	盡上 4		滕上 3
公上 6	告上 1	盡上 36			離上 4
公上 9	告上 2				離上 7
滕上 3	告上 3				萬上 6
離上 1	告上 4				萬上 8
離上 28	告上 5				盡上 1
告上 6	告上 6				盡上 2

告上 7	告上 7				盡上 3
告上 8	告上 8				盡下 24
告上 10	告下 15				盡下 33
告上 11	盡上 1				
盡上 1	盡上 21				
盡上 21	盡上 30				
盡上 27	盡上 38				
盡下 31	盡下 24				
盡下 35	盡下 33				

★雜記資料

離下 14	孟子曰：「君子深造之以道，欲其自得之也。自得之，則居之安。居之安，則資之深。資之深，則取之左右逢其原。故君子欲其自得之也。」
1	君子所深造的道是什麼？依〈離婁上〉第十二章：「是故誠者，天之道也；思誠者，人之道也。」道即誠。就行動而言，道必須自身力行而得之；就行動的場所而言，道在吾心之中，而不在吾心之外。因此，「自」有兩重意義：一是自己主動實踐，二是在自己內心之中得道。
2	但是如何「自得」？依〈離婁上〉第十二章之說，就是思善而明善。於是又觸及關鍵的問題：在如何思維善或惡的知識，如何知道自己已經確實獲知正確的善惡知識

盡上 15	孟子曰：「**人之所不學而能者，其良能也；所不慮而知者，其良知也**。孩提之童，無不知愛其親者；及其長也，無不知敬其兄也。**親親，仁也；敬長，義也。無他，達之天下也**。」
盡上 37	孟子曰：「**食而弗愛，豕交之也；愛而不敬，獸畜之也**。恭敬者，幣之未將者也。恭敬而無實，君子不可虛拘。」

離上 15	孟子曰：「**存乎人者，莫良於眸子。眸子不能掩其惡。胸中正，則眸子瞭焉；胸中不正，則眸子眊焉**。聽其言也，觀其眸子，人焉廋哉？」
離下 11	孟子曰：「<u>大人者，言不必信，行不必果，惟義所在。</u>」
離下 19	孟子曰：「<u>人之所以異於禽於獸者幾希，庶民去之，君子存之。</u>舜明於庶物，察於人倫，<u>由仁義行，非行仁義也。</u>」

| 告上 13 | 孟子曰：「拱把之桐、梓，人苟欲生之，皆知所以養之者。至於身，而不知所以養之者，豈愛身不若桐梓哉？弗思甚也。」 |
| 告上 14 | 孟子曰：「人之於身也，兼所愛。兼所愛，則兼所養也。無尺寸之膚不愛焉，則無尺寸之膚不養也。所以考其善不善者，豈有他哉？於己取之而已矣。體有貴賤，有小大，無以小害大，無以賤害貴。**養其小者為小人，養其大者為大人**。今有場師，舍其梧、檟，養其樲棘，則為賤場師焉。養其一指而失其肩背，而不知也，則為狼疾人也。飲食之人，則人賤之矣，為其養小以失大也。飲食之人無有失也，則口腹豈適為尺寸之膚哉？」 |

說明：★星號為已錄其文，尚待解說。

梁上 3		外	心★
梁上 7	**王政／仁政／保民而王／經濟**	內	心★
梁下 16	進退出處取予／孟子不遇於魯平公	內	
公上 1	孟子自道理想：仁政	內	
公上 2	孟子不動心之道	內	【氣心】★
公上 3	王政／王霸之別	內	【心】
公上 4	**王政／貴德而尊士，賢能在位**	內	【命】

公上 6	**王政／不忍人之心** 臣道	**內**	【心】★
公上 7	修身／論仁 修身／論君子不以天下儉其親	**內**	
公上 9	論伯夷、柳下惠／君子／進退	**內**	【心】
公下 2	**王政／禮賢臣／大有為之君，必有所不召之臣**	**內**	【心】
公下 3	取予之道	**內**	【心】
公下 4	臣道—忠	**內**	【心】
公下 5	進退之道	**內**	
公下 7		**內**	【心】
公下 10	出處之道	**內**	
公下 11	出處之道	**內**	
公下 12	出處之道	**內**	【心】
公下 13	出處之道	**內**	
公下 14	出處之道	**內**	

滕上 1	滕文公見孟子。孟子道性善	**內**	【性】★
滕上 2		**外**	**心**
滕上 3		**外**	**心命**
滕上 4		**外**	**心情**
滕上 5		**外**	**心**
滕下 1	修身／立身	**內**	
滕下 2	修身／立身	**內**	
滕下 3	出處	**內**	【心】

滕下 4	出處	內	
滕下 7	進退	內	
滕下 9	孟子自期	內	【心】
滕下 10	立身取予	內	

離上 1		外	**心★**
離上 4		外	**命**
離上 7		外	**命**
離上 9		外	**心**
離上 10	修身	內	
離上 12	論誠	內	**誠★**
離上 15	觀其眸子	內	
離上 17	出處	內	
離上 18	禮	內	
離上 19	事親之禮	內	
離上 20		外	**心**
離上 21	修身	內	
離上 22	修身	內	
離上 23	修身	內	
離上 24	禮	內	
離上 25	禮	內	
離上 26	孝	內	
離上 27	仁義	內	
離上 28	大孝	內	
離下 1	聖人	內	

離下 3		外	心
離下 7	修身	內	
離下 8	修身	內	
離下 9	修身	內	
離下 10	修身	內	
離下 11	修身／大人者	內	
離下 12	修身／大人者	內	【心】★
離下 13	禮	內	
離下 14	君子欲其自得	內	
離下 15	博學而詳說之	內	
離下 16		外	心
離下 17	言語	內	
離下 18	修身	內	情
離下 19	聲聞過情，君子恥之	內	
離下 22	孟子自道	內	
離下 23	進退出處	內	
離下 24	事勢	內	
離下 25	西子蒙不潔	內	
離下 26	用智之道	內	性★
離下 27	禮	內	
離下 28	修身	內	【心】★
離下 29	道同行異	內	
離下 30	孝	內	【心】
離下 31	道同行異	內	
離下 32	孟子言行	內	
離下 33	修身	內	

萬上 1		**外**	**心**
萬上 6		**外**	**命**
萬上 8		**外**	**命**
萬下 1	論聖人	**內**	
萬下 3	論友	**內**	
萬下 4	取予	**內**	【**心**】
萬下 5	進退	**內**	
萬下 6	取予	**內**	
萬下 7	進退	**內**	
萬下 8	論友	**內**	
萬下 9	進退	**內**	

告上 1	人性與禮義	**內**	【**性**】★
告上 2	人性與禮義	**內**	【**性**】★
告上 3	人性與禮義	**內**	【**性**】★
告上 4	人性與禮義	**內**	【**性**】★
告上 5	人性與禮義	**內**	【**性**】★
告上 6	人性與禮義	**內**	【**心性情**】★
告上 7	人性與禮義	**內**	【**心性**】★
告上 8	人性與禮義	**內**	【**心性情氣**】★
告上 9	專一	**內**	【**心**】
告上 10	人性與禮義	**內**	【**心**】
告上 11	人性與禮義	**內**	【**心**】★

告上 12	人性與禮義	內	【心】
告上 13	人性與禮義	內	
告上 14	人性與禮義	內	
告上 15	人性與禮義	內	【心】★
告上 16	修身	內	
告上 17	修身	內	【心】
告上 18	修身	內	
告上 19	修身	內	
告上 20	學	內	
告下 1	禮／倫理衝突	內	
告下 2	修身	內	
告下 3	修身／孝	內	
告下 5	取予	內	
告下 6	進退	內	
告下 7	議政／進退	內	
告下 8	事君之道	內	
告下 9	事君之道	內	
告下 12	君子不亮，惡乎執	內	
告下 14	進退	內	
告下 15	**天將降大任於是人**	內	【心性】★
告下 16	教育	內	

盡上 1	盡心養性	內	【性命心】★
盡上 2	盡心養性	內	【命】
盡上 3	盡心養性	內	【命】

盡上 4	盡心養性	內	【誠】★
盡上 5	行之而不著焉	內	
盡上 6	**士節／恥**	內	
盡上 7	**恥**	內	
盡上 8	道勢	內	
盡上 9	士節／窮達	內	
盡上 10	士	內	
盡上 11	附之以韓、魏之家	內	
盡上 14		外	【心】
盡上 15	修身／仁義	內	【良知良心】
盡上 16	修身／舜	內	
盡上 17	修身	內	
盡上 18	修身	內	【心】
盡上 19	修身／人物	內	
盡上 20	修身	內	
盡上 21	修身	內	【心性】★
盡上 22	為政	內	
盡上 23	為政	內	
盡上 24	修身	內	
盡上 25	修身	內	
盡上 26	修身	內	
盡上 27	修身	內	【心】
盡上 28	修身	內	
盡上 29	修身	內	
盡上 30	論政	內	【性】★
盡上 31	為政	內	

盡上 32	進退	內	
盡上 33	修身	內	
盡上 34	取予	內	
盡上 35	倫理衝突／舜	內	
盡上 36	為政	內	【氣】
盡上 37	修身	內	
盡上 38	修身	內	【性】★
盡上 39	喪禮	內	
盡上 40	君子之教	內	
盡上 41	修身	內	
盡上 42	修身	內	
盡上 43	進退	內	
盡上 44	修身	內	
盡下 1		外	心
盡下 5	教學	內	
盡下 16	修身	內	
盡下 17	進退	內	
盡下 18	進退	內	
盡下 19	進退	內	【心】
盡下 20	賢者以其昭昭	內	
盡下 21	**介然用之而成路**	內	【心】
盡下 23	出處	內	
盡下 24	仁義性命	內	【命性】★
盡下 25	修身	內	
盡下 29	進退	內	
盡下 30	進退	內	【心】

盡下 31	修身	內	【心】★
盡下 32	修身	內	
盡下 33	修身	內	【命性】★
盡下 34	進退	內	
盡下 35	心性	內	【心】★
盡下 36	禮	內	
盡下 37	修身	內	
盡下 38	道統	內	

哲學研究叢書·學術思想叢刊　0701008

先秦學術講學錄　上冊

作　　　者	王金凌	

責任編輯　蔡雅如

特約校稿　林秋芬

發 行 人　陳滿銘

總 經 理　梁錦興

總 編 輯　陳滿銘

副總編輯　張晏瑞

編 輯 所　萬卷樓圖書股份有限公司

排　　版　林曉敏

印　　刷　百通科技股份有限公司

封面設計　斐類設計工作室

發　　行　萬卷樓圖書股份有限公司

　　臺北市羅斯福路二段 41 號 6 樓之 3

　　電話 (02)23216565

　　傳真 (02)23218698

　　電郵

　　SERVICE@WANJUAN.COM.TW

大陸經銷　廈門外圖臺灣書店有限公司

　　電郵 JKB188@188.COM

香港經銷　香港聯合書刊物流有限公司

　　電話 (852)21502100

　　傳真 (852)23560735

ISBN 978-986-478-113-3

2017 年 9 月初版一刷

定價：新臺幣 580 元

如何購買本書：

1. 劃撥購書，請透過以下郵政劃撥帳號：

　　帳號：15624015

　　戶名：萬卷樓圖書股份有限公司

2. 轉帳購書，請透過以下帳戶

　　合作金庫銀行　古亭分行

　　戶名：萬卷樓圖書股份有限公司

　　帳號：0877717092596

3. 網路購書，請透過萬卷樓網站

　　網址 WWW.WANJUAN.COM.TW

大量購書，請直接聯繫我們，將有專人為您服務。客服：(02)23216565 分機 10

如有缺頁、破損或裝訂錯誤，請寄回更換

版權所有·翻印必究

Copyright©2017 by WanJuanLou Books

CO., Ltd.All Right Reserved　**Printed in Taiwan**

國家圖書館出版品預行編目資料

先秦學術講學錄 / 王金凌著. -- 初版. -- 臺北市 ： 萬卷樓, 2017.09

　　冊 ；　公分. -- (哲學研究叢書.學術思想叢刊)

ISBN 978-986-478-113-3(上冊 ： 平裝). --

1.先秦哲學 2.文集

121.07　　　　　　　　　　106017123